仁斎・徂徠・宣長

仁斎・徂徠・宣長

吉川幸次郎著

岩波書店

序

一

中国文学を本来の研究領域とし、日本思想史の全貌に通じない私が、この書物に集成するような、伊藤仁斎東涯父子、荻生徂徠、本居宣長、これら三家の学説と思想につき、数篇の論文を書いて来たのは、三家が、幾人かの中国の先賢とともに、また私の直接の師とともに、私の学問と思考の方法に、よりどころと自信を与えて来た人人であることを、第一の原因とする。

仁斎父子と徂徠とは、中国思想の祖述者であり、宣長はそれへの反撥者である。しかし宣長学が徂徠学の更なる発展である面を有力にもつことは、村岡典嗣氏、丸山真男氏らによって、ほぼ学界の定論となっており、徂徠の学が仁斎に発源することは、部分的な反撥を含みつつも、徂徠みずからのいうところである。つまり三家は、江戸時代の思想史ないしは学術史の上で、一つの系譜に連なる。また私自身に与えた恩恵に関しても、そうである。そうして私も大たいは中国思想の祖述者であるが、もっとも恩恵を受けたのは、実は宣長である。

後に再び述べるであろうように、東涯に関する一篇、宣長に関する一篇は、三十余年前、一九四〇年代初頭の執筆であり、他はみな近ごろ五六年間の執筆である。私は三十何年かの間、三家の書を読むことを、中国書を読む仕事の間にさしはさみ、間歇的な接触をつづけて来たわけであるが、そのあいだ私が三家の思想について特に関心するのは、二つの事がらであった。二つの関心は、これらの論文においても、しばしば軸となっている。

二

第一の関心は、過去の中国の伝統的な人間論の中核であった完全善の主張、それがこれら日本の三人の思想家によって是正されて行った経過である。

今世紀までの中国思想の王座にありつづけたのが、儒家の思想であることは、いうまでもない。その思想の出発点は、人間を善意の動物と規定することにあった。いわゆる「性善」の説である。荀子の「性悪」説は、早期の孤立した例外であり、以後への影響は、稀薄である。そうして「性善」の説は、二つのことを帰結した。帰結への方向は、早くから内在しようが、儒学思想の決定版ともいうべき十一十二世紀宋代の新儒学、すなわちいわゆる朱子学にいたって、もっとも明瞭である。

第一の帰結は、人間が普遍に善意の動物である実証として、完全に善意のみの人物、そうして毫末の悪意をもたぬ人物が、人類の歴史の早い部分には実在したとする信仰である。いわゆる「聖人」の概念であって、具体的には堯、舜、その他の太古の帝王、ついで夏殷周三王朝、いわゆる「三代」もしくは「三王」、それらの創業者であった君主たちとして、禹、湯、文王、武王、周公、そうして最後に孔子である。また完全善は、「聖人」個人の人格として可能であったばかりでなく、「聖人」の指導による完全善の社会が、堯舜の世、また「三王」「三代」の世として、歴史的に実在したとする。

第二の帰結は、人間は普遍に「性善」であるゆえに、個人としても集団としても、完全善の生活に到達する可能性、つまり個人としては「聖人」に、集団としては「聖人」の世に到達する可能性を、常に保持するのであり、この可能性の実現こそ、人間の任務であるとすることである。「孟子」の「告子」下篇にいわゆる「人は皆な堯舜と為る可し」

である。それはつまり程度の差こそあれ善は人間の普遍な必然であり、悪は人間の必然でないとする思考である。悪はむしろ人間の偶然であり、たとえば鏡の表面に附着したほこりである。それを除去すれば、本来の明鏡に復帰し得るというのが、宋の朱子学の説であり、江戸初期の惺窩羅山の祖述するものも、それであった。そうしてこの思想からは、絶対の善人すなわち「聖人」の存在は主張されても、救済の見込みのない絶対の悪人の存在は否定される。

以上のような完全善の説を、人間の現実にそむくとして、まっこうから大きく否定したのは、本居宣長である。宣長によれば、凶悪《マガゴト》は吉善《ヨゴト》とともに、必ず人間に存在する。善が人間の一つの必然であるとともに、悪もまた人間の必然であり、幸福があるとともに不幸があるのこそ、人間の現実であると、道破する。本書二八七―二八八頁。そうして儒家が、「隅《スミ》から隅《スミ》まで掃清《ハキキヨ》めたるごとくに、世ノ中を善事ばかりになさんとする」のは、人間に不可能を強いるものであり、売薬の効能書に類するとする。本書三〇五頁。吉善《ヨゴト》と凶悪《マガゴト》の併存が、神の意思によってであるとする宣長の説の前半は、私にとって重要でない。人間の現実に即してのこの明快な指摘は、日本思想史の上における、あるいは中国の思想史をも含めれば、極東の思想史の上における、一つの記録であると、私は感ずる。

ところで指摘は、さきだつ徂徠において、すでに儒学説の範囲において、ほぼなされている。徂徠はいう、堯舜の時代も、「三王」の時代も、凡庸な儒者のいうごとく、清浄無垢な時代であったのではない。同じく人間の生活である以上、諸悪の存在は、今の江戸と同じである。本書一三六―一三七頁。「三王」の一つである周王朝とても、その創業の過程においては、「旧悪」がなかったではない。本書一三九頁。ただし古典「六経」が、人間の悪についての記載に乏しいのは、当時の習慣として、その方向への記載を好まなかったからだとする。本書一四七頁。

さかのぼって仁斎に、指摘が同じ形であるのを、私はまだ発見しない。しかし別の形で、完全善の説に反対する。さきに述べたように、絶対に救済の見込みのない人物、その存在を従来の儒家の伝統は認めないのであるが、仁斎は、そうした精神的不具者が、肉体的不具者と同じく、千万人中の一人という例外的な比率ではあろうけれども、存在すると主張する。且つこの指摘は従来の学者の気づかなかった「先儒未了の公案」であり、「豈に千載の一大快ならずや」と、創獲をほこる。

私の研究によれば、仁斎と類似して、絶対の悪人愚者の存在を認める説は、仁斎の意識に上らなかったであろうけれども、早い時期の中国に皆無ではない。六朝時代から唐初にかけては、「論語」の「上智と下愚は移らず」の解釈として、「上智」が絶対の善人であり絶対の智者である人物、すなわち「聖人」なのに対し、「下愚」は絶対の悪人であり絶対の愚者であるとする説があった。唐の孔穎達《くようだつ》の「尚書正義」は、しばしばこの哲学によって説を立て、わが聖徳太子の「十七条憲法」の「我れは必ず聖に非ず、彼れは必ず愚に非ず、共に凡夫ならんのみ」も、この哲学によって理解さるべきこと、筑摩版私の全集十巻の跋を参照されたい。しかし中国思想史の平均としては稀薄な例外であり、且つ中国中世の注釈家の通例として、観念の遊戯である要素をもつ。仁斎の指摘が、人間の現実の観察から出発すると認められるが如くでない。それは悪の必然を、部分的な限定を伴なってではあるが、徂徠宣長にさきだって道破するものである。なおこの「先儒未了の公案」、従来の仁斎研究家からは、あまり注意されているようでない。

また仁斎は、孔子も無謬でないことを力説する。本書五三―五四頁。徂徠が「論語徴」の各処に、「聖人も亦た人也」と、孔子と凡人との連続を、その柔軟性において見るのとともに、硬直した完全善の説への、別の面からする是正である。むろん宣長のごとく、孔子その他、中国の諸「聖人」を、偽善者とする説が、仁斎にも徂徠にもないことは、いうまでもない。

私が以上のことに関心するのは、現在の事態と無縁でない。おおむねキリスト教的な神への信仰をもたないわれわれ日本人は、何によって生きているか。お互いの善意を信じてであると思われる。江戸時代儒家「性善」の説の、意識せざる継承であり、それはそれでわれわれの生活に、害よりも益を与える部分が多いであろう。それとともに完全善への信仰も、継承されていないといえない。学生は教師に対し、人人は政治家に対し、完全な能力者であるとともに、完全な道徳者であることを、求めがちである。私はキリスト教にはほとんど全く無知であるが、人間は神でないゆえに、欲すると欲せざるにかかわらず、意識するとせざるにかかわらず、悪を犯さざるを得ないというのが、その教えであること、私の予想のごとくであるとするならば、その方向への思考には乏しい。

私は以上の意味からも、三家の系譜を重視する。

三

私をして三家を一連の系譜に収めさせる第二の関心は、その学問の方法論、またその基底にある言語観である。すなわち言語表現をもって、その伝達せんとする事実を伝達する手段としてのみは見ず、表現の方法そのものが人間の事実であり、且つ表現者の心理ともっとも密着した重要な事実であるとする。何をいうかを知るのみでは満足せず、いかにいうかを重視する。そうして何をいうかとともに、いかにいうかを資料として、人間を研究するのを、その学問の方法とする。

この態度と方法を、もっとも明瞭にするのも、宣長に至ってである。彼が「心《コヽロ》」すなわち人間の心理の動きと、「言《コトバ》」すなわち言語表現のありかたと、「事《ワザ》」すなわち言語以外の諸行動、この三つを三位一体とすることは、私が本書において、やや丁寧に紹介するごとくである。ことに古代人の生活については、「事《ワザ》」はもはや直接な認識の外にあるゆえに、そうでない「言」こそ、もっとも古代の「心」を認識する資料であるとする。本書三〇七―三一二頁、また三〇〇―三〇一頁。そうして「言」についても彼がもっとも重視するのは、「言語《モノイヒ》のさま」、つまりいかにいうかである。本書三〇二頁。

宣長の態度と方法は、さきだつ徂徠において、すでにほぼ同じ形、ただしより矯激な極端な形で、主張されている。前半生の彼は、日本人が中国書を読むについての久しい習慣であった訓読法、すなわち日本語の翻訳によって原書を読む方法を排斥し、中国語の原音原語序による「崎陽《きよう》の学」を主張する。本書八一―八二頁。前者訓読法は、「其の意を得るのみにして其の言を得ず」、すなわち中国書の伝達せんとする事実の外廓をなでるのみであり、後者「崎陽の学」によって、中国の「言」をそのままに感覚しない限り、中国の「心」には到達しないとする認識である。後半生の彼は、明の文学者からの啓示として、また本書で説くに及ばなかった動機としては、日本語と中国語がそれぞれの「心」の反映としてもつ差違への認識、その延長としてであろう、中国語自体の中に就いても、古代の文章語「古文辞」と、宋を中心とする後代の文章語とは、根本的に異質であり、「古義」すなわち古代の「心」と「事」の獲得のためには、後代の「心」と「事」の反映である後代の文章と絶縁して、古代の「言」である「古言」すなわち「古文辞」を、排他的に尊重すべきだとする。且つ「古文辞」すなわち中国古代の「言」の獲得のためには、自己の言語生活をそれと合致させ、「古文辞」の文体を自己の漢文実作の文体とするという矯激な主張を、その学問の方法論の終点とする。本書一二二―一二四頁など。終点となった矯激な主張は、宣長が、「すべて万《ヅ》の事、他のうへにて思ふと、みずからの事にて思ふとは、浅深のことなるものにて」云云と、よりおだやかな形で、古代の歌にならっての実作を、その学問の方法の一端とするのの源である。本書二九七頁また三一一頁。

また「心」の反映としての「言」への修練に最も適するのは文学の言語ことに詩の言語であり、それへの修練をあらかじめしない限り、哲学の「言」も把握されないと、宣長は主張する。「後世にして、古の人の、思へる心、なせる事《ワザ》をしりて、その世の有さまを、まさしくしるべきことは、古言古歌にあるなり」といい、しかるに「世間の物学びする人々のやうすを見渡すに、主《ムネ》と道を学ぶ輩は、おほくはたゞ漢流の議論理窟にのみかゝづらひて、歌などよむをば、たゞあだ事のやうに思ひすてゝ、歌集などは、ひらきて見ん物ともせず」と非難する。本書三〇一頁また三一三頁。「徂徠先生答問書」中に見えた次の語は、以上の宣長の語と符節を合する。「文字をよく会得不仕候ては聖人之道は難得候。文字を会得仕候事は、古之人の書を作り候ときの心持に成不申候得ば済不申儀故、詩文章を作不申候得ば、会得難成事多御座候。経書計学候人は中〳〵文字のこなれ無御座候故、道理あらくこはくるしく御座候事にて候」。みすず版全集一巻四六〇—四六一頁。彼の「論語徴」が、前人の説を駁する場合、しばしば「詩を知らざる」ゆえの誤解とするのは、「論語」の「言」のもつ詩的要素に冷淡なために生じた「こはくるしき」誤りとするのである。またたとえば、「論語」「憲問」篇の「作者七人矣」につき、普通人は只の強調の助字として読む「矣」の字に着目し、「道」を作為した「聖人」が、堯以下、周公に至るまでの七人、それに限定されるのを強調する語勢であるとするのは、宣長とおなじく、「言語の様《モノイヒ》」に敏感な学者で徂徠があったことを、示してあまりある一例である。本書二六六頁。更にまた根本的に、彼の「古文辞」の説は、中国古代の文章は、文学性をもつ言語すなわち「文辞」で普遍的にあったとするのであり、「六経」をその中心とするのは、儒家の古典をすべて文学として読むのである。

しかしながら、では徂徠はすでに宣長と全く同じかといえば、そういうのに躊躇する。彼のいわゆる「古文辞学」の究竟の目的は、「古文辞」の文体をみずからのものとして体得し、中国の古代人との会話を、十八世紀江戸の隣人との間のそれと同じ容易さにすることによって、「古文辞」の「言」の伝達する人間の事実が、現代の言語が伝達する現代の人間の事実と、本質的には差違のないことを、確認するにある。本書一三八頁以下。「学則」の第四条が、後代の書については、歴史の書、ことに事実の記録である「志」の部分を尊重すること、岩波「日本思想大系」「荻生徂徠」一九三頁、「徂徠先生答問書」上に「学問は歴史に極まり候事に候」ということ、みすず版全集一巻四三三頁、みな同じ目標にむかう。「モロコシノ文ノカズ〳〵ミレド〳〵イヅラワガ世ノスガタナラザル」。本書一〇二頁。この和歌こそ、彼の学問の究極の目的を語ろう。究極の関心は、「言」の伝達する「事」の方へ傾斜し、宣長ほどには「言」そのものの尊重でない。事がらは、私が「日本的思想家としての徂徠」の第八節でいうような、審美者《エステート》としての彼の感性の限界と関係するであろう。本書二七四頁以下。また宣長は、「道を考へ尋ぬる」ことを、任務とし、「みづから道をおこなはむとはせず」であった。本書三〇三頁。それに対し、徂徠は政治学の学者であった。

徂徠から更にさかのぼって仁斎に至れば、この点に関する表白は、のちの二家のごとく明顕でない。しかし彼の方法には、「言語《モノイヒ》のさま」への敏感が、すでに顕著に作用している。そもそものいわゆる「古義学」が、中国古代語の使用例の研究から出発することは、「端」の字についての考証が示すごとくである。本書一九頁以下。徂徠が「論語徴」において、「仁斎先生は古言を識らず」としばしばいうのは、彼自身と同じく、「古言」によって「古義」を知ろうとした先輩への、部分的な不満であるに過ぎない。また仁斎が「論語」をもって、「最上至極宇宙第一の書」とするのは、その書が「言語《モノイヒ》のさま」においても、一字の増減をゆるさぬとするからであり、本書五〇頁、「大学」をもって「孔氏の遺書に非ず」とするのは、その「言語《モノイヒ》のさま」の煩瑣さによってであり、本書四五頁、朱子ら宋儒の学への嫌悪は、その用語の陰鬱な語感を、一つの理由とする。本書一二頁。また彼は徂徠ないしは宣長のごとき形では、文学の言語を尊重しない。しかし同時の山崎闇斎のごとくにはそれを拒否しない。そうして彼と彼の子東涯の漢文は、江戸時代の漢文のうち、おそらくもっとも美しくととのったリズムにある。

宣長は、みずからの学問の祖先が、契沖にあり真淵にあることを強調し、仁斎、徂徠とのつらなりを否認する。しかしそれは強弁のひびきをもつ。本書一五頁。そうして私が三家の系譜のその面に関心するのは、次の二つのことと関連する。

その第一は、中国の学問の伝統的な方法との関連である。今世紀初に至るまでの中国の学問が、抽象的な議論よりも、古書の注釈を書くのをむしろ主流としたのは、古書の「言語《モノイヒ》のさま」の一一につき、人間の心を考えようとしたからであると見うける。もっとも中心は、儒家の古典にむかってのそれであり、漢の鄭玄《じょうげん》の諸注、唐の孔穎達《くようだつ》の「五経正義」など、いわゆる漢唐訓詁の学、また清儒のいわゆる「漢学」は、その代表である。それへの批判者として、より多く抽象をおもんずる朱子学派においても、朱子自身が「詩経集伝」「楚辞集注」の著者である。また何くれとない「書経」の間投詞「都」「兪」「吁」への注意を怠らない。本書三一三頁。しかし中国では、あまりにも普遍な方法であったためであろう、中国人自身がその意義を説いた言語に遭遇した記憶が、私にはない。「うひ山ぶみ」における宣長の主張は、単にみずからの方法として雄弁であるばかりでなく、中国の方法に対するイディオローグの役を、期せずして、そうしてはじめて、果していると、感ぜざるを得ない。またそれが私の宣長への傾倒のはじめである。本書三〇九頁以下。宣長自身は否定するであろうが、彼の「古事記伝」と、体裁と方法を酷似させるのは、唐人の「五経正義」あるいは清の「漢学」家の著書であると、私は感ずる。仁斎の「論語古義」「孟子古義」、徂徠の「論語徴」に至っては、いうまでもない。

第二には、これまた現在の事態への関連である。歴史学が、言語の伝達する事実のみを重視することとなって以来、古書の注釈の仕事、すなわち国文学者また外国文学者の多くが従事しつつある仕事は、補助的な学問と見られがちであるが、それが独立した人間の学としての存在理由を、宣長らの学説と業績は啓示する。本書三一三頁以下。ただし現在のその方面の学者の仕事が、この任務に沿い得ているかどうかは、宣長の方法のよき理解者であった故村岡典嗣氏が、その論文「国文学の注釈的研究について」で、警告するごとくである。岩波「続日本思想史研究」。また私自身、三家の方法を継承する研究者としての表白は、雑誌「ちくま」に連載し、近く単行本にまとめるであろう「読書の学」に見える。

四

私がこれらの論文を書いたのは、しかし以上二つの関心からばかりではない。更なる動機がある。

ここに対象とする三家については、近ごろいくつかの研究が書かれている。うち宣長についてはともかくとして、仁斎と徂徠については、諸家の説くところ、必ずしも充分でないと、見うける。

仁斎の学説と思想の中核は、運動のみが存在であるとするのにある。本書三七頁以下。そのこと井上哲次郎「日本古学派之哲学」以来、諸家の注意を洩れていないが、必ずしも重視されてはいない。絶対に救済の見込のない愚者の存在、それはさきに説いたように、仁斎自身、「先儒未了の公案」とほこるものであるが、従来おおむねの研究者から看過されているように思われる。

また徂徠の「古文辞学」は、この序文でもさきにふれたように、単に「古言」の研究による「古義」の獲得ではない。異時間異空間を通じての人間の事実の確認を目的とする。本書一三八頁以下。このこと徂徠学の中核でありながら、充分に理解されているとは見うけない。また彼における「物」とは、「弁名」が、「周礼」「地官」「大司徒」の「郷の三物を以って万民に教う」、同じく「郷大夫」の「郷射の礼の五物を以って衆庶に詢《と》う」を引くように、標準となるべき事実、つまり criterion の意でなければならない。岩波「日本思想大系」「荻生徂徠」一七九—一八一頁。しかるに往往にして事物一般と誤解されている。

あるいは伝記についての誤認もある。今中寛司氏の「徂徠学の基礎的研究」昭和四十一年吉川弘文館は、多年の研究にもとづく力作であるが、その三四二頁に、徂徠がパトロンの二人の大名、本多忠統《ただむね》と黒田直邦をその居に迎えた際の七律をあげるのは、杜甫が節度使の厳武《げんぶ》の来訪をその草堂に迎えた際の作に擬して、貴人の来訪を感謝するものである。しかし氏の解釈は逆の方向にある。使君騶従塞江皐の句、訓読すれば使君ノ騶従ハ江皐ニ塞《ミ》ツとなり、両大名への敬意の表現なのを、君ヲ使《シ》テ塞江ノ皐《サワ》ニ騶従セシメと訓じて、伊予守忠統を供侍のように塞江の沢まで行って酒を持って来させる意とする。また酌水貯樽人比淡の句は、「禮記」の「君子の交わりは淡きこと水の如し」をふまえ、水ヲ酌ミテ樽ニ貯エテ人ハ淡キニ比スと訓読すべきを、水ヲ酌イデ尊人ノ比淡ニ貯ウと訓じ、下戸の伊予守に水を呑ませた意とする。誤解としなければならない。この誤解は、他の研究者の論文にも影響を与えているのを私は見る。

河出書房版「荻生徂徠全集」第一巻、昭和四十八年、は、漢文の随筆「蘐園十筆」を、書き下し文に訳するが、開巻第一頁の第二条が「豈弟《あにただ》君子、楽しきかな只《ただ》君子」云云という訓読ではじまるのは、この訳本全体への信頼をためらわせる。原漢文の、豈弟君子、楽只君子は、ともに「詩経」の句である。「豈弟」の二字は、「愷悌」とも表記し、「楽易也」と訓ずることに、「詩経」の諸注釈が一致し、「豈弟《がいてい》たる君子」と、普通には読まれている。「豈弟《あにただ》」という特別な読み方を、徂徠がしたとは思えぬ。「楽しきかな只《ただ》君子」という訓も、聞きなれない。

以上のような不充分さ、ないしは誤まり、それが生まれた経過を考えるのに、仁斎なり徂徠が資料とした中国書に、研究者が熟しないことに起因するものが、大多数と思われる。私は本来の専門の関係から、ある程度の中国書を読んでいる。諸家を補正することは、むしろ私の義務の一つでないかと考えるようになった。それがこれらの論文、ことに「仁斎東涯学案」と「徂徠学案」を執筆した動機の又一つである。もっとも宣長については、関係が逆であり、宣長の資料とした書のうち、「古事記」を通読したほかは、「万葉」についても「源氏物語」についても、至って熟しない。しかし宣長と、彼がさいしょは習熟し、のち反撥した中国思想との関係については、新しい指摘をあるいはなし得ているであろう。

そうした動機をも含めての執筆であるゆえ、何よりも三家の原典そのものを資料とし、他の研究者の業績は、原則として精読していない。私の創獲と思っているもので、すでに先人によって指摘されているものがあるであろう。京都遊学中の宣長の雑記帖が、徂徠の神道説を記録することを、私は新資料による発見のつもりで述べた。二五〇頁。しかし早く村岡典嗣氏の「徂徠学と宣長学との関係」に指摘されているのを、近ごろになってはじめて知ったのは、一例である。岩波「日本思想史研究第三」。ただし村岡氏の論文も、「旧事本紀解」と「論語徴」への言及はない。

それとともに、仁斎と徂徠についての「学案」二篇は、二家の書を読み、その学説、思想、伝記につき、これだけは疑義がないと思うものだけを書いた。その点、以後の研究者のお役に立つであろう。

五

序文のさいごとして、私が三家の書と接触した経過、またこれらの論文を書いた経過を、記しておく。

至って偶然の機会から、宣長の「うひ山ぶみ」を読んで、衝撃をうけ、みずからの方法を先取する人物として嫉妬をさえ感じたのは、三十七年前、数え年三十五のときである。それから三年後の昭和十六年の秋、つまり太平洋戦争のはじまる直前、友人河盛好蔵君の主編する雑誌「新風土」から、「世界的日本人」という題で稿を徴せられたのに応じて書いた文章「本居宣長」を、本書にも収めるのに、そのことをいう。三〇九頁以下。

仁斎東涯父子、および徂徠の書も、当時すでに幾分かをもっていた。私のそだった京都大学の学風は、江戸時代以来の日本漢学を、中国の本来を歪曲するものとして忌避し、中国研究のためには直接に中国人の書に就くことを主張としたが、私の師狩野直喜が例外的に言及するのは、伊物《いぶつ》の二子であった。しかし必ずしも直ちには食欲をうごかしたわけでなかったのを、そのころからぼつぼつ読むようになったのは、やはり宣長にいざなわれてであった。その時期までの私が、専ら耽読して来た清儒の実証主義と似たものが、同時期の日本にもあることを、宣長によって感知し、その源流を二子に予期したのである。もっとも感動したのは、仁斎の「童子問」であったが、より多くの興味は東涯にあり、太平洋戦争のはじまった翌年、奈良の天理図書館が伊藤家の遺書のすべてを購入したのを記念する講演会に、武内義雄氏らとともに招かれてした講演を、本書にも収める。六四頁以下。また東涯の「制度通」を、小尾郊一君の助力を得て校訂し、「岩波文庫」に上下の二冊とした。徂徠については、その漢文の読みづらさになやみ、原音原語序による中国書の読み方を、二百年前に主張した先輩として、「訓訳示蒙」を、小野勝年氏「歴代名画記」の訳の書評に引用したぐらいのことであった。私の全集十七巻五〇〇―五〇七頁。

しかし「尚書正義」の日本訳を作りつつあった当時の私に、もっとも多くの啓示を与えたのは、やはり宣長であった。まず「古事記伝」を読むことによって、また「古事記」の本文の訓、および「伝」に引く「書紀」の旁に附した訓によって、奮起すべきの秋というような、用言と体言の間にのを加えるいい方、また学問の自由は之を保証するというような再帰目的格の之《これ》の使用は、漢文の訓読によって生まれたものであり、純粋な日本語でないことなどを知り、私の翻訳では忌避した。当時書いた短いエッセイ「是《シ》」は、その一端を示す。全集十七巻一〇四―一〇五頁。また中国語の「助字」はぬきさし自由な補助の字であり、日本語におけるテニヲハのごとく、文の構成に必須でないと、「古事記伝」三巻「訓法の事」、筑摩版全集九巻三七頁、また「あしわけをぶね」、同二巻五〇頁、でいうのは、それまで私の気づかなかった両国語の差違として、もっとも大きな啓示であり、昭和十四年の論文「世説新語の文章」、全集七巻四五四―四七二頁、また十九年の雑文「国語の長所」、全集十八巻三八六―三九七頁、など、いずれもその影響の下にある。

以上はすべて一九四五昭和二十年の終戦以前、私が東方文化研究所にいたころのことである。戦後、京都大学文学部に移ってからは、三家が私の方法の祖であるという感情は保持しつつも、しばらくその書と遠ざかった。やがて昭和二十九年以来、朝日新聞社「中国古典選」のために、「論語」の注を書き出すに及んで、仁斎の「論語古義」、徂徠の「論語徴」を、一条ずつ読んだ。後者は、徂徠の学説の全貌に通じないため、往往誤まった演繹をしているのを、近ごろ筑摩から続刊した全集二十一巻で、補正した。

ついで昭和三十四年、新潮社の講座「日本文化研究」のために、「日本文明に於ける受容と能動」、のち「受容の歴史――日本漢学小史」と改題して、全集十七巻に収めるものを、執筆したときに、仁斎を「童子問」を中心として読み返し、徂徠のより多くを読んだ。しかし江戸時代の日本が中国文明を受け入れた過程の上での二家の位置を考えるにとどまり、徂徠の理解は、膚浅を免れない。

仁斎に、またついで徂徠に、はじめて正面からとっくんだのは、昭和四十四年以来、岩波「日本思想大系」編集委員の一人となり、且つ両家の巻の解説を書くことになってからの、この五六年である。すでに大学を去り、中国文学を講義する義務から解放されたことも、二家の書への沈潜を可能にした。そうして書いたのが、本書の大部分を占める「仁斎東涯学案」であり、「徂徠学案」である。また後者の余論として、「民族主義者としての徂徠」「日本的思想家としての徂徠」を、雑誌「世界」に発表した。それらにさきだつ「本居宣長の思想」は、昭和四十四年、筑摩書房「日本の思想」その人の巻の解説として、主としてかつての読書の記憶によって書いた。

附録、西園寺氏の書簡の解説は、「仁斎学案」の補注として、このたび新たに書き、英文 Itō Jinsai は、「仁斎学案」大要の英訳を、財団法人東方学会の雑誌 Acta Asiatica, Vol. 25. 1973 のため、同会事務局の菊池雄二君が訳したのに、コロンビア大学教授 Burton Watson 氏と私とが、多少の手を入れた。

六

序文の筆をおくにあたって、新しく感ずることがある。徂徠のごとき極端な朱子排撃が、同時間の中国では、伝統の壁の厚みから、生まれにくかったであろうと、私は「日本的思想家としての徂徠」第六節でいった。本書二七〇頁。徂徠ばかりではない。運動のみが存在であるとする仁斎の説とても、同時間の中国では生まれにくかったであろう。宣長の説に至っては、なおさらである。将来、極東の思想史が一括して考えられるに至った場合、三家の説は、一そう重量を増すであろう。

刊成にあたり、いろいろと苦労して下さった岩波書店の竹田行之君に、謝意を表する。

一九七五昭和五十年五月。

目次

仁斎東涯学案

一　仁斎の伝記

伊藤仁斎《いとうじんさい》、一六二七寛永四年—一七〇五宝永二年、は、十七世紀の日本の儒者である。儒者であるから、その学説と思想は、古代中国の儒家の思想、ことに孔子のそれの、演繹という形をとる。

中国という外国の思想の演繹と意識したのではない。孔子の思想は、人類に普遍に妥当するという意識が、自明な、自然なものとしてあった。その演繹の方法は、独特であり、他の儒者のそれとことなる。ことに十二世紀宋の朱熹《しゅき》、一一三〇—一二〇〇、以来、中国における権威となった宋儒による孔子演繹、すなわちいわゆる朱子学、あるいは宋学と呼ばれるもののそれ、すなわちまた日本では、彼より四十四歳年長の林羅山、一五八三天正十一年—一六五七明暦三年、が、徳川家康の意をうけて幕府の官学としたそれ、そうして仁斎自身もまた、その思想遍歴の過程において、三十代の半ばまでは熱烈な信奉者であったそれをもって、仏教と老荘の説を導入して、孔子の原意、また孔子のもっともよき演繹者と仁斎がする孟子の原意を、不当に歪曲したものとして、はげしく批判する。そうしてみずからの演繹をもって、数千年の久しきにわたって埋没していた孔子の原意、したがってまた孟子の原意を、恢復したとする。

孔子の原意の演繹として、「論語」の原文に即しての解釈をのべた著書が「論語古義」十巻であり、孔子のもっともよき演繹者と彼がする「孟子」の原文に即しての著書が「孟子古義」七巻である。「古義」を書名にするのは、原意に即しての演繹の意である。また「論語」「孟子」のほか儒家の古典に見えた重要な用語、二十あまりを、抽出して、宋儒のそれらに対する解釈を歪曲として排斥しつつ、自説による説明を加えたのが、「語孟字義」二巻である。仁斎自身としては、「論語」「孟子」の原文に即した二つの「古義」こそ主著であり、「字義」は附録であること、「字義」の序にいうごとくである。岩波「日本思想大系」33一四頁。また「中庸発揮」二巻、「大学定本」一巻、後者は朱子が「四書」の一つとして以来、普通の儒者の尊重する「大学」篇につき、その内容の不合理さを指摘するのであり、その大要は、「語孟字義」の附録「大学は孔氏の遺書に非ざるの弁」と同じである。「大系」九八—一〇六頁。また学説の大要を、門人との問答に托して述べたのが「童子問」三巻であって、岩波「日本古典文学大系」97「近世思想家文集」に、清水茂の校注を附して収め、別におなじく清水による「岩波文庫」本がある。以上の諸著書、いずれも漢文で書かれ、その漢文の見事さについては、のちに述べる。八—九頁。どの著書も、「語孟字義」のみが著者の許諾を得ない私版が江戸にあったのを除き、生前には刊行されず、死後、嗣子伊藤東涯《とうがい》によって、整理刊行された。また東涯が、父の死後、短篇の漢文を集録した「古学先生文集」六巻、漢詩を集録した「古学先生詩集」二巻、「思想大系」に前者の約三分の一を抄出する。遺族によらずして刊行された「古学先生和歌集」は、江戸時代に刊本をもつ唯一の和文の著作である。

すべて師授によらずして、みずからによる独自の到達である。教師を要しない天才で、彼はあった。さいしょ宋学に熱中したのも、教師があってのことではない。ついである時期、仏教の研究にふけり、「白骨観法」、「大系」補注五〇六頁参照、を修めたのも、そうであったように見える。仏教と宋学から脱出して、「古義」に到達したのは、一そうの独創であり、伝統からの解放である。儒家古典の前人による注釈としては、彼がはじめは耽りやがて離脱した宋儒のもののほか、より早く漢から唐を経て宋初へかけてのものがあり、それを彼は「古註疏」と呼んで、ある程度の敬意を払うが、それにも束縛されない。門人との問答の形をとる著述、「童子問」下、四十八章に、「先生学問の家法を問う」。学問の系譜の意である。「曰わく、吾れに家法無し。論語孟子の正文に就いて理会す。是れ吾が家法のみ」。孔子孟子の言語を記した書物の本文、それのみが私の師匠だというのである。文庫本二四六頁。弟子たちとの討論の記録「同志会筆記」の一条にはまたいう、「孔孟の学、註家に厄すること久し。漢晋の間、多く老荘を以って之れを解す」。西洋紀元前後から三世紀ごろまでの注釈である。「宋元以来、又た禅学を以って之れを混ず」。十一、十二世紀、宋儒の注釈である。「学者之れを習うこと已《すで》に久しく、之れを講ずること既《すで》に熟し、日に化し月に遷って、其の卒《つい》に全く禅学の見解と為って、孔孟の旨に於いて茫乎《ぼうこ》として其の何物為《た》ることを知らず」。過去の注釈はすべて人を誤る。もし世界のどこか未開の地帯に、「論語」「孟子」の本文しかない空間があれば、学問はもっと進歩するだろうと、ユーモラスな説をのべる。「大系」一二三九—一二四〇頁。こうした自由な態度は、当時の学者、詩人、美術家が、「伝授」を重んずるなかにあって、異常であったと思われる。

その身分は、京都の町人であった。三十代の中ごろ、仏教と宋学から脱出し、みずからの学説「古義」を樹立すると、京都市の西部を流れる堀川の東岸、出水通り下ルの自宅を、「古義堂」と名づけ、学生をうけいれて、講義した。講義の方法も、当時としてはおそらく独得であった。一方的な講授でなく、学生たちに意見を提出させ、共同に討論した。「古学先生文集」に収める「私擬策問」、また「同志会」に関する諸文が、それを示す。またのち一四頁に引く「童子問」下の四十五章。

門弟三千人といわれ、武士、たとえば小野寺十内、大石主税、町人は、京のみならず、大阪のそれが、聴講者であった。飛驒、佐渡、壱岐の三か国の人のみが、その門人帳になかったと、嗣子東涯の「盍簪録」二にいう。また京都朝廷の公卿たちも、あるいは彼を招いて、講義をきいた。京都朝廷の特権として残されていた年号の撰定について、公卿から相談をうけたこともある。一六八四、甲子の歳は、干支《えと》のはじめとして改元を必須とするいわゆる「革令」の歳であったが、その歳にはじまる「貞享《じようきよう》」の年号は、彼の立案である。貞《ただ》しき享《さかえ》、それが二字の意味である。

熊本の細川氏から、藩の教師となるべく招聘されたが、老母がいるのを理由に、ことわり、市民としてその生を終えた。しかしある公卿は、彼の風格を、大納言ほどと見立てた。

彼の学説は、朱子学が、幕府の官学であるばかりでなく、惺窩、羅山以来、日本でもすでに一般に勢力をもっていたのへの、大胆な挑戦である。次の世紀の幕府の政治家松平定信からは、「異学」の一つとして「禁」ぜられるべきものである。また愛情をもって人間第一の価値とする彼の学説は、当然の結果として、武の否定をともなう。「治道の要を問う。曰わく、文其の武に勝つときは則ち国祚修《なが》かり、武其の文に勝つときは、則ち国脈蹙《ちぢ》まる」。「童子問」中、三十一章。文庫本一二五頁。「蓋し国家の将《まさ》に治まらんとする、必ず文を右にして武を左にす。其の将《まさ》に乱れんとするや、必ず武を貴んで文を賤しゅうす」。「古学先生文集」一、「山口勝隆を送る序」。「大系」一七一頁。あるいは軽率な死は君主への最上の忠誠でないとした。「忠《ちゆう》を問う。曰わく、古今忠臣と称する者、其の品《しな》一ならず。感激して身を殺す者有り。其の君有ることを知って、其の身有ることを知らざる者有り。艱険《かんけん》を避けずして、以って其の君を済《な》す者有り。至誠君を愛し、善を以って之れを勧《すす》め、道を以って之れを輔《たす》くる者有り。奚《なん》ぞ感激して身を殺す者の多うして、道を以って君に事《つかま》つる者の寡《すくな》きや。蓋《けだ》し感激して身を殺すは、一旦の義に出《い》づ。故に難《かた》きに似て実は易《やす》し。道を以って君に事《つかま》つる者は、躬《み》其の徳有って、始終其の道を失なわざる者に非ざれば、能《あた》わず。故に易《やす》きに似て実は難《かた》し」。「童子問」中、三十九章。文庫本一三二頁。いずれも武家の世にはふさわしからぬ言語である。対立する学者の有力なものとしては、同じく京都の、堀川のすぐの西がわの塾で、九歳年長の山崎闇斎が、朱子学を、中国の本来よりも、一そう厳粛に演繹しつつあった。「吾れに家法無し」ということ、学生との共同研究、いわゆる師道にそむく行為として、これまた非難するものがあったろう。

嗣子東涯の書いた父の伝記、「先府君古学先生行状」には、その平生の生活を、「家は本と寒薄」、貧乏、「伏臘を支《ささ》え難し」、盆暮れの節季を越えかねることもあったが、「先生は之れに居て泰然たり」といった上、次のような含蓄ある語を着ける。「仕えを求めざるに非ざる也。而こうして仕えを求むるの計を為さず。禍を避けざるに非ざる也。而こうして禍を避くるの謀を為さず」。

彼の身辺には、避くべき「禍」が皆無ではなかったように見える。しかし「仕えを求むるの計を為さぬ」のともに、「禍を避くるの謀を為さず」、堀川の学塾において、悠悠と、その学説を講じつづけて、東山天皇、徳川綱吉の宝永二年、一七〇五、つまり近松が曾根崎心中を書いた翌翌年、ニュートンが「光学」を書き、初代団十郎と向井去来がなくなった翌年、その三月十二日未《ひつじ》の刻、すなわち午後二時、七十九歳の死に至った。彼の学問の適確な継承者であった長男東涯《とうがい》は時に三十六歳、次男梅宇《ばいう》は二十三、三男介亭《かいてい》は二十一、四男竹里《ちくり》は十四、末子の五男蘭嵎《らんぐう》は十一、みなそろって秀才であった。元禄六年、六十七歳の正月二日の詩にいう、

家本十餘口　家は本と十余口《こう》
既無尺寸田　既に尺寸の田無し
幸逢太平日　幸いに太平の日に逢う
自免米鹽齪　自《お》のずから米塩の齪を免る

道以唐虞準　　道は唐虞《とうぐ》を以って準し
學從鄒魯傳　　学は鄒魯《すうろ》従《よ》り伝う
眼前兒女侍　　眼前　児女侍る
萬事醉陶然　　万事　酔うて陶然

一生の足跡は、原則として京都を出ず、六十四歳のとき大阪をおとずれて、はじめて海を見た。「古学先生和歌集」に、「ながらへばなにはの浦の春もみつおもへば人は命なりけり」。「古学先生文集」一の「摂州に遊ぶ記」は、その時の紀行である。「大系」一八三頁。四天王寺のみが立派であり、愛情の君主である仁徳天皇の神社の荒廃をなげいている。それと晩年、近江の水口藩主鳥居忠救をおとずれたのみが、例外である。

彼の人格が、その学説の実践として、寛容に温和に誠実に清潔をきわめたことが、もろもろの雑音を消して、一世の巨人として、声望をあつめた何よりの原因であったことは、人人のしばしば指摘するところである。それとともに、彼の学説の背後にあるものとして、博識と語学力が、それまでの啓蒙期の人人とことなり、画期的に、当時に卓越したことが、その学説を支え、またその声望を一そう支えたものとして、考慮されねばならない。

がんらい興味のひろい、洞察力に富む人物であった。「古学先生文集」一、「浮屠道香師を送る序」、それは朝鮮人安慎徽によって、「日本未《い》まだ許《か》くの如き文有るを聞かず」と嘆称され、東山天皇からも一覧を求められたと、東涯が父の「行状」に記す名文であるが、それには「余《わ》れ少《わか》き時、甚だ学を好み、寝食を忘れ、百事を廃し、唯だ学に之れ耽り、名の為めに進まず、利の為めに務めず」と、勉学の苦心をいうとともに、経験にふれるすべてのものを、学問の素材としたことをのべて、「凡そ飲食談笑」、友だちとの会食、「出入応接」、人人との応対、「野遊郊行」、ピクニック、「山を望み水を瞰《のぞ》み」、山水の風景を見、「曁《およ》び里巷の歌謡を聆《き》き」、隆達節、投げ節の類であろう、「市上の戯場を観るに至るまで」、四条河原の芝居であろう、「機に触れ事に随いて、挙げて皆な吾が進学の地に非ずということ靡《な》し」。「大系」一七五頁。

こうした性格がやがてその博大な学殖となった。当時輸入された限りの中国書を読もうとしたようである。その範囲は、短篇小説集「醒世恒言」にも及んでいる。中国の歴史と百般の事物に対し、広い正確な知識をもつ点でも、彼の嗣子東涯と、彼の祖述者でもあり批判者でもある荻生徂徠が、彼に代ってそうであるまで、当時の日本における第一人者であった。嗣子東涯の随筆「秉燭譚《へいしょくたん》」五には、寛文年間、中年の父の挿話として、博識をほこる禅僧曇首座が、母方のおじ緒方元真の宴席で、かねてからの疑問だとして、三つの言葉を、父に問うた。征服された先代の国家を意味する「勝国」、国家の政策の基本を意味する「国是」、父方のいとこを意味する「堂兄弟」、父は三つとも難なく答え、相手をびっくりさせた。そのころの一般の学問の水準は、そんなものであったと、東涯はいう。さいしょは信奉者であり、のちその批判者となった宋学に対しての造詣が、それを捨てたのちも、他の学者たちを圧したであろうことは、いうまでもない。「童子問」を読むものは、広汎な範囲の中国書、ことに歴史書の、自在な引用に驚く。またたとえば、「孟子古義」「梁恵王」篇下、第十五章では、「民を重しと為し、社稷これに次ぎ、君を軽しと為す」という道徳を、後世に実践し、人民の幸福のためには自ずからの君主権の拋棄をいとわなかった君主として、後漢の竇融《とうゆう》と、宋の銭鏐《せんりゅう》をあげる。当時の普通の儒者にはむつかしい挙例と思われる。彼の学説に対して異議のあるものも、こうした学殖のゆたかさには、頭を低《た》れざるを得なかったであろう。

また中国語を読む能力においても、やはりやがて東涯と徂徠が代ってそれとなるまで、当時の第一人者であったと思われる。彼にさきだって林羅山もまた、幕府の儒臣としての責任もあって、輸入書のすべてを読もうとしたようである。そうして中国の文語の文体、すなわちいわゆる「漢文」の文体の文献に対して、羅山の読解力はほぼ充分であったが、口語文献の読解は困難であったらしく、その最初歩である複数の一人称「我們《ウオオメヌ》」の意味を、「是れ我等の義か」と、朝鮮人との筆談で、問うている。「羅山林先生文集」六十「韓客筆語」。仁斎はちがっていた。文語体の「漢文」を正確に読んだのはいうまでもなく、朱子と門人の対話を口語のままに筆録した「朱子語類」を、十代の若いころから読んだのを、自由に正確に引用している。こうした中国俗語への能力は、もとより彼の学問の中心にはならないが、やはり直観と類推によっての独学であったに相違なく、彼が語学的にも、教師を要しない天才であったことを示す。

　中国語を読む天才は、それを書く天才でもあった。彼以前の江戸儒学啓蒙期の儒者も、漢文で著述した。しかし中国の文語の文体では、美的法則《エステティック・ルール》、ことに一句の字数の調節によるリズム感、それが意味の表現にも重要に参与するが、それに対しての神経が粗笨であり、そのことがおもな原因となって、いわゆる「和習」をまぬかれなかった。羅山の漢文漢詩は、その例となろう。仁斎はちがっている。江戸時代の儒者として、はじめて正しいリズムの漢文を書いた。あるいは江戸時代を通じて、もっとものの名文である。彼が「唐音」を知っていたとは思われない。しかし中国音で発音しても、立派である。やはり教師のいらない天才であった。また日本の通例の儒者の漢文が、論理のみを追うに急であり、余裕に乏しいことも、「和習」の原因の又一つであるが、彼の漢文は、比喩を自在に用い、あるいは前の三頁でふれたようなユーモアを交えさえする。その点でも、中国人の文章に接近する。このことは彼の自信でもあり、中国人の文章の添删をさえ試みている。「古学先生文集」三で、元《げん》の方回《ほうかい》の「三体詩」の序文に対する添删を示すのは、原文の内容が詩人としての朱子を推奨するのをきらったからでもあるが、原文の文体が「冗雑にして簡潔ならず」だからとする。なお彼の批判者である徂徠は、その「蘐園《けんえん》随筆」で、仁斎の漢文の文法のあやまりのいくつかを指摘する。「徂徠学案」一七一頁。そのあるものは当たり、あるものは当たらない。徂徠もまた能文であるが、もし二家の漢文を中国人に示したとすれば、より多くの賞讃は、仁斎にあるであろうと感ぜられる。なお、仁斎の漢文の技倆が、それまでの儒者に対して画期であることは、彼の学説の反対者である中井積善、一七三〇享保十五年―一八〇四文化元年、の「非徴」一も、それを認めるにやぶさかでない。

こうした語学者としての天才的な能力、つまり言語への敏感が、彼の学説の形成にも、大きな要素として働いていることを、看過してはならない。彼の「古義学」は、孔孟の思想そのままの「古義」、すなわち原意の再獲得を目標とするが、研究は「論語」「孟子」その他儒家の古典に用いられた中国古代語の単語としての意味、その検討をもって、出発点の少なくとも一つとすること、「語孟字義」が、その総括的な表現である。いま重要な一例として、彼の学説全体の出発点となった「孟子」「公孫丑」篇上、「四端」の章の、「端」の字についての議論をあげよう。

「孟子」のその章は、かの有名な比喩、井戸にはまろうとする小供を見かけると、誰だってはっとかあいそうに思う、「怵惕惻隠《じゅってきそくいん》の心有り」、べつに小供の両親の機嫌をとりむすぼうとしてでない、村での評判を気にしてでない、自然にそうした感情をいだく、それこそが「仁」の道徳の「端《たん》」である。といい、同様に、「羞悪の心」はにかみとにくしみは「義の端也」、「辞譲の心」えんりょは「礼の端也」、「是非の心」わきまえは「智の端也」と、孟子はいう。

ところで、宋儒、ことに朱子によれば、「仁」「義」「礼」「智」というのは、善の原理として、人間の内奥に存在する。それは世界の原理である「理」が、人間に分与されたものであるゆえに、宋儒のいう「性」として、静かに人間の内奥に可能性としてひそんでいる。それが感情として外に発現するのが、「惻隠の心」であるとし、内部の原理のはしっことしての発現であるとする。そのため朱子の「孟子集注」では、「惻隠の心は仁の端也」という「孟子」の本文に、「端は緒也」と注する。つまり「端」の字のおきかえとして、はしっこ、いとぐちを意味するところの「緒」の字を用い、文章全体の意味は、「其の情の発するに因りて、性の本然、得て見る可し、猶お物の中に在りて緒《はし》の外に見ゆるごとき也」であるとする。

ところで仁斎は、宋儒のいうような「理」が、世界の原理として存在するということを、そもそも認めない。その分与が、人間の「性」として、人間の内奥にあることをも、認めない。次章16。そうして「仁」をはじめ、人間の諸道徳、あるいは生活の法則は、人間の現実的な生活そのものの中に顕現しているとする。次章17。しからば「孟子」が、惻隠之心、仁之端也、というのも、井戸にはまろうとする小供を見て反射的にはっとする心、それが「仁」の道徳の基本であるというのであって、はしっこではない。つまり「仁の端也」の「端」は、他の字におきかえるならば、「本也」とおきかえるべきであるとする。仁斎の「孟子古義」のその条に、「端は本也。言う惻隠羞悪辞譲是非の心は、乃《すなわ》ち仁義礼智の本、能く拡めて之れを充つれば、則ち仁義礼智の徳を成す。故に之れを端と謂う也」。また宋儒を駁していう、「先儒、仁義礼智を以って性と為す。故に端を解して緒と為し、以って仁義礼智の端緒の外に見《あらわ》るる者と為す者は、誤まれり矣」。且つ宋儒のいうように、内なるものの外への発現とすれば、そうした発現の偶然の機会をじっと待ちうけよというのか。それも「孟子」の本文と矛盾する。孟子は、「人の是の四端有るや、猶お其の四体有るがごとき也」、両手両足が誰にでもあるのと同じだ、そういっているではないかと、反論を畳む。

以上は、「孟子古義」において、原文に即しての解釈であるが、「語孟字義」では、自説の正当と、朱子説の不当とを、「端」の字の使用例について、検討しようとする。まず朱子に先だつ注釈の説が、自説に同じであることを挙げて、「四端の端、古註疏に曰わく、端は本也。仁義礼智の端本、此こに起こるを謂う也と」。ここにいう「古註疏」とは、北宋の孫奭《そんせき》の著といい伝える「孟子正義」であって、朱子より二世紀ばかり早く、十世紀の書である。次には「字書」について検討する。「按ずるに字書又た始《し》と訓じ緒《しょ》と訓ず。総《す》べて皆な一意」。仁斎のころ、「康熙字典」はまだ出来ていず、渡来していない。いわゆる「字書」は、明の梅膺祚《ばいようそ》の「字彙」であろう。仁斎の書き入れ本が、天理図書館に現存する。それには「端」の字を、「始也」「緒也」とおきかえるが、たとえそうおきかえたとしても、やはり「本」の意味を離れない。しかるに考亭《こうてい》すなわち朱子の注は、そこを心得ない。「而こうして考亭特に端緒《たんしょ》の義を用ゆ。謂《い》えらく、猶お物中《ものなか》に在って、緒外《しょそと》に見《あら》わるるがごとしと」。はしっこ「緒」という意味にだけおきかえ、箱の中にある紐のはしっこが、外に現われているようなものだと、朱子はする。しかしそもそも漢字の訓、すなわち意義の説明としておきかえられる語は、いろいろに分裂しつつも、一つの字の訓である以上、根底の含意は常に連関を保っているというのが、原則的な事態である。「然れども訓字の例、数義有りと雖も、倶に一意に帰す」。この原則は、眼前の「端」の字にも施されるべきであって、たとい「緒也」、いとぐち、はしっこ、と訓じようとも、繭からひき出された糸は、のばし、織って、長い反物となる事態の、基本であり、やはり「本也」の意とつらなっている。「緒《しょ》の字亦た当《まさ》に本始の字と其の義を同じゅうすべし。想うに繭《まゆ》の緒有る、繅治《そうち》して止《や》まざるときは、則ち繒《そう》と為り帛《はく》と為り、端両丈疋《たんりょうじょうひき》の長きに至る。即ち引きて之れを伸《の》ぶるの意有り」。しかるに朱子は、この関係を考察していない。「考亭の謂うところの若《ごと》きは、則ち本始の義と相い反す。字訓の例に非ず」。そうして結論としていう、「孟子の意、以為《おも》えらく、人の四端有るや、猶お其の身の四体有るがごとしと。人人具足、外に求むることを仮らず。苟しくも之れを拡充することを知るときは、則ち猶お火燃え泉達するがごとく、竟《つい》に仁義礼智の徳を成す。故に四端の心を以って仁義礼智の端本《たんぽん》と為《す》。此れ孟子の本旨《ほんし》にして、漢儒の相い伝授する所也」。

「字義」の論証はなお終らない。次には自説の正しさを、他の古書における「端」の字の用例に求める。まず「中庸に曰わく、君子の道は、端《たん》を夫婦に造《な》す」。「中庸」は、その全部を仁斎が信じない書であること、次章21にいうごとくであるが、古書にはちがいないのであり、君子の道は、基本を夫婦にもつ、それがその二句の意である。また、「左氏伝に曰わく、端《たん》を始めに履む」。「春秋左氏伝」文公元年、暦の基本は、正月にあるのをいう。以上諸古典の例ばかりでない。常用語もそうである。「曁《およ》び釁端《きんたん》・禍端《かたん》・開端《かいたん》・発端《はったん》等の語、古人皆な本始の義に依って之れを用ゆ」。ひがごとの始まりをいう「釁端」「禍端」、ひろくものごとのはじまりをいう「開端」「発端」、みなやはり「本始」、基本の意である。「是こに於いて益ます古註の従わずんばある可からざることを知る」。「大系」五四頁。

以上の仁斎の考証は、強引にすぎる部分をふくんでいる。また資料的にも十全とはいえぬ。後にのべるように、彼におくれること約百年、中国で彼と同じ方向の努力をした清朝「漢学」派の人たちならば、必ずまず引用するであろう漢代の字書「説文解字」、少なくともその原本を、仁斎は見ることが出来なかったように思われる。その依拠する「字書」が、明人の「字彙」にとどまるのは、気の毒なことであり、議論の発端となった孫奭《そんせき》の「孟子正義」も、信頼に乏しい書と、今はされる。しかし古典の解釈に「字義」を重視しようとする態度、それをうかがうには充分である。そもそも彼が宋儒の説を疑ったきっかけは、宋儒が世界の原理とする「理」の語が、「論語」「孟子」をはじめ古典には稀にしか見えず、稀に見えるものも、宋儒のいうごとき意ではないということにあった。「大系」三二頁。またより微細な点についても、「大学定本」では、「切磋琢磨」に対する宋の朱子の注が、最古の辞書である「爾雅《じが》」の訓にそむくことが、非難されている。あるいはまた「童子問」下の四十六章にいうように、宋儒の術語が、しばしば仏教老荘を借りるのを攻撃するのは、学説としての不純さばかりでなく、それらの語のもつ陰鬱な語感をきらう感情があろう。「近思録、四書集註等に、禅荘《ぜんそう》の語を用ゆる者、悉《ことごと》く挙ぐるに暇《いと》まあらず。今《い》ま其の尤《いちじる》しき者を摘出して之れを告げん。曰わく静、曰わく忘、曰わく公、曰わく無欲、曰わく無情、曰わく無極、曰わく将迎《しょうげい》無し、曰わく沖漠《ちゅうばく》無朕《むちん》、曰わく明鏡止水、曰わく廓然大公《かくぜんだいこう》、曰わく尸居竜見《しきょりょうけん》。皆な老荘書中の要語。曰わく喚醒《かんせい》、曰わく常惺惺《じょうせいせい》の法、曰わく虚霊不昧《ふまい》、曰わく体用一源、顕微間《へだ》て無し。此れ等の語、皆な禅書に出づ。及び静坐の功夫《くふう》、調息の箴《しん》、亦た専ら老仏の法を用ゆ。語孟二書、本と此の語も無く、亦た此の理も無し」。文庫本二四二—二四三頁。徂徠は、その

「論語徴」において、仁斎の「論語古義」を駁する場合、しばしば「仁斎先生は古言を識《し》らず」という。しかしこの場合も、徂徠の批判は、あるいは当たり、あるいは当たらない。

以上のようにして、学を講じた仁斎は、もとより自信に富む人物であった。宋儒の説を排斥するみずからを、孟子が、楊朱《ようしゅ》と墨翟《ぼくてき》の哲学を、邪説としてしりぞけたのに、比しさえもする。「童子問」巻中の六十五章に、宋儒が「理」に執着する結果、残忍刻薄の弊害が生まれたと、痛論したのちにいう、「孟子の曰わく、楊墨が道息《や》まずんば、孔子の道著《あら》われずと。予《よ》、呶呶然《どうどうぜん》として此《か》くの如く其れ已《や》まざる所以《ゆえん》の者は、実に孔子の道著《あら》われざらんことを恐れて也。弁を好むに非ざる也。君子諒せ諸《よ》」。文庫本一五七頁。

あるいはもっと強い言葉も、「童子問」下、四十二章に見える。学者を鷹にたとえれば、雑学者、それは弱い鷹、「伊洛の学」すなわち宋学の研究者は、やや俊敏な鷹、それをのりこえて孔孟の原意に近づこうとするのは、鷹の中でももっとも「神俊」な種類で、海東青《かいとうせい》と呼ばれるものにして、はじめて可能である。ただしこの鷹は日本には産せず、「建酋《けんしゅう》」すなわち満洲の地帯、そこにのみ産する。「問う、今時の学者、何んぞ聖学に志す者の少のうして、雑学を好む者の多きや。曰わく、豪傑なる者は少のうして、庸材なる者は多し。古今皆な然り。予《よ》、鷹を養う者の説を聞く。鷹の捷《さと》き者は必ず先ず鶴の最も大なる者を撃《う》つ。其の捷《さと》からざる者は、必ず鶴の小なる者を見て之れを撃つ。鷹の最も神俊なる者を、海東青《かいとうせい》と号す。建酋に産す。海内得べからず。韓欧《かんおう》の古文を好む者既に少なし。伊洛《いらく》の学に志す者益ます少なし、況《いわ》んや孔孟の正学に志す者は、千万人中の一人のみ。其の韓欧の古文を好む者は、鶴の稍や小なる者を撃つの類なり。伊洛の学に志す者は、鷹の捷《さと》き者なり。孔孟の正学に志す者は、建酋《けんしゅう》の海東青《かいとうせい》なり。其の雑学詞章記誦の類を好む者は、亦た小隼《しょうじゅん》の麻雀鶉鷃《まじゃくじゅんあん》を撃つの類のみ。貴ぶに足らず。子《し》其れ自ずから励む所を知らざるべけんや」。文庫本二三七—二三八頁。後輩をはげます言葉として語られているけれども、彼みずからは、「海東青」

でなければならない。

しかしまた「童子問」下の四十五章には、次のような言葉がある。「先生常に孔孟の旨《むね》を使《し》て復《ま》た天下に明らかならしめんと欲して、言を建て書を著わし、千辛万苦を犯して敢えて為す。而《しか》るに今ま之れを信ずる者有り、信ぜざる者有り、或いは甚だ之れを譏摘《きてき》する者有り、奈何《いかん》ぞ其れを使《し》て尽《ことごと》く信ぜしむること能わざるや」。譏摘者、あらさがしをするものとは、闇斎の門流などをいうであろう。仁斎は答えていう、私の学説が、まだすぐ人人に信ぜられるに至らないのは、まず第一に、私の誠実が足りないからである。またそもそも私の学説は、孔孟の演繹であることを志すけれども、完完全全な演繹は、私自身をも含めて何人にも困難である。「苟しくも孔孟の直指を闡明《せんめい》して、明らかに以って我れに告ぐる者有らば、是れ吾が大いに聞くことを欲する所也」。孔子もいっているではないか、「丘《きゅう》や幸いなり。苟しくも過《あやま》ち有れば、人必ず之れを知る」。言葉は「論語」の「述而《じゅつじ》」篇に見え、仁斎がそこの「古義」で、聖人といえども過失はあるとし、宋儒の聖人無謬説に反対するのは、仁斎の「論語」解釈の、出色なものの一つである。次章26参照。五三―五四頁。また更にいう、私の態度は、君たち門人に対しても同じであり、「論語」「孟子」についての著書、すべて君たちとの討論の結果であること、君の知るとおりである。「予、門人小子の説と雖も、苟しくも取る可き者有るは、皆な之れに従う。論語孟子を解する皆な然り。乃ち門人と商搉《しょうかく》し、衆議定まって、而る後之れを書に命ず。若《も》し理に合わざる者有れば之れを却《しりぞ》く。是れ子《し》の識《し》る所也」。

しかしそこの文章も、さいごはだんだんと強い。感情的な私への攻撃、それを私はうけつけないであろう。「若《も》し夫《そ》れ私心を以って之れを攻め、私説を持《じ》して之れを難《なん》ぜば、是れ吾が聞くことを欲せざる所也」。そうしてさいごにはいう、「後世有道の人有って出づれば、必ず吾が言に於いて、符節を合わせたる若《ごと》くならん。是れ吾が自ずから恃《たの》む所也。子《し》其れ諒《まこと》とせよ焉」。文庫本二四一―二四二頁。

上の引用の終りにいうように、彼は知己を後世に待っている。日本における知己の第一は、三十九歳年下の徂徠であり、やがては彼の死後二十五年にして生まれた宣長であろう。徂徠が江戸から晩年の仁斎に呈した書簡、「徂徠集」二十七、それは「語孟字義」と「大学定本」を読んで感心したこと、しかしいくばくの質問があることをのべ、「茫茫たる海内、豪傑幾何《いくばく》ぞ。一つも心に当たる無し。而こうして独り先生に郷《むこ》う」と、熱ぼったい語を含む書簡であるが、仁斎がそれに答えないままで死んだことが、感情家でもあった徂徠をして、仁斎への批判を増加させた。「徂徠学案」一一四—一一五頁参照。しかし、「仁斎先生」への尊敬が、より大きなものとして、徂徠にあるのを、おおいがたい。宣長は、「玉かつま」八で、おのれらの学問が、仁斎あるいは徂徠と無縁であることを強調していう、「ある人の、古学を、儒の古文辞家の言にさそはれていできたる物なりといへるは、ひがこと也、わが古学は、契沖はやくそのはしをひらけり、かの儒の古学といふことの始めなる、伊藤氏など、契沖と大かた同じころといふうちに、契沖はいさゝか先《サキ》だち、かれはおくれたり」。時間の先後によって創始の功を争おうとするのは、かえって方法の類似への気がかりが、宣長にあったことを語る。

仁斎、徂徠、宣長という系譜は、少なくとも大へん顕著な二つの点でつらなっている。第一は、宋儒への反発である。あるいは空泛な理論によって複雑な現実を処理しようとする哲学の無知、非良心、それへの反発である。第二は、古典の解釈をその言語から出発させる方法である。ことに後者は、近世日本の学問の方法として、その特異さが注目される。ただし仁斎は、のちの徂徠のように「辞」を「物」と密着したものとし、宣長のように「言《コトバ》」「事《ワザ》」「心《コヽロ》」の三位一体を主張するには至っていない。しかしその学説を、「論語」「孟子」の「字義」から出発させる。

更にまた、日本と中国をあわせて、儒学思想発展の歴史を見るとき、仁斎の存在は一そう大きな意義をもつ。彼の学説また思想と、それこそ「符節を合わせたる若《ごと》き」学派が、やがて中国におこる。彼はそれを先取すること百年でである。

仁斎はむこうの紀年では、明の末、天啓七年に生まれ、清《しん》の康熙四十四年になくなっている。みずからをそれに比した「海東青」の産地、「建酋」すなわち東北の酋長であった愛親覚羅氏が、中国の統治者となったころである。そのころの中国では、宋儒批判はまだおこっていない。それがおこるのは、次の十八世紀後半、乾隆時代に入ってからであり、仁斎と同じく、宋儒批判から出発して、古代語の研究による古典原意の研究が、「漢学」の名で、以後の中国の学界の主流となる。その代表者であり創始者である戴震《たいしん》(一七二三—一七七七)は、仁斎の死後十八年にして生まれているが、戴氏の学説は、種種の点で、仁斎とそれこそ「符節を合わす」。戴の主著が「孟子字義疏證」であるのは、書名までも、百年早く書かれた仁斎の「語孟字義」と近接するばかりでなく、その目次が、理、天道、性、才、道、仁義礼智、誠、権であるのは、仁斎の問題が、すなわち戴の問題である。二家の思想も、おそろしく似ており、「理」を主張する宋儒の説が、種種の弊害を生んだことを論ずる条などは、言葉のはしばしまでを、期せずして合致させること、次章6、二七—二八頁、また私のかつての文章「学問のかたち」を見られたい。私の全集十七巻二〇八—二〇九頁。もしくは筑摩叢書「古典について」二一七—二一九頁。また文献批判の功績として、流布本「書経」のうち、その半数の篇が後世の偽作であることを、はっきり指摘したのも、九つ年下の閻若璩《えんじゃくきょ》(一六三六—一七〇四)の「尚書古文疏證」と、先後を争う。次章23参照、四九—五〇頁。

仁斎の伝記を終えようとするにあたって、今一つ問題を提起したい。なぜ彼が、細川氏その他の招聘に応ぜず、処士町人として終ったか。

それは彼の学説と矛盾しさえもする。学問の究竟は「経済」すなわち経世済民に帰するとは、彼のしばしばいうところである。孟子のいう「王道」こそ、儒者の本務であるとも、しばしばいう。たとえば「童子問」中の十三章にはいう、「問う、聖門の学、王道を以って本と為《す》、其の意如何《いかん》。曰わく、子《し》能く聖人の学と仏老の学と、由って分かる所如何《いかん》ということを識《し》るときは、則ち自《お》のずから之れを知らん。曰わく、聖人は天下上より道を見る。仏老は一身上に就いて道を求む。一身上に就いて道を求む、故に天下の従うや否やを顧りみず。専ら清浄無欲、以って一己の安きを成就せんと要して、卒《つい》に人倫を棄て礼楽を廃するに至る。此れ異端為《た》る所以《ゆえん》也」。文庫本一〇一頁。仏教への批判をその独善におくのは、のちの徂徠と同じである。また「童子問」中の十一章では、宋儒の欠点も、孔子が、「君子は己れを修めて以って百姓《ひゃくせい》を安んず」というのを忘れた点にあるとし、「其の独り其の身を善くするは、豈《あ》に聖人の本心ならんや。後世儒者、王道を説くと雖も、其の実は専ら心法を以って務めと為《す》。故に流れて異端に入らざること能わず」。文庫本九九頁。そうした彼は、政治への参与を拒否する隠遁者の態度を否定する。議論は、「論語」「微子」篇の、子路と隠者との問答の章、また「孟子」「滕文公《とうぶんこう》」篇下、「周霄問いて曰わく、古の君子仕うる乎《か》。孟子曰わく、仕う」の章、それぞれの「古義」に見える。後者にいう、「仕進の道を論ずる、此の章之れを尽くせり矣。後世或いは其の道に由ると否とを論ぜず、概して隠を以って高しと為し、顕を以って濁ると為し、処《お》るを以って崇《たか》しと為し、出づるを以って卑《ひく》しと為す。大いに聖賢の意に非ず」。

しかし実践としては、隠者であった。堀川の家には、一もとの江戸桜があり、中国の僧、というのは黄檗の坊さんであろうが、それに見せると、これは海棠だといった。「よりてみづから棠隠居士と号す、或は桜隠ともいふ」と、前書をつけて、次のような歌を、「仁斎先生和歌集」にとどめる。

　世の中をいとふとなしにおのづから桜が本のかくれがのいほ

「世の中をいとふとなしに」というのは、前に引いた東涯の「先府君古学先生行状」にいわゆる「仕えを求めざるに非ざる也」である。しかしけっきょくは「仕えを求むるの謀を為す」ことはなかった。五人の息子、長男東涯が終生の処士であった点でも、父の相続者であったのを除き、次男の梅宇は福山藩に、三男の介亭は高槻藩に、四男の竹里は久留米藩に、五男の蘭嵎は紀州藩に仕えたにもかかわらずである。

当時の藩儒なるものが、単なる技術者として扱われるのをおそれたとすれば、「孟子」が前引の「滕文公」下のその章で、「古の人、未まだ嘗つて仕えを欲せずんばあらざる也、又た其の道に由らざるを悪《にく》む」といい、またその「万章」下に、当時の諸侯が学者をよい位に扱うのを糾弾して、「賢人を見んと欲して、其の道を以ってせざるは、猶お其の入るを欲して之れが門を閉ざすがごとき也」という、それらの言葉が、まず彼の心にあったであろう。

しかしそうした消極的な理由のほかに、在野の市民であることに、積極的なほこりを感じていたのではないか。「孟子古義」の「滕文公」下で、彼は次のような議論を発する。「此れは仁義を為す者の国家に益有るを明かす也。君子の草莽に在るや、但《た》だ往聖を継ぎて来学を開くのみに非ず、以って世道を維持するに足り、以って人心を検束するに足る。清議是れに由りて堕《お》ちず、邪説是れに由りて肆《ほしいまま》ならず。赫赫の験無しと雖も、冥冥の功有り。何んぞ事無くして食ろうと謂うことを得ん哉《や》」。ひそかにみずからいうのである。

「古学先生和歌集」のあとがきに、彼は「元禄癸未《きび》のとし二月中旬、洛下老布衣維楨題」と署する。癸未は元禄十六年、七十七歳、その死の前前年である。維楨はイテイとよむかコレエダとよむか、名乗りであるが、町内での名は、源佐《げんすけ》であり、鶴屋七右衛門であった。偉大な学者は、老布衣、老いたる市民であることによって、一そう偉大である。

嗣子東涯が、門人と合議してであろう、諡《おくりな》、すなわち栄誉をたたえる死後の名としたのは、「古学先生」。京都の西郊、小倉山二尊院に葬った。かつて彼が「嵯峨二尊院へまふで侍りしに、定家卿の墓とて侍りしを見て」と前書きし、「朽ぬ名をなを忍べとや小倉山世に古塚の跡は有けり」と詠んだのと近い地域に、中国式の墓碣と構造をもつ墓が、嗣子東涯以下、現今に至るまでの後裔の墓とともにある。また京都市上京区堀川東岸の「古義堂」には、今もその裔孫が住んでいる。明治のはじめまでは、「古義学」の講義が、東涯以下、子孫の儒者によって、連綿と行なわれたのであって、かつてその学生であった西園寺公望は、明治二十六年、東京から書簡を当主の伊藤輶斎《ゆうさい》に寄せ、清儒崔《さい》述《じゅつ》の「考信録」で、「老子」は偽書であるという説を読んだが、仁斎の子の蘭嵎にも同じ説があると承わる、遺稿の拝見を得たいと、申しやっている。附録参照。

二　仁斎の思想と学説

1　「仁」すなわち愛情は人間の最上の価値であること。

このこと、仁斎の学説の体系のはじめには位していない。「語孟字義」はこのことではじまらない。しかし彼の心情は、常にこのことに傾斜していたと思われる。ゆえにこの解説のはじめとしよう。ここにいう愛情とは、「論語」にいわゆる「仁《じん》」である。「仁」とは何か。「童子問」上、四十三章に、その「成徳」すなわち完全型を説いて、「慈愛の心、渾淪通徹、内従《よ》り外に及び、至らずという所無く、達せずという所無く、一毫残忍刻薄の心無き、正《まさ》に之れを仁と謂う」。すなわち、やわらかな愛の心、それが「渾淪《コンロン》」と音尾を同じくする擬態語《オノマトペイア》で形容される円熟の状態、また「通徹《ツウテツ》」とこれは同子音の擬態語で形容される徹底の状態によって、内部から外部へと、無限に拡大し、滲透する。それが「仁」である。「仁」の反対概念は、「残忍刻薄」であって、「一毫」ほんのすこしでもそれがあれば、「仁」の完全型でない。こうした愛情が人間最上の価値であることについては、同じ章に、「故に徳は人を愛するより大なるは莫《な》く、物を忮《そこの》うより不善なるは莫《な》し」。文庫本七〇頁。また「仁」とは愛情以外の何ものでもないこと、そうしてすべての善の基本であることについては、「童子問」上、四十五章に、「問う、仁は畢竟愛に止まる歟《か》。曰わく、畢竟愛に止まる。故に学は仁に至って、便《すなわ》ち実徳為《た》り。種種の善行、皆な其の推《すい》也」。すべての善は、「仁」の延長だというのである。「仁の徳、其の余波溥《ひろ》い哉」。文庫本七二頁。孔子が人類あって以来の偉人であると仁斎がしたこと、のち25に述べるごとくであるが、五一―五三頁、さればこそ孔子も、「仁」すなわち愛情を、価値の第一とした。「孔門仁を以って学問の宗旨と為《す》るは、蓋し此れが為《た》め也」。ふたたび文庫本七〇頁。また孟子が孔子のもっとも正しい演繹者であるのも、その点にこそある。「孟子」「離婁」篇下の「古義」にいう、「孟子の王道を論ずる若《ごと》き、横説竪《じゅ》説、千変万化、之れを出だして愈いよ窮まらず」。ああ説明しこう説明して、議論は加速度的に展開するが、「然り而こうして其の帰《き》を要すれば、亦た一つの仁の字より出《い》でず」。孟子においても、帰決は「仁」の一字にあり、すべての議論、それからはみ出さない。

2　「仁」と「仁」以外の諸道徳との関係、ことに「仁」と「義」との相補。

もっとも仁斎は、愛情の道徳である「仁」とあいならんで、「義」が相補の関係にあることを、しばしばいう。「義」とは、「語孟字義」によれば、「其の当《まさ》に為《す》べき所を為《し》て、其の当《まさ》に為《す》べからざる所を為《せ》ず」である。そうして「仁」と「義」の二つが相補の関係にあることは、水と火と、どちらが欠けてもいけないごとくであって、「仁」は「義」の裏づけを得てはじめて「仁」であり、「義」は「仁」の裏づけを得てはじめて「義」であるとする。「仁」すなわち愛情が無限の延長を欲するに対し、「義」は理性による調節であるごとくである。あるいは更に、「仁」と「義」のほかに、「礼」と「智」の二者を加える。「尊卑上下、等《とう》威分明、少しも踰越せず」、つまり秩序の道徳と思われるのが、「礼」であり、「天下の理、暁然洞徹《ぎょうぜんどうてつ》、疑惑する所無し」、つまり知性の道徳と思われるのが、「智」である。かく「仁」「義」「礼」「智」の四者を併挙するのは、彼の学説の出発点となった「孟子」の「四端」の説が、「公孫丑」篇においても、「告子」篇においても、それら四者を並挙するのをふまえる。そうして宋儒がすべてを「仁」に帰一させ、「仁の一事、実に義礼智の三つを兼ぬ」というのは、誤謬だとさえいう。以上「大系」三八頁以下。かく価値を「仁」

にのみかたよらせない理論、ことに「仁」と「義」との相補を説く理論は、彼の著書にしばしば見える。一例を「論語古義」に求めれば、「述而《じゅつじ》」篇の、孔子の狩猟の生活を記した条、「子は釣れども綱《つな》せず、弋《よく》するも宿るを射ず」、魚の一本釣りはしたが、流れに渡した綱に餌をつけて、大量に捕獲する漁法は避けた。また巣で眠っている鳥を射なかった。そうしたことをいう章の「古義」にも、この議論がある。先祖の祭りの供物を得るための狩猟は、「当《まさ》に為《す》べき所を為《す》る」ところの「義」である。しかしその方法を残酷にしないのは、「仁」である。孔子はここでも「仁」と「義」の相補を示したとして、「仁に非ざるときは則ち万物育せず、義に非ざるときは則ち万事行なわれず」といった上、古代の暴君のように、森を焼きはらい沢をさらえての狩猟が、「仁」でないのはいうまでもないとして、殺生の全面的な否定、というのは仏教者を指すが、それは「義」の拋棄であって、「義」の裏づけがないから、「仁」にもならない。殺生の完全な禁断が、普遍な生活法とならないのは、乱暴な狩猟と同じだとする。「若《も》し夫《そ》れ林を焚《や》き沢を竭《つ》くし、天物を暴殄《ぼうてん》する者は、固《まこと》に仁為《た》ることを得ず。而こうして屠を断ち殺を戒しめて、宗廟血食《けっしょく》せざる者は、則ち亦た義の廃す可からざることを知らず、豈に復《ま》た仁為《た》ることを得んや。其の天下に行のう可からざるや均《ひと》し矣」。

3　愛情の価値の優先。

かく仁斎は、「仁」以外の道徳と「仁」との相補を説きつつも、しかしけっきょくにおいては、「仁」を他の道徳に優先させる。たとえば元禄九年、彼の七十歳を祝賀するための宴会が、東山の宿阿弥《しゅくあみ》で開かれたとき、席上での記念講演は、「論語」「学而《がくじ》」篇第一章の講義であったが、それにはまず「人倫の外に道無く、仁義の外に教え無し」、また「愛せざる所無き之れを仁と謂い、為さざる所有る之れを義と謂う」と、やはりまず「仁義」二者を並挙するが、「而こうして仁の徳為る最も大なり矣。故に孔門仁義を以って並び言うと雖も、然れども専ら仁を以って学問の宗旨と為す」と、「仁」を「義」より優先させ、「孟子も亦た然り」といいつぐ。「大系」二二〇頁。またたとえば「童子問」上の四十二章もそうであり、「仁とは人道の大本、衆善の総要」と、まず「仁」についてのみいい、次には「仁義」を並挙して、「人道の仁義有るは、猶お天道の陰陽有るがごとし。故に曰わく、仁は人の安宅《あんたく》也。義は人の正路《せいろ》也」と、「孟子」の文章を引くが、しかしそのあとには、「両《ふたつ》の者は相離れずして、仁を以って要と為《す》」を、結論とする。文庫本六九頁。また「童子問」上の三十四章は、「聖門学問の第一字は是れ仁。義以って配《はい》と為《し》、礼以って輔と為《し》、忠信以って之れが地と為《す》」と、「義」「礼」「忠信」よりも「仁」を優先させる。文庫本五九頁。そもそも彼が「仁斎」をみずからの号とするのも、愛情の道徳である「仁」を第一の価値とするからにほかならぬであろう。

4　「性」すなわち人間のうまれつきと「道」すなわち真理と「教」すなわち賢人のおしえとの関係について。

以上のような「仁」への傾斜は、仁斎の思想の、また学説の、基底となっている心情である。しかし彼がその学説の座標とするものは、別にある。座標は三つある。一、「性」、人間のうまれつき。二、「道」、真理のうごき。三、「教」、賢人のおしえ。三者はもと、孔子の孫子思《しし》の著と伝えられる短い論文「中庸」に見える。「中庸」は、仁斎がもっとも敬意を払う文献でない。その大部分を信頼しはするが、そのある部分を他の文献から混入した乱丁として排斥すること、のち21に述べるごとくである。四五―四六頁。しかし彼がその学説の座標として利用するのは、「中庸」の冒頭の文章、「天の命ずる之れを性と謂い、性に率《したご》う之れを道と謂い、道を修むる之れを教と謂う」、そこに見える「性」「道」「教」の三字である。この三字を、彼はその学説の座標として利用し、三つの間の関係を説くことをもって、しばしば彼の学説を表現する。いまこの解説も、それにしたがおう。「中庸」のその三句は、宋儒もその学説の根拠とするものであるが、彼は宋儒の解釈を誤謬として排斥し、新しい説を立てる。最も大きな差違は、㈠宋儒は「性」を人間の内奥に善の原型として静止するとするのに対し、仁斎は、人間の活動の原型、うまれつきが「性」だとする。㈠宋儒は「性」と「道」との関係を、連続の関係で見るのに対し、仁斎は両者を無条件には連続させない。

したがって「中庸」のその三句の読み方が、仁斎と宋儒とでは、ことなって来る。ただし「中庸」の読み方をもって、彼はその学説の第一の根拠とするのではない。彼が根拠とするのは、何か。あくまでも彼が「最上至極宇宙第一の書」とする「論語」、および「孟子」である。「中庸」の三句は、「論語」「孟子」から出発する彼の学説の、座標となるべき「性」「道」「教」の三字がそこに提供されているのを、利用するのである。しかしいまはこの三字を含む「中庸」の三句についての、彼の読み方から、解説を進めてゆく。

5 「性」すなわち人間のうまれつきの一様性について。

「中庸」篇の冒頭の文章の第一句、「天の命ずる之れを性と謂う」の原文は、天命之謂性、である。仁斎の当時、中国でも日本でも支配的な注釈であった宋の朱子の「中庸章句」は、この五字をもって、「天」すなわち自然が、その原理である「理」を、人間の原理として、人間に分与したもの、それは「性」と呼ばれる、の意として読む。そうして朱子を中心とする宋儒の見解によれば、「性」は、かく自然の原理である「理」の賦与であるゆえに、人間の内奥に静止し、静止するゆえに純粋であり、また静止するゆえに万人に均一な形で存在するとする。そうして「性」は善の要素のみをもち、悪の要素をもたない。仁斎の「語孟字義」が、その「性」の項に、朱子の「孟子集注」を引いて紹介するように、「性とは、人、天に稟《う》けて以って生ずる所の理也。渾然たる至善、未まだ曽《か》つて悪有らず」であり、それが宋儒の説である。仁斎はそうした宋儒の説を虚妄とする。後の14 15に述べるように、運動のみが存在であり、静止は存在でないとする世界観からいって、宋儒が静止をもって「性」の属性とするのは、そもそも静止を存在とするゆえに虚妄でなければならない。仁斎によれば、「性」もまた運動を属性とする概念であり、人間の生命の本来、すなわち生まれつきである。そうしてここの「中庸」の首句、「天の命ずる之れを性と謂う」とは、各人がうまれつきとして、「天」から賦与されたもの、そうして「天」からの賦与とは、一様に善を指向する心理の動きを、現実のうまれつきとして賦与されていること、それをいうのだとする。仁斎の書いた「中庸」篇の逐字的な注釈書「中庸発揮」にはいう、「性とは生の質」、生命の本来であり、「人其の生ずる所にして、加損する所無き者也」。手のはいらないままの生命の状態、そうした意に読める。つまり生まれつきである。しかしそういうだけでは、なお「性」の属性の全部でない。人間はうまれつき、刺戟に対する心理の反応を、反射的に、善への指向の基本として、もつことを、そのもっとも重要な属性とする。すなわちさきの九―一二頁でのべたように、「孟子」のいわゆる「四端《たん》の心」であって、井戸へはまろうとする小供を見れば、はっとするのが、「惻隠《そくいん》の心」なのをはじめ、「羞悪《しゅうお》の心」はじらいとにくしみ、「辞譲《じじょう》の心」えんりょ、「是非の心」わきまえ、みな日常の生活が与える刺戟に対する、反射的本能的な反応であり、「仁」「義」「礼」「智」という四つの真理の「端《もと》」すなわち基本となるものであるが、かく真理の基本となる心理の運動、それは万人一様なうまれつきとして共通であること、それを指摘するのが「中庸」のこの句、「天の命ずる之れを性と謂う」の意だとする。「中庸発揮」に、一句全体の意味を解説していう、「言うこころは人斯《こ》の形有れば」、肉体をもつ以上、「則ち惻隠羞悪辞譲是非の心有り」、それは作為強制によらず、うまれつきそなわったものであって、「生来具足、外に求むることを仮らず、乃《すなわ》ち天の我れに賦予するなり。故に曰《い》う、天の命ずる之れを性と謂うと」。仁斎も、人間は一様にひとしく善への指向性をもち、その原点が「性」であるとする点は、宋儒とおなじである。また仁斎のいう「天」の概念は、私にはまだはっきりしないが、人間の「性」を「天」に関係させることも、宋儒とおなじである。しかし宋儒は「性」を形而上的な自然の理法「理」にむすびつけて静止したものとするのに対し、仁斎は、「性」をもって、現実の人間の生命の活動にむすびつける。以上の説述で、「性」を説明するのに「うまれつき」の語を用いたのは、恣意ではない。嗣子東涯の随筆「秉燭譚《へいしょくたん》」二にいう、「一学者、心性ノ説ヲ講究シテ、議論紛然タリ、素《モト》ヨリ宋儒ノ説ヲモ窮メ、又先人ノ旨《ムネ》ヲ聞得タレドモ、遂ニ一決ノ説ヲ得ズ、予是ガ為ニ問テ曰、心ト云字ハ、日本ニテハ何トヨムゾト、ソノ人答テ曰、コ、ロトヨムト、又問テ曰、性ト云字ハ、日本ニテハ何トヨムゾト、答テ曰、ムマレツキトヨムト、予コレニ告テ曰、孔孟ノイハユル心性ト云モノ即是ナリト、ソノ人言下ニ了悟シテ、心性ノ真訣ヲ得タリト云ヘリ」。なお中庸の「天命之謂性」という原文に対する羅山の旧訓が、「天ノ命之レヲ性ト謂ウ」のであるのに対し、仁斎が、ここの「命」の字は「実字」すなわち体言でなく、「虚字」すなわち用言であることを、「語孟字義」、「大系」二一頁、で強く主張し、「天ノ命ズル之レヲ性ト謂ウ」と、和訓を改めているのも、以上の論理と関係するであろう。「天ノ命」と名詞に読む訓は、固定の感じであるのに対し、「天ノ命ズル」と訓ずれば、「天」からの賦与がすでに運動であり得る。またこれは重要な問題であり、重要なだけに慎重に、この項の最後の問題として提起すれば、仁斎はそもそも「中庸」の「天の命ずる之れを性と謂う」という句を、「天」に重点をおいて読んだか、それとも「性」に重点をおいて読んだか。普通には「天」に重点をおいて、人間は「天」から生まれる、ゆえに「天」は人間の原型であり、権威であると読むようであるが、仁斎は「性」に重点をおいて読むのでないか。すなわち、天命之謂性、とは、「性」とは何ぞやという問いを予想し、著者がそれに答えたものとし、それは「天の命ずる」ものと答えたとはするが、重点は「天」よりもむしろ「性」におかれているのでないか。ここではまだはっきりしないが、次の句の「命に率《したご》う之れを道と謂い」、および「道を修むる之れを教と謂う」、いずれも仁斎は、「道」あるいは「教」とは何かという問いへの答えとして読んでいるように見える。ただし仁斎における「天」の概念が、私にまだはっきりしないことは、前に言及したごとくである。

6　「性」すなわち人間のうまれつきの多様性について。

しかし以上、「中庸発揮」における議論は、「性」すなわち人間のうまれつきに対する仁斎の見解の全部ではない。「中庸」という書物は、究竟において仁斎が最上の敬意を払うものでなく、また「発揮」の所説は「中庸」の本文に即しての解釈にとどまろうとするためであろう、なおその全貌を示さない。全貌が示されるのは、「語孟字義」の「性」の項である。そこでは、人間の「性」うまれつきの一様をいうとともに、その多様を説く。「字義」のその項も、冒頭の文章は、「中庸発揮」とほぼおなじであって、まず「性は生也」、それは生命のことであると、「性」を近似音の字「生」におきかえた上、「人其の生ずる所のままにして、加損する所無し」、原漢文で読めば「発揮」と全く同文である。ついで「董仲舒《とうちゅうじょ》曰わく、生の質也」と、「中庸発揮」にも見えた定義が、漢時代の儒者に基づくことを明示するのであるが、しかしそのあとには、宋の周敦頤《しゅうとんい》が、人間の「性」を、剛善、剛悪、柔善、柔悪、不剛不柔、この五つに区分したことをいう。そうして人間の「性」のこのような多様は、同じ果物の中でも、梅の「性」はすっぱく、柿の「性」はあまく、薬の中に、あたたかい「性」のもの、つめたい「性」のものがあるようなものという。もっとも議論のけっきょくは、かく多様でありつつも、善への指向をもつ点は一様であるという方向に、帰着するのであって、「蓋し人の生質、万同じからざる有りと雖も、然かれども善を善とし悪を悪とするは、則ち古今と無く、聖愚と無く一」であると結論される。またその強調として、泥棒も例外でないとし、「盗賊の至不仁なるが若《ごと》しと雖も、然れども之れを誉むるときは則ち悦び、之れを毀《そし》るときは則ち怒る」。また「孟子」の有名な言葉、「人性の善なるや、猶お水の下《しも》に就くがごとき也。人不善有ること無く、水下《くだ》らざる有ること無し」を引く。かく善への指向において一様であることを説きつつも、「字義」のその項全体の論調は、同時に人間の本来としての「性」の多様に冷淡であるまいとする。「大系」四八―五〇頁。このことは、「孟子古義」においても顕著であって、「告子」篇上、第六章の「古義」にいう、「蓋し人の性為《た》る、剛柔昏明」、かたい、やわらかい、おろか、かしこい、「万の同じからざる有り」。この多様は、聖人の力でも、自然の力でも、どうなるものでない。「唯《た》だ堯舜の之れを一にすること能わざるのみに非ず、天地と雖も亦た之れを一にすること能わず」。更にいう、されば「孟子」以外の古典でも、「易」には、

「乾道変化、各おの性命を正す」といい、「中庸」には、「天の物を生ずる、必ず其の材に因りて篤くす焉」という。「各おの」といい、「材に因る」素質素質にもとづいて、というのから見て、「則ち性の殊なること無き能わざる、知る可し矣」と結論する。つまり仁斎の意は、かく一様でありつつ多様であり、多様でありつつ一様であるのが、人間の「性」うまれつきだとするのである。そうして孟子が「性は善なり」といい、孔子が「論語」で、「性は相い近し」というのも、この吟味を経たのちの言葉とする。「語孟字義」、「大系」五〇頁。ここでも仁斎は宋儒と大きく袂を分かつ。「性」を人間の内奥にある原理とする宋儒は、それが万人に均一であるゆえに、人間は同一であり、同一に善であり得べきことを、主張する。しかし今や仁斎によれば、完全に同一な人間というものは、存在しない。人間は、それぞれに個性をもち、主体をもつ。あるいはそれぞれに限定をもつ。のち14に述べるように、存在は運動であり、運動のみが存在であるという世界観が、ここに働いている。存在は運動であるとすれば、存在が時間的にも空間的にも同一を保つことは、不可能な筈だからである。にもかかわらず宋儒は、「性」の一様な静止を主張し、存在の運動の多様を規制しようとする。そこに生まれるのは、公式主義、厳格主義、教条主義である。宋儒の歴史観が「残忍刻薄」となり、「仁」から遠ざかるのは、そのためだと仁斎はする。たとえば「童子問」中の六十五章にはいう、宋儒の学説によって書かれた歴史書、「通《つ》鑑《がん》纂要」などを読むと、その人物評論は、「善を善とし、悪を悪として、一毫も仮借せず」であって、その結果、「残忍刻薄」となり、申子《しんし》、韓非子など、「法家」の書を読むごとくである。孔子は、「論語」で、「君子は人の美を成し、人の悪を成さず」というように、「善を善とすることは毎《つね》に長く、悪《あく》を悪とすることは毎《つね》に短し」であったのと、逆である。また古典では刑法でさえ、愛情を優先させ、何とかして犯罪者を見のがそうとするのとも、逆の方向である。文庫本一五六―一五七頁。なおさきに一六頁でもふれたように、仁斎の次の世紀の中国の学問の中心となった戴震《たいしん》の「孟子字義疏證」に、大へん似た言葉があるといったのは、「童子問」のこの条についてである。戴震の語の要を摘めば、「而こうして其の責むるに理を以ってするに及びては、世に曠《まれ》なる高き節《みさお》を挙げ、そを義に著《あら》わして之れを罪するを難《はば》からず」。「人の法に死する者は、猶お之れを憐む者《もの》有り。理に死せる者に誰か之れを憐れまんや。嗚呼《ああ》、老釈の言を雑《まじ》えて言を為《た》つれば、其の禍の申韓よりも甚しきこと、是《か》くの如し」。宋儒が「老釈」すなわち老荘仏教の説を移入した結果、申子韓非子的となったという点は、仁斎と表現までを合致させる。また「古義堂」における仁斎の教育が、弟子の個性を尊重したことは、さきに説いたごとくである。三頁。またそれが孔子の教育法であったとすることは、「論語古義」のあちこちに見える。たとえば「雍也」篇の孔子の言葉、「中人以上には以って上を語《つ》ぐ可き也、中人以下には以って上を語《つ》ぐ可からざる也」に対して、「故に君子の教えや、勧《すす》むること有りて抑うること無く、導くこと有りて強《し》うること無し」。強制と抑圧は、教育でない。

7　善への可能性をもたない精神的不具者の存在について。

かく人間の「性」うまれつきは多様であり、それぞれに個性をもつとする見解と関連するものとして、仁斎には大へん特異な、少なくとも儒者としては特異な、又一つの見解がある。すなわち「惻隠」その他「四端の心」という、刺戟に対する心理の反応をもたない人間、そうした精神的不具者も存在しないでないことは、肉体の不具者の存在と同じであるということである。すなわち「孟子」の「公孫丑」篇は、井戸にはまる小供を見ては、「皆な怵惕惻隠の心有り」、それは人間がひとしく「四体」すなわち両手両足をもつのと同じといったあとに、「是れに由りて之れを観れば、惻隠の心無きは、人に非ざる也、羞悪《しゅうお》の心無きは、人に非ざる也。辞譲の心無きは、人に非ざる也、是非の心無きは、人に非ざる也」と、論理を展開するのであるが、宋儒のみならず、普通の説は、そうした非良心の人間の存在は絶無であるという意味で、孟子は、「人に非ざる也」といったとする。しかし仁斎のそこの「古義」は、そう見ない。孟子は「四端の心」をもたない人間の存在を予期して、「人に非ざる也」といったとする。仁斎はいう、「生まれて耳目口鼻無き者、世或いは之れ有り。人の或いは四端の心無き者、亦た此の如し。故に惻隠羞悪辞譲是非の心無き者は人に非ずと謂う也」。またいう、「其の孟子を以って、天下の性は皆な善にして一つも悪無しと言う者は、亦た深く考えざる耳《のみ》」。これも宋儒への反論である。そうして「論語」の「陽貨」篇に「唯だ上智と下愚は移らず」という「下愚」が、「孟子」の「人に非ず」にあたるとする。かく絶対に救済の可能性のない人間の存在をみとめることが、宋儒においては困難であったことは、朱子の「中庸章句」の序文に、「下愚と雖も道心無き能わず」というのによって示されるが、これはひとり宋儒ばかりでなく、中国の思考が伝統的にそうであること、私の全集十巻唐篇Ⅲ「尚書正義」訳本の自跋参照。仁斎のこの議論が、伝統からはみ出す創見として、彼自身に於いても自覚されていたことは、「童子問」下の第一章でも、同じ主張を、こうした精神的不具者の存在は、「億万人の中の一二」ではあろうけれどもとことわりつつ、のべた終わりに、「此れは是れ先儒未了の公案」といい、「豈に千載の一大快ならず哉《や》」、これまでの儒者の気づかなかった事柄であり、その発見は甚だ愉快である、と自讃することによって示される。文庫本一七六頁。ただし「論語古義」「陽貨」篇の「上智と下愚は移らず」のところには、説がない。

8 「道」すなわち真理について。

仁斎がその学説の三つの座標の第二とする「道」は、彼がその学説の説明のために利用する文献「中庸」の首章の三句、「天の命ずる之れを性と謂い、性に率《したご》う之れを道と謂い、道を修むる之れを教と謂う」の第二句に見えるそれである。まず「中庸」のその句の読み方から述べれば、「性に率《したご》う之れを道と謂う」、原文では、率性之謂道、それを彼は、「道」とは何ぞや、という設問に対し、著者が答え、「道」の定義を与えたものとして読むようである。いましばらく説明の便宜のため、「道」の字を、真理の語におきかえれば、「道」真理とは何ぞや。「性」すなわち人間のうまれつき、ことにその一様性である善への指向、それに「率《したが》」い、即応して、それと矛盾しない存在、それが「道」

真理である、そうした意味だとする。具体的には、「仁」「義」「礼」「智」である。そうしてそれらの「道」真理は、人間の「性」うまれつきと矛盾しなければこそ、「道」真理であり得るというのが、この句の重点だとする。以上が「中庸」のその句についての仁斎の読み方であるが、この句をはなれていえば、彼の思想の重点は、真理は人間を離れては存在しないということにある。それが「中庸」のこの句をも、そう読ませるのである。人間を離れて「道」真理は存在しないという論理の根拠として、彼が尊重するのは、「中庸」のすぐ次の章に見える語、「道とは、須臾《しばらく》も離す可からざる也、離す可きは道に非ざる也」、また「中庸」の又一つの章の孔子の語、「道は人に遠からず、人の道を為して人に遠きは、以って道と為す可からず」が、より明瞭にそれをいうことである。また仁斎自身のスローガンとする言葉でいえば、「人の外に道無し」である。四〇頁。かく「道」真理は人間と密着して存在するという関係を、「道」と人間のうまれつきである「性」との間の関係として検討し、両者が矛盾の関係になく、またあってはならないことをいうのが、「性に率《したご》う之れを道と謂う」であるとする。「中庸発揮」にいう、人間があるかぎり、父子があり、君臣があり、夫婦があり、昆弟すなわち兄弟があり、朋友がある。つまり人間とは人間関係をもつ存在である。そうして父子の間には「親」、君臣の間には「義」、夫婦の間には「別」、兄弟の間には「叙」、朋友の間には「信」が、それぞれの関係の、それぞれの「道」真理として存在するが、それらはすべて人間が善を指向するうまれつき「性」と矛盾しない形で存在するのであり、「矯揉造作する所有るに非ず」、人間のうまれつきである「性」を離れた無理な方向へねじまげて作られたものではない。そうして「中庸」が、「性に率《したご》う」ものこそ「道」だというのは、排斥するものがあるのであって、老荘が「無」をもって道とし、仏教が「空」をもって道とするように、「性」から離れ、人間から離れたものを、真理とするのを、排斥するからだと、「中庸発揮」はいい足す。

9　「道」すなわち真理の普遍妥当性について。

ところで右の「中庸発揮」の説は、やはり「中庸」の「性に率《したご》う之れを道と謂う」という文章の解釈として与えられており、「道」に対する仁斎の見解の全貌ではない。いまその全貌を知るために、まず「語孟字義」に就けば、その「道」の項の議論が、さいしょにまず、「道は猶お路のごとし、人の往来する所以《ゆえん》也」で始まるのは、運動のみが存在であるとする世界観にもとづいて、真理もまた運動をもつことによって真理であること、および彼のいつものスローガン「人の外に道無し」、その二つと連関するであろうが、「語義」のその項がやがて力説するのは、「道」の普遍妥当性である。「道」真理は、万人に普遍妥当すること、全国に通ずる街道のごとくであるべきであって、「唯《た》だ王公大人行くことを得て、匹夫匹婦行くことを得ざるときは、則ち道に非ず。賢知者行くことを得て、愚不肖者行くことを得ざるときは、則ち道に非ず」。誰が歩け、誰が歩けないのは、「道」真理でない。だからこそ孟子は、「道は大《だい》路《ろ》の若《ごと》く然かり」というとする。それは空間的に普遍妥当であること、「四方八隅、遐《か》陬《そう》の陋《ろう》、蛮貊《ばんばく》の蠢《しゅん》たるに至るまで、自《お》のずから君臣父子夫婦昆弟朋友の倫《りん》有らずということ莫《な》く、亦た親義別叙信の道有らずということ莫《な》し」。うち「蛮貊」云云というのは、西洋の存在へのおぼろな意識である。また時間的に普遍妥当であること、「万世《ばんせい》の上も此の若《ごと》く、万世の下も亦た此の若《ごと》し」。かく人間に妥当するばかりではない。動植物に対してもしかりである。「凡そ父子の相い親しみ、夫婦の相い愛し、儕輩《せいはい》の相い随う、惟《た》だ人之れ有るのみに非ず、物も亦た之れ有り」。ここまでは動物についていう。「惟《た》だ有情の物之れ有るのみに非ず」、動物ばかりでない。植物にもある。「竹木無智の物と雖も、亦た雌雄牝牡子母の別有り」。しからば人間においてはなおさらである。「況んや四端の心、良知良能、已《おの》れに固有する者に於いてを乎《や》」。「大系」二六―三〇頁。

10 「道」すなわち真理と「性」すなわちうまれつきとは無条件な連続でないこと。

しかし以上は、なお「道」についての仁斎の見解の全貌でない。重要な段階は、その次にある。「道」真理は、普遍妥当であるゆえに、「性」すなわち人間のうまれつきとは、無条件には連続しないとすることである。さきの6で説いたように、「性」のもつ指向性としての「四端」は、「端」基本であっても、「道」真理そのものでないとすると共に、おそらくより大きなものとして、「性」は個人の個性であり、普遍妥当でないとする認識が、働いていよう。いかにも「中庸」が、「性に率《したご》う之れを道と謂う」というように、両者は相似の関係にある。また「人の道を為して人に遠きは、以って道と為す可からず」ではある。しかし「性」の善への指向性が、無条件に「道」真理に到達するのではない。両者の間に、断絶はないけれども、距離はある。この思考を、もっともはっきりいうのは、「童子問」であって、その巻上の十四章にいう、「蓋し性とは已れに有るを以って言う」。つまり個性である。それに対し、「道とは天下に達するを以って言う」。世界に普遍妥当する。そうして次のような大胆な議論となる。「故に人有るときは則ち性有り。人無きときは則ち性無し」。人間が存在しなければ、「性」も存在しない。「道」はちがう。「道」とは、「人有ると人無きとを待たず、本来《もと》自のずから有るの物、天地に満ち、人倫に徹し、時として然からずということ無く、処として在らずということ無し」。文庫本三三―三四頁。人がなくても「道」は存在するというのは、「人の外に道無し」という平生のスローガンと矛盾するようにさえ見える。しかし敢えてそういうのは、ここでも宋儒と袂を分かとうとするからである。すなわち宋儒は、「性」、それは宋儒においては人間の内奥にある善の原型であるが、その自然な延長が、すなわち「道」となるとする。朱子は「中庸」の「性に率《したご》う之れを道と謂う」に注していう、「人物各おの其の性の自然に循《したご》うときは、則ち其の日用事物の間、各おの当行の路有らずということ莫《な》し、是れ則ち道也」と。しからば「道」と「性」とは、無条件な連続となり得る。仁斎が、朱子の見解を誤謬とすることは、「童子問」に見え、また「中庸発揮」に見える。また朱子の説は、老荘仏教からの浸潤であり、人をあやまることを、「孟子古義」の「公孫丑」「告子」の諸篇で、しばしば指摘する。ところで人は無くても「道」は存在すると、仁斎はいう。では「道」は、どうして作られたか、それに対する仁斎の答えは見いだしにくい。あるいは自覚的に黙否する。「語孟字義」の「天道」の項の終わりにはいう、「存して之れを議せざるを妙と為《す》」。「大系」一八頁。

11 「教」すなわち賢人のおしえについて。

かく「性」すなわち人間のうまれつきもつ善への指向性と、「道」すなわち真理と、両者の間に存する距離を主張する仁斎が、次に指摘する第三の座標は、「教」である。すなわち賢人のおしえであり、それを学ぶことによって、「性」うまれつきは、「道」真理に接近するとする。かく第三の座標を「教」で表現するのは、やはり「中庸」の文章による。もう一どくりかえせば、「天の命ずる之れを性と謂い、性に率《したご》う之れを道と謂い、道を修むる之れを教と謂う」、そのさいごの句に、「教」が現われるからである。仁斎の「中庸発揮」に、一句の意味を解して、真理「道」は、人間のうまれつきである「性」と相似の形にあるが、そうした「道」を、「聖人」すなわち至高の賢人が、整頓して、「人極」すなわち人間の標準としたもの、「教」とはそれを呼ぶ言葉にほかならぬというのが、修道之謂教の意であるとする。ところで仁斎にとって重要なのは、かく「教」についていう句が、「性」についていう句、「道」についていう句、それらにつづいて、いわれていることである。この構文はすなわち、「性」うまれつきと、「道」真理と、両者の間にある距離、その克服は、聖人の「教」にこそよることを、示さんがためであるとする。「中庸発揮」に、この関係を説明していう、「夫《そ》れ道なる者は、至れり矣尽くせり矣。以って加うる蔑《な》し焉」。真理はまことに至高の存在である。しかし真理の存在そのものが、人間を進歩させるわけでない。「然こうして人を使《し》て聖と為り、賢と為り、其の才徳を成さしむる能わず」。人間の「性」うまれつきを成長させて、「道」真理に至らせ、聖人賢人の域に達させること、つまり「性」と「道」との間の距離の克服、それは「道」自体の仕事でない。「聖人」の「教」の仕事である。「其の聖と為り賢と為り、能く其の才徳を成す者は、教の功也」。おなじことを「童子問」上の十三章では、「論語」「衛霊公」篇の「道の人を弘むるに非ず」を傍証としていう。文庫本三二頁。ところでかく「教」をもって、第三の座標とするのは、はじめにいったように、彼がその学説の表現に、「中庸」を利用する場合のことである。「中庸」を利用せずして学説をのべる場合、この距離を克服するものとして、説かれるのは、学問である。彼の語でいえば、「学」である。賢人の「教」そのものでなく、その「教」を学ぶことである。つまり人間は、至高の賢人である「聖人」が、「人極」人間の基準を立てた「教」え、それを学ぶことによってこそ、うまれつきの善への指向「性」から出発して、真理「道」に進むことができるとする。そうして学問とは成長にほかならぬとするのこそ、仁斎の学説ないしは思想の、もっとも重点であるように見える。またその出発点であるように見える。

12 「性」うまれつきと「道」真理との距離の克服は学問によること。

「性」が「道」に対してもつ距離、その克服が、なぜ学問によるか。仁斎はその理由を、「性」すなわち人間のうまれつきが限界をもつことにもとめている。「語孟字義」の「学」の項に、「蓋し人の性は限り有って、天下の徳は窮まり無し。限り有るの性を以って窮まり無きの徳を尽くさんと欲せば、苟しくも学問に由らざるときは、則ち天下の聡明を以ってすと雖も能わず」。ここに至って、仁斎は「人の性は限り有り」と、はっきり「性」の限界をいう。「性」の善への指向は一様であっても、それは個人のものであることを重視するであろう。さきの10に引いた「童子問」の語、「性とは已れに有るを以って言う」、また「人有るときは則ち性有り、人無きときは則ち性無し」、いずれも「性」が個人に属するのをいう語として理解し得る。三二頁。それに対し、「天下の徳は窮まり無し」。「徳」の語について、「語孟字義」は、「道」の字と「相い近し」といっている。「大系」三六頁。しからば「天下の徳」というのは、「天下の道」といいかえても、大差はないであろう。しからばすなわち世界における真理の存在は、無限であるの意となる。有限の「性」から出発して、無限の「徳」すなわち「道」すなわち真理を求めるもの、それが学問である。かく

「道」あるいは「徳」は無限であるゆえに「学」もまた無限であるという思考は、いつも仁斎にあったらしく、「論語古義」でも「孟子古義」でも、「学」の字の現われる条には、しばしばそれをいう。たとえば「論語」「述而」篇の孔子の語、「我れ生まれながらにして之れを知る者に非ず。古を好み敏にして以って之れを求むる者也」の「古義」に、なぜ孔子がかくも学を好んだかを論じていう、「道は窮まり無し。故に学も亦た窮まり無し。苟しくも無窮の道を尽くさんと欲するときは、則ち学問の功に由らずば、得可からざる也。此れ夫子《ふうし》の聖と雖も、尚お此こに汲汲たる所以《ゆえん》也」。うち「夫子」とはすなわち孔子である。かく学問は無限の追求であるとする思想、他の儒者からは必ずしも常に聞くものでないと感ずる。のちの26をも参照。五四頁。

13　学問とは「性」すなわち生まれつきの「道」すなわち真理にむかっての成長であること。

では学問の方法はいかにあるべきか。うまれつきの善への指向性である「性」を、真理「道」へむかって成長させること、それが方法であると、仁斎はする。この主張は、仁斎の思想と学説全体において、出発点となり、重点となるものであるが、よりどころとするのは、ふたたび「孟子」の「公孫丑」篇である。孟子は、「四端の心」、四つの基本の心、すなわち「仁」「義」「礼」「智」四つの真理の基本となる「惻隠」以下四つの心を、「四体」すなわち両手両足のごとく、人間は普遍に具有すると説いたのちにいう、「凡そ四端の我れに有る者は」、さきの7でいうような精神的不具者は例外として、四つの基本をもつ人間であるかぎり、「皆な拡《ひろ》めて之れを充《み》たすを知れば」、自覚としてそれを成長させ充実させるならば、「火の始めて燃え、泉の始めて達する若《ごと》くならん」。燃え出した火、あふれはじめた泉のように、ぐんぐんとその成長は伸びるであろう。「苟しくも之れを充たせば」、充実させ成長させるかぎりは、「以って四海を保つに足る」、世界を保持する王者となろう。もし反対に、「苟しくも之れを充たさざれば」、成長させない場合は、「以って父母に事《つか》うるに足らず」、家庭の父母という至近の関係者とさえもうまくゆくまい。以上が「孟子」

の本文である。うち「皆な拡めて之れを充たすを知れば」と条件法に読んだところの原文は、知皆拡而充之矣であるが、仁斎の「古義」に、「拡充を知らざれば則ち之れを如何《いかん》ともする無し。苟しくも之れを拡充するを知れば」と注する。しからばそれは自覚による努力である。しかしその努力の必要を自覚しさえすれば、どんどん成長するのであって、仁斎の「古義」によれば、「則ち猶お火燃え泉達して、遏《とど》む可からざるがごとき也」。仁斎の口吻は、成長が自律的であり得ることを認めるごとくである。「語孟字義」の「学」の項には、この関係を論じていう、「夫《そ》れ四端の我れに在る、猶お涓涓《けんけん》の泉、星星《せいせい》の火、萌蘖《ぼうげつ》の生のごとし。苟しくも之れを拡充して仁義礼智の徳を成すときは、則ち猶お涓涓の水、以って海に放《いた》る可く、星星の火、以って原を燎《や》く可く、萌蘖の生、以って雲に参《まじ》わる可きがごとし」。「大系」七五頁。この比喩によれば、成長はいよいよ自律的である。自覚の努力の鞭を要しはする。しかし人間のエネルギーによって、自律的に成長してゆく。「道」真理が無限であるゆえに、「学」も無限とすれば、成長は無限である。かく学問の方法として、「拡充」を主張することにおいても、仁斎は宋儒と袂を分かつ。或いはもっとも大きく分かつ。宋儒も、「惻隠之心」その他の「四端之心」を重視することは、仁斎と同じである。しかし学問の方法は、仁斎と逆の方向を取る。宋儒によれば、「性」は「理」の分与であり、人間の内奥に、善の原型として、静かな純粋な形で存在する。それが「性」であり、「四つの端《はし》の心」は、その外部への「端《はし》」としてのあらわれにすぎない。ゆえに学問の方法は、せいぜい心を静かにして、欲望と感情を抑え、「静を主《むね》とし」、「敬を持し」て、「明鏡止水」、あるいは「虚霊不昧《ふまい》」な心境となり、内奥の静かで純粋な「性」への復帰にあるとする。つまり宋儒は、内なる静止へむかっての復帰を求める。それに対し仁斎は、「四端」を、四つの端《もと》、四つの基本とし、その外へむかっての成長を求める。運動を求める。その運動は自律的でもあり得る。かく運動を学問の方法とする「拡充《かくじゅう》」の説は、仁斎の思想の根底にある世界観と連なっている。すなわち、運動のみが存在であり、静止は存在でないとする世界観である。そうした世界観が、「拡充」成長の説を生んだというよりも、「拡充」の説の延長が、そのような世界観を生んだと思える。今までもときどき触れて来たこの世界観を、今や述べるべき順序となった。余談ながら、「語孟字義」に見える比喩、「星星の火、以って原を燎《や》く可し」は、何の書を出典とするか未詳だが、近ごろ毛沢東氏の語でもある。

14　存在は運動であること。

仁斎によれば、存在は必ず運動し、運動するもののみが存在である。「語孟字義」の巻頭に位する「天道」の項は、すなわちこの世界観を説く。まずいう、「天地の間は一元気のみ」。世界は元《おお》きなエネルギーの運動である。その実証としていう、六枚の板をあわせて箱を作り、密閉する。すると「気」エネルギーが、空虚なはずの箱の中に、おのずからにして充満する。「気」が充満すると、白かびが生え、かびが生えると、木くい虫がわく。宇宙はいわば大きな箱である。その中にある限り、ものはすべて運動して、生命をもち、成長する。「大系」一五―一六頁。また「童子問」中の六十九章では、「天地は一大活物《かつぶつ》」であることを、次のように論証する。人間は生きている限り、運動を停止することがない。「其の生くるや昼《ひ》る動いて夜る静かなり。然れども熟睡の中と雖も、夢無きこと能わず。及び鼻息の呼吸、昼夜の別無し。手足頭面、覚えずして自のずから動揺す」。意識的な運動はなくても、無意識のそれがある。更に「之れを天地に験《ため》す」に、いよいよそうである。「日月星辰、東に升り西に没し、昼夜旋転して、一息の停機無し。日月相い推して明生《めいな》り、寒暑相い推して歳成る。天地日月、皆な斯《こ》の気に乗じて行なわれずということ莫《な》し」。あたかも、「走馬燈」、まわりあんどんの上の、兵隊、車、馬、が、火のほのほにあふられて、いつまでも廻っているごとくである。水は昼夜を分かたずに流れ、草木は真冬でも花を咲かす。かく存在とは運動であり、成長であり、生命である。「四端」の拡充も、それは人間の運動なのである。文庫本一六二―一六三頁。うち「手足頭面、覚えずして自のずから動揺す」というのは、宋儒のあるものが、禅の影響をうけて、静座をとうとぶのに対し、厳密な静座は不可能だということを含意するかも知れぬ。かく存在とは運動であり、運動するもののみが存在であるとする世界観は、仁斎の学説と思想のすべてを支配する。はじめに述べたような、愛情をもって至上の価値とする心情も、この世界観の反映である。愛情は成長を属性としてこそ愛情だからである。

15　静止は存在でないこと。

かく運動するもののみが存在であるとする仁斎にとって、静止は存在でない。生は存在であるが、死は生の停止であるから存在でない。その意味のことを、「語孟字義」の「天道」の条には、次のごとくいう。まず「易《えき》」の語、「天地の大徳を生と曰《い》う」を引き、その説明として、「言うこころは生生して已《や》まざるは、即ち天地の道也。故に天地の道は生有って死無く、聚有って散無し。死は即ち生の終わり、散は即ち聚の尽くるなり。天地の道、生に一なる故也」。統一した原理としてあるのは生のみである。もし「生ずる者は必ず死し、聚まる者は必ず散ず」と、そういうならばよろしい。「生有れば必ず死有り、聚有れば必ず散有り」というのは、よろしくない。「大系」一六—一七頁。生と聚は運動であり、ゆえに存在だが、死と散は運動の停止であるゆえに、もはや存在であり得ない。故に「有り」とはいえないという論理と思われる。また善は「四端の心」の「拡充」成長であるから存在だが、悪は成長の停止だから存在でないとする。「童子問」六十九章の発端に、「凡そ天地の間は、皆な一理のみ。動有って静無く、善有って悪無し。蓋し静とは動の止、悪とは善の変」。文庫本一六二頁。

16　宋儒のいわゆる「理」の虚妄について。

かく静止は存在であり得ないとする仁斎にとって、宋儒が「理」ということをいい出して、存在の原理とするのは、根本的に誤謬である。宋儒は、世界が運動をはじめる前に、「理」というものが存在し、それが今も存在の原理になっているという。しかしそうした思考は、「論語」をはじめ、諸古典には見えないのみならず、「理」の字の形を分析すると、右の「里《り》」が音の表示、左の「玉」が意味の表示であって、「玉石の文理」、鉱物の筋目をいうのが、原義である。つまり物の中における関係をいう「死字」である。静止的な字である。仁斎が真理の意とする「道」の字が、人間の往来する空間を原義とし、「活字」であるごとくでない。ゆえに孔子の編著である諸古典には、自然の運動の方向をいう「天道」の語、人間の運動の方向をいう「人道」の語は用いられても、「理」の字はその意味に用いられていない。それは「理」の字が、「以って事物の条理を形容す可くして」、無生物の静止した構造を表現できても、「以って天地生生化化の妙を形容するに足らざる也」だからである。またかく孔子に関係する文献が、運動とつらなる「道」の字のみを用い、静止とつらなる「理」の字を用いないのは、宇宙の本質は運動にあることを、孔子がよく認識していたからである。「蓋し孔子は天地を以って活物と為し」たからである。それに対し、老子は、「虚無を以って道と為《し》、天地を視ること死物の如く然り」、つまり静止をもって原理とする点で、誤謬の思想である。しかるに宋儒はそれにひきずられた。宋儒の使う「理」あるいは「天理」なる語も、元来は老子あるいは荘子の語であり、概念である。漢人が編集した「礼記《らいき》」の一篇として、音楽についての記載「楽記《がくき》」の篇に、「天理」の語が見えるのを、宋儒は論拠の一つとするが、「礼記」は全部を信用しにくい乱雑な書物であり、根拠にならない。「楽記」のその条も、老子の思想の浸潤と認められ、孔子の思想ではない。以上「語孟字義」「理」の条、「大系」三〇―三一頁。そうしてかく宋儒の学説の根本となる「理」が虚妄である以上、宋儒の「性」の解釈、すなわち「理」の人間への分与が「性」であり、人間の内奥に善の原型としてひそむという説が、信頼されないことは、もはやいうを待たない。またそもそも静止は存在でない以上、人間の内奥に静かにいるということ自体が、意味を成さない。それへの復帰を求める宋儒の学問論は、誤謬であり、人をあやまるものと、仁斎はする。さいしょ宋儒の学に沈潜したころの彼が、「敬斎」を号としたのは、「敬」の字が、内面への復帰を求める宋儒の重要な座標であったからであるが、三十の半ばにして

「仁斎」と改めたのは、それからの離脱である。

17　学問の素材は人間であること。

かく学問とは、「性」うまれつきの「道」真理へむかっての成長であるということは、「性」うまれつきが、「道」真理の認識に努力するということである。しからば認識の素材となるものは何か。人間そのものである。人間をおいて学問の素材はない。何となれば、「中庸」にいうように、「道」真理は、「性に率《したご》う」もの、人間のうまれつきと相似形をえがくものとして、本来ある。距離は両者の間にある。しかし形は相似である。「人に遠きもの」、それは「道」真理でないと、「中庸」がいうことも、すでに見たごとくである。三〇頁。かく「道」真理は、人間をはなれてあるのでないとすれば、「道」真理は常に人間の動きの中に顕現しているとしなければならない。ゆえに人間そのものを観察してこそ、「道」真理は認識される。逆にまたかく「道」真理が、いつも人間の動きの中に顕現しているということは、人間は「道」真理と無縁ではあり得ないということである。人間は「道」真理と別のものとしてあるのではない。学問をするものは、以上の関係を、常に心におくべきであるとして、「人の外に道無く、道の外に人無し」、原漢文では、人外無道、道外無人、が、仁斎のスローガンとなっている。「童子問」上の第九章には、スローガンを説明していう、「問う、何をか人の外に道無しと謂う。曰わく、人とは何ぞ。君臣也。父子也。夫婦也。昆弟《こんてい》也。朋友也。夫《そ》れ道は一つ而已《のみ》。君臣に在っては之れを義と謂い、父子には之れを親と謂い、夫婦には之れを別と謂い、昆弟には之れを叙と謂い、朋友には之れを信と謂う」。そうしてそれらは「皆な人に由りて顕わる。人無きときは則ち以って道を見ること無し。故に曰わく、人の外に道無しと」。またいう、「何をか道の外に人無しと謂う。曰わく、道とは何ぞや。仁也。義也。礼也。智也。人其の中に囿《ゆう》して、須臾《しばらく》も離るることを得ず。離るるときは則ち人に非ず。故に曰わく、道の外に人無しと」。しばらくも云云は、これも「中庸」の語、「囿」は範囲の中にいる意。文庫本二七―

二八頁。

18　人間の真実は日常の中にこそあること。

かく「道」真理認識の素材は、人間そのもの、仁斎風にいえば人間の運動そのもの、それをおいてはないとする仁斎の思考は、更に次の段階をもつ。人間の運動のなかでも、日常的なものこそ、重要であるとすることである。仁斎の語によれば、「卑近」である。より「卑近」なほど、より重要である。反対に「高遠」なものは、虚妄であり、危険であるとする。けだし日常の人間の動きは、その顕著さ、また頻繁さにおいて、もっとも信頼されるに対し、非日常的なものは、その逆であるとする感情が、思考の奥にあろう。「童子問」上の二十四章にいう、「問う、先生の道を談ずる固《まこと》に善し。然れども甚だ過ぎて卑《ひく》きに非ざることを得ん乎《や》」。あまりに日常的でありすぎはしませんか。仁斎答えて、「曰わく、卑きときは則ち自のずから実なり、高きときは則ち必ず虚なり。故に学問は卑近を厭うこと無し。卑近を忽《ゆるがせ》にする者は、道を識《し》る者に非ず」。文庫本四六頁。宋儒は卑近を忘れて高遠を求めた。静止をもって存在の原理とするというような誤謬におちいったのは、そのためである。老荘が「無」を説き、仏教が「空」を説くのも、みな卑近でないゆえに虚妄である。また「童子問」上の八章にいう、「故に道を知る者は、必ず之れを邇《ちか》きに求む。其の道を以って高しと為《し》、遠しと為《し》、企《くわだ》て及ぶ可からずと為《す》る者は、皆な道の本然《ほんぜん》に非ず」。あるいはそれら「卑近」でない説は、刺戟的であり、面白そうに見えるかも知れない。しかしその刺戟的な点こそ、危険なのである。「或いは人、至貴至高光明閃爍《せんしゃく》驚く可く楽しむ可きの理を以って、汝に説与する者有らば、若《も》し野狐山鬼《やこさんき》汝を魅《み》するに非ずんば、必ず是れ邪説の魁《かい》ならん」。文庫本二六―二七頁。「卑近」は別の語でいえば「俗」である。人外無道、道外無人のスローガンが、「童子問」中、六十一章では、俗外無道、道外無俗、「俗の外に道無く、道の外に俗無し」と、おきかえられている。文庫本一五一頁。「俗」の価値については、「論語」「子罕《しかん》」篇の孔子の語、「吾れは衆に従わん」

の「古義」に、「夫《そ》れ事苟しくも義に害無きときは、則ち俗即ち是れ道」。つまり「俗」こそ真理である。「俗を外にして更に謂わゆる道という者無し。故に曰わく、君子の道は、端《もと》を夫婦に造《な》す」と、「中庸」の語を引いた上、多くの人人の心の帰結、それが「俗」である。もし「俗」を度外視して「道」を求めるならば、「実に異端の流にして、聖人の道に非ざる也」と説く。「俗」とは、われわれの語にいいかえれば、常識である。この批評基準は、文学にむかっても施されている。唐の白居易の詩をよしとするのは、その「俗」のゆえである。「大系」二一六—二一七頁、「白氏文集《もんじゆう》の後に題す」。

19 感情と欲望について。

人間の動きこそ、学問の素材であるとする仁斎は、人間の運動の重要なものとして、感情および欲望を重視する。仁斎の用語は、「情」であり、「欲」であって、それらを感情とおきかえ、欲望とおきかえるのは、吟味を要するが、結論の方向に大差はないであろう。仁斎は、「情」および「欲」を、人間必然の動きとして、重視する。「語孟字義」の「情」の項に就いて、その見解を見れば、彼は「情」と「欲」をもって、相関のものとする。まずいう、「情とは性の欲也。動く所有るを以って言う」。うまれつきの「性」の、「欲」による運動、それが「情」である。存在はすべて運動するとすれば、「性」においても、運動はその属性であらねばならぬが、「性」の運動のうち、「欲」を動機とするものが、「情」だとするごとくである。では「欲」はどうしておこるか。仁斎は次に、「礼記《らいき》」四十九篇中の一篇である「楽記《がくき》」篇を引いて、「物に感じて動くは、性の欲也」。外物の刺戟によって、「性」は「欲」をもつ。刺戟を与えた外物と交渉しようとする反応、それが「欲」である。そうした「欲」を動機としての「性」の運動、それが「情」である。朱子の「孟子集注」が、「情とは性の動」というのは、不充分である。朱子は、「性」をもって静止とするゆえに、「情」はその動き出したものとするのであるが、そのような単なる活動が、「情」なのではない。「情」

は必ず「欲」と関係している。たとえば、目が色を見、耳が声を聞き、口が味を知り、両手両足が自由な状態にある、それらは「性」うまれつきである。それに対し、目が美しい色を見るのを欲し、耳がよい音楽をきくのを欲し、口がうまいものを食うのを欲し、両手両足がより自由な状態を欲する、それが「情」である。父と子のもつ「親」したしみ、それは「性」うまれつきである。父が子の善を必然に欲し、子が父の長命を必然に欲するのは、「情」である。同時にまた「情」の重要な属性は、無意識の運動であることである。「凡そ思慮する所無くして動く、之れを情と謂う」。その動きが意識にのぼったときは、もはや「情」でなく、「心」である。「大系」五六―五八頁。「語義」の以上の部分、私の理解は不安定を免れぬが、「情」と「欲」を、仁斎が人間の必然とすることは、たしかである。父子の「情」のところにのみ、「父は必ず其の子の善を欲し、子は必ず其の父の寿考を欲す」と、「必」の字を加え、事がらの必然を示すが、目、耳、口、四肢の、よきもの、よき状態への「欲」をも、また必然とするであろう。そうした「情」と「欲」の積極的な意義を説くものとしては、「童子問」中の第十章に、次の文章がある。まず「孟子」の語の、「君子は仁を以って心を存し、礼を以って心を存す」を引いた上、「苟しくも礼義以って之れを裁すること有るときは、則ち情即ち是れ道、欲即ち是れ義、何の悪《にく》むことか之れ有らん」。もしそれを絶とうとするならば、「則ち是れ枉《おう》を矯《た》めて直きに過ぎ、藹然《あいぜん》たる至情、一斉に絶滅して、将《まさ》に形骸を亡ぼし、耳目を塞いで、而かる後止《や》まんとす。此れ人人《じんじん》の能く為す所に非ず。通天下の道に非ず。故に聖人は為《せ》ず」。文庫本九八頁。

20 宋儒が感情および欲望を否定することの不当および宋儒が依拠とした「大学」篇の信頼すべからざることについて。

かく仁斎が「情」と「欲」を尊重して、人間の動きの必然とするのは、宋儒がこの二つを軽視、あるいは否定しようとするのへの反論を、動機とする。且つ反論は、宋儒が依拠した文献への批判を伴のう。もっとも強い批判の対象となったのは、朱子が「四書」の一つとした「大学」篇である。がんらいは「礼記」四十九篇中の一篇であったのを、宋儒が尊重し、朱子に至って、「論語」「孟子」「中庸」とともに、「四書」の一つとした文献であるが、宋儒の尊重は、その学説の又一つの重要な部分である「格物致知」の説が、この「大学」篇に見えるからでもあるが、それとともに、「身を修むる」基本は、「心を正すに在り」と、「心を正す」説が、この篇に現われるからである。「大学」篇のいわゆる「心を正す」説とは、「忿懥《ふんち》」いかり、「恐懼」おそれ、「好楽」たのしみ、「憂患」うれい、それらの感情をきざさない状態、つまり無重力の平静な状態に、心をおくことであり、且つかく「心を正す」ことこそ「身を修める」との基本である、とそう読めるパラグラフである。それが宋儒にとっては、「性」をもって人間の内奥に静かにひそむ善の原型であるとする学説の、依拠となり得るのであり、事実またなっている。しかし仁斎は、このパラグラフを疑う。そもそもそれは人間の現実に即しない。仁斎が「大学」に対して書いた逐字的な注釈「大学定本」にいう、「凡そ人、此の形有るときは、則ち此の心有り」。肉体があれば心がある。「心有るときは、則ち忿懥恐懼好楽憂患無き能わず」。肉体をもち心をもつ以上、「忿懥」その他の感情は、人間の必然としてある。しかるに「大学」は、それをなくせよという。不可能を強いるというよりも、人間の必然を無視した虚妄の説である。ゆえにそれは「教」の基準である「論語」とも、あきらかに背馳するとして、「心を正すの説は、聖門の学に非ざる也」と喝破し、「論語」には「道」「徳」の語は見えるけれども、そもそも「正心」の二字が見えないことを指摘する。また更に切実な議論のいくつかが、「論語古義」にある。たとえば「先進」篇の、孔子が愛弟子顔回の死にあたっての慟哭を、「子之れを哭して慟す」と記す章の「古義」にいう、「宜ろしく哀しむべくして哀しみ、宜ろしく楽しむべくして楽しむは、皆な人情の已《や》む能わざる所にして、聖人と雖も以って人に異なること無し。故に人情は聖人の廃せざる所也」。もし果たして「大学」のいうごとくであれば、孔子は「心を正す」状態を失なったことになる。また「雍也」篇では、孔子が顔回をほめて、「怒りを遷さず」という。宋儒が「大学」にもとづいて、「聖人の心は、本と怒り無し」というのは、いつわりとせねばならぬ。顔回のみならず、「聖人」すなわち孔子にも怒りはあった。且つ人を愛すること深きゆえに、人を悪《にく》むこともそれだけ甚しいとする。そうして結論として、この「大学」という文献は、単に「心を正す」章の、感情否定論がおかしいばかりではない。全体がおかしいとして、十の証拠を列挙して、「大学は孔氏の遺書に非ざるの弁」を書いた。「大系」九八―一〇六頁。朱子にさきだって北宋の程顥《ていこう》が、「大学は孔氏の遺書なり」といい、「初学入徳の門」とするのを、くつがえすのである。また「大学」篇に対する朱子の注もいろいろとおかしく、まず冒頭の「明徳を明らかにす」の「明徳」を、宋儒が、そのいわゆる「性」の、「虚霊不昧《ふまい》」に静止した状態としたのは、恣意である。「明徳」の語の、他の古典における用例を調査すると、すべてみな君主個人の徳についていうのであり、朱子がいうような人間に共通した徳の意には用いられていないと、論証する。当時一般の儒学者が、「四書」の第一として尊重する文献に対してのこの批判は、勇気ある発言とせねばならぬ。且つ彼自身への革命でもあった。嗣子東涯の書いた父の伝記、「先府君古学先生行状」によれば、幼年の仁斎が、おそらく寺子屋においてであろう、はじめに教わったのは、「大学」であり、その「治国平天下」の章に接して、「今の世亦《ま》た許《か》くの如き事を知る者有る邪《か》」と感動したのが、父と儒学との接触のはじまりであったと記すが、「大学は孔氏の遺書に非ざるの弁」では、かつての感動を生んだ「治国平天下」の章も、文章の構造があまりにも煩瑣であって、「九層の台に登る」がごときであるのを、「孔氏の遺書」であり得ない「十証」の一つに数える。

21　同じく宋儒が依拠とした「中庸」篇の乱丁頁について。

宋儒における感情あるいは欲望の軽視に、依拠となった今一つの文献は、やはり朱子が「礼記」の中から選び出して、「四書」の一つとした「中庸」篇の、次のパラグラフである。「喜怒哀楽の未《い》まだ発せざる、之れを中《ちゅう》と謂う。発して皆な節《ほど》に中《あた》る、之れを和と謂う。中《ちゅう》なる者は、天下の大本《たいほん》也。和なる者は天下の達道也。中和を致せば、天地位し、万物育す」。原文では四十七字であるが、宋儒がことに重視するのは、はじめの二句、「喜怒哀楽の未まだ発せざる、之れを中と謂う」である。朱子の「中庸章句」に、喜怒哀楽という感情、それが「未《い》まだ発《おこ》らない」状態というのは、すなわち人間の内奥にある「性」が、純粋な静止の状態にあることをいうのであって、それがすなわち完全な善の原型であるのを、「中」、完全な平均と呼んだとする。そうして宋儒は、かく感情の運動がおこらない静止の状態を「未発《みはつ》」、感情が動いてのちの状態を「已発《いはつ》」と呼んで、両者を対比し、前者こそ、「中庸」の文章にいうように、「天下の大本」であるとした。そのゆえに、「静を主《むね》とす」、「敬を持す」、「一を主《むね》として適《ゆ》く無し」、「放心を求む」、それらの語をその学問の標語とする。あるいは静座を奨励する。すべては「未発」の状態、すなわち「中」の状態への復帰を、学問の方法とするからである。仁斎が「拡充」を主張し、外へむかっての成長を、方法とするのとは、正反対である。「中庸」という書物について、仁斎はその大部分を信頼し、ことにその「道は人に遠からず」、「道は須臾《しばらく》も離す可からず」は、仁斎のスローガン「人の外に道無し」の依拠でもある。三〇頁また四〇頁。しかしこのパラグラフ四十七字は、容認されない。そもそも「未発」「已発」という語、またそうした観念は、「論語」「孟子」をはじめ、他の諸古典に見えない。且つこのパラグラフ四十七字は、「中庸」篇の他の部分とさえも矛盾するとして、がんらいの「中庸」篇の本文でなく、「古楽経」、すなわち「六経」の一つとして音楽に関する古典、その「脱簡」落丁が、ここに誤って「攙入」混入したものであり、乱丁の頁であると、十の証拠をあげて弁ずる。説は仁斎の「中庸発揮」にくわしい。「大系」補注五五八頁。感情の重要さを思うゆえの評論であり、感情の尊重は、これまた解説のはじめに述べた「仁」愛情の尊重と関係しよう。説の当否はしばらくおき、やはり勇敢な発言とせねばならない。

22 「中《ちゅう》」について。

他の文献の断片が「中庸」篇へ混入したと彼がする文章、「喜怒哀楽の未まだ発せざる、之れを中と謂う」について、仁斎はその第一句にいう「未発」を、虚妄の観念としてしりぞけるばかりでなく、その第二句に見える「中」についても、議論を立てる。すなわち「中」の字が、この伝来の曖昧なパラグラフで、「未発」の語とむすびついたため、「中」の概念に混乱を来たしたとする。「中」という概念自体は、古くからある。「論語」の「堯曰《ぎょうえつ》」篇に、堯が舜に譲位した際の言葉を記して、「允《まこと》に其の中を執れ」というのは、そのはじめである。しかしそこで「中」というのは、心の静止の状態をいうのでなく、事物に対する態度に、過不及のないことをいうのである。ところで過不及がないということは、眼前の事物の状態がことなるに応じて、それぞれについての過不及の度合を、ちがえねばならぬ。やはり静止ではない。さればこそ、孟子は、「尽心」篇下で、子莫《しばく》なる人物が、「中を執る」のを生活のモットーとしたのを批評していう、「中を執りて権無きは、猶お一を執るがごとき也」。過不及のない態度を主義としても、それを観念的に固執して、過不及の度合をはかる「権《はかり》」をもたなければ、ただ一つのものを固執する静止と、同じである。かく一つのものへの固執、それは運動する存在への害悪として、排斥されねばならないとして、孟子はつづけて次のようにいったと、仁斎はする。「一を執るに悪《にく》む所の者は、其の道を賊《そこの》うが為め也。一を挙げて百を廃すれば也」。宋儒が静止する「中」を、静止する「理」、また静止する「性」とともに主張するのは、孟子の指摘するように、「一を挙げて百を廃する」こととなろう。「中」をいうならば、必要となるのは、孟子のいう「権」つまり度合の測量である。「権」については、「孟子」のその章の「古義」、および「語孟字義」の「権」の項、「大系」七七頁以下参照。そうして「童子問」下の八章には、次のような比喩が見える。ここに一丈の杖がある。きみは厳密に五尺のところを「中」と考え、一分足らなくても、「中」でないとするだろう。そんな窮屈なことではない。四五尺から六七尺までのところ、それが「中」だ。杖をにぎるには、そこをにぎるのが便利であり、必ず真中を握ろうとするのは、「過不及」がないのでなく、これまた「過」の一種だ。文庫本一九四頁。また仁斎は、孔子の言語としては、単なる「中」の字が現われず、必ず「中庸」ということに注意し、それが「平常行のう可きの道」であることを明瞭にするために、従来の聖人たちは単に「中」といったのを孔子は継承せず、「中の庸《つね》なるもの」といったとする。「論語」「雍也」篇の、「子曰わく、中庸の徳為るや、其れ至れるか」の「古義」。

23　その他の信ずべからざる文献ことに「書経」の偽篇について。

宋儒がそのいわゆる「理」を、しばしばあるいは「天理」の語でいい、それに対置される反価値を「人欲」の語でいうのも、宋儒の欲望への同情の乏しさを示す謬説であると、仁斎はする。たとえば朱子は「中庸章句」の序で、「天理の公、卒《つい》に以って夫《か》の人欲の私に勝つこと無し」を、道徳の危機とする。かく宋儒が「天理人欲」の説をとなえるのは、二つの文献に依拠する。一つは「礼記」四十九篇の一つ「楽記《がくき》」篇に、「物に感じて動くは、性の欲也」といい、それにつづけて、「身に反ること能わざれば、天理滅ぶ」といい、「人、物に化せらるるときは、天理を滅ぼして人欲を窮む」ということである。また一つは、「書経」の「大禹謨《だいうぼ》」篇に、「人心は惟《こ》れ危く、道心は惟《こ》れ微なり」ということであって、そこにいう「人心」はすなわち「人欲」であり、「道心」はすなわち「天理」であるとして、朱子の「中庸章句」序には引用する。仁斎はどちらをも、その語を含む文献自体が疑わしいとする。前者「楽記」については、そもそも「礼記」という書物全体を、無条件には信用せず、第二級の書であり、戦国以後の乱雑な言語を含むとする議論が、「童子問」下の六章に見える。文庫本一九〇—一九一頁。さきの20でいったように、「大学」篇を「孔氏の遺書に非ず」として、全面的に否定するのも、朱子以前は、「礼記」四十九篇中の一篇であったことを、理由の一つとする。いま「楽記」篇のこの文章についても、老子の思想であり、言語であって、孔孟の思想でないと、「語孟字義」の「理」の項に、宋の陸九淵《りくきゅうえん》の説を引きつつ論ずる。「大系」三一頁。ただし「字義」の「情」の項では、「物に感じて動くは、性の欲也」と、「楽記」の文章を引き、自説の証明とすること、前の19に見えるごとくであるのは、四二頁、不徹底をきらう。また後者、「書経」の「大禹謨」篇については、その篇が、早くから疑いを抱かれて来た「古文」の諸篇の中の一篇であることを指摘し、ひとり「人心」「道心」の語を含む「大禹謨」篇のみならず、「古文」と称せられる二十数篇のすべてを、六朝時代の偽作とすること、「語孟字義」の「書」の項、「大系」九〇頁、また「中庸発揮」に見える。うち後者は、現行流布本「書経」五十八篇の約半数を「偽篇」とする見解である。これは彼の創見では必ずしもない。早く宋の朱子にさえもきざし、元の呉澄《ごちょう》、明の梅鷟《ばいさく》に、同様の見解があるのを継承して、決定的な判断としたのである。あだかもそのころの中国でも、彼より九歳年下の閻若璩《えんじゃくきょ》が、「尚書古文疏證」を書くに至って、それらの篇諸の偽作は決定され、今に至って学界の定論となっている。私の全集八巻一六—一七頁参照。仁斎と閻氏とは、それぞれ無関係に、海を隔てて、ほぼ同じ時間に同じ仕事をし、どちらも只今の学界の定論と合致する。ただし二家の方法にはちがいがあり、閻氏のそれが、より多く書誌学的であるのに対し、仁斎は専ら思想史家としての弁別である。彼は「大学は孔氏の遺書に非ざるの弁」のまえ書きとあと書きで、私は徳行、学問、文章、みな朱子の万分の一にも及ばないけれども、ただ孔孟の言語と非孔孟の言語とを見分けることにかけては、特別な鼻をもっているという意味のことをいう。「大系」九八—九九頁また一〇六頁。そうした思想史家として鋭い鼻が、「書経」の「偽篇」の弁別に、見事な成功を示したということは、書誌学者、文献学者に、示唆を与えるであろうし、そのことはまた彼の「大学」に対する疑い、「中庸」に乱丁ありとする議論なども、新しい検討にあたいするであろうことを思わせる。当時の中国の碩学であった黄宗羲《こうそうぎ》が、閻の書に与えた序文で、仁斎と同じく、「大禹謨」篇の「人心」「道心」の語こそ、「古文」諸篇が偽書である確証というのも、日中二人の思想家の議論の、期せざる合致である。

なお「書経」の「偽篇」の決定者として、閻若璩の名は、今日あまねく専門家によって記憶されるが、伊藤仁斎の名が言及されることは、中国においてはもとより、日本の専門家の間でも不当に稀である。

24 「論語」は学問の最高の基準であること。

以上のべて来たことを要約すれば、仁斎にとって学問とは、人間に即した真理「道」にむかって、人間そのものを研究することによって、人間を成長させることである。ところで研究には基準が必要である。基準となるのは、何か。「聖人」すなわち賢人たちが、「道」すなわち真理を整頓した言語である。「中庸」にいわゆる「道を修むる之れを教と謂う」の「教」である。具体的には儒家の諸古典である。その中でももっとも基準となるのは何か。断然として「論語」である。孔子の言行録であるその書である。それは「最上至極宇宙第一の書」である。世界第一の書物である。何ゆえにそうか。偉大な「卑近」の書だからである。内容はすべて日常を離れない。平凡無奇である。もっとも平凡無奇なるが故に、もっとも偉大の書である。その文章は完璧であって、「其の言至正至当、徹上徹下、一字を増すときは則ち余り有り、一字を減ずるときは則ち足らず」であり、「道此こに至りて尽き、学此こに至りて極わまる」であると、仁斎は、「論語古義」巻頭の「綱領」にいう。それは、たとえば米の飯である。「童子問」上の第三章にはいう、「八珍の美膳、醍醐の上味」は、刺戟的であるゆえに、常には食えない。食いつづければ、体をこわす。「論語」は五穀であるゆえに、「天下の至味」である。文庫本一九頁。それは「五経」よりもすぐれる。孔子以前の諸「聖人」の「教」を孔子が整頓したのが、「易」「書」「詩」「礼」「春秋」の「五経《ごきょう》」、更に「楽」を加えては「六経《りくけい》」であるが、孔子自身の「教」である「論語」が、「其の語平淡にして、意味深長」なのには及ばないと、「童子問」上の四章にいう。文庫本二〇頁。また「論語」と「五経」ないしは「六経」との関係につき、「語孟字義」の「総論四経」の項では、孔子が整頓した「六経」は、むろん読むべきであるけれども、それらはたとえば画である。「論語」およびそのもっともよき演繹である「孟子」は、画法である。まず「論語」「孟子」を読んで、画法を知ってこそ、「六経」の画の内容をさとり得ると説く。「大系」九八頁。ところでこうした「論語」の絶大の価値は、従来充分に認識されていたか。前引「童子問」上の三章にいう、「患《うれ》うる所は人の知らざるに在り」。漢代の儒学が、「五経」を「論語」よりも尊んだのは、時代の早さによる認識の不足であり、宋儒が「四書」の筆頭としたのは、「論語」を「五経」よりも重要とする意図を、すでに内包するが、彼らは誤まった哲学によって、「論語」を解釈したばかりでなく、果たして「論語」のほんとうの価値を認識していたかどうか。「論語」が偉大な「卑近」の書であるのは、孔子が、孔子以前の諸「聖人」よりも更にすぐれた人物でこそあるからである。彼のもっともよき演繹者である孟子が、「生民自《よ》り以来、未まだ孔子より盛んなるは有らざる也」というように、人類あって以来の偉人であればからこそである。ほかならぬこの関係が、従来の学者にはよく認識されていなかった。こうした孔子の位置に対する認識の不足は、孔子以前の歴史についての認識が不充分であるからだとして、仁斎は以下に述べるような議論を展開する。

25　孔子が人類あって以来の偉人であるのは孔子の歴史的位置を知ることによって認識されること。

「生民自《よ》り以来、未まだ孔子より盛んなるは有らざる也」とは、「孟子」「公孫丑」篇の語である。仁斎は、この批評に該当し得るのは孔子のみであるとともに、この批評は孟子でないと出来ないものであるが、孔子がそうである真の意味、また孟子がそういった真の意味を、過去の学者たちは把握していないとする。すなわち孔子以前にも、「聖人」はいる。堯、舜、禹、湯、周の文王、武王。しかしそれら孔子以前の「聖人」は、その「教」によって、異端を完全に説得する努力が、なお不充分であった。孔子が出現して、それら従前の「聖人」たちの「教」を整頓するに至って、「教」ははじめて完全となり、すべての異端は存在の理由を失のうに至った。その点でこそ、孔子は、「生民自《よ》り以来」、人類あって以来の偉人だと、孟子がいうのである。この認識は、孟子以後、久しく埋没したままなのを、再び明らかにするとして書いたのが、「堯舜既に没して邪説暴行又た作《おこ》るを論ず」、すなわち「語孟字義」の附録ともなっている論文である。「大系」一〇六―一一二頁。論文はまず、「孟子」の「滕文公《とうぶんこう》」下篇に、孔子直前の時代は、「世衰え道微にして、邪説暴行又た作《おこ》る」であったので、孔子がそれを規制するために書いたのが、「春秋」であるという条、そこの文章の「邪説暴行又た作《おこ》る」の「又」の字に着目する。「又た作《おこ》る」というからには、「邪説暴行」は、孔子直前の時代にはじめて興起したのでない。何度かの興起が、それまでの歴史にあったのである。その証拠として、堯舜その他五帝の時代の書物は「五典」と呼ばれ、「典」の字の意味は「常」だから、「常道」を記した書物であり、これは正しい「教」ですでにあるが、更にさきだつ三皇の時代の書物としては、「三墳」と呼ばれるものがあったとされる。「墳」の字の意味は「大」であって、「大道」を記した書物であったというが、「大道」とは、大げさな「虚無恬澹無為自化の説」であり、堯舜の書のような人間の「常道」ではなかったことを思わせる。つまり「邪説暴行」のすでに一種だったのである。従来の普通の認識では、諸子百家の異端邪説は、戦国時代以後はじめて出現したとするが、決してそうでない。堯、舜、禹、湯、文、武、それらの早い「聖人」の時代にもあったのを、孔子以前の「聖人」たちは、それら異端の勢力を完全に失脚させるに至らなかった。異端の完全な失脚は、孔子にいたってはじめて見られるとする。この見解は、仁斎自身、「秦漢以来の儒者の未まだ嘗つて講ぜざる所也」と、「中庸発揮」でほこるように、完全な創見である。そうしてその見解の全部が妥当でないにしても、宋儒のみならず、従来の中国の、また日本の、常識となっていた二つの空想的な見解を、是正する。一つは聖人等質説、堯、舜、禹、湯、文、武、それと孔子が、「聖人」であるのは、みなひとしく完全無欠の無謬の人格であるからであり、完全なものに優劣はなく、同一の人格であったとする見解への、是正である。仁斎が「童子問」下の四十九章で、反対しつつ引くように、明の王陽明の「伝習録」が、「聖人」はみな質としては同一、たとえば純金であるが、量的な差違があり、堯と舜は万鎰《いつ》の重さ、孔子は九千鎰《いつ》の重さとするのは、等質説のもつ不安を救おうとする一つの試みであった。今や仁斎は完全に

「聖人」の等質を否定し、これも「孟子」の語であるが、「夫子は尭舜よりも賢《まさ》れること遠し」とする。そもそもさきの14で述べたように、存在は運動であるかぎり、完全に同一な個性の存在は、彼の哲学の容認するところでない。次に是正される見解の第二は、古代無謬説である。尭舜の世は、時代全体が道徳社会として無謬であり、あるいは更に太古の「三皇」の世は、その淳朴さのゆえに、やはり無謬であったとするのが、これも宋儒を含めて、中国の、またそれを継承した日本の儒者の、普通の見解であった。あるいは彼等の感情であったのを、仁斎はやはり是正する。歴史家としての眼光であると思われる。存在は運動である以上、無謬に固定した時代はあり得ない。「童子問」中の二十一章では、朱子がある人に与えた書簡に、「三代以前は尽《ことごと》く天理に出《い》づ、三代以後は総《す》べて是れ人欲」というのを批判して、「仁人の言」でないといい、そうした宋儒の史観が、その厳格主義を一そうにしたと論ずる。文庫本一一二―一一三頁。一そう歴史家の眼光を感ずる。

26　孔子は無謬でないこと。

そうして仁斎は、かく孔子が偉人であるのは、孔子が人間であることにあるとする。あくまでも人間であるゆえに、偉大なのだとする。孔子も、喜怒を人人と同じくしたことを指摘し、「皆な人情の已《や》む能わざる所にして、聖人と雖も以って人に異なること無し」と説くことは、さきに20で見たごとくであるが、四四頁、見解を更に顕著にするのは、過失は孔子にもあったとする議論である。議論は、「論語」「述而」篇の、孔子の言葉、「丘《きゅう》や幸なり、苟しくも過ち有れば、人必ず之れを知る」に対する「古義」として見える。孔子が陳の国の閣僚と会見した際、孔子の言葉のある部分を、失言と考えた相手は、会見の終了後、孔子の弟子巫馬期《ふばき》にそのむねを告げ、巫馬期は更にそれを孔子に告げた。それへの答えとして発せられた言葉である。宋儒のみならず、従来の解釈は、「聖人」は無謬であるという立場から、孔子としてはもとより失言ではなかったのを、しばらく失言と認めて、人人をきずつけなかったとする。仁斎はいう、それならば孔子はうそつきになる。そのとき孔子はたしかに不用意な失言をした。「過ち」をした。しかしその失言がすぐ人から指摘されたのを感謝し、「丘や幸なり」といい、「苟しくも過ち有れば、人必ず之れを知る」といったのであり、かくただちに過ちを改めたこと、「論語」の他の言葉でいえば、「君子の過ちや、日月の食の如し」であったのこそ、孔子の偉大さだとし、「聖人も亦た人のみ」という。また「過ち」は自然にもあり、日月食、五星の逆行、四時の失序、ひでり、洪水。まして人間をやであり、「聖人」も例外ではあり得ない。もし「木石器物のごとく一定不変」ならば、それは「死物」であり、もはや「聖人」ではあり得ないと論ずる。私の全集十七巻一三六頁以下あるいは筑摩叢書「古典について」一四一頁以下参照。これは、中国でも日本でも普遍であった聖人無謬説、あるいはそうした感情への、大きな是正である。前条25でその是正をいった聖人等質説も、それと表裏の関係にあるのを、共に是正したのである。またさきに12で述べたように、仁斎が、「学」の字に触れるごとに、その無限をいうのも、かく孔子の人格の柔軟さを説くのと関係しよう。三四—三五頁。孔子も完成ではない。運動する存在である。「論語」を「最上至極の書」として読むことは、孔子を完結した典型として、それに帰一することではない。孔子とともに、「道」への行程、真理への行程の無限を、歩むこととなるからである。

27　「論語」に次ぐ学問の基準は「孟子」であること。

「論語」についで、そうして「論語」とともに、「孟子」が、学問の基準となると、仁斎が常に主張するのは、さきの26でいったように、孔子が人類あって以来の偉人であり、「堯舜に賢《まさ》る」ことを、孟子こそが認識し、それゆえ「論語」のもっともよい注脚であるというのを、大きな理由とする。「孟子古義」巻頭の「綱領」に、「論語」の孔子の言葉は、「平正明白」であり、「浅きに似て実は深く、易《やす》きに似て実は難し」であるから、「孟子」の諄諄たる説明によってはじめて理解されるとする。また「論語古義」の巻頭の「綱領」には、「論語」の時代には、「仁」「義」「礼」

「智」など「道」真理が、人人になお分かっていたため、「道」そのものを説かず、「教」の形で説くのに対し、孟子の時代は、真理の危機にあったため、「仁」「義」「礼」「智」の「道」そのものを説く、かくて両者は、必然に相補の関係にあるとする。かく「孟子」を重視する結果として、仁斎の学説は、「拡充」生長の説をはじめとして、「孟子」から出発するものが多い。安井小太郎が、「仁斎は孟子を論語の注脚と称し居れど、実は孟子を以て論語を解釈せるにて、論語に本づきて孟子を解きしにあらずと思はる」と、「四書註釈全書」に収めた「孟子古義」の解題にいうのは、傾聴すべき説である。なお仁斎が、「論語」については、全二十篇のうち、「学而《がくじ》」第一から「郷党《きょうとう》」第十に至る前半十篇と、「先進《せんしん》」第十一から「堯曰《ぎょうえつ》」第二十に至る後半十篇とは、やや体裁を異にするのに着目し、後半には前半には見えない長い章がいくつかあること、後半には、「六言」「六蔽」の章など、事象を数え立てる章が、これも前半にはないものとしてあることなどを、「議論体製」の具体的な差違として指摘した上、前半はいわば正集、後半はいわば続集であると、「論語古義」巻頭の「叙由」でいうのは、只今の学界で、そのままに是認されているが、「孟子」についても、「古義」巻頭の「叙由」で、全七篇のうち、前半の「梁恵王」「公孫丑」「滕文公」の三篇は、孟子の行動を中心とするのに対し、後半の「離婁」「万章」「告子」「尽心」の四篇は議論であって、「上孟」「下孟」と区分し得るとすること、また内容と書き方からいえば、「梁恵王」と「滕文公」、「離婁」と「尽心」、「公孫丑」と「万章」と「告子」、それぞれ一組みというのは、現代の学者から見すごされたままのようである。

28　博学のすすめ。

仁斎が当時に卓越する博学者であったことは、伝記の章でのべたごとくである。七頁。そのことは、「論語」「孟子」による基礎が定まった上は、博く書を読むがよいという彼の主張の、彼みずからによる実践であった。まず「論語」「孟子」についで必ず読むべきは、「五経」である。「童子問」下の四章に、次の意味のことをいう、「五経」は自然発生的であり、「天地万物人情世変」の壮大なパノラマである。他の書が論理であり、「論語」「孟子」といえども論理であるのとことなる点が、「五経」の価値である。さきに24で引いた「語孟字義」の比喩、「論語」「孟子」は画法、「六経」は画というのと対応しあう。五〇頁。彼自身のこのみは、ことに「詩経」にあり、もと「民巷の歌謡」であって、もっとも「人情」に近いのを、よろこんだようである。「語孟字義」の「詩」の項に見えた「六義《りくぎ》」に対する新説は、注目にあたいする。「大系」八七―八八頁。ついでは「書経」であった。「易」は、もとうらないの書であるゆえに、さまで重視せず、「語孟字義」の「易」の項に、その附録である「十翼」が孔子の作でないとするのは、現代の学者の見解と一致する。「大系」九三―九四頁。いわゆる「三礼《らい》」のうち、「礼記《らいき》」を漢人の編集として重んじなかったことは、さきに20 23で触れたごとくであり、「礼」の「経」である「儀礼《ぎらい》」「周礼《しゅらい》」への言及も、あまりない。嗣子東涯は、「周礼」に対し、「周公の作たること、固《まこと》に信ず可からず」と、「古今学変」中でいい、「大系」三八〇頁、「周公の書と言ひ伝ふれども、其ことはたしかならず」と、「制度通」にいう。私の全集十七巻五五五頁参照。同じ見解が、すでに仁斎にあったであろう。朱子学の尊重する「四書」のうち、「大学」は20でいったように、根本的に「孔氏の遺書」でなく、21でいったように、「中庸」にも乱丁がある。仁斎にとって「四書」はもはや存在せず、あくまでも「論語」「孟子」の「二書」であった。「二書」をしっかり基準として体得し、また「二書」の「画法」によって「五経」の画を読んだ上は、せいぜい読書の範囲を広めよ、と、諸種の書物の読み方を、「童子問」下の何章かに説く。まず必ず読むべきは、歴史書である。三十五章以下は、それについての議論であり、歴史を読まない人間は、学問の田舎者であるとする。また三十九章以下は、文学論であり、詩は作っても作らなくてもよい、古人では杜甫が第一である。文、というのは「古学先生文集」に収めるような漢文の随想もしくは議論であるが、それは「以って道を明きらかにする」から、必ず作れ。かくて「童子問」下の二章にはいう、「天下に全く是なる書無く、又た全く非なる書無し」。そうして「稗官小説」つまり戯作も、「或いは至言有り」という。あるいはまたその五章では、パノラマである「五経」を読む方法を会得した上は、ひろくその方法を、百般の書に応用せよ。しからば「野史稗説を見ても、皆な至理有り、詞曲雑劇も、亦た妙道に通ぜん。学者唯だ道理を説くものの道理有るを知って、道理を説かざるものの亦た道理有るを知らず。鄙なる哉」と、道学先生の偏狭さを笑う。しかしあくまでも必要なのは、「論語」「孟子」という基準をいつも心におくことである。「一にして万に之《ゆ》く」ところの博学であるべきであって、「万にして又た万なる」多学ではいけない。博学は生きた樹木、多学は運動のない造花だと、警抜な比喩を提出するのは、三十三章である。博学をとうとぶゆえに、王陽明が読書を重んじないのを、禅家の不立文字とともに、批判するのは、「童子問」上の二十章、禅家の「頓悟の説」を、宋儒の「一旦豁然《かつぜん》の論」と共に、否定するのは、「童子問」中の六十二章である。博い読書のすすめの中に、仏書は包含されない。仏教には常に批判的である。「堯舜既に没して邪説暴行又た作《おこ》るを論ず」の終わりに近くして、「夫《そ》れ道徳盛んなるときは則ち議論卑《ひく》し、道徳衰うるときは則ち議論高し」と、れいの「卑近」の言語こそ真実であり、「高遠」の言語は真実でないという持論をのべつつ、「故に議論の高きは、衰世の極わみなり。而こうして其の最も高き者は、禅に至って極わまる」。またいう、「故に人倫を離れ、日用に遠ざかり、天下国家の治に益無き者は、亦た禅より甚しと為すは莫《な》し」。ここに「禅」というのは、ひろく仏教をいう。ただし仏教に議論をもって対抗するのは、愚であり、こちらの道徳を高くして、むこうを信服させねばならぬと説く。「大系」一一一―一一二頁。「童子問」下三十五章に、「律暦」すなわち天文学、および「医薬」は、専門家にまかせようというのは、若いころ医者になれと、親戚縁者からうるさくいわれたのに、耳を仮さなかったことが、あとを引いているかも知れぬ。

29　神のこと、うらないのこと。

「論語」の孔子の「鬼神」に対する態度は、いつも熱心でない。「鬼神」のような「不可知」なものは、人間の急務でないからである。「孟子」に至っては、全然「鬼神」をいわない。「礼記」その他の第二級の古典に、「鬼神」の語が孔子の言葉として見えるのは、みな後世の附加である。またうらないは真理に害がある。出処進退の決定は、真理にのみ依拠すべきである。さればこそ「論語」も「孟子」も、うらないのことをいわない。また歴史の事実に徴しても、うらないは当っていない。孔子以前の書に、「鬼神」が見え、うらないが見えるのは、孔子以前の「聖人」たちは、人民と行動を共にし、人民が尊び習慣とするものを寛容に許容して、「民の鬼神を崇《あが》むときは則ち之れを崇め、民の卜筮を信ずるときは則ち之れを信じ」たからであるが、それはむろん弊害を生む。弊害に対して、はっきりと正しい態度を示したのが、孔子である。その点でも孔子は、人類あって以来の偉人であり、「堯舜よりも賢《まさ》る」。以上「語孟字義」その項の議論である。「大系」八三―八六頁。

30　人間は非政治的な隠遁者であってはならないこと。

この学説と、仁斎の実践がそうでないことは、すでに伝記の章で述べた。一六―一八頁。

私は日本思想史の専門家でない。仁斎の愛好者であるけれども、その専門家とはいえない。彼の批判した宋学についての知識も、生かじりである。その仁斎理解は、ほぼ以上にとどまるの、すべてを書いた。「語孟字義」の項目についていえば、その半分をも解説していず、私自身としてもっとも関心する「天命」の項についても、考えるいとまをもたなかった。彼の思想の今日的意義、それも次の論者にゆだねる。彼の学説も、多くの点で、今日の学者からふりかえられるべきものをもとう。たとえば25で紹介したように、中国の古代が無謬のゆえに固定した時代であったという従来の見解を打破したことは、彼が自負するように、それまでの中国にも日本にも乏しい認識であり、今日の自由な研究の発足の一つとして、ふりかえられる。五三頁。更にはまた、彼ともっとも学説を合致させるのは、伝記の章で触れたように、清《しん》の戴震《たいしん》である。一六頁。そうして仁斎が、おおむねの日本人にとって、忘れられた思想家であるのに対し、戴震は、清朝の「漢学」の創始者として、中国現代の思想史家から、必ず回顧されている。その「孟子字義疏證」の、故安田二郎君による訳が、朝日新聞社から再刊されている。仁斎と戴震とを対比し連結しての研究が、日中両国の学者によって行なわれるならば、最も幸である。仁斎の漢文は、そのまま中国人に読める筈である。徂徠の「論語徴」は、清朝の学者によってときどき引用され利用されているが、仁斎は、いままで中国に紹介されたのを、聞かない。

三　東涯について

伊藤東涯、一六七〇寛文十年—一七三六元文元年、は、仁斎の長子である。父の思想と学問と、そうしてその文章との、忠実なまた適確な継承者であり、「紹述先生」を、死後の栄誉の名とする。儒者としての主著「周易経翼通解」は、温雅にして明晰である。「卦辞」が文王の作、「爻辞」が周公の作、「十翼」が孔子の作とされるのを、後世の附会とし、且つ「十翼」は、孔子以前の説をも、孔子以後の説とともに含もうが、「易」のみを依拠として、聖人の道、万物の生長収蔵、人の起居動息、天地間のすべてを「易」にひきよせて説く結果、偏向した議論をも含むこと、「孝経」が孝のみを中心とし、「礼」の学者が「礼」のみに専らなのと同じとするのは、その学風の公平さと頭のよさを示す。また中国法制史の書として「制度通」、中国語法の書として「操觚《そうこ》字訣《じけつ》」、中国語辞典として「名物六帖《めいぶつりくちょう》」など、歴史学者、言語学者としても、今日の利用に堪えるすぐれた業績をのこすところの、多面な、しかし父同様に誠実な、学者である。同時の江戸の徂徠が、四歳年長であるのとともに、東西の二大家であった。徂徠の博識が満洲語に及んだごとく、彼の博識は、朝鮮語に及んでいる。平田篤胤は、「古史徴開題記」において、彼をたたえていう、「漢学者流の中に、伊藤長胤と云へる人ばかり愛《はし》きはなし。此《この》人の著《あらは》せる本朝官制沿革図考、制度通などいふ書等《ふみども》は、便宜《たよりよ》く書《かき》つめたる物なれば見るべし。また吾党《わがとも》の小子《こら》の、漢学をも為《せ》ま欲《ほし》く思はむは、まづ此ノ長胤の著《あらは》せる書《ふみ》の悉《ことごと》く読て後に、他書《あだしふみ》に度《わたり》たらむには、進《すゝ》み速《はや》からむ物ぞ」。岩波文庫本三三〇頁。その他、私の彼についての考えは、かつての文章「伊藤東涯」、本書六四頁以下、および「岩波文庫」の二冊として校訂した「制度通」にかぶせた解題、私の全集十七巻、以後、あまり進展していない。

いまは彼の「古今学変」を、「思想大系」に収めるために読み、その際に気づいたことのいくつかを述べれば、父仁斎の見解にもとづき、孔子以前における儒学の未熟、また後世の儒者ことに宋儒による孔子の歪曲、その経過を、一一実証をあげ、歴史として叙述するのが、その書である。篤実な彼は、つとめて父の説を守り、自己の見解を述べる場合は、「大系」三二五頁また三七五頁に見るように、わざわざ「臆説を述ぶ」とことわるが、この書の新しい重点は、またおのずからにしてある。漢儒が仁義礼智信を、木火土金水の「五行」にむすびつけて「五常」とし、宋儒に至ってそれを「性」の内実としたのは、共に古説でないとするのが、この書の主題の一つとなっているのは、仁斎では必ずしも明顕でなかった事がらである。また宋儒が内奥の「性」への復帰を主張するのへの反論は、別にその専書として「復性弁」が彼にあるが、宋儒が依拠とする「論語」「顔淵」篇の孔子の語、「克己復礼」を、「礼ニ復《カエ》ル」と読まず、「復」は反覆実践の意とし、「礼ヲ復《カエツソウ》ス」と読むのは、父の「古義」がすでにそうであるが、その説の強調もまた、全書を通じての主題である。あるいは「大系」四三八頁で、「残忍刻薄」は「仁」の反対概念だが、「貪冒厭《あ》くこと無し」つまり貪欲は「仁」の反対概念でない。宋儒が「無欲清浄」を「仁」とするのは、この点からいってもおかしいというのも、父の欲望肯定説の頭のよい「紹述」である。

また彼の「訓幼字義」八巻が、父の「語孟字義」の和文版であり、その和文は、その漢文とともに、暢達に美しいと感ずるうち、次の二条は、父の思考には必ずしも顕著でないと思うのを、左に録する。

一つは、人間の歴史は、巨視的に見れば、必ず善の勝利に帰すると、その巻一「天道」の条に、「史記」の伍子胥列伝の、申包胥の語を引きつつ、いうことである。

天道の報応一人の上に就て見るときは、たがふやうなれども、千万人のうへに通じてこれを見れば、たがふ事なし、一時の間によりていへば、たがふやうなれども、千万世に通じてこれを見れば、たがふことなし、天道はまことに大事《ヲヽコト》なり、くど〳〵しく一時にかぎり一人につゐて見るべからず、たとへば扛秤《チギ》の物をはかるがごとし、分厘のたがひを正すは、釐等《リンタウ》のこまかなるにしかざるやうなれども、千斤百斤の重さをかけてちがひなし、老子曰、天網恢恢、疎《ニシテ》而不レ失《ハ》と、老子は異端の書なれども、此ことばはことはりなり、天道は大まかなるやうなれどもちがふ事なしといふことうたがひなし、然るに世の人、一人一事につゐて天道を見るによりて、ちがひあるやうにおぼゆ、世中にあしき事をして禍にあはず、或は福を得るものもあれども、是はたま〳〵の事にて、おしなべては左あらず、しばらくはよきやうなれども、古今の間に通じ、後々を見て、よろしき事なし、人々気みじかく意得せばくおもふゆへに、うたがひ多し、楚《ソ》の申包胥《シンパウシヨ》がいへる、人多《ケレバ》勝レ天《ニ》、天定《テ》亦能勝レ人と、是又名《メイ》言《ゲン》なり、

父よりも、より多く歴史家的であるゆえに生まれたところの、巨視の補説であるようである。

第二は、巻二「道」の条で、それが中国にのみ妥当するのでなく、日本にも妥当し、またそれ以外の地域にも、妥当することを、いうことである。これは父の時代にはなかった二つの意識が、彼の周辺にあったのと、連関すると思われる。一つは、徂徠が、またやがては宣長が、ちがった目的ちがったいい方で強調するように、日本と中国の距離

が、意識に上りつつあったこと、又一つは、西洋の存在への意識の増大である。

聖人の道は、上古の事異国の風にして、今日日本の俗にはかなはずとおもふ人あり、また儒仏老のをしへ、入口はちがへども、至極のところは一致におつるとおもふ人あり、又聖人の道はよきことなれども、後世風俗のおとろへたる上は、おこなはるべからずとおもふ人有、何も道といふものを各別におもひ、古今水土の異にて変通のあることをしらずして、かくのごとくおもひまどふことなり、道といふものは、本聖人の心思智恵を以て、こしらへ設られたるものにあらず、天地自然の道なり、何ぞなれば、あまたの人あつまりおる中には、をのづから夫婦あり、父子あり、兄弟あり、朋友ありて、その内に、理非を正し養をたのむ人なければかなはざるによりて、又をのづから君長の道あり、これにしたがふものは臣民なり、たがひにまじはる上には、とも〳〵にあはれみて、又次第程等なければかなはざるによりて、仁義礼智の道おこれり、これは漢土九州の内ばかりかくのごとくなるにあらず、四方の国々、文字言語の相通ぜざるところも、たれはじむるともなしに、をのづから此道あらずといふことなし、今時西夷《セイイ》南蛮《バン》遠き海外の人ども、年々にわが国に来りあつまるをきくに、漢土の文字をもしらず、もとより堯舜周孔の名をもきくことなし、然るにその国々の酋長頭目の命令をうけて、同州のものども互に和睦して、交易《カフエキ》往来するからは、君臣朋友の道ありとみへたり、父子のしたしみ、夫婦のよしみ、兄弟のつゐであること、亦をしてしるべし、たとへわが国に来ることなく、漢土に通路せざる国ありといへども、そのわけはかはることあるまじ、然れば天地の間にあるかしら円《マドカ》に足方《アシケタ》なるものは、いづれの世何れの国なりとも、この倫理にをいてかはること有べからず、聖人の道といふものは、これに本づきて節文条目を立たるものなれば、即天地の間の道にて、聖人の所為中国の風俗とおもふは、おろかなることなり、

右のうち、「道」が「聖人」の作為でなく、「天地自然の道」とするのは、徂徠がその学説の中心として、「先王の

道は、先王の造る所也、天地自然の道に非ざる也」と力説するのと、正面衝突する。「徂徠学案」七八―七九頁また一八三―一八四頁参照。父にも同じ言語があるかどうか、私はまだ検索していない。

辛亥処暑箱根にて起稿、秋分京都にて擱筆。

（一九七一昭和四十六年十月岩波「日本思想大系」33「伊藤仁斎 伊藤東涯」解説）

伊藤東涯

このたび京都堀川伊藤家歴世の書物が、こちらの図書館にはいりましたについては、私にも何か話をしろということでありましたので、「東涯先生の学問」という題を出しておきました。しかし実は私は東涯先生の学問をそう深くは知らないのであります。ただのちに申しますように、東涯先生の著述は、只今でも私どもの学問の役に立つものが少からずあるのでありまして、それらの二三を、私も日夕利用しているのでありますが、それら私の利用させて頂いている書物から見ても、よほど偉大な学者であったろうと考える、ただそのことを申したいのであります。そういうわけで私は先生の書物をすっかり読みつくしたわけではもとよりなく、ことに先生自身においては最も重要と考えられたであろうところの先生の思想を述べられた書物、そうしたものには、ことにうといのであります。只今富永館長からお話がありましたような、日本思想史の上に先生がどういう役割を勤められたか、そういう点につきましては、私は充分にお話することができません。その点あらかじめ御諒承を願っておきます。

さて伊藤東涯先生は、申すまでもなく、伊藤仁斎先生、かの堀川の学問を始められた仁斎先生の長男であります。寛文十年に生まれ、元文元年になくなっていられます。時間がありませんので、伝記の詳しいことは一切はぶきます。

さて先生の学問の特徴として、まず第一に挙ぐべきことは、先生の学問が非常に多方面にわたっているということであります。今日そこに展観されていますところによっても、おわかりでありましょうが、いろいろの方面の著述が残っております。まず先生の学問の中心といいますか、表芸といいますか、それはいうまでもなく儒学の古典の学問、すなわち経学《けいがく》関係の書物でありまして、すなわちお父さん仁斎先生の唱えられた古義学、このことについてはのちほど武内先生から詳しくお話があるだろうと思いますが、要するに宋の朱子の解釈から出発して、しかもそれを乗り越え、孔孟の教えの本来の意義を明らかにしようというのが、古義の学でありますが、かくお父さん仁斎先生の唱え出された古義の学、それを先生は祖述し大成されたのであります。東涯先生の諡《おくりな》を紹述《しょうじゅつ》先生と申します。これは恐らくお父さんの学問を紹《つ》ぎ述《の》べた、という意味からついた諡でありましょうが、その諡のごとく、先生は父君の経学《けいがく》の忠実な紹述者でありました。その方面の著述としましては、周易を解釈された「周易経翼通解」というのを始め、その他たくさんありますことは、展覧をごらんになればわかる通りであります。また或いは父君が漢文で書かれたものを、和文にくだいて書かれたというふうなものもあります。あすこにも出ておりますが、「訓幼字義」というのは、お父さんが漢文で書かれた「語孟字義」の、国語版ともいうべきものであります。こういうふうに、儒家の古典である経書の字句の解釈、および経書の中に現れた思想の解釈、そういう点におきましては、お父様のよい紹述者でありましたが、単にそればかりでなく、東涯先生の学問はいろいろの方向に伸びております。まず第一は、制度の学問、制度史であります。その方面の著述の代表的なものは「制度通」でありまして、この書物は中国のずっと古い時代から、近くは当時における最近世でありました清朝まで、中国歴代の制度の変遷を、極めて簡明適切に叙述したものであります。それからまた中国の制度が我が国の制度に与えた影響についても、附帯的に説いてある。まず東亜制度史といってもよい書物であります。その他制度に関する書物が、なお二三ありますが、今は略します。

次に挙ぐべきは、言語の学問であります。言語といっても中国語、当時の言葉でいえば漢文の、言語理論であります。その方面の著述としましては、まず「助辞考」と「用字格」、これはともに文法です。それから「操觚《そうこ》字《じ》訣《けつ》」、これは漢文に普通現れます文字の意義を説明したもので、たとえば同じノボルと訓ずる字でも、登、上、昇、その他たくさんある。それらは同じくノボルであるけれども、それぞれニューアンスが違う。「登」は坂をのぼるように、だんだんとすすみあがる。「上」はあるものの上へあがる。「昇」は勢をつけてすっとあがること、そういう風にいちいち分析して説明が与えてあります。それから「名物六帖」というのも、この方面の著述でありまして、近世の中国の書物の中から、当時の日本人にわかりにくい言葉を拾い、解釈を与えたものであります。そのなかには先生お得意の制度の書物、ことに近世の制度の書物を始め、「水滸伝」或いは「竜図公案」など、只今こちらの外国語学校でお読みになっているようなものをも、縦横に利用して、いちいち解釈を与えていられます。かく中国語に関する多くの業績を残していられるほか、これはどれ程お出来になったか、私にはわかりかねますが、朝鮮語もおやりになったようで、朝鮮語に関する書物が多少そこに出ています。

以上のようなまとまった著述のほか、先生の著述には、随筆の類が多数あります。その中で一ばん面白いのは、「秉燭譚《へいしょくだん》」でありまして、その内容は非常に多方面にわたっております。先生が博学の学者であったということは、多方面の著述を残していられることでも分りますが、随筆によってもうかがわれるようであります。

このように、先生の学問の特徴としてまず気づくことは、博学ということでありますが、では先生の最も偉大な点は、博学という点にあったかというと、それは必ずしもそうでありません。学者として先生の最も偉大な点は、先生が正確な学者であったという点にあると考えます。先生の学問がいかに正確であったか、そのことを最もよく示しますのは、やはり「制度通」であります。この書物は只今申しましたように東亜制度史ともいうべきものでありますが、その叙述は実に正確であります。歴代の制度の変遷のうち、重要な点は要領よくもれなく指摘しつつ、しかもほとんど間違いがない。先刻もその方の専門家の内藤乾吉さんに伺ったのでありますが、「制度通」より以後に、あれよりよい中国制度史が出来ているかどうか、どうもあれだけの著述はないように私は思うがどうでしょうと、汽車の中で内藤さんに伺ったのでありますが、それはまさしくそういってよかろう、あれ程の書物はほかにない、そういうお返事でありました。そのため現在も中国の学問をやる人は、大抵この書物を座右に備えて、日夕そのお蔭を蒙っているのであります。中国の学問をやる人で、もしこの書物をもっていられぬ方があったら、早速お備えになるがよかろうと考えます。更にはまた「操觚字訣」、これもその内容は先刻申した通りでありますが、この書物の叙述も正確無比である。言葉のニューアンスというものは、なかなかつかまえにくいものですが、そのつかまえにくいものをきわめて手際よくつかまえて、簡明にしかも間違いなく説明している。また「名物六帖」の解釈にしても、間違いを発見することは非常にむつかしい。これはおかしなことをいうようでありますが、私どもはむろん浅学であり、そのため或いは先生の書物に万一誤りがあっても、それをなかなか発見できないのであるかも知れませんけれども、とにかく私が今まで利用しました範囲内では、間違いを発見しません。このことはつまり東涯先生という方は、非常に鞏固な頭脳の持ち主であったことを示すものと思います。記載すべき事柄について、何が重要であるかないかを判断し、重要でないものを省き、重要なものだけを指摘するという判断力が、充分におありになった。また直接な認識を越えた古い昔のことを、もう一度認識するという推理力、それも充分におありになった。つまり非常に理性の強い、科学的な頭脳の持ち主であったということになります。その点ことに感心しますのは、「名物六帖」であります。これは先刻申しましたように、一種の近世中国語の辞典でありまして、そのなかには近世の俗語がたくさんはいっています。ところで当時の日本の儒者は、中国人と会話をする機会はまずなかったのでありますから、その解釈は専ら推理によって得られたものと考えられます。その点は直接中国人に接し得る私ども今日の後学の方が、そういう言葉を正確に理解し得る機会に恵まれているわけでありますが、その今日の私どもから見ても、やはりほとんど間違いがない。先生があれだけの解釈を与えられるには、非常な苦心をされたろうと思うのでありますが、その苦心の結果は、みんな当っているのであります。これは先生の推理の頭がいかにすぐれていたかを物語るものであります。

また先生の著述がかくの如くみな正確でありますのは、一つには只今申しましたように、先生がすぐれた頭脳のもちぬしであったことにもよりましょうが、更には、先生の人柄にもとづくものと思われます。先生がまじめな謙遜な良心の強い方であったことは、いろいろエピソードがありまして、「先哲叢談」というような書物に、たくさん載っております。中にはなかなか面白いエピソードもありますが、それらによってもわかるように、先生は非常に良心的な人柄であったようであります。それがやはり学問の上にも反映したと思うのでありまして、これは私の想像でありますが、先生は証拠のないことは一切筆にされなかったのではないか、また多少証拠があっても、その結論が自分自身で納得が行かぬ場合は、筆にされなかったのではないかと、そう私は考えるのであります。「秉燭譚」、これは先生の随筆であります。随筆というものは、今も昔も少しは裃《かみしも》を脱いで、正式の著述よりは楽な気持で書くものでありますが、先生のものはたとい随筆でも実に正確無比であります。かくその著述のすみずみまで先生の性格が浸透しているのでありまして、このことはつまり先生は比類のない科学的頭脳のもちぬしであったとともに、強烈な科学的精神のもちぬしであったことを示すものにほかならぬと考えます。そうしてこの点につきましては、そもそもお父さんの仁斎先生が非常に科学的精神に富んだ方でありました。仁斎先生が古義学を始められました動機は、宋儒の説の誤りを是正して、孔孟の元の意味をあくまでも元の意味のままに探究しようというにあります。これこそ真実の掩蔽をにくみ、事物の実相をあきらめようとする科学的精神でありますが、この精神は、東涯先生の学問の中にも脈脈と波っているのであります。とともにまた始めに申しましたような東涯先生の博覧、これもやはり親譲りのようでありまして、お父さんの仁斎先生が、やはり広く書物を読んだ方でありました。仁斎先生の「童子問」という本を読みますと、次のような言葉があります。すなわち、儒者の責務は道理を明かにするにある、道理を明かにするには、儒家の古典である経書《けいしょ》こそ最も大切であり、経書のなかでもなかんずく「論語」「孟子」が一ばん大切であるけれども、それればかりではいけない、歴史もやらなければならぬ、また稗史雑劇というようなものも役に立つということをいっていられるのであります。こうした学風も東涯先生に非常によく伝わっているように思われます。もっともこの親子をくらべますと、お父さんの方がどちらかといえば、より哲学者的であり、東涯先生の方は、より歴史家的といってよいでありましょう。その結果、儒学に関する著述、これは東涯先生の表芸ではありましょうけれども、それらは実はお父さんの書物ほどには、精彩がないように思われる。これは親子それぞれの性格によることでもありましょうが、また一つにはこういうこともあったかと思います。すなわち、あまり儒学の方面で思索を発展させては、お父さんの唱えられた説の範囲を越えるかも知れぬ、それでは相済まないという遠慮があり、それが先生の思索を一そう内輪にしたのではないかと考えます。そうしてまたそういう意識が、先生の才能を狭い意味の儒学以外の方面、つまり史学語学の方面に伸ばさせたのかも知れません。

話が横道にはいりましたが、さて元へもどりまして、かく先生の学風は非常に正確であります。ここで一つ注意すべきことは、徳川時代の儒者は、みな非常に勉強をされました。そうしてそれぞれ立派な著述を残していられるのでありますが、しかしながら東涯先生の著述のように、今日でもわれわれの座右に備えて、すぐさま役に立つという書物は、あまり多くないように思われます。ほかの人人の著述もそれぞれ立派なものではありますが、今日そのもつ意義は、多くは歴史的意義でありまして、一つの説を唱えた先駆者としては偉いけれども、その事柄に関しては後の人の書物を読む方がもっと正確である、或いはまたあまりに当時の倫理として説こうとする意識が強烈である結果、当時の倫理としては適合しても、今日からはまず歴史的価値しかもたない、というふうな書物が多いのであります。ところが東涯先生の書物はそうでありません。時代を超えた正確さをもっているのであります。

なおここでもう一つ申し上げておきたいことは、先生は強い理性と良心とを持たれた立派な学者でありましたとともに、一方においては、すぐれた文章家であったということであります。つまり先生の言語能力は、他人の言語を理解する力、すなわち読書力が非常に正確であったばかりでなく、みずからの思想を言語に表す力、つまり表現力も非常におありになったのであります。そのことを最もよく示しますのは、先生の漢文であります。私は東涯先生の漢文を、非常に上手であると思います。よく世間には徳川時代の儒者の漢文というものは、中国の人に読ますと調子が悪いのじゃないかという人がありますが、東涯先生の文章は、たとい中国人に読ませても、ひどくリズムにはずれるところはなかろうと思うのでありまして、あれだけ書くということは、よほど才のある人でなければ出来ないと思うのであります。これはやはりお父さんの仁斎先生が既にそうでありますが、東涯先生もお父様についで立派であります。もっとも東涯先生の漢文は、山陽外史の漢文のように、人を激励し鼓舞するというふうな、激越な文章ではありません。非常になだらかな平坦な文章であり、しかもいいたいことだけは充分にいい尽くした文章であります。でありますから「日本外史」を読むように面白くはありません。けれども一体に山陽外史のような、アクセントの強い文章を書くのと、東涯先生のようにアクセントに乏しい文章、しかもそれでちゃんと文章になっている文章、そのどちらを書くのがむつかしいかと申せば、それは東涯先生のようなものを書くのがむつかしいのであります。かく書きにくい文章を巧みに書かれたということ、これはやはり先生の偉大さを物語るものであると思います。その点は同時代の漢学の大家として東西に対峙していました徂徠も、名文家でありますが、私はむしろ徂徠の文章よりも東涯先生の文章の方が、危な気がないと感じます。徂徠の文章は才気煥発ではありますが、ときどき何かちょっとおかしいようなところがある。東涯先生にはそういうところがすくない。またかく漢文を書かれます能力において先生の表現力は看取されるばかりでなく、別の方面からもそのことをうかがわせますのは、「名物六帖」の和訓であります。これは先刻申しましたように、近世中国語の辞典でありますが、いちいちの単語に和訓が与えてあります。ところでその和訓はみな一言道破でありまして、もとの中国語の意味がすぐ直感出来るような、いとも適切な訳語であります。これは私ども多少そういう仕事をやっています関係上、みずからの経験がありますが、なかなかむつかしいことでありまして、只今の学者にはなかなかああいう芸当はむつかしいかと思います。かく先生は文章家乃至は翻訳家としても立派な方でありました。そうした才能も、学者として当然もつべきものだとすれば、先生は学者として完全な才能をもたれた方でありました。

ところでかく先生が偉い学者であるということ、それはもとより早くから認められていたことでありますが、ここに先生を徳川時代の儒者のうち一番偉いといった人がある。それは平田篤胤であります。篤胤の「古史徴開題記」というものには、こういう風に書いてあります。「漢学者流の中に、伊藤長胤と云へる人ばかり愛《はし》きはなし。吾党《わがとも》の小《こ》子《ら》の、漢学《からまなび》をも為《せ》ま欲《ほ》しく思はむは、まづ此《ノ》長胤の著《あらは》せる書《ふみ》の悉《ことごと》く読て後に、他書《あだしふみ》に度《わたり》たらむには進《すゝ》み速《はや》からむ物ぞ」。そう申しております。つまり伊藤長胤、というのは東涯先生でありますが、漢学者のうちこの人ほど尊敬すべき人はない、漢学をやるものはまず東涯先生の書物を読むがよい、それが一ばん早道だというのであります。この篤胤の言葉は、只今ではもはやこの通りには通用いたしますまい。只今は中国についての学問もいろいろの点で進歩しましたから、どの方面においても東涯先生の書物を、まっさきに読まなければならぬということはありません。けれども、たとえば「制度通」「操觚字訣」などは、今日でも中国の学問に志す人が早いうちに読んで置くべき書物であります。つまり篤胤の言葉は只今でも多少訂正を加えればそのまま通用するのでありまして、この点からいっても東涯先生の業績は不朽であります。

しかし先生の不朽は、単にただその著述が今もすぐ役に立つというような点にあるばかりでなく、ほかにもあります。それは先生の学問の方法の中に、ながく後の学者の鑑とすべきすぐれたものがあると思われることであります。

先生の学問の方法のうち後の学者に啓示を与えると考えますものの第一は、先生が近世の事柄を重視されたことであります。一たい先生の学問の目的とされるところは、いうまでもなく孔子孟子という中国の古い聖人の教えを明らかにすることにあった、それが先生の学問の究極の目的であります。ところが一方において先生は、近世の中国、また或いは当時における現代の中国のことに、非常な注意を払っていられます。このことは古典研究の方法として非常にすぐれたものであると考えます。いかにも古典の学問というものは、まず最初の立場としては、昔と今とは違う、昔と今とは非連続のものだという考えに立つことが必要でありましょう。仁斎東涯父子の古義の学問も、まさしくこの立場に立っています。すなわち人間の考え方というものは時代が移るに従って変って行く、だから宋の儒者が孔子孟子の考えだとして述べたものは、後の人の考えであって、必ずしも孔孟の考えではない。だからそれはいけない、それを捨てて昔の考えのままに帰らなければならぬ、というのが伊藤家古義学の根本の立場でありまして、その立場は昔と今とはつらなりがない、昔と今は違ったものだとする立場であります。しかし、ではそういうふうな立場だけで、完全な古典の学問は成立するかというと、どうもそうではない。昔と今とは違うという立場ばかりで行きますと、どうも往往にして近世のこと、現今のことというものは、閑却される。そうして一足飛びに古代に突き入ろうとする結果は、或いは独断によって生まれたものを、古い事実であると誤認する場合が却って多いのであります。それを救う方法としては、逆に昔と今とは連続したものであるという考え方が、必要のように思われます。すなわち昔と今とは違うに相違ない。けれども、その中には違わないものもある。一たい昔のことというものは、われわれの直接な認識のそとにあるのでありまして、それをもう一度認識しようとするには、まず認識しようとする事柄を、認識しやすい今の世のことに当てはめて見て、その認識が正しいかどうか見当をつけて見るということが、一方においては必要なように考えます。ところで東涯先生が中国の古い聖人の考えを究めようとしながら、一方では現代の中国に対し深い注意を払われたのは、恐らくそういう用意からであろうと思います。これは荻生徂徠も同じでありまして、徂徠はそうした主張をはっきりと表面に出しております。東涯先生ははっきり主張されてはいませんけれども、やはり徂徠と同じ考えではなかったかと考えます。制度の研究にしましても、宋以後の制度を、懸命に研究されていますが、これはやはり宋以後の制度を明らかにすることによって、古代の制度すなわち先生たちの理想とされた周時代の制度にさかのぼろう、近世の制度という手近な認識しやすいものから、遠い認識しにくいものへ段段さかのぼって行こうという考えであったのではないか。また「名物六帖」の示す如く、中国近世の言葉に注意を払われたのも、言語生活のありさまを、認識しやすい只今の言語から出発して、古いところへさかのぼって行こう、そういう考えがあったのではないか。そういう考えがあったかどうかはしばらくおくとしても、先生の学問が非常に正確であり、見当違いが少いのは、事実においてそういう方法を取られたことに基づくと思うのであります。

そこで私がたいへん興味ぶかく感じますのは、本居宣長の学問の方法であります。宣長の学問も一種の古義学でありまして、記紀に対して後の学者が与えた解釈を排斥し、記紀の当時の意味に還そうとするのでありますが、御承知の通り一方では、宣長は現在の言葉を重んじ、現在の言葉を資料にして、古い言葉を解いています。この本居大人の学問の方法と東涯先生の学問の方法と、私は非常に似ていると思うのであります。私は国学は不案内でありますので、堀川の学問と鈴の舎の学問と直接の結びつきがあるかどうか知りませんけれども、どうも間接には結びつくように思う。たとい意識的な結びつきはないにしても、本居大人に至って完成したあの古典学の方法は、既に東涯先生において大体出来ていたということがいえると思うのであります。

以上は先生の学問の方法が、古典学の方法としてすぐれている点を申したのでありますが、先生の学問の方法は、単にかく古典を治めますものに、啓示を与えるばかりでなく、広く一般の文化科学の方法としましても、すぐれた点をもっているように考えます。一たいに、高遠な道理を求めるものは、どうも卑近な事物に対する注意を忘れがちであり、日常的な事物がどういう意義をもっているかということに、おろそかになりやすいのでありますが、堀川の学問はそうでありません。これはお父さんの仁斎先生が既にそうでありまして、仁斎先生が宋儒の学問を排斥された理由の一つは、宋儒は高遠なことばかりいって、卑近なことを忘れている、だからその説くところは、人情に遠い、人間の普通の感情から離れたものになってしまった。そのためにいろいろ残忍なことがらさえ発生している。というのが古義学提唱の一つの動機でありまして、人の外に道なし、道の外に人なし、というのは、仁斎先生の常に説かれるところであります。また立派な道というものは、必ず平易な言葉で説いたものだ、平易な言葉で説いたものでなければ、立派な道でない、何か人をびっくりさせるような言葉で説いてあるものは、必ず正道からはずれたものであるともいっていられます。つまり卑近なものこそ普遍であり、卑近でないものは普遍でないという考えでありますが、こうした態度は東涯先生の学問にも強烈であります。たとえば宋以後の儒学で論議の中心になっていますのは、「性」ということ、「心」ということであります。朱子、王陽明、みなやかましく議論しております。ところが東涯先生の解釈は非常に簡単なのであります。それは「秉燭譚」の中にあるのでありますが、弟子たちが心性の事をいろいろ議論したことがあった、そのとき先生問うていわく、心という字は日本では何と読むか、答えていわく、ココロと読む、また問うていわく、性という字は日本では何と読むか、答えていわく、ムマレツキと読む、先生いわく即ちこれなり、その人、言下に解を得たり、と見えている。同じようなことは、「弁疑録」という著述の中にも見えています。先生がいかに卑近な事物を重視されたかは、この一事でもわかると思うのであります。つまりココロとかムマレツキという日常の言葉、それこそ「心」とか「性」というものの本体を最もよく具現している、そういうお考えであろうと思うのであります。こういう態度は先生の書物の至るところに現われているように思われます。また先生が近世のことに熱心でありましたのも、やはり卑近なものの尊重のように思われるのであります。

またそもそも先生が博学であったのも、ただ興味本位からいろいろのことをやって見ようというのではなしに、広く卑近な事物に思索を加えて、自分の結論に誤りなからしめんという考えからであろうと思うのであります。そうしてこういう風な態度は、更に考えて見ますと、実は必ずしも堀川の学問に始まるのではなく、中国の儒家の考えというものが元来そうなのであります。中国の儒家の考えのうち、最も取るべきもの、それはそういう点にあると思うのでありますが、そうした儒家のよいところを、東涯先生はよくつかまえて、実践されたと思うのであります。日常の行いの上にも実践されたでありましょうが、学問の上にも実践されたのでありました。このことはやはり後の学者に大きな啓示を与えるものと考えます。それは単に古典の学問をやるものばかりでなく、広く文化科学に志しますものに、大きな啓示を与えるものであると思うのであります。ことに只今の時世は必ずしも東涯先生のように、謙虚な慎重な態度で、人人はものをいっておらぬのではありますまいか。卑近な事柄から離れて、一足とびに高遠な理窟に飛びこもうとする。その結果は、独断が生まれやすい。或いは卑近な事物に省察を加えることがあっても、ただ単に二三の事物だけにとらわれて、それですぐ結論を導き出す、そういうようなこともないではない。そういう風な風潮に対し、東涯先生の書物は、重要な反省の資料だと考えます。

こう考えてまいりますと、先生の学問は決して、その著述がわれわれ中国の学問をやるものの、座右の宝となるというような、狭い意味だけでなく、もっと大きな意味で、これからの日本人の学問なり、思想の展開の上に、重要な指針となり得べきものを含んでいると、私は考えるのであります。

私は始めにもお断りしましたように、先生の書物を実はよく読んでいません。ただ大体は以上のようであろうと考えるのでありまして、かく考えます結果、以後更によく先生の書物に親しみ、更に多くの啓示を受けたいと思っております。篤実な先生のことをお話ししますのにふさわしくない不篤実な話になりましたが、今日のところはこれで御免を蒙ります。

（一九四二昭和十七年十月十八日天理図書館に於ける講演、原題「東涯先生の学問」）

徂徠学案

一　学説の要約

荻生《おぎゅう》徂《そ》徠《らい》、一六六六寛文六年―一七二八享保十三年、は、幕府最盛期の江戸の儒者である。価値の基準は、中国古代の儒家の書にあった。しかしその演繹のし方は、完全に独自である。彼以前の日本の、また中国の、いかなる学者ともことなる。まずその学説の要を摘む。

すべての存在は、運動を属性とする。運動を属性とする故に、時間的にも空間的にも、同一の存在はあり得ない。無限に分裂した個である。いかにも個はそれぞれに運動するが、いかに運動するとも同一の存在となることはない。人間も自然も「活物《かつぶつ》」だからである。人間はそれぞれの顔がちがうようにちがった個性を、それぞれに運動させ成長させつつも、あくまで保持する。米はあくまでも米であり、豆はあくまでも豆である。人間はこの無限の分裂のすべてを認識することはできない。奇蹟あるいは神秘の出現は、稀にではあるけれども、人間の認識の有限を強調する。

なぜかく人間には知り得ない部分を含みつつ、存在は運動するのか。「天」の意思としてそうなのである。人間が知りつくし得ない形で存在の運動を生む「天」の、霊妙不可思議さを、人間は尊敬しなければならない。「天」への尊敬こそ、人間の思考と実践の基礎である。「天」の意思は、「天命」と呼ばれる。

しからば人間の認識はいかにあるべきか。存在を個としてでなく集合体としてとらえるとき、集合体としてもつ方向が、大まかに把握される。かく存在が集合体としてもつ方向を、彼は「大」と呼ぶ。「大」の中の「小」は、無限に分裂している。「小」への認識をいくら積み重ねても、「大」には達しない。「大」による認識こそ必要である。

認識の対象が「大」であるべきことは、存在への対処の方法もまた、「大」を対象とする「大」きな方法であるべきことである。それは政治である。かく「大」を対象とする政治の方法として与えられているのが、中国の古代に出現した「先王の道」である。またその記録である「六経《りくけい》」である。「先王の道」とは何か。中国古代の天才的な統治者七人、具体的には、堯《ぎょう》、舜《しゅん》、夏《か》王朝の創始者である禹《う》、殷《いん》王朝の創始者である湯《とう》、周《しゅう》王朝の創始者である文王、武王、周公、以上七人の「先王」によって、人為的に設定された政治の方法である。「道」とはそれを呼ぶ語である。人為的の設定であるから、政治のための「術」技術と呼んでもよい。かく人類のために方法を設定することは、帝王の地位にある人物にのみ許され、また可能であった。彼らは「先だつ王」として、その地位にあった。そうして「聖人」であった。「聖人」とは人類の方法の設定者を呼ぶ語であるが、この七人は政治の方法「道」の設定者である。

七人の「先王」が「聖人」として設定した「道」は、あくまでも政治の方法である。道徳の方法ではない。「仁」善意、「智」知性、「孝」両親への善意、「悌」兄弟への善意、「中庸」節度、等の諸道徳を総称する語が「徳」であるが、あくまでも重要なのは「道」であり、「徳」は「道」に対して重要さをゆずる。つまり政治は道徳に先行する。個人すなわち「小」の善あるいは幸福をはかっても、その集積が、「大」すなわち集団の善あるいは幸福には到達しないからである。大きく集団の善あるいは幸福をはかり、その中の「小」の運動を、それぞれに「活物」として成長させ、米は米なりに豆は豆なりに、成長させる。「大いなる者は大きく生き、小さき者は小さく生く」。そうした方法ないしは技術、それが「道」である。こうした「道」の接受者として「先王」の予想するのは、のちの治者である。あるいは治者の補佐者である。くるめて呼べば「君子」である。被治者「小人」ではない。「小人」は「道」の参与者でない。ただ「徳」のうち「孝」「悌」「中庸」等が、その生活の方法となる。

「君子」が政治を行のう方法として提示された「先王の道」の優越性は、提示するものが、すべて標準的事実であり、議論ではないことである。政治生活、社会生活、家庭生活、それらにおける儀式その他の諸行為の行為のし方という事実、それが「礼」であり、音楽の演奏という事実、それが「楽」である。また人間の事実を韻文でうたうのが「詩」、人間の事実を散文で記録したのが「書」である。「礼」は実演により、「楽」は演奏により、「詩」はうたうことにより、「書」は読むことにより、治者の人格が自然に陶冶されてゆき、上述の形でのよき政治を得るように、「先王」が人為的に設定した四つの技術である点からは、「四術」とも呼ぶ。「四術」のうち、「礼」と「楽」は、事実そのもの、彼の語によれば「事」であり、「詩」と「書」は、事実に密着した修辞「辞」である。あわせては「物」であり、「物」とは標準的事実を呼ぶ語と、彼はする。そうして重要なのは、それら「物」すなわち標準的事実は、すべて「先王」が後の治者のため、すなわち「君子」のため、人為的に考案設定したとすることである。自然発生的なものではない。人間の現実に即してはいるけれども、先天的に人間に内在するものではない。

なぜかく「先王の道」は、標準的事実「物」のみを提示し、議論をまじえないのか。議論は常に必ず不健全だからである。「天」への尊敬の延長として、人間に必要なのは、信頼の心情であり、信頼とは、相手と自己との合致である。議論というものは、そうした信頼の心情が失なわれた場合に、発生する。自己を信頼しない相手への説得であり、論争である。ゆえに必ず不健全な偏向を生む。議論の基礎となった事実の原形から遠ざかり、原形を破壊する。「先王」七人はそれを避け、原形のままの事実のみを提示する。接受者をして、各自の個性にそいつつそれら標準的事実を自己のものとさせ、それによって各自に思考させ、各自の個性にそった成長を得させる。かの「大学」にいう「格物致知」とは、このことをいうのであって、「物」すなわち「先王」の提示する標準的事実が、「格」自己のものとしてやって来るようにすれば、「知」すなわち叡知が、「致」生長するというのである。恣意にえらんだ事物について恣意な思考をすることではない。

以上のような「先王の道」を現在のわれわれはいかにして獲得するか。それを記載した言語である「六経」六古典において、獲得するのである。「六経」とは、「先王」の「聖人」の作為した「四術」につき、さいしょから書物としてあった「書」のほか、元来は口頭の歌謡であった「詩」、元来は実演の技術であった「礼」と「楽」を、さいごの「聖人」である孔子が書物化し、それに「易」と「春秋」の二つをも、同じく「先王の道」を記載する言語と孔子が認定して、加え、あわせて「六経」としたのである。孔子は方法を設定し得べき「王」の地位を得なかったけれども、方法を設定し得べき能力をもち、またされればこそ「六経」を編定し得た。そのゆえに「先王」七人とともに、「聖人」の称呼を受ける。

「六経」による「先王の道」の獲得は、「先王の道」が、「六経」の言語そのものの中に存在することを重視せねばならぬ。何となれば、「六経」の言語は、事実のみを尊重し、議論を排斥する「先王の道」の生んだ言語であるゆえに、その言語の文体もまた、事実と密着する修辞法によって書かれている。それは古代人のもったすぐれた修辞法である。それを「古文辞」と呼ぶ。「六経」はすべてこの「古文辞」の文体である。「六経」の「古文辞」は、それを媒介として、「先王の道」の内容である事実を伝達するのみではない。「六経」の「古文辞」の言語そのものが、「先王の道」の表現なのである。かくて「六経」の「古文辞」の言語の獲得は、すなわち「先王の道」の獲得となる。

では「六経」の「古文辞」は、いかにして獲得されるか。信頼とは、相手と自己の合致であるという方法が、ここでも取られねばならぬ。単に「古文辞」を読むのではない。みずからも「古文辞」を書くのである。後代の中国文が、議論という悪習によって事実から乖離するのなどを、自己の文体としないのはもちろん、それを読むことさえも忌避する。そうして「六経」のごとく用語も発想も事実と密着した修辞法で、みずからの文章を書く。かくて「六経」の「古文辞」は、みずからのものとなる。したがって「先王の道」がみずからのものとなる。

以上に達する過程として、後代の注釈は深く信頼しないがよい。「古文辞」の修辞法が忘れられてのちの所産だからである。且つ注釈とは、本文という原形に対して加えられた議論であり、原形の変形である。山崎闇斎以後盛んになったいわゆる「講釈」は、なおさらである。「六経」の本文そのものについて思考せよ。

更にまた根本的な問題として、「六経」の「古文辞」は、中国語である。日本語ではない。中国語の原形のままに読むのから始めない限り、それは獲得されず、それとの合致はない。従来の訓読法が、漢字に返り点送り仮名をくっつけ、日本語に翻訳して読むのは、中国語という事実の変形であり破壊である。排斥されねばならぬ。原音、原イントネイション、原語序によって、すべてを読まねばならぬ。

過則勿憚改、この「論語」「学而《がくじ》」篇の句を、過則勿レ憚レ改、と返り点をうち、過《アヤマ》テバ則チ改ムルニ憚ルコト勿《ナ》カレと読むのは、原形の破壊である。コウ ツヱ ホ ダン カイ、と読んでこそ、その原形である。「易」の「坤《こん》」の卦《か》の「文言《ぶんげん》伝」の、積善之家、必有余慶、積不善之家、必有余殃。それを、積レ善之家、必有ニ余慶一、積ニ不善一之家、必有ニ余殃一、と返り点をうち、善ヲ積ムノ家ハ、必ズ余慶有リ、不善ヲ積ムノ家ハ、必ズ余殃有リ、そう読まずして、ツヱ ゼン ツウ キヤア、ピ ユウ イユイ キン、ツヱ プ ゼン ツウ キヤア、ピ ユウ イユイ ヤン、と読め。またその第一歩としては、まず現代中国語を学び、中国語のリズムに慣れよ。なお彼の学んだ中国音は南方音であって、右の仮名は、岡島冠山の「唐話纂要」享保元年一七一六、による。長崎税関の「通事」通訳官である冠山は、彼の弟子であるとともに、彼の中国語の教師の一人であった。現在われわれの使う標準語ペキン音を拉丁化ローマ字で表記すれば、「論語」の句は guò zé wù dàn gǎi.「易」の句は jī shàn zhī jiā, bì yǒu yú qìng, jī bù shàn zhī jiā, bì yǒu yú yāng.

「六経」が中国語であるのは、「先王の道」を設定した「聖人」が、中国の古代にのみ生まれ、日本も西洋も「聖人」を生まなかったからであって、これまた尊敬すべき「天」の意思である。且つまた中国語は、「聖人」の生まれた国の言語だから、日本語よりも上等の言語である。ひとり「古文辞」ばかりではなく、単音綴であり、テニヲハをもたないことによって、日本語よりもはるかに緊迫した美を、一般にもつ。

以上のようにいうことは、「六経」の提示する事実のみが、価値だというのではない。それは価値の基準だというのである。「六経」の基準的事実の上に、意識的無意識的に分裂し発展したのが、後の人間の諸事実である。荷蘭《オランダ》など未開の地域は別として、中国後代の諸事実、現代日本の諸事実、みなそうである。それらへの広い知識、つまり歴史への知識こそ、必要である。後代あるいは現代のすべての事実は、「六経」の事実の分裂だから、「六経」の基準によって理解される。逆にまた後代現代の事実を知ることによって、「六経」の事実はよりよく理解される。何となれば人間の事実は、もろもろの悪をもふくめて、いつの時代にも存在する。「六経」にあまり悪が見えないのは、悪はせいぜい書かないというのが、当時の風習だったからである。「六経」に次ぐ時期の書であり、同じく「古文辞」の文体である「左氏春秋」と「史記」には、すでに悪が充満する。要するに古と今とは連続している。さればこそ「六経」は、またそこに記載されている「先王の道」は、現代の日本でも信頼すべき存在なのである。また逆に、さればこそ中国語の学習は、現代語からはじめるのがよいのである。いかにも言語は、古今によって変遷し、「古文辞」は、古代の特別な修辞法である。しかし「古文辞」の記載する事実も、現代日本語が記載する現代日本の事実と、大した差違はないはずである。「古文辞」の学習とは、現代日本語が現代日本の事実を容易につかみ伝えるごとき関係を、「古文辞」を現代日本語同様にわがものとすることによって、「古文辞」の記載する事実に対して得、「古文辞」の事実も、現代日本の事実と同じく、特別のものでないと知ることによって、人間の事実のもつ意味をたしかめることである。それは現代の拒否ではなく、「先王」の中国と現代の日本との間にパイプを通すことである。パイプを通すのに必要なのは、「先王の道」の体得とともに、後代現代の歴史への知識である。彼の学問を「復古の学」と称すること、同時代人にすでにあるが、彼自身がそういった例は、稀にしか見いだされない。

しかし後代においても、重要なのは事実であり、議論ではない。論敵を予想するゆえに必ず誤謬を伴なう議論の悪習は、「先王の道」が薄れ失なわれるのとともに生まれた。そのはじまりは、孔子の孫子思《しし》の「中庸」、また曾子《そうし》の著と伝える「大学」に、早くもある。彼らは「先王の道」の正しい継承者である孔子を、他学派から擁護するため、議論に無理を生み、個人の道徳を、政治の効果に先行させるという誤謬を、早くもはらんでいる。孟子にいたっては、なおさらであって、人の性は皆な善なりという安易な説を、他学派への説得として生んでいる。人間性の「大」きな方向が善にむかうことは是認される。人間全体の必然とするのは、議論であるゆえの誤謬である。

そもそも「先王」とその祖述者である孔子の「道」は、その時代の政治体制であった「封建」、すなわち各地域の大名小名がその地域の人民を統治し、治者「君子」と被治者「小人」との間に、スキンシップがある場合に効果をもち、秦の始皇以後、中央から派遣された地方官が三年の任期をしかもたないところの「郡県」の制度、それが中国の政治体制でありつづけつつあることは、「先王の道」を、いよいよ忘れさせ失なわせ、誤謬をいよいよ増している。

もっとも誤謬にみちるのは、十一世紀北宋十二世紀南宋の儒者の儒学説、いわゆる宋学、朱熹《しゅき》を代表者としては朱子学である。世界は一つの「理」によって貫ぬかれ、人間も「理」を賦与されているゆえに、すべてを知り得るとする。「格物致知」の原義を誤解し、誤解による解釈を思考の根拠とする。まずすべての人間は「理」の賦与によって、完全善の「聖人」に到達し得べき可能性を、均一にもつとする。人間の個性の不可変を無視して、豆も米になれ、米も豆になれるとする。ゆえにまた個人道徳を政治の効果に先行させる。これらの議論は非現実的であるばかりでなく、その根拠は、議論による誤謬のはじまりである「大学」「中庸」「孟子」にある。それを「論語」とあわせて、「四書」と称し、「六経」よりも尊重する。「論語」のみは、「六経」とならんで、最上の「古文辞」であり、第七の古典と称してよい。他はみな二次的な書なのを、拡張解釈して、誤謬を深めたのである。且つ一切を「理」によって統制しようとした結果、政治、教育、日常の生活、みな厳粛を主義として、感情、欲望、利益の追求、それらを否定するのに傾く。「先王の道」の寛容は失なわれ、おかげで以後の中国は明朗でなくなり、一そう駄目になった。中国ばかりではない。彼が王朝の開創者として「神祖」と呼ぶ徳川家康が、林羅山を庇護して以来、日本でも朱子学が権威となり惰性となって、せっかく百年の太平をけがしている。是正されねばならない。わが徳川王朝の政治体制は、「先王」の時代と同じく、「封建」である。「道」への可能性を、彼と同時の中国よりももつ。

宋学への敢然たる批判を、彼にさきだってしたのは、京都の伊藤仁斎、一六二七―一七〇五、である。彼は仁斎から多くをうけつぎ、「近き歳の豪傑の士」としつつも、仁斎が「論語」の価値を「六経」の上におくこと、孟子の重視、個人道徳の重視、みな宋儒の誤謬の残滓とする。仁斎の死の前年、彼が呈した手紙に返事が来ずじまいであったことが、彼を不快にし、仁斎批判の一因となっている。

漢詩漢文の実作は、当時の儒者に普遍な風習ないしは任務であったが、彼はその面でも大家であり、多くの弟子にかこまれて、その時代第一の宗匠であった。「六経」が文学として「詩」と「書」を含むのの延長として、「先王の道」の獲得であり、また日本語よりも上等な言語である中国語による文学であるという説明が、彼とその一党には伴なった。そうしてここにおいても、もっとも忌避されるのは、議論の言語に傾く文学であった。具体的にいえば宋代の詩文であった。蘇軾《そしょく》東坡を代表とする宋詩、欧陽修《おうようしゅう》、蘇軾、曾鞏《そうきょう》らを代表とする宋の散文は、いずれも五山以来の日本の漢文家の権威であり惰性であったのを、議論を主とする故に、文学の堕落として排撃した。宋の文学に対する嫌悪は、宋の儒学に対する嫌悪と、相表裏する。

そうして彼は新らしい典型を選んだ。漢散文においてはすなわち「古文辞」である。「六経」「論語」のみではない。周から前漢まで、つまり西洋紀元前の散文は、すべて「古文辞」であり、ことに重視するのは司馬遷の「史記」であった。「孟子」も文章としては「古文辞」であり、老子、荘子、孫子、呉子、荀子、韓非子、みなしかりとした。詩においては、「六経」の「詩」の伝統をついで、感情の事実に即してのリズムとして、三世紀を頂点とする漢魏の詩、八世紀前半、杜甫李白らの盛唐の詩を、排他的な典型とした。そうして作詩も作文も、これら排他的な典型を、完全に模倣して、用語も内容も、自己をそれと合致させるのを、方法とした。模倣のみが、典型の価値を復活させるというのは、信頼の主張の又一つの実践であった。

文学についてのこの主張は、彼自身のものでない。十六世紀明《みん》の文学者、李攀竜《りはんりゅう》字は于鱗《うりん》、一五一四―一五七〇、王世貞《おうせいてい》号は弇州《えんしゅう》、一五二六―一五九〇、この二家の説を、そのまま採用したのである。彼は四十歳前後、偶然の機会に、二家の書を得て、読み、感服し、まず自己の文学説としたのである。この邂逅を、「天の寵霊」、「天」の意思の特別な恩寵とする。

そうして文学者である李王二氏においては、文学実作の説に止まったものを、彼はそこから発想し、拡大して、その儒学説とした。標準的事実と密着する「六経」の言語と自己を合致させることによって、「六経」は獲得され、すなわちまた「先王の道」は獲得されるとするのは、李王の文学説を、儒学説に転用したのであると、彼みずからいう。そうしてこの発想と拡充も、「天の寵霊」であるとする。

かくて彼は、「天」の意思として中国の古代に出現した「先王の道」が、中国では久しく失なわれているのが、やはり「天」の意思として、「東夷の人」である彼により、再獲得されたと自負した。ひそかにみずからを富士山に比擬し、中国にはない名山であろうとした。そうして他の儒者のように、価値の重点を「徳」に置かず、「道」の内容が「詩」「書」「礼」「楽」であるのにしたがって、「風雅文釆」を生活態度とした。うち「楽」は、書物としてはきわめて不完全にしか伝わらないが、彼は日本の雅楽が、中国の古楽の系統であるのを尊重し、その演奏を、弟子たちとともに、仕事とした。やはり「先王の道」の獲得であった。そうしてかく治者のための政治の方法技術である「先王の道」は、詩文の実作、雅楽の演奏をも含めつつ、獲得され、現在の政治家にそのいとまがないとすれば、代ってそれを獲得し、政治家に献言するのが、学者の任務とした。晩年、将軍吉宗への献言である「政談」「太平策」は、この立場から書かれていよう。

ところで以上に要約した学説は、さいしょから抱かれていたものではない。生涯のさいごの時期である五十以後、六十三歳の死に至るまで、年号は享保である時期、安藤東野、山県周南、服部南郭、平野金華、太宰春台など、俊秀にとりまかれつつ、「古文辞」体の詩文と、雅楽の音と、中国語会話と、酒と、タバコとが、「蘐園」と号する彼の居に満ちたころに、提示された。そうして漢文の著では「学則」「弁道」「弁名」「論語徴」、和文の著では「徂徠先生答問書」、それらに述べるものである。

彼の伝記は、三つの時期に分けることが可能である。

第一の時期は、幼時から四十歳ごろまで、年号は元禄から宝永。彼は私塾の教師から、柳沢吉保の家臣となり、五代将軍徳川綱吉、その法号常憲院を彼が中国風の尊称とするのでは「憲廟《けんびょう》」、その侍講でもあった。彼もなお一般の儒者と同じく、儒学説としては朱子学、文学説としては宋の文学の尊重、それらから脱却しない。活動の中心は語学者たるにある。

第二の時期は、およそ四十からおよそ五十まで、年号は宝永から正徳。四十四歳のときに出あった綱吉の死、吉保の失脚によって、彼は柳沢の家臣という身分と俸禄を受けつつも、町住みの儒者として、将軍家宣家継の輔佐者であった新井白石と対立しつつ、文学説は宋から脱却して、李攀竜王世貞の「古文辞」を高唱し、文壇の勢力者となる。しかし儒学説はなお朱子学を守る。活動の中心は、文学の実作者たるにある。

第三の時期は、およそ五十から六十三の死に至るまで、年号は享保。儒学説、文学説、ともに従来の伝統を脱却し、「古文辞」の文学いよいよ盛況を呈するとともに、さきに要約したごとき学説を完成する。そうして将軍吉宗の厚遇をうける。活動の中心は、哲学者たるにある。

以下にその推移を述べる。

二　第一の時期　幼時から四十まで　語学者として

この時期の徂徠が、南宋の朱子の儒学、北宋の二程子を併せては程朱の学、またそうした宋代の儒学と相表裏するとされた宋の文学、ことに宋の散文、それらを尊重すること、晩年の状態と完全に相い反するのは、それらが江戸の初期以来、百年の歴史をもつ権威であり惰性であるのからの脱却を、胎動として孕みつつも、なお果すに至らなかったからである。

江戸における朱子学の権威は、周知のように林羅山、一五八三—一六五七、にはじまる。世界は「理」という原理によって貫ぬかれ、「理」の人間における賦与が「性」であるとする哲学であり、この哲学によって宋儒が古典を解釈し直した諸注釈、すなわち「四書」の朱子注、「五経」については、「易」は程子朱子、「書」は朱子の門人蔡沈《さいちょう》、「詩」は朱子自身、「礼記《らいき》」は元の陳澔《ちんこう》、「春秋」は宋の胡安国、それらによる注釈が、排他的な依拠であった。また朱子の編んだ「小学」「近思録」が、副読本であった。

　儒者に必須の仕事とされた漢詩文の実作も、典型は主として宋にあった。このことは朱子学の歴史観と相表裏する。朱子が「大学」の注釈の序文でいうように、伏羲《ふくぎ》、神農《じんのう》、黄帝《こうてい》、堯、舜、および「三王」もしくは「三代」すなわち夏殷周三王朝の時代には存在した正しい伝統、すなわちいわゆる「道統」が、前五世紀の孔子に大成され、前四世紀の孟子に至るまでは保持されていたのが、孟子を最後として、それ以後の千数百年間は、仏教の渡来、六朝を中心とする美文学の盛行、それらによって中断され掩蔽されていたのを、十一世紀北宋の程氏兄弟に至って、はじめて再獲得されたとするのであり、宋こそは中国のルネサンスであるとするのが、朱子学の見解である。朱子が同じ序文で、「宋の徳は隆盛にして、治教休明なり」というのを、当時の凡庸な儒者の中には、真にうけ、いにしえの「先王」による黄金時代の復活が、宋であるとするものさえいたと、徂徠はその著「訳文筌蹄」の「題言」でいう。みすず書房「荻生徂徠全集」二巻一〇頁。こうした史観からすれば、欧陽修《おうようしゅう》、蘇軾《そしょく》、曾鞏《そうきょう》らを代表者とする宋の散文、蘇軾、黄《こう》庭堅《ていけん》を代表者とする宋詩は、儒学のルネサンスと相表裏する文学として、権威であった。

　もっとも詩においては、宋詩のみが固定した典型であったのでもない。宋にさきだつ唐詩が併せ読まれている。ことに宋の周弼《しゅうひつ》の編んだ「三体詩」、それは唐後半期、いわゆる「中唐」「晩唐」の詩の選本であるのが、五山以来、普及していた。また散文においても、明の茅坤《ぼうこん》の「唐宋八家文」が、欧陽修ら宋の六家の先駆として、唐の韓愈と柳宗元を含んで「八家」であるのが、読まれていた。また五山以来、もっとも俗間に普及していたのは、宋の書賈が編集した俗書「古文真宝」、その「前集」が詩、「後集」が文であるのが、いずれも宋の詩文を中心としつつも、唐ないしは唐以前の作品について、僅少の知識を提供していた。しかし価値の中心は、文学においてもけっきょく宋におかれた。要するに羅山以来の伝統は、中国の文明を宋を中心として理解し尊敬するものであった。

徂徠もはじめは、他の儒者とおなじく、この惰性の中にいたのである。後年の藪震庵あての書簡にいう、「不佞も始めは程朱の学に習いて、欧蘇の辞を修む」。程子朱子の儒学と、欧陽修蘇軾の詩文。「不佞《ふねい》」は徂徠の愛用する「古文辞」風の一人称。「意に亦た謂《おも》えらく先王と孔子の道は是《ここ》に在りと」。「徂徠集」二十三、岩波「日本思想大系」36「荻生徂徠」五〇五頁。李王の「古文辞」に邂逅するまではそうだったというのである。しかし伝統的な流れの中での秀才であった。ことに語学的な才能においてそうであった。

生まれた年、一六六六は、彼が「王室」と呼び「共主」と呼ぶ京都朝廷の紀年では霊元天皇の寛文六年であり、徳川四代将軍家綱、法号が厳有院なのを彼が中国風の尊称としたのでは「厳廟《げんびょう》」、その治世の中ほどである。中国では清の聖祖の康熙五年、その年の陰暦二月十六日、将軍家綱の弟であり当時は館林侯であった徳川綱吉の侍医、荻生方庵四十一歳の次男として、江戸二番町に生まれた。親藩の家臣の子として柳営に近い地域で生まれたことは、生涯を通じての伝記が、幕府の中枢と接近し、また反撥するのを、予約する。徂徠とその門下の逸事の聞き書きである無名氏の「蘐園雑話」、東京大学蔵写本、には、巨人の生誕について奇瑞を叙する。母が正月の門松を夢みて生んだので、双松《なべまつ》と名づけたと。号を徂徠というのは、この本名にちなむ。本名と字《あざな》もしくは号とが、相互に縁語であるのは、中国の風習であるが、「詩経」の「魯頌」の巻の「閟宮《ひきゅう》」の篇が、魯侯の繁栄をことほぐ歌であるのの第十二スタンザに、宮殿建築の用材をうたって、「徂徠の松」というのを用いたのである。あるいは徂来とも署するのは、「詩経」のあるテクストでは、その字だからである。いずれにしても山東省の山名。また、しげるおのこを意味する茂卿《もけい》と名乗るのも、「詩経」「小雅」の巻の「斯干《しかん》」の篇に、「松の茂るが如し矣」、「天保」の篇に、「松柏の茂るが如し」。中国風の自称を、物茂卿《ぶつもけい》とするのは、系図によれば、彼の家は物部氏の後裔に当たるのを、中国人の姓らしく一字につづめた。仏教ぎらいの彼は、仏教の反対者であった物部氏を祖先にもつのを、誇りとし、「徂徠集」十八の漢文「わが家の大連《おおむらじ》の檄に擬す」は、遠祖物部守屋に代って、蘇我馬子および皇子豊聡すなわち聖徳太子を討伐する檄文である。俗間の名のりは総右衛門あるいは宗右衛門。なお後年の彼が中国の堕落の時代として嫌悪する宋の学者にも、同じく徂徠先生を号とする石介《せきかい》がいる。

教師を必要としない鋭敏な小供であり、「予《わ》れ十二歳の時、既に能く自ずから書を読み、未《い》まだ嘗つて句読を受けず」と、さいしょに公刊された著書「訳文筌蹄」の「題言」で、追憶する。「書を読む」とは漢文の書を読んだことであり、「句読を受けず」とは、返り点にたよらなかったのをいおう。且つそれには前提となるものがあったとしてまたいう、より早い七つ八つのころ、父の方庵は、家の日記を徂徠につけさせた。何の行事があったか、父は藩邸へ出勤したか、客があったか、客は何を話し、何の用事であったか、天候、家人の動静、毎晩就寝前の父の口授を、幼い徂徠が筆録した。筆録もまた当時の風習として漢文によったであろう。かく漢文の実作を先に習練したればこそ、漢文の読書が自由になったというのであり、後年「古文辞」の獲得は、「古文辞」の実作にあるとする主張、そのさいしょの萌芽としての追憶である。みすず版全集二巻一〇―一一頁。単に言語に対してばかりではない、存在はそれを自己の体験とすることによってのみ把握されるとする態度、それを生むさいしょでもあった。

父の方庵は、当時の医師の常として、同時に儒者であり、さいしょの素読の師であったろう。門人山県周南の父、山県良斎に与えた書簡「県雲洞に与う」では、「詩経」の「伐檀」の詩を父から教わったのは、四十年前であったと追憶する。書簡は宝永末年のものと推定され、それから四十年前は、十歳未満である。「徂徠集」二十七。

延宝七年一六七九、十四歳、父方庵は、藩主綱吉の不興を蒙り、上総国長柄郡二宮庄本能村に流罪となった。徂徠もそれにしたがい、以後元禄三年一六九〇、二十五歳、父の赦免によって江戸に帰るまで、そこにいた。房総半島の脊梁線からは東の、海に近い地帯であり、今は千葉県茂原市の北部であるが、当時は草深い田舎であった。「徂徠集」十一、「岡仲錫《こうちゅうせき》の常《ひたち》に徙《うつ》るを送る序」には、追憶していう、「余《わ》れは幼くして先大夫に従いて、南総の野に遯《のが》る。都を距《さ》ること二百里にして近し」。彼の別の著「度量衡考」によれば、中国の一里は「今の四丁十歩に当たる」。江戸からそんなに遠い距離ではない。「然れども諸侯の国せざる所」、天領だったのであろう。「君子是こを以って居らず」、さむらいもいない。「乃《すなわ》ち田農と樵牧と海の蜑《あま》の民と之れ与《とも》に処《お》る」。もっとも悲しかったのは、書物のないこと。「性《うまれつき》として書を読むことを好むも、書の借る可き無く、朋友親戚の歓《たのし》み無き者《こと》、十有二年なりき矣」。「大系」四九四頁。文章をもらった岡仲錫は、岡井孝先、二字の姓を中国風に一字につづめるのは、彼自身の「物」ばかりでなく、彼の一党の風習である。

かく二十歳前後、人間の形成期を、江戸の繁華から隔絶された地域で送ったことは、彼の一生に、いくつかの影響を与えている。

第一は、彼がしばしば誇るように、他の学者は知らない現実に接したことである。岡井氏の赴任を送る上引の漢文は、そのあとにつづけていう、今や江戸は世界第一の大都会である。中国古代の諸王朝の首都が、貧弱なものであったのはもちろんとして、長安、洛陽、南京、北京、といっても、中国の官吏の俸給は低い。わが江戸が、大は百万石、小は一万石の大小名が、多くの家臣と、地方で収納した租税をたずさえて、この首都にやって来、且つ物資の輸送も、中国は不便な陸運、こちらは海運なのに及ぶべくもない。それだけに万悪の巣であり、どんどん拡張される市街地の中に、遊惰と逸楽がうずまいている。私ももしずっとその中にいたとしたならば、ただの江戸っ子に過ぎなかったであろう。井戸の蛙であったろう。それが流罪人の家族であったために、他の学者のもたない体験をもち、おかげでどんな書物でもすらすら読め、かくて虚名を海内にぬすむことになった。私はいつもおもう、「憲廟」綱吉公からは、側近の学問の相手として、いろいろ御恩をかたじけなくしたが、御恩のより大きなものは、私を「南総」の田舎にいさせて下さったことにあると。「大系」四九四頁。晩年将軍吉宗に提出した「政談」にも、「某幼少ヨリ田舎へ参リ」云云と、同じ述懐が見える。同二九〇頁。知識は体験によってのみ得られるという思考、対象の理解は、みずからの体験を対象と合致させることによって得られるという思考、いずれも後年に成熟するもののきっかけは、「南総」にあったと、みずからいうのである。

ことに特殊な知識として保持されたのは、日日の周辺に目撃した農民の生活のみじめさであった。私の本性は、「狂奴」やんちゃ坊主、「斥䟶之士」規格はずれの男だと、有名人になったのち、朽木土佐守玄綱に与えた書簡にいうが、「徂徠集」二十五「朽土州に与う」、やんちゃなティーン・エイジャーの足跡は、両総と安房の山野をかけめぐって、農漁民の生活を、仔細に知った。

「徂徠集」の漢詩文のいくつかは、それについての追憶に触れる。十五「峡中紀行」は、宝永三年四十一歳の九月、柳沢吉保の家臣としての彼が、主命によって、同僚田中省吾とともに、甲斐へ出張した往復十数日間の紀行であるが、すでに四百石の高級官僚であり、ことにこのたびは公用の出張であった。駕二挺、槍二本、足軽三名、供廻り十数名、ものものしい行列をしたがえ、人人を平伏させつつ、ある山村にさしかかったとき、農家のむしろの上に、どんぐりが食料として乾してあるのを見、何粒かもらいうけて、袂に入れた。同行の田中が、貴公猿になったかとひやかすと、徂徠は毅然としていった。おれはむかし誰からも見すてられて、十何年か、日に夜に山谷の間を竄走して、牧豎《じゅ》耕夫を友とした。皿にあるのは豆の葉と海草、飢饉となれば草根木皮、それを手のひら半分の豆と麦にまぜる。年貢の白米は目に見るだけだ。このどんぐりは、江戸へもって帰り、何にも御存知ない坊っちゃんたちへ土産にするのさ。当時の足跡が、「上下総」のみならず、「房」にも及んだことも、原文は詰屈聱牙な「古文辞」であるこの紀行に見える。

また、十二「義奴市兵衛の事を記す」は、上総市原県姉崎村の小作市兵衛なるもの、主人の庄屋次郎兵衛が村人の誤殺事件に連坐して、伊豆大島に流されたあと、のこされた主人家族の世話を一手にひきうけた上、没収された屋敷田畑の返還を、江戸の役所まで往復して訴えつづけ、ついには役所にすわり込んだ結果、宝永二年三月、願いが聞き届けられたという事件を記すが、市兵衛はこの十一年間、自分の子が生まれて、主人家族の食べ料が不足しては、と、女房と蒲団を共にしなかったというのを、特筆する。農民の生活といえば、昼は耕作、夜は縄ない、食べるのは豆、着るのはぼろ、すわるのは莫座、唯一のたのしみは、夫婦のそれだけだ。「而うして其の精神を暢《の》べ叙《やす》らげて、而うして半晷《とき》の快を取る者は、唯だ伉儷一床の上に在る耳《のみ》」。それさえも市兵衛は主人への忠義のため犠牲にしたとたたえる。この文章は、「徂徠集拾遺」、日比谷図書館井上文庫蔵写本また広島大学蔵写本、によれば、赤穂四十七士の復讐が主家を復興し得なかったのを愚挙として書いた文章「四十七士の事を論ず」のあとに、その対比として、主家を復興し得た市兵衛の「事」を書いたので、元来はあるが、「徂徠集」刊行の際、四十七士論の方を削除し、市兵衛論のみを残したという。岩波「日本思想大系」27「近世武家思想」四〇〇―四〇一頁参照。

あるいはまた「徂徠集」五、「田家即興二首」と題する七言絶句、その一つにはいう、

田家女子厭蠶桑　田家《でんか》の女子は蚕桑《さんそう》を厭《いと》い
多學東都新様粧　多く学ぶ東都の新様《しんよう》の粧《よそお》い
恰是年年官債重　恰かも是れ年年官債重し

賣身好與遊冶郎　身を売りて好し与《よ》えん遊冶郎

たまった年貢のつぐないに、江戸へ行けばきれいなおべべが着れると、売られて来た百姓の娘、「遊冶郎」たちにとっては享楽の対象であるが、彼は事がらの背景を洞察する。これらの漢詩文、「唐音」でまっすぐに読まれることを彼は希望しようが、今は読者の便をおもんばかり、訓読すること、他もみなおなじ。

こうした農民の生活への具体的な知識は、「先王の道」とは、政治による救済であり、道徳による救済でないという、政治重視の学説を、晩年の彼にもたらすのに、寄与していよう。なお山路愛山の「荻生徂徠」明治二十六年民友社には、「南総の頑童」は、「或は飛騨の匠《たくみ》が建てたる松ケ谷村の釈迦堂を見て、それが四五世紀の間依然として風雨に堪へたる秘密を観察し、或は横川村の四郎左衛門男を訪ひて、其若き時に働きたる強盗の驚くべき冒険の談話を聴き」などしたことに言及する。みすず書房山路氏「史論集」二一頁。前者は「政談」二に見え、「大系」三一〇—三一一頁、またその寺については、「徂徠集拾遺」の「上総国武射郡山辺荘南郷松谷村満徳山勝覚寺の釈迦堂并《なら》びに四天王の像を興復する縁起」があるが、後者はもとづくところを知らない。

しかしもっとも直接に彼の学問に貢献したのは、読書の方法についての啓発であった。「書の借る可き無き」田舎において、限られた書物を、注釈の無用な議論にわずらわされずして、ただ本文のみを熟視し、自分自身の力で会得するという方法、その獲得である。それはまた、ひとり読書の方法としてのみならず、事実そのもののみを信用し、事実にまつわる議論を軽蔑するという後来の方法へ、発展し得べきものである。また教育は自己の努力による成長とするのへの、さいしょの体験でもある。

「訳文筌蹄」の「題言」には述懐していう、ただ一つ大へん役に立った本があった。「大学諺解《げんかい》」なる一冊が、祖父荻生玄甫の蔵書として、父の本箱にあったことであった。「予《わ》れ此れを獲て研究し、力を用うることの久しき、遂に講説を籍《か》らずして、遍《あまね》く群書に通ずるを得たり」。みすず版全集二巻三頁。いわゆる「大学諺解」とは、「四書」の一つ「大学」の朱子学的な注釈書の一つであったには相違なく、岩橋遵成「徂徠研究」、昭和九年東京関書院、以来、林羅山による国字解とするが、私は疑いをもつ。それならば、鋭敏な青年を驚喜させ、その読書力充実の発端となるには、ふさわしくない。ひそかに考えるに、中国の口語による儒書の注釈で、「諺解」と呼ばれるものが往往ある。これもその一つであり、それをもって中国口語研究の発足点としたのでないか。単に口語の語彙語法にはじめて接したばかりでなく、中国の口語と文語の関係を洞察し、おおむねの漢籍の用語は文語であるのを、口語のリズムへの熟達によってよりよく読むという後年の方法、その開拓の手はじめとなったのでないか。

また後年、先輩宇都宮遯庵、一六三三—一七〇九、に送った書簡には、むかし「書を海の上《ほとり》に読みし」時には、遯庵が「経」「史」「子」「集」の「四部」にわたる諸種の漢籍に施した「標注」の御厄介になった、感謝に堪えないといっている。「徂徠集」二十七「都三近に与う」。遯庵はブック・メーカー的な翻訳家であって、多方面にわたるその「標注」は漢文の原文に訓点を施し、しばしば和文の逐字訳を添える。逐字的な解釈であり、無駄な議論を加えない点が、気に入ったかも知れない。なお書簡は、徂徠四十四歳のとき、門人山県周南が、遯庵と同郷であるの帰郷に託して周防に送られたが、遯庵はその春に身まかっており、遺児が墓前にそなえた。「周南先生文集」十。

ところで以上二つの追憶は、当時の環境の不自由さを強調しようとしての挿話に過ぎないであろう。彼は不自由な、しかし何ものにもわずらわされない点では自由な、環境の中にあって、重要な漢籍のおおむねを、あるいは「水滸」のごとき俗語の小説をも含めて、更にあるいは多少の和書と仏書をも含めて、読破していたと思われる。もしそうでなければ、すぐ次に述べるように豊富な学殖を、帰京後すぐに開いた講義が示すはずはない。

ひとり読書の生活ばかりでない。すでに思索の生活があった。宋儒が万物の運動を、「動の端は乃《すなわ》ち天地の心」と説くのを読み、「予《わ》れ十七八の時、斯《ここ》に見る有り、而うして中夜に便《すなわ》ち起き、手の舞い足の蹈むを覚えず」であったと、後年、しかしなお朱子学を守っていたころの「蘐園随筆」巻一にいう。河出書房「荻生徂徠全集」一巻一四五頁。十七八といえば、牧豎耕夫と伍して、上総にいた時期である。またすでに伊藤仁斎の存在を知っていた。「始め不佞の少《わか》くして南総に在るや、則ち已《すで》に洛下の諸先生は、先生に踰《こ》ゆる者無しと聆《き》く也。心誠に郷《した》う焉」。のち仁斎に与え、返書を得なかったことが不仲の原因となった書簡で、そういう。「徂徠集」二十七「伊仁斎に与う」、「大系」五二五頁。また「徂徠集拾遺」の「勝覚寺の釈迦堂幷《なら》びに四天王像を興復する縁起」によれば、その寺の住持である法印覚眼は、父方庵の境涯を気の毒がり、親切に世話した。仏典をも、覚眼から借りて読破したと思われる。

そうして漢詩人としても、充分の技倆を、おそくも遷謫の末期には、もっていた。当時の作品、あるいは私がここに第一の時期とする四十以前の作品を、「徂徠集」には一切おさめないが、無名氏の「蘐園雑話」に、珍重すべき資料として、上総での作品をのせる。唐詩の一種の選本であり、当時すでに和刻本のあった「唐詩訓解」を、みずから転写し、且つ彼みずからによる評語と注を加えたもののはじめに書きつけた短文と詩である。文章の方では、初唐は「雅艶典麗」、盛唐は「高華明亮」、中唐は「瀟洒清暢」、晩唐は「奇刻工緻」と、のちには排斥した中晩唐の時期の詩をも含めつつ、それぞれに評価を与える。のち「学則」第二則にいわゆる「世は言を載せて以って遷る」、言語なり文学は時代とともに推移するという思考、「大系」一九〇頁、その薄弱なはじまりとも見られるが、漢文そのものは、さすがになお幼く、「和習」とおぼしいものを含む。そのあとに附した七言律詩一首は、すでに一ぱしである。

修竹茅齋過雨涼　修《せたか》き竹の茅斎《かやぶきのへや》　雨を過ごして涼し
垂帷棐几對秋光　帷《とばり》を垂れし棐《かや》の机は秋光に対す
芙蓉出水照初日　芙蓉《はちす》は水を出でて初日に照らされ

蘭菊着霜揺暁芳　蘭菊は霜を着けて暁芳を揺るがす
隔澗清猿伴明月　澗《たに》を隔てての清猿は明月に伴ない
映門紅葉帯斜陽　門に映ずる紅葉は斜陽を帯ぶ
西風惆悵故人遠　西風《あきかぜ》に惆悵《ものおも》えば故《むかし》の人遠く
一擲禿毫一斷腸　一たび禿げし毫《ふで》を擲《なげう》ち一たび腸を断つ

末に元禄庚午すなわち三年孟秋の日、荻徂徠書と署する。詩中の風景が田園のものであるのからいって、二十五歳の陰暦七月には、なお上総にいたことになる。この詩は、やがて李攀竜王世貞の説にしたがってのちの彼が、専ら豪宕を旨とするのに似ず、むしろ後年の彼がしりぞける中晩唐の詩風に近い。また「唐詩訓解」なるその書は、李于鱗すなわち李攀竜と袁石公すなわち袁宏道の編選に仮托して、明の書賈が刊行したものであるが、当時の彼はそのことに気づかず、「此れなる者は攀竜と石公と二氏の思いを殫《つ》くす所也」という。李攀竜あざなは于鱗なる人名を、後年の尊崇に先だって知っていたことを示す。あるいは王世貞その他、李氏をとりまいての集団である「七子」の名と、その詩風をも、遷謫中すでに知っていた可能性もある。「七才子詩解」なる書が、例の宇都宮遯庵の門人の訓点づきで、元禄二年一六八九に刊行されているからである。なお「唐詩訓解」が、李攀竜の書でなく仮托であることを、後年の彼は、平野金華に与えた書簡で弁じている。「徂徠集」二十二「平子和に与う」。

父の赦免によって、江戸に帰ったのは、前引の詩をかえりみれば、元禄三年一六九〇、二十五歳の秋以後である。芭蕉の奥の細道の旅の翌年であり、儒学ずきの将軍綱吉の治世の十一年目、大学頭林鳳岡が、孔子を祭る聖堂を、その邸内から湯島昌平坂に移した年である。徂徠は芝増上寺の近辺に塾を開き、学生に講義した。近隣の豆腐屋が、貧乏な彼を援助し、のちの彼が厚くむくいたことは、「護園雑話」に見え、現在の講談「徂徠豆腐」も、それを語る。

白面の青年の講義は、人人の評判になったと思われる。上総の流謫の間にたくわえた学殖が、すでに他の町儒者を圧したばかりではない。他の塾にはない特異な新鮮なものが、講義の方法にあった。

当時多くの塾で行なわれていた儒書の講義は、「講釈」という形式であった。彼のさいしょの著「訳文筌蹄」の「題言」に、その愚劣さを詳叙するのによれば、教師はまず過則勿憚改という「論語」の本文を、アヤマテバスナワチアラタムルニハバカルナカレと、訓読法によって荘重に読む。そうしてアヤマツとはいかなること、アラタムルとはいかなることと、もとの中国語の過《コ》、改《カイ》についての理解でなく、日本語に訓読したものについての「字義」を説いたあとは、それをめぐっての倫理を、ながながと述べる。塾生が居ねむりし、人員と月謝の減少を防ぐためには、冗談もまじえねばならぬ。たとえ話もはさまねばならぬ。後年彼が吉宗将軍に学制の改革について進言した意見書「学寮了簡」によれば、昌平坂の林家の講釈さえもそうであって、「人の耳ちかきやうに仕、或はおどけ咄をまじへ、或はこわいろをつかい、或は太平記などの噺をくはえ、聴衆の多く有之やうに仕候ものも、必可有之候」であった。学生もまた学生であり、先生ココニテセキバライ、ココニテ先生ツクエヲ叩ク、それまでノートにとると、徂徠はいう。

草深い上総の田舎でいろいろ苦労して来た青年が、のちの「政談」にいうように、「十三年ヲ経テ御城下ニ返リテ見レバ、御城下ノ風ノ以前ニ抜群代リタルヲ見テ」、「大系」二九〇頁、すべてにびっくりしたうちでも、ことに驚いたのは、「講釈」の盛行であった。人にただすと、事がらは闇斎にはじまるといったと、責任を山崎闇斎、一六一八―一六八二、に帰するのは、「蘐園随筆」巻二であり、河出版全集一巻一五九頁、伊藤仁斎に反感を抱くようになってからは、仁斎をも責任者に加える。何にしても、こうした「講釈」は、古典の本文の変形であり、冒瀆であると、彼はし、彼自身の増上寺塾の講義は、新しい形式を取ることを宣言した。

彼はいう、書物を読むとはどういうことか。書物そのものを読むことである。その「本来の面目」において読むことである。世上の「講釈」のように、無用の附加をすることではない。われわれの読む中国の古典、その本来の面目は、何よりもまずそれが中国語であることである。ゆえにまずあくまでも中国語として読まれねばならぬ。過則勿憚改は、アヤマテバスナワチ云云ではなくして、コウ　ツエ　ホ　ダン　カイ、である。それをそのとおりに読むのが、万事のはじまりである。当時それは長崎通事の仕事と意識されていたゆえに、彼はそれを「崎陽《きよう》の学」と呼ぶ。しかし「崎陽の学」はまだ普及しない。二次的な方法として、アヤマテバスナワチアラタムルニハバカルナカレと、いかめしい雰囲気をもつ訓読よみを、せめてものことに廃棄する。その代替として、平易な日本の口語におきかえる。シクジッタラヤリナオシニエンリョスルナ、あるいはシクジリハエンリョナクヤリナオセ。そうした俗語へのおきかえを、彼は「訳」と呼び、従来の訓読「和訓」の方は、「訓」と呼んで、両者を区別する。かく「訓」を廃棄して「訳」を方法とすることを、「崎陽の学」すなわち中国音を知らないものは、せめてもの方法とせよ。

なぜ平易な「訳」におきかえるか。中国の古典にいう事がらも、中国語で表現されてはいるけれども、同じく人間の事がらである。そうむつかしく特別なものである筈はない。われわれが日本語で気やすくいっているのと同じ事がらを、むこうは中国語で、同じく気やすくいっているにすぎぬ。中国語がその伝達する事実に対してもつ気やすさを、そのまま同じ比率で日本語にうつすのが、私の「訳」である。今の「講釈」の先生たちは、アヤマテバスナワチアラタムルニと、まずむつかしげな「訓」で読むことによって「論語」のいう事がらが何か特別に高遠なもののような錯覚をまずおこさせた上、もって廻った「講釈」を附加して、一そう高遠にしたてる。しかし「先ヅトクトヨク料簡シテ見ヨ、儒道ハ何事ゾ。人ノ道ナリ。日本ノ人ハ人ニ非ズヤ」。中国人と同じく人間である以上、「論語」の内容とても、そうわれわれとかけはなれたことではない。「君子」とは何、「小人」とは何と、「講釈」の先生はやかましいことをいうが、「君子小人トハ何事ゾ、君子ハ侍ナリ、小人ハイヤ〳〵ナリ」。そうおき変えて見れば、何でもない。またたとえば人人が敬遠しがちな「礼記《らいき》」にしても、何もむつかしいことが書いてあるのではない。その第一篇は「曲《きよく》礼《らい》」の篇だが、「試ニ礼記曲礼ヲ見ヨ、悉ク武家ノ諸礼ト合スルナリ」。当時の彼の講義の筆記と認められる「訓訳示蒙」には、以上のようにいった上、中国の詩についても、「句ノ巧拙」とか、「興ノ幽玄」とか、七めんどくさい講釈ばかりが多い結果、「詩ト云ヘバ、何ヤラカタキコトノ様ニ覚ユル」けれども、「詩ハ即日本ノ歌ナリト心得ベシ」。かく日本のもの同様に気やすいものである中国の哲学と文学への気やすい接近の方法、それが「訳」の方法、彼の又なる語では「訳文の学」とする。その実行のためには、どうしてもまず旧来のアヤマテバスナワチ式の「訓」を廃棄しなければならぬ。「今学者訳文ノ学ヲセント思ハヾ、悉ク古ヨリ日本ニ習来ル和訓ト云フモノト字ノ反リト云モノトヲ破除スベシ」。反り点を破除するのは、中国語の原語序の破壊だからである。「和訓」を破除するのは、無用にいかめしくむつかしい雰囲気を作る日本語だからである。少なくとも現在ではそうだからである。何となればアヤマテバスナワチ式の「訓」は、平安朝の公卿さんたちが、当時の日本語の中でも、ことにみやびやかな語彙をえらんで施したものだからである。「ソノ上、古ノ先輩ノ和訓ヲ付ラレタル以前ハ、直ニソノ時ノ詞ヲ付ラレタル処ニ、今時代移リカワリテ、日本ノ詞、昔トハ違ヒタルコト多シ」。かく時代の変遷によって、言語が耳遠くなるのは、漢籍の訓読語ばかりではない。「伊勢」「源氏」その他の歌学の書物の内容となっている事がらも、近ごろの中国の小説「金瓶梅」とおなじく、「閨閣脂粉猥褻の語」であり、性と愛という普通の事がらにすぎないのに、日本語が変遷した結果、今ではまるで「五経」の中でもことにむつかしいとされる「書経」、それと同様に感ぜられることになっているのも、同じ原因によって生まれた現象だとする。

　ところで中国の古典に書いてある事がらも、みなそんなに普通のものとすれば、なぜわざわざそれを読む必要が、われわれにあるのか。日本を知るだけで充分でないか。「サテ然ラバ、侍道ヲ知リタラバ、儒道経学《けいがく》ハ入ラザルモノカ、和歌ニ通達シタラバ、詩学モクラカルマジキカ」。そうした質問を予想して、彼は答える。「イヤ、サニテハナシ。儒道ハ勿論侍ノ道ナレドモ、中華ニハ聖人ト云人ガ出タリ。日本ハ聖人ナキ国ユヘ、ソノ侍道ガ武ノ一方ヘ偏ナル処アルゾ」。さればといって中国の「聖人」は、「仏家ニイフ仏ナドノ様ナル奇妙ナルコトニテハナシ。能々人ノ道ヲ合点シタル人ナリ」。いやこれは「講釈」の先生の語調に近づいたとして、彼はいい直す。「人ノ道ト云ヘバ、ハヤムヅカシ。人ノワケナリ。ソノ人ノワケヲ能合点シタル聖人ヲ学バヒデハ、定規ナクテ家ヲ作ルガ如クナル間、儒学ヲスルコトナリ」。そうして儒学をするには、書物を読まねばならぬ。その書物は「唐人ノ書キタルモノ」であり、中国語である。中国語であるからには、理想的には中国音直読の「崎陽の学」、二次的には私が新しく唱えるような、日本の俗語による「訳文の学」、それが必須だと、議論は帰結する。

以上の説述は、当時の講義の筆録である「訓訳示蒙」と「訳文筌蹄」の、前者は序論的な部分、後者は「題言」と名づける部分を、雑糅してのべた。みすず版全集二巻六頁また四三七―四三九頁。うち「訳文筌蹄」は、帰京匆匆の二十五六歳、つまり元禄三四年のころの講義を、塾生の吉田有隣と僧天教が筆録したものと「題言」にいうが、その公刊は二十年後の正徳元年一七一一にあり、「題言」もその時の執筆である。いまはその中から早くこの時期の思考とおぼしいものをえらんだ。また「訓訳示蒙」は、門人服部南郭の「物夫子著述書目記」には、しりぞけて録入しない。「南郭先生文集四編」六。朱子学未脱離時期の言語として、散文の文例に朱子の文章を用い、「奇崛ナルコト無ク、無理ナルコトナク、字義ノ的当セヌコトナシ、故ニ字義文理ノヨキ師範ナリ」と推奨すること、また詩についても、後年の彼がしりぞけた宋人による唐詩の選本「三体詩」を、「平易ニシテ文理字義合点ニ落ヤスシ、ツキデニ唐ノ風骨ヲ覚ヘズ会スルナリ」と推奨するのなど、晩年の定論と背馳するからである。同四四五―四四六頁。しかし議論は徂徠のものに相違なく、また無名氏の「蘐園雑話」によれば、徂徠の手沢本は、「筌蹄」「示蒙」の二つを合綴し、且つ「示蒙」の方が上になっていたという。

そうして議論は、朱子の文章、中晩唐詩の選本である「三体詩」、それらへの尊敬など、のちには取り消される部分を含みつつも、後年の彼の説と一貫するものを、すでに豊富に見いだす。(1)人間の事実は、時間空間をへだてて、人間である限り、相似とする思考である。「モロコシノ文ノカズ〳〵ミレド〳〵イヅラワガ世ノスガタナラザル」。「蘐園雑話」に見えるこの和歌が真作であるかないかにかかわらず、思考は彼の生涯を貫いて、最晩年の「古文辞学」に至っている。ただし「訓訳示蒙」では、なお主として日本と中国という空間の差違の超克について説かれ、古今という時間の差違の超克には、「伊勢」「源氏」と今の日本との間のこととして触れられるだけで、中国の古典には及ばない。「訳文筌蹄」の「題言」の方では、荷蘭《オランダ》諸国のように、異常な生まれつきをもち、したがってその言語も、鳥の鳴きごえ獣のさけびのようなのならともかく、中華とこちらとは、人情世態、人間の気もちも社会状態も、そんなには隔らない間柄であると、空間的差違ががんらい少ないことを強調した上、空間ばかりでなく古今という時間についても同じとする。みすず版全集二巻六頁。もっともこれは「筌蹄」が「題言」をかぶせて刊行されるに至った二十年後の思考であって、さいしょの講筵ではまだそこに及ばなかったと思われる。(2)古典を読むとは、しかく人間共通のものを、もっとも確実な書物について確認するのであること。(3)中国は「聖人」の国であるゆえに、そこに生まれた古典は優秀であること。晩年の「学則」に、「東海は聖人を出ださず、西海は聖人を出ださず」、ただ中国のみ「聖人」を出したという主張、「大系」一八八頁、それが早くもこのデビュ匆匆の講義「示蒙」に、上引のような形で見える。更にまた「示蒙」では、ゆえに言語の形も、中国は日本より細密だとする。「日本ノ詞」は、仮名であって、「天竺ノ梵字、胡国ノ胡文、韃子《ダツ》ノ蕃字、安南ノ黎字、南蛮ノ蛮字、朝鮮ノ音文」とともに、「音バカリニテ意ナシ」。そのためいくつかの音をあわせて意を作る、つまり複綴《ポリシラビック》であるのに対し、「唐土ノ詞ハ字ナリ」、「字ハ音アリ意アリ」であって、「タトヘバ日本ニテハ、アキラカト四詞ニ言フ処ヲ、唐デハ明《ミン》ト一詞ニテスマスナリ、日本ニテキヨシト三言ニイフ処ヲ、唐ニテハ清《チン》ト一言ニテスマスナリ」。かく単綴《モノシラビック》であるゆえに、チンも、ミンも、軽重清濁平上去入のアクセントによって、意味が更にわかれる。これ中国の語は文にして密、日本をも含めて夷の語は質にして疎なるゆえんであり、そうした点からも、唐土は文物国であり、中華である。「又唐土ニハ聖人ト云モノ出タルモ、サヤウニ細密ナル国ユヘナリ」とする。みすず版全集二巻四三八頁。彼の中国ずきも、一生を貫くものであるが、「示蒙」に見える早年のこの論は、もっともロマンチックである。なお「示蒙」では、中国語の優越性を、かく単綴語である点に求めるのみで、中国語は日本語のごとき形でテニヲハをもたないことへの言及は、「示蒙」にはない。「筌蹄」の「題言」のうち、後年刊行時の思考と思われる部分に至って現われる。同五頁。この時期の思考がそこに及ばなかったのは、朱子その他の宋の文章が、日本語のテニヲハに近く「助字」に富むのを、典型としていたからであろう。(4)後年の「論語徴」で力説するように、「聖人」も特別の人間でなく、「聖人も亦た人なり」であること。(5)上述の紹介には示さなかったが、「示蒙」の序説には、「儒家」の古典を読む「経学」ばかりで、後世のものを読まねば、「経学」自身も成熟しないという説、それは後年の「学則」の第四則、「大系」一九二―一九三頁、その他として成熟するものが、早くもここに見える。「経学ハ本ナリ。然レドモ史学ヲセザレバ、体ノミニシテ用ナシ」。歴史の研究である。「子学ヲセザレバ、理ノハタラキナシ」。諸子の研究である。「詩文学ヲセザレバ、文字ノ義トクトスマヌモノナリ」。なぜ詩と文章の研究が、文字の「義」すなわち意味の獲得に必要かといえば、「詞ヲ得ズシテ意ヲ得ルモノハ必ナヒコトナリ」。ここでいう「詞」は、後年の彼の表記法におきかえれば、「辞」である。「古文辞」の「辞」である。「詞」すなわち「辞」とは、修飾された言語の意であって、それをもって彼は言語の完全形とするのであるが、それは詩文、すなわち文学的言語においてこそとらえられるのであり、この完全形をとらえることによって、言語の「意」

ははじめてあきらかになるとする思考、その早期のものがここにある。またいう、逆にまた万事の基準である「経学」への研究がなければ、文学の研究も成功しない。「詩文ノ学モ経学ガナケレバ、細密ナルコトナキナリ」。またひろく博学の要を説いて、「雑書モ見ズシテ叶ハヌモノナリ」。習字にたとえていえば「草《そう》ナルコトヲ知ラネバ、真《しん》ナルコトモタシカニナキナリ」。草は雑書にたとえ、真は経学にたとえる。これまた彼の一生を貫く主張が、早くここに現われる。みすず版全集二巻四四七頁。

　ところで以上は、二つの書物の序説的な部分で、当時の思考と思われるものの紹介である。「訓訳示蒙」「訳文筌蹄」そのものは、彼が中国書を読む方法として新しく提起した「訳文の学」、それを実行する人人のための、漢和字典であって、いかなる漢字はいかなる日本の俗語に「訳」せばよいかを、多くの引例によりつつ述べる。

　うち「訳文筌蹄」六巻は、動詞、形容詞についてのそれであって、二千数百の漢字につき、意味の似たもの何字かずつを一群とし、大ざっぱな従来の「訓」ではおなじ日本語となるものが、中国語の本来としては差別があるのを、彼の新「訳」すなわち平易な日本語によって明らかにする。いま過則勿憚改に関係する字を例とすれば、誤、謬、錯、差、訛、詿、釁、愆、過、失、眚と、いずれも旧「訓」アヤマルである十一字を一群とするうち、過の字についての説明は、「アヤマチト訓ズ、悪ノ心ナキヲ過ト云ヒ、過ノ心アルヲ悪ト云フ」。つまり故意でなく無責任な失敗、それが過である。また忌、諱、憚、厭、斁、嫌、簡、斥、以上の八字を一群とするうち、憚の字について、「ハヾカルト訓ズ、和語ニイフ遠慮スルナリ、俗語ニブエンリョナルヲ無忌憚《ウ、ギイダン》トイフ」。ここには中国の口語すなわち「唐話《とうわ》」と、その発音すなわち「唐音《とうおん》」が現われる。ただし南方音であり、只今の中国標準音では wú jì dàn. 以上いずれも巻六。みすず版全集二巻三〇一頁また二七五頁。また旧「訓」おなじくカウあるいはアラタムである変、化、渝、換、易、貿、博、更、代、替、兌、改、悛の十三字を一群とするうち、改の字について、「ナヲスナリ、但シナヲスニ二ツアリ、ユガミヲナヲスハ正《タダ》スナリ、シナヲスハ改ナリ、更改、変改、改換、改易、替改、渝改、悛改ナド連用ス、雅俗共ニ用ユ」。雅俗共ニというのは、口語でもこの意味ならば gǎi であると注意するのである。巻三。同一四二頁。右の三例は、なお簡単な条であって、他のおおむねの条は、「四書」、「五経」、歴史書、雑書、唐宋の詩、あわせて何百種の漢籍から、証明となる句を、旁《あまね》く捜して博く引く。且つしばしば「唐話」「唐音」に言及する。そうして全六巻を通じ、首をかしげる説を発見することは困難である。南総十三年の流謫は、果たして猛勉強の期間であった。もっとも「訳文筌蹄」は、芝の塾での講義が筆録されてのち、二十年後の刊行に至るまでに、いろいろと手を加えたと、徂徠みずからいう。「徂徠集」二十八「安澹泊に復す」、「大系」五三八頁。またそうと指摘できる条もある。たとえば巻三の奇の字の項で、「近年伊藤ガ用字格トヤラン云物ニ」云云と、伊藤東涯の類似の書をそしるのは、仁斎学への反感を抱くに至ってのちの語であり、東涯の「用字格」は元禄十六年一七〇三ごろの著作である。みすず版全集二巻一四四頁。また同じ巻の経の字の条に、「ツネト読ム」この字が、助字としては嘗と同義であり、「故ニ茂卿二十一史ヲ訳スル時、経ヲカツテト点セリ」というのは、これまた十何年かのち、柳沢吉保が刊行した「晋書」その他に訓点をつけたのを意味する。同一四八頁。しかしまた全部が後来の補筆であるべくもない。たとい現在見る刊本の半分が、さいしょの講義であったとしても、すでに驚嘆にあたいする。

かく「訳文筌蹄」が、動詞、形容詞的な漢字に関するのに対し、姉妹篇「訓訳示蒙」は、則、勿、など「助字」、すなわち事態に対する話者の心理を示すものとして添えられる字、それに対する「訳」法を示す。たとえば庶幾二字が、旧「訓」コヒネガワクハ、あるいはチカシであるのに対し、口語のナニトゾ、ドフゾ、またヲツヽケ、ヤガテなどをあてるべしとした上、実例として、「詩経」「小雅」「車舝《かつ》」篇の句を、雖レ無《ナヒ》二旨酒《ムマイサケガ》一、式《コレデ》飲《ノミヤ》庶幾《ナントゾナラウ》と「訳」し、旧「訓」が羅山の点によれば、旨酒無シト雖モ、式《モ》ッテ飲マンコトヲ庶幾《コイネガ》エリ、なのに代える。巻四、みすず版全集二巻五〇〇―五〇一頁。なお「筌蹄」がしばしば「唐話」「唐音」に言及するのに対し、「示蒙」の方は巻五の巻末に、却、了、など俗語の助字を一括して説き、同五四〇頁、あるいは只の字の項で、「又俗語ノ只今ハ即今ノ義ナリ」、巻五、同五二五頁、などと、「唐話」にもいくぶん触れるが、「唐音」への言及は少ない。前の一〇三頁で引いた中国語単綴説が、序説の部分に見えるにすぎない。

ここで以後の重要な主張となる「唐話」「唐音」の知識を、彼がいつどこで獲得したかが、問題となる。祖父の手沢として父の本箱にあった「大学諺解」が、九五頁でした私の予想のように果して中国口語の書であったか否かはしばらくおき、禅宗の語録も口語であるのが、法印覚眼の寺にあったとすれば、「唐話」の文法と語彙についての知識は、既に田舎での猛勉強の中に含まれていたとしてよい。しかしそれは目に見るものとしての中国口語である。その発音である「唐音」の学習は、上総では絶対に不可能であり、帰京後のこととしなければならない。ややのち、柳沢の藩邸にはいってからのこととするのが、もっともおだやかである。ただし当時の江戸には、「唐音」「唐話」学習の便宜をもつ場所が、絶無ではなかった。幕府の庇護によって、設立されたいくつかの黄檗宗の寺に、中国僧がいたことである。徂徠の生誕より前、承応三年一六五四にできた深川の海福寺をはじめ、芝白金の瑞聖寺、青山の海蔵寺、本所の弘福寺、目黒の羅漢寺。またやがて徂徠のパトロンとなる柳沢吉保は、黄檗宗の帰依者であり、みずからも「唐音」を心得ていた。以上、辻善之助「柳沢吉保の一面」、大正十四年「史林」十巻三号四号、石崎又造「近世日本に於ける支那俗語文学史」昭和十五年弘文堂。好学の徂徠が、どこかの寺へでかけて、「唐音」の初歩を学んだとするのは、無理な予想でない。私ども現代の日本の学生の経験として、必要な漢字の中国音をおぼえるのは、おおむね一年で足りる。徂徠ならば数か月で足りた。

なお「訳文の学」は、ひとり漢文和訳という読書のための方法でなく、当時の漢学書生の任務の一であった漢作文、それへの効用をも目ざす。「訳文筌蹄」の巻首に、「訳準一則」として、福島正則の寵童についての話の和文と、その漢訳とを載せ、和文華訳の実例とする。その漢文は、のちの「古文辞」体の緊迫でなく、唐宋八家的であり、また必ずしもうまくない。みすず版全集二巻一五―一九頁。

かくして上総から帰って来た青年は、しばらく町の私塾の教師であった。妙なことをいう若造だという冷かな眼を、少なからず受けたであろうとともに、今までの先生とは断然ちがって、本の読み方がおそろしく正確でこまかい、新輸入の唐本でも、すらすらと読む、もし唐音をすでに知っていたとすれば、「唐音」で読む、ほかの塾ではできない芸当だという評判、つまり語学者としての名声を、高めていったと思われる。

事実また白面の教師のこの能力は、当時の老先生をもふくめて、江戸のいかなる儒者よりも、すでに優越していたであろう。少なくとも中国書を読む能力においてはである。徂徠が「訳文筌蹄」の「題言」でいうように、返り点のついた漢籍、それは江戸初期以来百年のあいだに、九五頁に前述の宇都宮遯庵その他の仕事によって、すでに相当の量に達していたが、それならば読めるけれども、新しく輸入された無点白文の唐本には、全然歯が立たぬという連中も、当時の儒者のなかには、なかなかいた。その中にあって徂徠の能力は特異であった。また漢詩文の実作においても、返り点つきの漢籍、つまり日本語に翻訳された中国語ばかりを読んでいる結果、中国人に見せても全部を理解されない「和習」の作品、それに甘んじる儒者たちが大多数な中で、彼の能力は、この方面でも卓越していた。また何でも読めるということは、何でも知っているということである。語学力、博学、当時の彼と伯仲し得るのは、三十九年上の伊藤仁斎と、その長男で四つ年下の伊藤東涯、一六七〇―一七三六、が、京都にいるのだけで、すでにあったかも知れぬ。江戸では九つ年上の新井白石、一六五七―一七二五、が、博学の努力では彼にゆずらなかったとしても、中国語の学力は、やや及ばなかったであろう。

元禄九年一六九六、三十一歳、将軍綱吉の寵臣として当時第一の権力者となりつつあった柳沢吉保、一六五八—一七一四、当時の名は保明に、召し抱えられることとなったのも、この特殊な才能と名声によってであったと思われる。吉保は、その仕える将軍綱吉とともに、漢学ずきであって、みずからも儒書を講じ、漢詩文を作り、「唐音」さえわきまえる。前掲辻善之助「柳沢吉保の一面」。彼はその方面での有能な秘書を欲した。返り点つきでなければ漢文の読めない連中では、駄目である。のち吉保の子吉里が亡父を祭る文章を徂徠が代作した「永慶公を祭る文」、「徂徠集拾遺」、に、「際会を魚水に協え、微賤より興こりて登庸せらる」というように、みずからも下積みから身をおこした吉保にとり、破格の人事は何でもなかった。あるいはまた幕府の書庫には、法制、兵法など実際政治のために輸入された漢籍が、読み得る人間もなく堆積されていたこと、徂徠がその晩年においてさえ、明の刑法である「明律」はおれかおれの弟子でなければ読めない、「徂徠集拾遺」「香国禅師に与うる書」、とそう傲語するような状態にあったとすれば、執政吉保は、そのためにも徂徠を欲したであろう。徂徠自身も、その自筆の履歴書である「由緒書」が、後裔の家に伝わるのに、「元禄九子年八月廿二日、学術を以、出羽守へ被抱、拾五人扶持受領付」と、仕官は「学術」のゆえであったのを自負する。岩橋遵成「徂徠研究」一二四頁。

以後宝永六年一七〇九、綱吉の死、それに伴う吉保の失脚、彼の年齢では四十四歳に至るまで、徂徠は柳沢の藩邸に住み、吉保の「文学の臣」として、奉仕しつづけること、あしかけ十四年であった。奉仕は語学者としてのそれを中心とし、吉保の漢詩文の代作者ないしは修正者であることを、いつもの任務としたであろうほか、柳沢氏の家譜や、吉保と黄檗の中国僧との対話録に霊元法皇の序文を乞いうけた「勅賜護法常応録」、それらを編修し、そのたびに加増されて、ついには四百石の高禄をはむ。また中国の「正史」のシリーズ「二十一史」を、藩蔵版、書肆松会堂発兌として刊行する計画のうち、「晋書」「宋書」「南斉書」「梁書」「陳書」、以上五史の刊行が、元禄の十四年一七〇一から宝永三年一七〇六にかけて実現したが、彼は同僚志村楨幹と分担して、五史の大部分に訓点をうち、校注を加えた。「正史」のこの部分は、孔孟以来の「道統」が中断された暗黒時代の言語として、一般の朱子学者からは敬遠あるいは忌避されたものであったのの、本邦初訳である。訓点は正確であり、校注過度にまで周到であること、近ごろ東京汲古書院の覆製本が示す。白文の唐本には歯のたたぬ儒者もいた中にあって、徂徠はいよいよその特殊な能力を発揮したのであり、且つまた東西《ドンシ》、不耐煩《ブナイファヌ》のごとく、六朝の史書に見える語が、後の俗語と連なるのを、指摘することさえ可能であった。「徂徠集」十「野生の洛に之《ゆ》くを送る序」。

あるいはさきにどんぐりの話のところ、九二―九三頁、そこで述べた宝永三年四十一歳、甲斐への出張は、吉保が新しい封地の甲府に、黄檗宗の霊台寺のち改めて永慶寺を立てて、みずから碑文を製し、死後の寿蔵の地としたのの実地検分と、甲斐の西部韮崎市近傍、武川の山中に、吉保の祖先の城址があるのの調査を命ぜられたのであった。その紀行の初稿が、「風流使者記」であり、改稿が「徂徠集」十五に収める「峡中紀行」であることは、のちに説く。一一六頁。同行の田中省吾は、柳沢の邸に何人かいた儒臣のうち、もっとも仲がよく、のち人を斬って罪を得そうになったのを、徂徠が家にかくまい、仙台へ逃がしてやっている。

また柳沢の邸ではやっていたのは、「唐音」であった。甲斐への旅をした翌宝永四年一七〇七、四十二歳の九月十七日には、芝の瑞聖寺の甘露堂で、宇治黄檗山の新しい住持となった中国僧悦峰道章《えっぽうどうしょう》、一六五五―一七三四、が、将軍の召しによって江戸滞在中であったのと、口語の筆談をしている。石崎又造「近世日本に於ける支那俗語文学史」五六頁以下に、その全文を録し、悦峰の故郷である杭州西湖の風物、あちらの詩会のきまり、桜は中国にあるか、葷酒不入山門という標石など、いろいろと雑事を問うている。おたがいが筆で書いた「筆語」であり、口頭の会話の筆記でない。徂徠の「筆語」の一節にいう、「小的前年学学唐話幾話、却像鳥言一般、写是写、待開口的時節、実是講不得」、手前は先年いくらか中国語を勉強いたしましたが、いやはや鳥のさえずり同然、書けは致しまするが、口をきこうとしますと、何とも話せませぬ。これによれば、口頭の中国語は、さほどでなかったらしい。そのときの同席者は、やはり田中省吾と、徂徠の従弟の僧香洲、および徂徠のさいしょの門生である安藤東野。「徂徠集」二十九「悦峰和尚に与う」は、その翌日の手紙であって、中国語の美しい発音に、たんのうしたことを感謝する。

徂徠の吉保における関係は、鷗外の山県有朋におけるのにやや似る。比類なき新知識の部下として重く用いたのである。また吉保には更なる意図があった。この英才の家臣を、将軍綱吉の側近にもはべらせることであった。幕府の儒者のかしらである林大学頭の家は、のち徂徠が「学寮了簡」にいうように、初代羅山、二代春斎の学力を、すでに失なっている。

柳沢家に就職してすぐ翌月の九月十八日、徂徠は将軍綱吉にさいしょの謁見をしている。将軍が吉保の邸において、みずから儒書を講じ、能を舞うのに陪席した上、宋の司馬光の孟子批判の書「疑孟」について「得失議論被仰付」、また「林大学頭と難問被仰付、時服一領拝領候」。「由緒書」。凡庸な大学総長と異常な俊才との「難問」ディスカッションを、綱吉は微笑をもってながめ、吉保は鼻を高くしたであろう。以後綱吉の死に至るまで、やはり十三年間、毎月三度ずつ城中に伺候して、将軍の儒書講釈、御能、御仕舞の席に陪し、また吉保邸への数十度に及ぶ御成りのたびごとに、その席にいた。「徳川実紀」の「常憲院殿御実紀」から、いくつかを拾えば、元禄十二年二月九日の条に、「柳沢出羽守保明がもとにならせらる。御講義例の如くはて、こと更仰事ありて、家臣荻生惣右衛門、大学の明徳は心か性かといへる問義を立、細井次郎太夫、志村三左衛門、山東久左衛門、池田才次郎等、思ひ〳〵に是を弁ず。時に御みづから其旨を弁晰し給ふ。次に猿楽等例にかはらず」。あるいは「唐音」がまじえられることもあった。元禄十六年二月十三日の条に、「松平美濃守吉保がもとに臨駕あり。御講書、猿楽等、例のごとし。家臣詩経を講じ、あるは唐音にて大学を談じ、あるは唐音をもて問答す。みな時服をかづけらる」。辻善之助氏前掲書によれば、「大学」の朱子の「小序」を唐音で進講したのは、長崎通事の子で、中国人のおとしだねとも噂された鞍岡元昌であり、徂徠が通弁の役をつとめ、終って唐音の問答数遍に及んだ。また辻氏の用いた資料によれば、宝永二年二月五日の御成の時にも、徂徠と志村楨幹ら十三人が、「中」の字を唐音で議論した。

また綱吉の生母桂昌院にも、何度か謁見している。やはり就職匆匆の元禄九年十一月九日、その御前で、朱子学の主要なトピック「性」について講演し、「御紗織三巻拝領仕」。「性」をもって人それぞれの不可変の個性とするのは、後年の説である。この時はおとなしく宋学にしたがって、すべての人間に共通した善への志向性として進講したであろう。京都の八百屋の娘を出自とするこの貴婦人にとっても、唐人同様に本が読め、唐のことなら何でも知っているという評判の青年は、好奇心の対象であった。綱吉が母と共に吉保邸を訪れたときには、護持院大僧正隆光と、「三密具欠之法問議論被仰付」。吉保のために「護法常応録」を編集したのとともに、仏学への造詣を示す。以上みな「由緒書」。岩橋「徂徠研究」一二四―一二五頁。

彼は二十年上の綱吉に対し、八つ年上の直接の主人柳沢吉保に対するとともに、知己の感を抱いたようである。綱吉「憲廟」に対する追慕は、終生かわらない。あるとき城中で儒書御講釈を拝聴し、彼一人は首をかしげたのを、綱吉が見とがめ、近う寄れといったのに対し、きちんと奉答して、御感ことに斜めならず、御手ずから印籠を頂戴したことを、「由緒書」に特筆する。やがて綱吉の死後、家宣、家継、この輔佐者として綱吉の政治をくつがえした新井白石への憎悪は、その反作用であり、更にやがて紀州からはいって白石の政治をくつがえした吉宗への好感は、「御先々前御代」の継承者としてであった。

もっとも綱吉の儒書講釈はそのたびごとに、御能、御仕舞を並存するところの、御道楽であった。「由緒書」に「御能拝見之儀も、毎年両三度づヽ登城拝見仕」というが、彼の謡曲への低い評価は、「登城拝見」の退屈の時間に、蓄えられたかも知れない。後年藪震庵に与えた書簡にいう、正しい音楽は中国「先王」の「楽」のように、「和」すなわち和音と、「応」すなわち伴奏と、「節」すなわちリズム、この三つをそなえる。そうして「和」は「道」の、「応」は「情」の、「節」は「法」の、表現である。俗の箏《こと》と三絃は、まだしも「和」と「節」の二つをもつが、室町に作られた俗謡、すなわち謡曲は、「和」も「応」もなく、ただ鼓の「節《リズム》」のみがある。「武人の作に至っては、則ち本より道を知らず、亦た人情をも問わず、一とえに法度を以って之れを駆り迫《た》つる耳《のみ》」「徂徠集」二十三。

また綱吉からは、つまらない仕事をも、仰せ付けられた。城中の御小姓衆の「四書五経」素読の教師という退屈な任務である。「夏日之永に、毎日両人相対し素読をさせて承候事に候。始の程は忘れをも咎め申候得共、毎日明六時より夜の四時迄之事にて、食事の間大小用之間計座を立候事故、後には疲果」、机のむこうの生徒が、勝手に読み勝手にページをめくるのにまかせておいて、こちらは本文ばかりをながめて、いろいろと思索した。すべての注釈を排除して、古典そのものを読み直す機会を与えられたこと、これまた「憲廟」綱吉公の御恩の一つであると、「愚考が懺悔物語」を、後年の「徂徠先生答問書」では述べる。みすず版全集一巻四七六頁。さきだって仁斎が、もし「論語」「孟子」の本文ばかりあって注釈は一さい存在しない未開地帯がどこかにあり、そこで勉強したら、孔孟の真意を得るだろうというのと、あいならぶユーモアである。「仁斎東涯学案」三頁参照。「請いを得《ゆる》され経を授くるを罷む」、得請罷授経、と題して「徂徠集補」に見える次の七言絶句は、この退屈な仕事から解放されたときのものであろう。

細席談經寵賜頻　　細《うるわ》しの席《たたみ》にて経《けい》を談ずれば寵賜《ちょうし》頻りなるを
罷來閒署臥青春　　罷《ことわ》り来《ぬ》れば閑《ひま》なる署《やかた》にて青《さか》りの春に臥《ね》そべる
今時更異穆生日　　今の時は更にいにしえの穆生《ぼくせい》の日に異なれり

王醴雖甘勞殺人　王の醴《あまざけ》は甘しと雖《いえど》も人を労《つか》らせ殺《つ》くす

彼の死後七十三年を経た享和元年一八〇一に、樋口秋山によって刊行された「論語辯書」なる書は、このときの「宮省の女学士」への講義録というが、すべて朱子の注による訓点と口語訳であり、後年の「論語徴」でのべる新説を見出すことはむつかしい。

かく宋の儒学から脱却しなかったのは、体制の中枢ちかくにいる学者としては、やむを得ぬことでもあった。綱吉が「周易」を講じ、「詩経」を講じ、「四書」を講ずるの、すべては程子朱子の注によったに相違ない。お相手役は、それから溢出できない。吉保の秘書としても、同様であった。のち安積澹泊に与えた書簡にいう、私は早くから宋儒の説に懐疑的であった。しかし儒者で飯をくう以上、それにそむくわけにゆかず、何とかごまかしていた。その煩悶から夜も眠れぬことがあったと。「徂徠集」二十八、「大系」五三七頁。

もっとも後年の態度への胎動が見られないではない。綱吉謁見第一次の席上、討論の材料となった司馬光の「疑孟」は、朱子学が尊重する孟子を批判する書であり、著者司馬光は、そうした傾向のゆえに、二程子と不仲であった。たとい一座の結論は、その書の否定にかたむいたにしても、とにかくそれをとりあげたことは、徂徠のみならず、柳沢藩邸の空気が、朱子学で硬直していなかったことを示す。朱子学からいえば堕落の時代の記録である「晋書」以下五史の校刊、またしかりである。

また徂徠自身の著として、「読荀子」「読韓非子」「読呂氏春秋」など、諸子に関するノートは、「宋学ノ猶除カザル以前ナレバ、オカシナ説マヽアリ」と、無名氏の「蘐園雑話」にいい、服部南郭の「物夫子著述書目記」にも、「中歳の作」とする。私は諸子の学を修めたことがないので、徂徠のこれらの書についても一瞥するに止まるが、もしこの頃の作とすれば、普通の儒者は関心の薄かったものへの関心である。

更にもっとも重要なのは、反宋学の巨頭として、すでに名声を天下にあまねくしていた伊藤仁斎に、書簡を送って、教えを乞うたことである。宝永元年三十九歳のことであって、まず、上総時代すでに先生は西京第一の儒者と聞いていたということ、前の九六頁で引いたごとくであるのにはじまり、江戸へ帰ると、西京から来た友人が、先生の人格をたたえる。そこで貴著「大学定本」「語孟字義」を拝見して、「先生は真に時流に踰ゆること万万」と、いよいよ感服した。以後一両年して、本柳沢藩に仕官し、先生のお弟子の渡辺子固が、篤実愛すべき人物なのと、交際をもつようになった。ことに元禄十五年以来は、子固と同じ部局で仕事をしており、いよいよ先生の教育の効果を感ずる。彼と「論語」「孟子」について話しあうと、彼はびっくりして、うちの先生の説そっくりだという。しかし彼から承る先生のお説のうち、二三の点が納得しにくい。といって私の説に自信をもつわけではない。それについて質問をいたしたいと、さきに子固を通じて願い出たところ、御快諾を頂いた。それでこの手紙をさしあげる。「烏虖《ああ》、茫茫たる海内、豪傑幾何《いくばく》ぞ。一つも心に当たるもの亡《な》きに、而かるに独り先生を郷《した》う」。無遠慮にわたる点はおゆるし下さい。「惟《こ》れ先生其の狂妄を恕《ゆる》し、而こうして待《あつか》うに子固の友人を以ってせらるれば、幸い更に甚だし。伏して氷鑑を惟《ねが》う。時下漸く寒し、千万自重あらんことを。不宣、頓首」。「徂徠集」二十七「伊仁斎に与う」、「大系」五二六頁。結末の「頓首」二字、後述の仁斎の伝記の附録にはあるが、「徂徠集」では刪る。なおこの手紙を、近ごろのおおむねの年譜は、私の推定よりも一年早い元禄十六年のものとするが、書中に渡辺子固との「同局共事」を、「壬午より来《このかた》」という。壬午は元禄十五年である。翌十六年ならば、このいい方はふさわしくない。更に一年を経て宝永元年、そうして文末の時候の挨拶からいって、秋冬の交の発信である。

徂徠は返事を待ったが、来ない。仁斎は翌宝永二年正月から病み、三月に七十九歳でなくなったのであり、返事を貰わずじまいであった。そのことが徂徠を不快にした。更に徂徠を怒らせたのは、仁斎の死の翌翌宝永四年の秋、京都の書肆林文会堂が、仁斎の伝記資料を「古学先生碣銘行状」と題して刊行したのを見ると、附録として徂徠の手紙が、安東省庵、村上漫甫の手紙とともに、載っている。事がらは徂徠の名声が京都に聞こえていたことを示すが、返事もくれない手紙を、無断で掲載するとは何事か。彼らの学問は、まやかしでないか。子固は狸おやじにだまされていたのだ。そう気がついて「語孟字義」その他、仁斎の著書を読み返して見ると、いろいろおかしい。かくて仁斎批判の書として書きあげたのが、手紙をやってから十年後の正徳四年に刊行された「蘐園随筆」であること、やがて次の時期のこととして説くが、一六八頁、以上の顚末も、その書の巻二に見える。河出版全集一巻一四八頁。徂徠はそういっていないが、たとい父は病気であったとしても、おれの手紙を利用する位なら、むす子の東涯から一言あって然るべしとしたであろう。この遺恨は永く徂徠の心にあったのであって、「徂徠集」二十六、「芳幼仙に復す」、それは未知の京都の医者が面倒な質問をして来たのに対し、丁寧に答えた書簡であって、正徳初年のものであるが、それにも、「憶う不佞は嘗つて書を伊仁斎に修めぬ。而かも仁斎は報ぜず。予《わ》れは今に至りて其の人と為りを薄《うと》んず矣」、私はあなたの質問に対し、そうありたくない。「大系」五二〇頁。また「徂徠集」二十七「県雲洞に与う」、すなわち山県周南の父の山県良斎にやった手紙では、私は仁斎東涯父子のように、塾生をあつめて講釈などはしたくない、「洛中某甲氏の賤儒の如き者は、僕の深く恥じとする所也」。れいの男を意味する「某甲氏」の語をもって非難する。もっともこの興奮にもかかわらず、徂徠が仁斎を「豪傑の士」として尊重しつづけたことは、のちに説く。一七一頁。しかしこのころは、反宋学の仁斎への反感が、徂徠を宋学すなわち朱子学へ、ひきとめることとなったようである。

かく儒学説の宋学からの未脱却、それと相表裏して、文学の典型としても、なお他の儒者とおなじく宋の文学あるいは宋的な文学から脱却しなかった。もっともいわゆる「唐宋八家」が宋の延長として唐人を含む中では、唐の韓愈、柳宗元を、宋人よりも上位とするという思考は、あったかも知れぬ。しかしそれがせいぜいであったようである。この時期、というのは、ひろく四十歳以前の時期、その期間の漢詩文の作品は、すべて晩年の主張と背反するものとして、現行の「徂徠集」からは除去されており、この間の消息の詳細を知ることができない。例外的に遺存するのは、宝永三年四十一歳の甲斐旅行を記録した長文の紀行の初稿を、吉保の命名により「風流使者記」と題するものであって、写本が関西大学その他にある。その文体はなお唐宋八家的であり、もっとも目につくのは、みずからの漢文を、「当世の韓柳」唐の韓愈と柳宗元の生まれ変わりと、二度も旁人の口を借りていうことである。のちの彼ならばきっと「当世の李王」といったであろう。またその書のうち、吉保自撰の漢文「穏々山霊台寺の碑」を、同行の田中省吾が、まず甲府詰めの重臣たちに、音吐朗朗と読んで聞かせたあと、重臣たちは徂徠に、足下は当世の韓柳と称せられる方、この御碑文の文章論をおきかせ下さいとせがむ。「茂卿、乃《すなわ》ち顔を抗《あ》げて謂って曰わく」と、徂徠は長い演説によって、主君の文章を縦横に分析しつつ、ほめたたえるうち、批評の基準として引用するのは、朱子の弟子である宋の真《しん》徳秀《とくしゅう》の「文章正宗」、および元の陳繹曾《ちんえきそう》の「文筌」である。ただし演説の中で、文章には「叙事之文」と「議論之文」と二種あるとするのは、晩年まで保持される説であるが、主公の文章は両者を兼有するとして、必ずしも「叙事」を「議論」の上におかない。ただし演説の中で、「夫《そ》れ文章は、六経を祖とす。六経は史也」というのは、のちに「六経」の内容は「事」であり「物」であるとするのへ、薄弱ながらつらなろう。この紀行、のちには「古文辞」の体に書き改め、題も「峡中紀行」と改めて、「徂徠集」十五に収めるのには、「当世の韓柳」の語は削られている。また吉保の碑文の文章を分析した長広舌も、すべてはぶかれている。

　柳沢藩邸十四年の生活は、けっきょくにおいて「斥踶之士」の精神をしばり、飛躍を躊躇させて、以上の第一の時期を、四十年の長きにわたらせるものであった。

甲斐の旅の紀行、そののちの改稿の方である「峡中紀行」には、宝永三年九月七日、はじめて江戸を出た日の感懐としていう、「十数年来を回思するに、樊籠の中に跼蹐し」、鳥かごの中にちぢこまり、「足は都城の門を出でず。面を仰げば貴人に非ざる無し。腰間の傲骨、日に痿軟に就く」。むかしの骨っぽさを失のうばかりだ。「祇《た》だ文人は専らなる職《つとめ》無く、定まれる局《ノルマ》無きを以って、待《あしら》わるるに閑散を以ってせられ、稍《や》や拘束少なければ、自ずから存《なぐさ》むるに足る已《のみ》」。うち「閑散」とは彼の「訳文筌蹄」巻一によれば、「閑官散職」の意であり、「散職」の二字にはイラヌヤクと仮名をふる。みすず版全集二巻二一頁。初稿の「風流使者記」には却ってこの条がない。窮屈な藩邸での発言としては、困難だったのである。

また綱吉への奉仕も、光栄ではなく、藩主吉保の顔を立てたまでだという発言も、のち親しい門人山県周南に与えた書簡には見える。「不佞茂卿は、大いに人間世と相い容れざること、次公の悉《し》る所也」。次公は周南の字《あざな》。私が世の中とうまく行かないのは、君のよく知るとおりだ。「其の憲廟の時に在りても、亦た既に忤《さから》うこと多きを以って藩邸に陸沈せし者爾《のみ》」。偏窟者にはくっきょうのかくれがとして柳沢侯に仕えたにすぎぬ。「然れども猶お時時は中貴人の後に従って、召見され賜ものを拝す。知らざる者は則ち以って茂卿の栄と為す矣」。「中貴人」は城中の茶坊主。「是れ豈に以って茂卿の栄と為すに足らん哉《や》。亦た藩侯の自ずから以って栄と為す所なる耳《のみ》」。「徂徠集拾遺」「県次公に与うる書」。

しかしやがて「天の寵霊」によって、李攀竜王世貞の詩文集が、彼の前にあらわれ、彼の魂をうばう。そうして長すぎた四十年が終る。

三　第二の時期　四十代　文学者として

藩主吉保の厚遇に甘えつつも、けっきょくは語学の技術者としての柳沢藩邸の生活、また将軍綱吉の儒学のお相手という光栄と束縛、その中にいた徂徠に、衝撃を与えたのは、明《みん》代十六世紀後半の古典主義文学者、李攀竜《りはんりゅう》あざなは于鱗《うりん》、王世貞《おうせいてい》号は弇州《えんしゅう》、この二人の著書と邂逅し、宋代の文学が、文学の堕落として忌避され、詩文ともにより古い文学との合致をめざすのを、読んだのによる。この衝撃によって、従来は宋ないしは宋的な詩文を実作の典型としていた惰性から、徂徠は文学の実作者として、まず脱却する。そうして李氏王氏とともに、散文は西紀前秦漢の「古文辞」、詩は、古体すなわち自由詩型においては三世紀以前の漢魏、近体すなわち定型詩の律詩絶句においては八世紀前半の盛唐を、排他的に典型とし、その完全な模倣をもって、新しい文学の主張とする。また同調の門人による結社の主宰者として、その四十代十年間を、はなやかにする。ただし儒学説はなお宋儒を離れない。しかしながらまず宋の文学を捨てることが、次の時期である五十歳以後、儒学説においても宋儒を捨てて、新しい学説を樹立する前提となるのであって、以後の彼のすべての発足点は、李王の書との邂逅にある。この邂逅を、彼は「天の寵霊」、「天」の特別な恩寵によるとする。「弁道」まえがき、「大系」一一頁。また「屈景山に答う」、同五二九頁。なお類似の語、さきだっては仁斎の「論語古義」の序にいう、「愚《われ》は天の霊に頼りて、千載不伝の学を語孟の二書に於いて発明するを得たり」。

李攀竜、王世貞、二つの人名を、今日の文学史家は、中国においても日本においても、必ずしも敬意をもって記憶しない。著書さえもおおむねの学者の手近にない。しかし彼ら自身の時代においては、中国の文学の、あるいは文明全体の、権威者であり指導者であった。「文は則ち秦漢、詩は則ち漢魏盛唐」、また「宋以後の書を読まず」、それらが彼らのスローガンであり、みずからの文学を「古文辞」と号した。運動は、二人にはじまるのでなく、十六世紀の前半、李夢陽《りぼうよう》と何景明《かけいめい》を中心とするいわゆる「前七子」が、それまでの明の詩文が、宋を惰性的に典型として来たのへの反動として創始したのが、世紀の後半に至り、李攀竜王世貞の二人が、兄弟のごとき親交をむすびつつ、いわゆる「後七子」の中心として、ひとり同僚官僚層のみならず、ひろく市民層の支持をも得るに及んで、疾風怒濤のごとく、一世を風靡したのであった。やがて彼らのあまりにも強烈な古典主義は、文学の自由を奪うものとする反対運動が、その世紀の末、袁宏道《えんこうどう》すなわち袁中郎《えんちゅうろう》によっておこる。袁氏の名は、その詩が深草の元政上人、一六二三―一六六八、に愛されたことにより、また花道の書「瓶史」の著者として、李王よりも早く日本に知られてい、徂徠も上総時代すでにその名を知っていたことは、さきの九七頁参照。更にまた袁氏の反撃については、十七世紀前半、明末清初の文壇にひろい影響力をもつ銭謙益《せんけんえき》が、李王の「古文辞」は、にせものの骨董にすぎぬと宣言するに及んで、止めを刺された形となり、以来人人の冷淡が今日に及んでいる。以上のこと、やや詳しくは、私の「元明詩概説」第六章「古文辞の時代」が、近ごろの書ではまだしも彼らに多く触れるのを、参照されたい。岩波「中国詩人選集」二集2、あるいは私の全集十五巻。徂徠が彼らの書と邂逅した宝永年間は、むこうでは清の聖祖の康熙の末年である。二家の詩文はもはやほとんど忘れられた書であった。徂徠にとってはそうでなかった。

二家の書との邂逅の経過は、以下の插話のいうごとくであるとすれば、「天の寵霊」というにふさわしい。彼の晩年の弟子である宇佐美灊水《しんすい》、一七一〇―一七七六、が、師の遺著「古文矩」を、明和元年一七六四に刊行したのの序文によれば、ある蔵書家が破産して庫ごと売り払うと聞き、本好きの先生は、家財の全部を売り、なお足らぬところは借金して、一括ひきとった。その中に、李王二家の書が偶然に含まれていたというのである。無名氏の「蘐園雑話」も、宇佐美からの聞き書きとして、おなじことをいい、且つ一括購入の額は百六十金、徂徠三十九歳か四十歳のできごととする。三十九歳ならば宝永元年一七〇四、伊藤仁斎に手紙を出した年であり、四十歳ならば、宝永二年一七〇五、さいしょの妻三宅氏が、二歳のむすめ増と、一歳のむすこ熊とをのこして、その十月になくなったのを、当時はなお宋の儒学説を守っていたゆえに、朱子の「文公家礼」の掟どおりに葬った年である。「徂徠集拾遺」「嬪三宅氏の墓」。得たところの二家の書とは、いずれもの詩文の全集であって、李の「滄溟《そうめい》集」十六巻、王の「弇州《えんしゅう》山人四部稿」一百七十四巻であった筈である。多作家の王は、他にも多くの著書をもつが、李は他に著書がない。もっとも上総時代の徂徠の読書として九七頁に上述した「唐詩訓解」など、著者編者の名をこの大家に仮托したものは、別である。

李攀竜という名、王世貞という名は、李に仮托された「唐詩訓解」その他によって、早くから知っていた。二人の文学の傾向、ことに詩のそれも、何種かの明詩の選本が、早く輸入され、あるいは覆刻されていたのによって、好学な彼の知識にあったに相違ない。今は全集を得て、二人の文学の全貌に接することとなったのである。ただし王世貞の詩文集として。更に「弇州山人四部続稿」二百七巻があるのは、この時の購入書に含まれていない。のち彼のパトロン本多伊予守忠統《ただむね》の手にはいったのを、うらやましがっている。「徂徠集」二十「猗蘭侯に与う」。なお李王に次ぐ「古文辞」の大家、汪道昆《おうどうこん》あざなは伯玉《はくぎょく》、その「太函集」も、同時に手にはいったらしく、書簡その他に言及がある。たとえば「古文辞」さいしょの同志である安藤東野の文章二篇をほめて、「一つは弇にして一つは函なり」。「徂徠集」二十一「滕東壁に与う」。一つは王世貞に、一つは汪道昆に、似るというのである。

ところで李の「滄溟集」、また大きな巻数をもつ王の「四部稿」、いずれも中国の詩文集の常として、実作の集積であり、議論の書でない。まだしも王の「四部稿」は、詩約三千首、文約二千首のほかに、附録として文学評論の巻「芸苑卮言《しげん》」をもつが、李の「滄溟集」は、詩約千首、文約五百首、すべて実作である。文学者の伝記、他人の詩文集への序文、また書簡、それらには、文学論の断片が見いだされるが、文章のおおむねは、行政官なり軍人の伝記、それらの赴任を送る文章、学校神社などの創建あるいは改修についての叙述などであり、詩はそれらの事件を素材とする occasional poems なのを、大多数とする。

　徂徠の感心したものは何であったか。両人の言語の緊迫である。ことに文章の文体として現われるそれである。従来読みなれて来、またみずからの実作の典型として来た宋代の文章、すなわち欧陽修と蘇軾を代表者とするそれ、またすなわち李王二氏が文章の堕落として排撃これつとめるそれとは、完全に異質であると感じられたことである。そうして久しく摸索していたものが、ここにあるという予感を、おそらくはもった。

　しかししばらくは驚きとともに、当惑の中にいた。従来から読みなれた宋代の文章と、文体がちがうばかりでなく、特殊な難解さに満ちる文章だったからである。しかしやがて難解の主因となるものを見いだした。二家の文章は、典型との強い合致を求める結果、典型とする古典、最も多くは「史記」、ついでは「左伝」「戦国策」など、それらの成句を、自己の表現せんとする事態の表現として、一字一句ちがわぬ形で使い、その綴りあわせをもって、みずからの文章とすることであった。傾向は、ことに李攀竜に顕著であり、それについては、近ごろ前野直彬氏に研究がある。「李滄溟の文体」昭和二十七年「東方学」四輯。李の文章の一例として、おなじく「古文辞」の一党である友人徐中《じょちゅう》行《こう》の父の伝記として書いた「長興の徐公敬之の伝」、「滄溟集」二十、をあげれば、それは次のようにはじまる。「公は名は柬《かん》。始め約《まつ》しきに居りし時、邑《まち》の諸生の間に遊ぶも、能く厚く遇せらるる莫《な》し。之れを久しくして弟子に室に里中に授く。其の好みに非ざる也」。はじめは同郷の青年たちから相手にされず、寺子屋の教師をいやいやしていたという事態をいうが、うち「始居約時」という表現は、「史記」の張耳陳餘列伝に、「張耳と陳餘とは、始め約しきに居りし時に」、張耳陳餘、始居約時、というのを、そのまま使い、遊邑諸生間、莫能厚遇、というのは、おなじく「史記」の主父《しゅほ》偃《えん》の伝の「斉《せい》の諸生の間に遊ぶも、能く厚く遇せらるる莫き也」、遊斉諸生間、莫能厚遇也、それをやはりそのまま使う。以下千字ばかりのこの伝記の文章、ほとんどそうである。あるいは李攀竜の文章のすべてが、そうした形にある。そのことがむこうではやがて銭謙益によって、にせ骨董と判決された理由であり、また今に至るまで彼らの文学が不評なゆえんであるが、徂徠には、そのことが衝撃を与え、以後の新学説樹立の契機となった。

しばらくは読みにくさに閉口した李王二家の文章の、読みにくさの主因がそこにあることを発見した彼は、李王がみずからの文章のために句をひきちぎって来た原典、「史記」その他の原文を、読み返して見た。むろんこれまでにも読んでいたのを、このたびは李王の文章との関係を考慮の中心におきつつ、読み返して見た。そうして更にいくつかのことを発見し、また発見の結果にもとづいて、いくつかの主張を創始した。

(1)「古文辞」の実作による「古文辞」原典の把握。

李王の難解の秘密、また文体の秘密が、そこにあることを発見してのちの徂徠は、単に李王の文章が読めるようになったばかりではない。以下のことを発見した。かく李王が原典の句をひきちぎって来て、自己の表現しようとする事態の表現に転用することにより、いいかえれば自己身辺の経験を原典そのままの句に充塡することにより、原典の句そのものが、急にはっきりと具体性をもって把握されて来ることとである。まわりくどい注釈を通じて原典を読むよりも、ずっと直接に、いきいきと、把握される。「史記」にもいろいろ後人の注釈があるが、張耳陳餘伝の「始居約時」について、注釈は、「貧賤に在るの時也」と、いわでもの陳腐な訓詁を与える。そんな解説に頼らずとも、李の文を読めば、徐中行の父という近ごろの人間が若いころにいた状況と同じ状況に、張耳陳餘という古代の英傑も、その発足時にはいたということが、いきいきと身近につかめる。主父偃伝についても同じである。しからばここに原典把握の新しい方法がある。従来の方法は、原典をむこうに置いて読むという、いわば受動的な方法であった。そうではなく、能動的な方法として、李王のなしたごとく、みずからの体験を、原典の言語で書く。「古文辞」で書く。つまり原典の「古文辞」の中に自己の体験を充塡する。そうしてこそ原典の「古文辞」は、自己の体験と同様に、自己身辺のものとして完全に把握される。そう考えた彼は、それを自己の学問の方法として利用した。それがすなわち彼のいわゆる「古文辞の学」である。この利用は、必ずしも李王に本来あった考えではない。李王はただみずからの文学の方法として、「史記」その他の成句を転用したのを、徂徠はそこから考えついて、原典の意味をつかむ学問の方法としたのである。以上の経過を告白するのは、京都の堀景山、すなわちのちに宣長の漢学の師となった人あての書簡である。「徂徠集」二十七「屈景山に答う」。書簡は、のち「学則」の附録の一つともなっているように、徂徠自身も重視する書簡であり、執筆は儒学説においても反宋儒の旗幟を鮮明にしてのちの、晩年のものであるが、うちさいしょ李王の「古文辞」に邂逅してのおどろきのちに、如上の方法を考えついた経過を叙した部分を摘めば、「不佞は幼き従《よ》り宋儒の伝注を守り、崇奉すること年有り。積習の錮《と》ざす所、亦た自ずから其の非を覚えざりき矣」。しかるに「天の寵霊に藉《よ》りて」、天の特別な恩寵により、「中年に曁《およ》びて、二公の業を得て以って之れを読む」。王李二公である。「其の初めは亦た入るに難きに苦しめり焉」。能力者と自負する彼も、何ともとっつきにくかった。その原因は、「蓋し二公の文は諸《これ》を古辞に資《と》る」。古代のみが生産した文学性に富む言語、それを李王の文章は資料としている。「故に古書に熟せざる者は、以って之れを読む能わず」であり、やがてさとったことは、「古書の辞の、伝注の解する能わざる者を、二公は諸《これ》を行文の際に発して渙如たる也。復《ま》た訓詁を須《ま》たず」。「伝注」すなわち注釈では要領を得ない個所を、李王が自己の文章の際《さわり》にとり入れることによって、ぱっとかがやき出し、注釈を不用にする。「蓋し古文辞の学は、豈《あ》に徒《た》だ読む已《のみ》ならん邪《や》」。それではだめであって、「亦た必ず諸《これ》を其の手指《しゅし》より出だすを求む焉」。筆をもつ自分の手から吐き出さねばならぬ。「能く諸《これ》を其の手指より出だせば、而うして古書は猶お吾れの口より自ずから出づるごとからん焉」。早い時期の議論として、中国語を理解するにはその中へ飛び込んで中国語を日本語のごとく身近なものにせよという論理、八一頁以下、それが今や古今の距離を超克するものとしてはたらく。そうしてこそ「夫《そ》れ然る後に直《ただ》ちに古人と一堂の上に相い揖し」、昔の人と同じ座敷で挨拶を交わし、「紹介を用いず焉」。通訳はいらない。注釈はいらない。「豈に郷者《さき》には門墻の外に徘徊し、人の鼻息を仰いで以って進退する者の如くならん邪《や》」。注釈者の鼻息をうかがってうろうろしていたころとは、情勢がちがって来る。「豈に媮快ならず哉《や》」。「大系」五二九頁。同じく「学則」の附録とした安積澹泊あての書簡でも、同様の経過をいい、且つこの勉強をした時期には、李攀竜の言に従い、後漢以後の文章には、一さい目をふれなかったという。「徂徠集」二十八、同五三七頁。

(2) 注釈の否定。

かく「古文辞の学」の方法によれば、秦漢の原典をその原形のままに直接に把握できるという認識は、注釈をもって、単に不用であるばかりでなく、反価値的な存在であり、原典の破壊であるとする思考、それは早く上総の独学時代にきざし、九四頁、また江戸城御小姓衆の素読の先生であることによってもつちかわれたのを、一一二頁、今や一そう決定的にした。上引の堀景山あての書簡は、宋儒の注釈の棄却を決定したのちのものであるが、中国後世の注釈の中国古代の原典に対する関係は、「冗にして俚なる」冗長で卑俗な中国後代語をもって、「簡にして文なる」簡潔で文学的な中国古代語を翻訳するものであって、原形の破壊であることは、日本語の「訓読」の中国語に対する関係と、同様であり、原文の「意」は伝え得ても、原文の「文采の粲然たる者」は、「得て訳す可からず矣」とする。また別に詩人入江若水《じゃくすい》あての書簡に、「和訓を以って華書を読む」のは、「意」を得ても「語」を得ずという。「徂徠集」二十六、「大系」五三〇頁。それらは、日本語による中国語のいいかえを破壊とするのであったが、今や中国語による中国語のいいかえをも破壊だとする。要するにすべてのいいかえは、破壊である。かくてひとり宋儒のいわゆる「新注」のみならず、それ以前の「古注」、すなわち二世紀の鄭玄《じょうげん》を中心とする漢魏人の儒書注釈に対しても、限度をともなった尊敬をしか払わない。その点で彼の儒学は、彼におくれて清朝におこり、おなじく反宋儒を旗印とした乾隆嘉慶時期の「漢学」と、方法の類似を予想されつつ、実は似ない。清朝の「漢学」はその名のごとく漢儒の注を、古典解釈の全面的な、あるいは主要な、依拠とするが、徂徠はそうでない。彼の門人には山井鼎《やまのいかなえ》、?―一七二八、のごとく、「古注」と、その唐の孔穎達《くようだつ》による再注釈である「疏《そ》」の本文を、足利学校に遺存する古写本古版本によって精細に校訂し、その業績「七経孟子考文」が、徂徠死後のことであるが、将軍吉宗の意思によって出版されたのが、やはり吉宗の意思によって中国に輸出され、十八世紀末、乾隆帝勅編の「四庫全書」に、どこの人間の作ったものか分からないが、収録の資料は信頼してよさそうだという解題をつけて、収録され、また学界の巨頭阮元《げんげん》、一七六四―一八四九、がその覆刻本を作り、且つ阮の自著「十三経注疏校勘記」は、山井の書を重要な資料として成ったという風な人物がいる。狩野直喜「山井鼎と七経孟子考文補遺」みすず書房「支那学文藪」、また私の「日本人の知恵」全集十八巻。またやはり徂徠死後のことだが、わが国にのみ伝わる「古注」の資料として、太宰春台、一六八〇―一七四七、が、漢の孔安国の注という「古文孝経孔氏伝」を享保十七年一七三二に、根本伯修、一六九九―一七六四、が、梁の皇侃《おうがん》の「論語義疏」を寛延三年一七五〇に、それぞれ古写本によって刊行したのが、中国へ輸出され、いずれもむこうの学界の評判となり、覆刻本が出来たというふうなことが、師徂徠もまた清朝人どうよう「古注」に熱心であったという予想を、一そうもたらしやすいけれども、必ずしもあたらぬ。むろん「古注」は「新注」よりも尊重されている。山井の書に対して彼が与えた序文は、享保十一年六十一歳、死去の前前年に書かれており、漢の馬融や鄭玄の注釈をもって、孔門「七十子」の遺説を、苦心編訂したものであって、「亦た知の次と謂う可き已《のみ》」とし、「故に千載の後、聖人の道を求めんと欲する者は、終《つい》に漢儒を廃して他を援《ひ》く能わず」なのに、宋以後はそれが高閣に束ねられたのをなげく。それに対し、わが国では神明の加護により、「霊祇の衛る所、千載新たなる若《ごと》き」なのを、祝福し、山井の仕事をもって、孔子が「信じて古を好み」、諸国を歴遊して、「六経」を編定した志を、はるかに継ぐものとして賞賛する。「徂徠集」九、「大系」四九〇頁。しかし漢儒の「古注」の再注釈である唐の孔穎達の「疏」、その校勘が山井の事業の中心であるのに対しては、冷淡である。「学則」の第六則で、漢儒の「古注」は、「七十子」からの伝承を失なわず、「失と得と更《たがい》に之れ有るを、並び有して兼ぬ焉」と扱ってよいが、「穎達の疏を作るは、乃ち一家の言を執《まも》る」、漢儒の一つの説のみの演繹であり、明の「四書大全」「五経大全」が、宋儒の演繹なのと共に、「学の益ます陋」なものとする。「大系」一九五―一九六頁。竹春庵に与えた書簡に見えた語は、すべての注釈に対する彼の結論となろう。「蓋し和訓を廃して後に華言は通ず可し焉。伝注を廃して後に古言は識《し》る可し焉」。「徂徠集」二十七、同五二六頁。

(3)「古文辞」は後代の中国文と非連続であること。

しかしより重要な思考は、次にある。なぜ後世の注釈は、しかく秦漢の「古書」を正しく解釈し得ないのか。秦漢の古書の文章は、「古文辞」すなわち古代独特の修辞であって、古代に独特なものであるゆえに、後世の中国文とは非連続である。そもそも「古文辞」を構成するものは「古言」であり、中国後世の「今言」と非連続なのである。なぜ非連続かといえば、秦漢の「古文辞」は、「簡にして文」なのに対し、「今言」は「冗にして俚」である。この非連続を生んだもっとものの原因は、助字を多く挿むか挿まないかにある。さいしょ貧乏なころは、人から馬鹿にされたという事実を、後代の宋的な「今言」ならば、其始居於貧約之時、莫能見厚遇也、などと、長ったらしくいうであろうところを、省き得るだけの助字をはぶいて、始居約時、莫能厚遇、と表現を凝縮させるのが、「古文辞」の「古言」である。この非連続は日本語が中国語との間にもつそれと同じである。日本語はテニヲハまた動詞の語尾変化、それらを必須とするゆえに、せっかく「簡にして文」な李于鱗の原文、始居約時、莫能厚遇を、始メ約ニ居リシ時ハ、能ク厚ク遇セラルル莫《ナ》シ、と冗長にしてしまう。あるいは中国後世の「今言」さえも、日本語による訓読は、其ノ始メ貧約ニ居リシ時ハ、能ク厚ク遇セ見《ラ》ルル莫《ナ》キ也と、一そう冗長にしてしまう。つまり日本語はかく常に「冗にして俚」なのに対し、中国語は一般的には「今言」といえども「簡にして文」なのであるが、同様の非連続の差違が、中国語自体の中でも、「古文辞」を構成する中国古代の「古言」と、中国後代の「今言」との間にある。要するに二者は、ひとしく中国の文章語であるけれども、同一の言語でない。更にあるいは後代の中国語の中でも、文章語と口語を比較すれば、後代の文章語の其始居於貧約之時、莫能見厚遇也が、後代の口語では更に冗長に、起初他在窮約的生活的時候児、他没能勾受到很好的待遇、などとなるであろうことも、およそ言語には「簡にして文」なるものと、「冗にして俚」なるものとが、非連続としてある旁証となる。かく中国「古文辞」の「古言」と、中国後世の「今言」との間にある非連続、その関係が認識されないため、中国後世の注釈は、「古文辞」の「古言」をば「今言」と同じ条件で読み、「今言」をもって「古言」を翻訳する。ゆえに誤謬だらけなのである。学問をするには、そこのところをまずよく認識しなければならない。以上「訳文筌蹄」の「題言」、みすず版全集二巻一三―一四頁。ただし挙例は、私自身の作文による補入である。なお初期の彼の著に相違ない「訓訳示蒙」が、服部南郭の「物夫子著述書目記」でしりぞけられているのも、さきに一〇一頁でいったように、朱子の文章をほめているという理由のほかに、その書が宋的な文体ではおびただしく插まれる助字についての解説であり、「古文辞」以後の彼の主張からは、忌避さるべき無用の書となったことが、一因であろう。

(4)「古文辞」の「古言」それと「今言」との非連続は時代の推移を原因とすること。

この非連続は何によっておこったか。時代の変遷のためであるとする思考は、「訳文筌蹄」の「題言」には見あたらないが、次の時期の書である「学則」の第二則にはっきり現われる。「世は言を載せて以って遷り、言は道を載せて以って遷る」。「大系」一九〇頁。かく時代による言語の変遷ということ、現代われわれの認識としては普通であるが、彼以前の日本、ないしは中国では、いかようであったか。彼の思考は、たとい完全な創見がないにしても、一つの画期であったのでないか。少なくとも徂徠自身としては、新しい覚醒であったのであり、この覚醒以前は、宋人の文章も古代の文章の連続と誤認していたゆえに、宋人の文章を典型として、その雰囲気の中に安んじていたことが、宋人の儒学説に安住し、古典の真実の獲得を困難にしていたのの原因だと、藪震庵あての書簡にいう。いわく、聖人の「道」は、今や直接には知り得ない。それはただ書物の「辞」によって知られる。ところで「辞の道も亦た時と与《とも》に汚隆する也」。汚隆は盛衰の意、つまり「学則」の「世は言を載せて以って遷る」である。そうして前の八九頁にも引いたように、「不佞も始めは程朱の学に習い、而うして欧蘇の辞を修む」と、宋の儒学と文学を勉強して、「其の時に方《あた》りては、意に亦た謂《おも》えらく先王孔子の道は是《こ》こに在り矣」としていたと、懺悔をした上、この錯誤の原因は、「是れ他無し、宋の文に習いし故也」。宋の欧陽修や蘇軾の文学を、古代とは非連続であることに気づかないままに、勉強していたからである。「後に明人の言に感ずる有りて」、李王二氏による覚醒である。「而うして後に辞に古と今と有るを知る焉」。かく言語の時代による非連続に気づくことによって、はじめて宋代の言語による文学の雰囲気から脱却して、正しい道に進み得たとする。「徂徠集」二十三、「大系」五〇五頁。

(5)「古文辞」優越の理由その一、叙事。

なぜ「古文辞」は、しかく他の言語とは非連続に優越するのか。その理由として徂徠がまずいうのは、それが事実を叙する文章であることである。文章には「叙事之文」と「議論之文」とがあるとする意見は、宋文から脱却する以前の「風流使者記」にすでに見えること上述したが、一一六頁、秦漢の「古文辞」、またそれにならう李王の散文が、「簡にして文」であり得るのは、議論よりも叙事を主とするゆえであり、叙事こそ文章の本来であるという思考が、

「訳文筌蹄」の「題言」では、なお幾分の猶予をのこしつつ見える。みすず版全集二巻一四頁。次の公刊書「蘐園随筆」巻四では、「六経の文の如きは、皆な叙事なり」といい切り、「左氏春秋」「楚辞」「史記」「漢書《かんじょ》」、みな名文の代表だが、どれも議論でないと、いい添える。かく事実を叙述する文章としての「古文辞」の尊重は、やがて事実そのものの尊重へと赴く。次期における儒学説の結論が、「六経」の内容について、「礼」と「楽」は「事」、すなわち事実そのものであり、「詩」と「書」は「辞」、すなわち事実と密着した修辞であるとする主張、「徂徠集」二十四「水神童に復す」「大系」五一二頁、そうして「事」と「辞」とを総括する語が「物」であり、「六経」は「其れ物」、すなわち標準的事実にほかならぬと、「学則」第三則でなされる宣言、同一九二頁、それら後来の儒学説、みなこの時期の文学説に発足しよう。

(6) 議論の否定と信頼の必要。

かく叙せられた事実そのものの尊重へとのびるべき叙事の文章の尊重に対し、議論の文章は嫌悪される。嫌悪は、議論の一種である注釈を反価値とする段階で、すでにきざしているが、「訳文筌蹄」の「題言」では、宋人の文章が、助字を多く加えて「冗にして俚」、非文学であり非真実であるのは、議論にばかりふけり、文章の正道である叙事の能力を失なったからだとする。みすず版全集二巻一四頁。のちの竹春庵あての書簡に、「韓柳八家の文」、すなわち唐宋八家的な文章は、「理勝ちて辞病み、議論に長じて叙事に短なり、何んぞ況んや風雅をや」というのも、同趣旨であって、議論に長ずるゆえに、「風雅」すなわち文学性に乏しいとする。「徂徠集」二十七。かく議論を反価値とする思考は、以後の思考の段階で、いろいろの形で述べられる。「学則」の第三則に、「夫《そ》れ之れを言う者は、一端を明らかにする者也。一を挙げて百を廃す。害ある所以なり」。「大系」一九二頁。これらの場合、「言う者」とは議論者をさす。なぜ議論は「一端」片はしを「明らか」にし得るのみで、一方的であるのか。複雑に分裂する現実のすべてを、人間は知り得ないとする思考が、基底にあるほかに、特殊な思考が並存する。議論は必ず論敵を予想し、それを克服しようとするゆえに、必ず一方的であり、誤謬におちいるとする思考である。宋儒はことにそうであるとするのは、藪震庵あての書簡であって、「大抵宋儒の学は、之れを言うを主《むね》とす。凡そ之れを言う者は、理を尽くすを貴ぶ。其の理を明白にすることを務め、人を使《し》て其の言う所に瞭然たらしめ、以って人を服するに足りて敵無きを庶《ねが》う、是れ其の病根已《のみ》」。「徂徠集」二十三、同五〇七頁。また一つの書簡にはいう、論敵というものは、そもそもこちらを信用しない人間であり、それへの言語が議論である。ゆえに無用のものである。「夫《そ》れ言なる者は、固より人に喩《さと》す者也」。人にいってきかせるもの、説得、それが宋儒その他の議論である。古代はそうでなかった。「然れども古の善く言うものは、必ずしも人に喩《さと》さずして、人自ずから喩《さと》る焉。先王の道は爾《しか》りと為す」。なぜかといえば、「蓋し古の教うる者は、我れを信ずる者に施す也。彼は乃《すなわ》ち思うて之れを得」。聴取者はこちらを信用しているから、強制によらず自分の努力で会得する。それでこそ有益な議論なのに、後世の議論は、「務めて人の知るを求む」。同意を相手に強制する。それは法廷における原告被告の争いと同じであって、「惟《こ》れ訟うる者の辞を爾《しか》りと為す」。そうして「我を信ぜざる者に知らるるを求むる也」。「徂徠集」二十七「竹春庵に与う」、同五二七頁。この思考の上に「中庸」と孟子は、孔子に反対する不信者への説得であるゆえに、すでに誤謬を含むという主張が生まれる。またこの思考は、「論語徴」のあちこちでも強調されており、「為政」篇の孔子の語、「人にして信無くんば、其の可を知らざる也」につき、それは「言いて信ぜらるべき無くば、則ち人は我れを信ぜず。人の我れを信ぜざれば、則ち我が言安《い》ずくんぞ能く行なわれん哉《や》」の意とし、ひとり言語のみでない。「事の行なわるるも亦た然り、道の行なわるるも亦た然り、教えの道も亦た然り」、政治も教育もそうだとした上、孔子の弟子「七十子」は、「深く孔子を信ず。故に孔子の教えは七十子に行なわれて、多く言うを俟《ま》たず」。それに反し、「孟子は則ち我を信ぜざるの人を使《し》て我が言に由りて我れを信ぜしめんとす。故に徒《いたず》らに其の言を詳しくして、以って人人の能く暁《さと》ることを欲するも、是れ訟《うった》えの道也」。法廷の方法である。「徒《いたず》らに之れを聒《かまびす》しくする耳《のみ》。是れ他無し。信無きものに行のう可からざるを知らざるが故也」。また「子張」篇の子夏の言葉、「君子は信ぜられて後に其の民を労《はたら》かす。其の民未《い》まだ信ぜずば則ち以って己れを厲《なやま》すと為す也。信ぜられて後に諫む。未《い》まだ信ぜられざれば則ち以って己れを謗《そし》ると為す也」は、一そうこのことをいうとした上、孟子はすでにそれを理解しない、後世では仏教者の方が、却ってそこをわきまえているとし、「仏法の大海は、信のみ能く入ると為す」を引く。「大智度論」巻一また「浄土論注」の語のよし。儒書の注としては、異例の引用であり、もっとも刺戟的である。

(7)「古文辞」の優越の理由のその二、修辞による事実との密着。

何ゆえに「古文辞」は、事実に密着しえたすぐれた言語であるのか。古代人の特殊な修辞法によってそうなのである。「訳文筌蹄」の「題言」にはいう、言語にまず必要なのは、「達意」すなわち事実の伝達にあること、「論語」「衛霊公」篇の孔子の語に、「辞は達するのみ」というごとくである。同時にまた孔子は、「易」の「乾《けん》」の卦の「文言《ぶんげん》伝」で、「辞を修めて其の誠を立つ」という。つまり「達意」と「修辞」の両者は、文章に必須な二つの条件である。またされればこそ更なる孔子の語として、「左氏春秋」の襄公二十五年の条に見えるものには、「言は以って志を足し」、言語は意思の充足、「文は以って言を足す」、修飾された文章こそ言語の充足、というのである。孔子は更につづけていう、言語の第一段階は、「もの言わざれば誰か其の志を知らんや」であり、「達意」は言語の基礎であるけれども、「言の文《かざ》らざるは、行わるること遠からず」、修飾されない言語は、広い普及力をもたない。かく「修辞」は「達意」とともに文章の必須の条件である。古代の「古文辞」の中でも、より多く「達意」に傾くものと、より多く「修辞」に傾くものと、二種があるのは事実だが、大たいとしては両者が渾然と分裂していないのが、西紀前の前漢までの

「古文辞」の文章である。それが紀元一世紀二世紀の後漢から六朝唐初にかけては、「修辞」偏重におちいったのを救わんがため、「達意」でおしかえしたのが、唐の二大散文家、韓愈と柳宗元である。しかるに宋の欧陽修以下に至っては、「達意」のみが惰性的なものとなり、文章が堕落した。それをこんどは「修辞」で振るいおこしたのが、すなわち李攀竜王世貞であり、「大豪傑と謂う可し矣」。以上は「訳文筌蹄」「題言」の説、みすず版全集二巻一四頁、それに「左氏春秋」の孔子の語「言は以って志を足し」云云を、他では彼がしばしば引くのを加えた。のちの「論語徴」では、「辞は達するのみ」につき、別の説を立てるが、それにはいま立ち入らない。そうしてここでは「達意」と「修辞」とが二本立てで説かれているけれども、「達意」はどの文章にも当然の条件であるから、「修辞」という条件こそ「古文辞」に必須な条件とするのである。つまり「古文辞」とは、古《いにしえ》の文《あや》ある辞《ふみ》、あるいは古《いにしえ》の文《かざ》れる辞《ふみ》、なのである。あるいは「辞」という一字、それだけでもその意味だとするのは、次の書簡である。「夫《そ》れ辞と言とは同じからず。しかるに足下は以って一つと為す。倭人の陋也」。「辞」はただの言語ではない。あなたはそれを同一視している。日本人は冗長な「言」ばかりになれて、修飾された「文」を心得ないゆえの誤認である。「辞なる者は」、何か。「言の文《かざ》れる者也」。さればこそ古典にも、「辞を尚《たつと》ぶと曰い、辞を修むと曰い、文は以って言を足すと曰う」。前引の「論語」と「左氏春秋」の孔子の語のほか、ここでは「易」の「繫辞伝」上篇の孔子の語、「以って言う者は其の辞を尚《とうと》ぶ」が引かれている。「言は何を以って文ならんと欲するや。君子の言なれば也」。「徂徠集」二十二、「平子彬に与う」、「大系」五〇三頁。「学則」の附録の一つともなった書簡であるが、元来はやはり堀景山にやったものを、景山の希望により、弟子の三浦竹渓あてによそおったと、無名氏の「蘐園雑話」にはいう。ところでかく「修辞」という属性が、前に述べた「叙事」という属性と並存することは、以下のことを結果する。すなわち「修辞」は、「叙事」のための「修辞」であり、事実を言語に密着させるための「修辞」ということにならねばならない。また「修辞」があればこそ「叙事」が可能になり、文章が事実に密着し得るとしなければならない。堀景山あての書簡に、議論ばかりしている宋人の文章は、「辞を絀《しりぞ》く。故に事を叙する能わず」というのは、まさしくその意味である。「大系」五二九頁。またかく事実に密着した「修辞」が「古文辞」であるとすることは、更にやがてその学説の結論として、「道」はすなわち「辞」において求められるという主張を完成して行ったとせねばならぬ。「道」を「辞」において求めるということは、「辞」をもって「道」を伝達する過程とするのには止まらない。そのような表白も見えないではない。藪震庵あての書簡に、古代から遠ざかったわれわれにとり、「其の得て知る可き者は、辞のみ」といい、また「故に今の以って準と為す可き者は、辞に若《し》くは莫《な》し焉」というのなどは、なおその方向にある。同五〇五および五〇六頁。しかし水足博泉あての書簡、「水神童に復す」には、「詩書は辞也、礼楽は事也。義は辞に存し、礼は事に在り。故に学問の要は、卑く諸《これ》を辞と事とに求め、而うして高く諸《これ》を性命の微と、議論の精に求めず」、哲学としての細密は求めるなという。ことに「義は辞に存す」は、「辞」すなわち「道」であるとするごとく響く。同五一二頁。堀景山あての書簡に「夫《そ》れ六経は辞也。而うして法具《つぶ》さに在り焉」というのは、一そうそうである。同五二八頁。つまり「古文辞」は事実と密着した「修辞」であるゆえに、それ自体が事実であり、事実であるゆえに「法」であり「義」であり「先王の道」なのである。またかく「修辞」こそ文章の正道であるとする文章論は、すべての事象が、修飾を価値とし、素朴簡単を価値としないという思考へとのびる、「弁道」また「弁名」の「文」の条に、「先王の道」、またその記載である「六経」は、修飾された存在すなわち「文」的な存在であるゆえに、至上の価値なりとする。同二六一―二七および一七二―一七三頁。また「徂徠先生答問書」下では、「扨聖人の教は専《もっぱら》礼楽にて風雅文采なる物に候」、「宋儒以来わざを捨て理窟を先とし風雅文采をはらひ捨て野鄙に罷成候」と、修飾されたものの価値を、「風雅文采」の語で表現する。うち「わざ」というのは、「礼楽」は「術」であるとするのの訳語であろう。みすず版全集一巻四六九頁。なお「訳文筌蹄」の「題言」では、唐の韓愈と柳宗元の文章を、もっぱら「達意」の範疇に属させるが、同二巻一四頁、堀景山あての書簡では、それは六朝の「修辞」過剰への反動としてそうであったのであり、二氏も時には「辞を修めた」。その場合は韓の「進学解」その他、柳の「永州八記」その他、みな「何んぞ其の絢爛たること乃《すなわ》ち爾《しか》るや」と、説をおぎのう。「徂徠集」二十七、「大系」五二九頁。韓と柳に対する徂徠の評価は、やや不安定であり、「弁道」の序言で、「唐の韓愈出づるに及びて、文章大いに変ず」というのは、以後の宋の儒学の反価値の先駆と見るごとくひびく。同一一頁。しかしのちに漢以後の文章の選本として編んだ「四家雋」は、唐の韓柳に明の李王をあわせての四家である。いずれにしても、韓愈の出現をもって、中国文章史の「一大鴻溝」大転機とする認識は、「訳文筌蹄」の「題言」その他に、頻見する。みすず版全集二巻一四頁。

(8)「古文辞」の優越の理由のその三、含蓄。

「古文辞」の優越の理由として、彼の主張するものは、更にある。種種の方向へと伸びるべき意味の可能性を、渾然と未分裂に包括した文体であることである。「訳文筌蹄」の「題言」に、「含蓄多くして、余味有り」。以下彼の用語にしたがい、「含蓄」の語をもってそれをいおう。「題言」には更にいう、そうした文体のゆえに、「古文辞を熟読する者には、毎《つね》に数十の路径有り」。意味が数十の方向に放射される。しかも秩序をもった放射であって、「心目の間に瞭然として、条理紊《みだ》れず」。ゆえに「読んで下方に到るに及んで、数十の義趣、漸次に用《はため》かず、篇を終るに至りて、一路に帰宿す」。光彩陸離と放射された数十の路線が、やがて篇末に至って、はっきり焦点をむすぶ。それが「古文辞」である。後世の文章は、議論の分析を事とするため、放射するものは、ただ一本の線である。そればかり読んでいる人間は、「止《た》だ一条の路径を見るのみ」。みすず版全集二巻一三頁。要するに「古文辞」は、その「修辞」のゆえに、包括的な、ひきいだされるべきすべての可能性を内蔵するところの、濃密な文章である。ゆえに後世の文章の水っぽさとは異質であることを、のち竹春庵あての書簡には、卓抜な比喩を用いつついう。宋の文章は、水であり、水は色をもたない。程子朱子の注釈はことにそうであるが、欧陽修や蘇軾の散文が、「其の思いを奇にし、其の気を盛んにし、変幻百出」して、「議論の文を為す」場合も、風を受けた水が、波がしらを見せるにすぎない。色をもたない水であることは、依然として同じである。それに対し「古文辞」は、「易」の「十翼」、「爾雅《じが》」、「公羊伝《くよう》」、「穀梁伝」、「礼記」など、「経」そのものでなく、「経」の解説であるものに至るまでも、「辞を修めて」、色をもつ。「瑤池《ようち》の瓊泉《けいせん》」、仙境の玉の池の玉の水であって、波を仮らず、風をもちいずして、濃密な色を本来もっている。「徂徠集」二十七。なお前項で引いた書簡、いわゆる「平子彬に与う」に、韓愈以後の文章は修辞の方法を知らぬゆえに、「字を積んで句を成す」、単語の積みあげで一句を作るというのは、「古文辞」は成句が多く、事態をそのまま一塊の言語としてとらえ、またさればこそそのままの転用を李王にゆるすほどであるのを、その包括性の一端とするのに対し、後世の文章はしからぬとするのであろう。またそれは宋儒の注釈に誤解をも生んだとし、「孟子」に見える「折枝」の二字は、按摩を意味する「古言」のイディオムなのに、朱子は木の枝を折ることとすると、未完成の著「孟子識」が板倉勝明の「甘雨亭叢書」に収められるのにいう。また「蘐園七筆」では、「孟子」のいう「文を以って辞を害せず」も、一字一字にとらわれずして一句の意味を見あやまらないこととするごとくである。河出版全集一巻三四九頁。

(9) 古代の事実の一般的にもつ含蓄。

ところで「訳文筌蹄」の「題言」には、含蓄はかく古代の文章である「古文辞」の属性であるばかりでなく、古代の事実一般の属性であるとする思考が、言及されている。つまり古代の事実は、人間の事実の原形であり、後代の諸事実は、原形である古代の事実の中に含蓄されていたものの変化であり分裂であるにすぎない。いいかえれば、後代の諸事実は、新らしいように見えるものも、古代の事実を研究すれば、みなその中に未分裂のものとして含蓄されているとするのである。「況んや道芸、事物、言語、皆な上古に昉《はじ》まり、次第に潤色し、次第に破壊し」、つまりあるいは意識的にプラスされマイナスされ、あるいは無意識的に、「或るいは分かれ或るいは合し」、かくて「或るいは盛んに或るいは衰えつつ、沿革し展転す」、前のものをあるいは沿《おそ》いあるいは革《あらた》めつつ、ぐるぐると展開するのであるが、すべては「上古に昉《はじ》まる」。だから学問の方法は、まず古代の事実をしっかり把握してこそ、後代の事実がわかるのであり、文章の勉強もまた、「古文辞」からはじめねばならぬ。たとい含蓄のゆえに読みにくくとも、むしろ読みにくいゆえに、そこからはじめねばならぬと、「訳文筌蹄」「題言」では、学問論として附帯的に言及されているが、みすず版全集二巻一三頁、思考は、この時期の次の著述「蘐園随筆」巻二では、次のような活潑な主張となっている。まずいう、「予《われ》を以って古今の間を玄《ふか》く覧るに、均しく皆な是の物なり」。以後の発言で事実を「物」というのが、ここに見える。古今の歴史を見渡して、そこに満ちるものは、すべてこれ事実のむれである。「而うして是の物の外に、別に他の物有る能わず」。事実以外のものは、古にも無く今にも無い。「故に唐虞三代の時に有る所の者は、今も亦た之れ有り」。儒者が理想時代とする夏殷周の三王朝、更にさかのぼって唐すなわち堯、虞すなわち舜の時代に存在した事実は、時代の差違を超えて現代にも存在する。逆にたどってもそうであって、「而うして今の有る所の者は、唐虞三代の時も自《お》のずから無きものあらず焉」。それらの時代にも、現在あるだけの複雑な事実はあった。反価値的な事実をも含めてそうであり、凡庸な儒者たちが予想するように、清浄無垢な単純な世の中であったのではない。「今世の種種の悪俗悪態」、また「及び人倫の四民の外に出づる者」、士農工商の枠に収まらない人間関係、「道術の聖人の道に非ざる者」、儒家の聖人のそれと合致しない学説と方法、「技芸の六芸に非ざる者」、古代の六つの技芸である礼楽射御書数のほかの技芸、「皆な然り」、すべては古代に含蓄されたものの分裂である。「故に仏老諸子なる者は、道の裂けたる也」。仏教、道教、諸子百家、すべては儒家の「道」の分裂である。「詩文書画碁博蹴鞠など凡そ百《もろもろ》の曲技なる者は、六芸の裂けたる也」。礼楽射御書数の変形である。「師儒有れば則ち経生有り」。古典に教師学問者をいう語が見える以上、当然のこととして、「経生《けいせい》有り」、文献学者が生まれ、「秀才有り」、文学者、「博物者」、自然科学者、「喜んで性命を談ずる者有り」、哲学者、「経済を事とする者有り」、政治学者、みな当然の存在である。「巫祝有れば」、古典に宗教者という事実が有る以上は、「則ち僧尼有り」、また更なる分裂として、「僧尼有れば則ち禅有り教有り律有り」、三種類の仏教者、「又た此の方」すなわち日本の「謂わゆる修験者、一向宗、及び行人、願人、道心者、題目叟有り」。目を転じて、「百工商賈有れば、則ち遊民有り」、江戸に多かった男伊達であろう。「遊民は化子に至って極まる」、乞食。「君臣有れば、則ち王人は名を以ってし」、名誉権のみをもつ京都の公卿、「武人は実を以ってす」、実力ある武家。「夫婦有れば」、性にもとづく人間関係があれば、「則ち娼妓有り」。性を商売とする女性がある。「娼妓の類も種種、尼にして淫を売る者に至りて乃《すなわ》ち極まる」、比丘尼。「而うして又た孌童有り」、ゲイ・ボーイ。「凡そ此の如きの類、勝《あ》げて計る可からず。是れ皆な四民と五倫の裂けたるにあらざらん乎《や》。愈いよ裂けて愈いよ分かれ、愈いよ繁くして愈いよ雑《まじ》る」。以下は政治論となる。「若《も》し聖人を使《し》て今の世に出でしむれば、豈に能く一一にして之れを去らん乎《や》。苟しくも能く整えて之れを理《おさ》め、各おの其の所を得て以って乱れざらしめば、則ち亦た皆な堯舜の民也」。河出版全集一巻一五二―一五三頁。人間の生活は空間を超えて、日本も中国も同じであるとする思考は、早く初期の「訓訳示蒙」に見えた。前引九九―一〇〇頁。それが今や古今の間に施され、且つ反価値的事実をも含めてそうであることが、強調されている。従来の儒学には稀な説である。仁斎が「人に非ざる」精神的不具者の存在を必然とする説、本書「仁斎東涯学案」二八―二九頁、それよりも更に強い。「蘐園随筆」巻二には次の語もある。「三代の時の人と雖も、豈に皆な聡明絶倫ならん哉《や》。其の贛《こう》なる或るいは甚しき者あらん」。今の人間よりもっと馬鹿なのがいたかも知れぬ。河出版全集一巻一五五頁。思考は、「論語徴」では更にのびて、普通には完全善とされる殷周革命の際にも、不可避な悪はあったとする説が見える。「公冶長」篇に、革命の際の潔癖の賢人、伯夷《はくい》と叔斉《しゅくせい》を、孔子が賞讃して、「子曰わく、伯夷叔斉は旧悪を念わず、怨み是れを用《も》って希《まれ》なり」というのに就き、「徴」はいう、「旧悪」とは周王朝の祖先たちの悪事であって、のちの聖人文王の祖父にあたる大王《だいおう》が、地方の一諸侯であったころ、周の王業がすでに萌芽をもったことは、「詩経」「魯頌」「閟宮《ひきゅう》」の篇に、「実に始めて商を剪《き》る」といい、主人筋の商すなわち殷王朝への抵抗をはじめたというごとくであるが、かく祖先が抵抗をはじめた時期に、不法な侵略行為がなかったとは保証されない。「豈に人の国を奪い、人の地を侵すの事無からんや」。そうした「旧《ふる》い悪」は、孫の文王が正義の君主として「西伯」となった時にも、ぬぐい去ることは困難であったろう。「豈に必ず奪いし国を復《かえ》し侵せし地を反さんや。亦た世移り事去りて、之れを如何《いかん》ともする無し」。かくすでに歴史の中に埋没した悪事だから、伯夷叔斉は気にかけなかった。それが「論語」の「旧悪を念わず」であり、事がらは、簒奪者の子孫である斉《せい》の国に、孔子も孟子も身をよせたのと同じだとする。同じ議論は「泰伯」篇首章の「徴」にも見える。また「聖人も亦た人なり」、孔子も普通人と連続する面をもち、さればこそ聖人であるとする思考を、早くは「訓訳示蒙」において一〇一頁に前引したごとくであるのから、最晩年の「論語徴」に至るまで、説きつづけるのも、この路線につらなる。

⑽「古文辞学」の目的。

かく「古文辞」のみならず古代の事実は、後代に分裂した事実のすべてを含蓄する。ゆえにまず根本である「古」をしっかり把握せよと、「訳文筌蹄」「題言」は説きおこすのであり、同様の思考は、竹春庵あての書簡の一つにも見える。「且つ古なる者は本也、今なる者は末也」。ゆえに「流れに滞る者は、何んぞ其の源を識《し》らんや。後世の載籍は海の如し」、後世の書物は無数である。「其の中に汩没《こつぼつ》しては」、沈没していては、「能く為す莫《な》き也」、どうにもならない。「孔子も泰山に登りてのち天下を小さしとす」でないか。「徂徠集」二十七、「大系」五二七頁。しかしかく「古文辞」あるいは古代の研究からはじめるのは、なお学問の方法であって、目的ではない。時間空間を超えてことならない人間の事実を、「古文辞」の研究によって確認し、ほりさげること、それこそが学問の帰結であるとする主張、それが「筌蹄」の「題言」の結語となっている。いわく、「古のひと云う、古今に通ずるを之れを儒と謂うと」。漢の王充の「論衡」の語である。「又た云う、天地人に通ずるを之れを儒と云うと」。漢の揚雄の「法言」の語である。いずれも古今という時間、天地人という空間、その差違を超えて、パイプを通すのを、学者の任務とする。私はそれをやる。「故に華と和とを合して之れを一とつにす、是れ吾が訳学」。前の九九頁以下に説いたように、まず日本と中国の間にパイプを通すのである。そうして今や、「古今を合して之れを一とつにす、是れ吾が古文辞学」。そう宣言する。このことは「大関係の存する」点であり、翻訳の方法論を主題とするこの書物自体とは別の範疇の事がらであるけれども、特に敢えて言及しておくという数行で、「訳文筌蹄」の「題言」は結ばれる。みすず版全集二巻一五頁。ところでかく古と今のパイプを通すのが、「古文辞学」とすれば、それは後代現代を拒否することではない。「古文辞」はパイプのむこうのはしであり、パイプのこちらのはしは、後代現代の生活、彼によれば後代現代の事実である。つまり「今」への知識がそなわってなければ、「古」へのパイプは通せない。上総の生活によって、人の知らない特殊な田舎の事実を知ったことが、古典を読む能力に寄与したという述懐、九二頁、それも事がらの実証として、心にあろう。かくて次の時期の「学則」では、第四則の宣言となる。「古にのみ聖人有りて、今は聖人無ければ、故に学は必ず古をす」。聖人が古代にのみ出たということも、もし論証するとすれば、含蓄の時代であったゆえに、人間としての可能性をもっともよく含蓄する聖人が出たということになろう。ゆえに聖人を生んだ古代を、学問が目標とするのは、やむを得ない。しかし同時に、「然れども古無ければ今無く、今無ければ古無し、今は詎《な》んぞ廃す可けん乎《や》」。そうして「故に今を知らんと欲する者は、必ず古に通ず」であると共に、「古に通ぜんと欲する者は、必ず史」。「史」

とは後世の歴史書である。「大系」一九二―一九三頁。かつて「晋書」以下の校刊にあずかったのは、一〇八―一〇九頁、この認識にたすけられて行なわれ、またこの認識を増したであろうが、「史」のなかでも、「礼楽志」「職官志」「食貨志」その他の「志」をこそと、「学則」がいうのは、それらがことに事実の記録なのの尊重である。

⑾「古文辞学」の方法。

ではどうしてパイプを通すか。さきの⑴でいったように、「古文辞」の中に、自己を投入するのである。「古文辞」の通りの文体で、みずからの文章を書く。ことに「古文辞」の書の成句を、李王がしたように、自己の表現せんとする事態の表現として、せいぜい転用することが、望ましい。摸擬であり剽窃であると評するものが、李王の批判者である袁宏道と銭謙益のごとく、彼の周辺にもあった。堀景山あての書簡に彼は昂然と居直っていう、すべての学問は、そもそも摸倣でないか。またそもそも日本人が中国語を書くということが、摸倣でないか。あなたたちのように宋人の文章をまねる場合も、その点は同じである。いかにもはじめのうちは、摸倣であり剽窃であるかも知れない。しかし「久しくして之れと化すれば」、対象と融合すれば、「習慣は天性の如く」なり、「外自《よ》り来たると雖も」、むこうにあったものが、「我れと一とつと為る」。それがいやなら、学問などせぬがよい。「故に摸擬を病《とが》む者は、学の道を知らざる者也」。「徂徠集」二十七、「大系」五三一頁。また山県周南あての書簡には、ある人の文章が、李攀竜をまねて真にせまるのを、書道にたとえ、「是れ固《もと》より摸帖なり」。手本のしきうつしである。「然れども蘭亭を摸するは、豈に易《やす》き事ならん哉《や》」。王羲之の「蘭亭序」をうまく習うのは、精神を傾倒しなければできない。「徂徠集」二十一。また住江滄浪あての書簡には、李攀竜が「古文辞」の理論とする「易」の「繋辞伝」の語、「之れに擬《ま》ねて後に言い、之れに議《はか》りて後に動く。擬《ま》ね議《はか》りて以って其の変化を成す」、摸倣こそ新しい変化の生産、吉川「元明詩概説」岩波版一九九頁、それをも引く。「徂徠集」二十四「墨君徽に与う」。もっとも注目にあたいするのは、「大学」篇の有名なトピックである「格物致知」の彼の解が、「古文辞学」の方法と連関しつつ生まれていると、観察されることである。「大学」篇の彼の解釈書「大学解」によれば、「物格而後知至」とは、「物」すなわちいにしえの「聖人」によって与えられた標準的事実の中に自己を投げ入れ、それをこちらへ「格《まね》」きよせてこそ、「知」すぐれた叡智が「至」生まれ成長することとする。ところで詩学においてもそうであるとする主張、あるいは詩学の方法においてこそ、この関係は明示されるとする主張が、「詩学三種合刻の首に題す」という文章に見える。石叔潭すなわち石川大凡が、宋の厳羽《げんう》の「滄浪詩話」、明の徐禎卿《じょていけい》の「談藝録」、王世懋《おうせいぼう》の「藝圃擷《けつ》餘」、以上三つの詩学評論の書をあわせ刊行したものの序文であるが、詩の勉強は、これら前人の定論を、標準的事実として、くりかえし勉強する。「習いて以って之れに熟し、久しくして之れと化する」。そうなれば、詩法は、「明かるきこと火を観るが如く」なるであろう。それがすなわち「大学」の「格物致知」であって、「是れを之れ物格《きた》りて而る后《のち》に知至《うま》ると謂う」。そうしていう、「豈に翅《ただ》に詩のみならんや。凡そ修辞は皆な爾《しか》り。豈に翅《ただ》に修辞のみならんや、先王の道は皆な爾《しか》り」。文章は享保乙巳十一年臘月望と署し、もっとも晩年のものであるが、彼の儒学説が、文学説と関連し、あるいは文学説からみちびかれて、生成された適例である。「徂徠集」十九。

⑿「古文辞学」の資料。

ではかく古今に通ずる「古文辞学」のパイプのむこうの口となる文献は、何何か。結論をさきにいえば、西洋紀元以前、つまり前漢以前の文献は、みなそれである。李王のいわゆる「文は則ち秦漢」が、すでにその意味であるが、彼の場合は、さきの⑷でいったように「世は言を載せて以って遷る」という思考の上に、前漢までは「先王の道」が確乎と存在した「世」、あるいはその延長であった「世」であるゆえに、みな事実と密着した修辞であるとする説明が、やがて「先王の道」への思考を深めたのちには加わる。竹春庵あての書簡に、「蓋し先王の教えは、礼楽もて俗を天下に成せり。礼楽煥乎《かんこ》たり、故に文辞も煥乎《かんこ》たり」。文明が光輝にみちていたから、文章もまたそうだというのである。堯舜また夏殷周の「先王」の時期ばかりではない。西洋紀元がはじまるころの「先秦西京の際」、周末から前漢までは、「諸子百家、其の言は人人によりて殊なれりと雖も、斐然《ひぜん》たる者は其の遺《なごり》なる乎」。諸子の哲学には、孟子のごとく議論にふけるものもあるけれども、文章はみな「古文辞」であるとし、おなじ人あての別の書簡には、具体的な書名をもあげる。「徂徠集」二十七、「大系」五二七頁。「六経」と「論語」はいうまでもない。「議論を以ってすれば則ち孟荀晁賈」、孟子、荀子、漢の晁錯《ちょうそ》、賈誼《かぎ》。「叙事を以ってすれば則ち左国史漢」、左伝、国語、史記、漢書。「風雅を以ってすれば則ち屈宋揚馬」、文学は、屈原、宋玉、漢の揚雄、司馬相如《しょうじょ》。「輔《たす》くるに老、荘、韓非、呂覧、淮南、昭明の選を以ってす」。うち梁の昭明太子の編んだ詞華集「文選《もんぜん》」は、収録作品のうち、後漢以後のものは除かれ、前漢以前のもののみを取るであろう。一一の文献についての評価、またその成立過程についても、彼の説明は、しばしば独特である。(a)「六経」が最上の「古文辞」であることは、いうまでもない。「六経」を編定したのは孔子であって、孔子は、堯舜ら七人の「先王」のごとく「道」の作為者たる地位にいなかったけれども、かく「六経」を編定し、「先王の道」を後世に伝えることによって、作為者たる「先王」と同じく「聖人」の称呼を受ける。「弁名」の「聖」の条。「大系」六四頁。「六経」の中にも、「世」による層次があるのであって、柳川の内山生なるものに答えた書簡にはいう、「夫《そ》れ六経なる者は文也。故に孔子を学ばんとする者は、必ず文章自《よ》り始む」であるが、「文章の道は、世を論ずるを先と為す」。「六経」についても、それぞれの時代による差別に注意せよ。「故に善く為《あつか》いて後に、六経明らかに、孔子の道得可し矣」。一一の時代を弁別してこそ、「六経」の充分な研究となるというごとく読める。「徂徠集」二十五、「大系」五一六頁。(b)まず「書」すなわち「書経」は、もっとも早い「世」の言語である「堯典」「舜典」にはじまり、夏殷周三王朝創業の「先王」自身およびその余光の「世」として、春秋時代の「秦誓」に至るまで、政治に関する「大訓大法」であり、散文の祖として、もっとも「古文辞」である。孔子編定の原形は百篇であったが、秦の焚書によって、半分は失なわれ、現存のテクストは五十八篇。もっとも只今の学界の定論では、現在のテクストの更に半分は、三世紀魏晋の時代の偽作と判定されており、早く仁斎もその説である。「仁斎東涯学案」四九頁。しかし彼は仁斎に従わず、現在われわれが偽篇とするものをも、学説の重要な根拠とする。「弁道」その他において、「義」という概念は、「礼」とともに大きな方法をいう「道」の範疇に属し、個人の道徳である「徳」の一つではない、「礼」は「道」の原則、「義」は「道」の運用なのに、孟子以後、「義」をば「徳」の一つである「仁」と並称して「仁義」というのを、誤謬とする。根拠は「書経」の「仲虺之《ちゅうきし》誥《こう》」篇に、「礼」と「義」を並挙して、「義を以って事を制し、礼を以って心を制す」というのにある。しかしその篇は、三世紀に作られた偽篇の一つである。また宋儒の説の重要な根拠となった「人心は惟《こ》れ危く、道心は惟《こ》れ微なり」も、偽「大禹謨《だいうぼ》」篇の語であるが、彼は宋儒とは異なった解釈を与えつつ、うけ入れる。「弁道」、「大系」三四頁、また「論語徴」「堯曰」。いずれも只今の学説に照らせば、弱点とならざるを得ぬ。また「六経」のうち、「書」のみはさいしょから書物としてあったこと、口誦で伝えられた「詩」、実演である「礼」「楽」、みな孔子以前は書物でなかったごとくでないとし、したがって早期の文献に「書」といって引用するものは、すべて「書経」であるとする。孟子の「尽《ことごと》く書を信ずれば、書無きに如かず」、これは通説もそうであるのをはじめ、「易」の「繋辞伝」の「書は言を尽くさず」、「論語」「先進」篇の「何んぞ必ずしも書を読みて然る後に学びたりと為さんや」、みな「書経」を指すとする。面白い説であるが、強引をきらう。彼自身の「書経」解釈として、「徂徠集」十七の「稽古釈義」は、「堯典」の冒頭の解釈である。なおいわゆる「書序」すなわち各篇の生まれた歴史的背景の解説として加えられたはしがきを、孔子の筆とする伝説を、彼は信じないが、只今の学界が偽篇と同じく三世紀の偽作とする注釈「古文尚書孔氏伝」は、署名どおりに漢の孔安国のものとし、「猶お古意を失わず」と、未完成の著「尚書学」が、板倉勝明の「甘雨亭叢書」に収められるのにいう。(c)「詩」すなわち「詩経」三百篇は、韻文の祖であり、その表現は、もっとも「辞」すなわち文学的である。「婉柔にして情に近き」感情の表白であり、「諷詠して感じ易き」感動を生む。貴族から庶民にいたるまでの生活と感情を内容とし、「貴賤男女、賢愚美悪、何んの有らざる所ぞや」。たわいもない恋の言葉であったり、めめしい繰り言であったりして、「零砕猥雑」をきわめる。「礼記」の「経解」篇に、「温柔敦厚は、詩の教え也」というのにいざなわれて、朱子は収められた詩のすべてが「温厚和平」というけれども、それはうそである。「人にして礼無ければ、胡《な》んぞ遄《すみや》かに死せざる」、「鄘風《ようふう》」「相鼠《しょうそ》」。「我れの此《か》くの如くなるを知らば、生くる無きに如《し》かず」、「小雅」「苕之華《ちょうしか》」。そうした激烈な句もある。「論語徴」「子路」。要するに、「書」が公的言語なのに対し、これは私的な言語であるのこそが、価値であって、両者は相補の関係にある。またされればこそ「詩」の読者は、自己の経験し得ない経験をわがものとするのであって、「君子も以って小人を知る可く、丈夫も以って婦人を知る可く、朝廷も以って民間を知る可く、盛世も以って衰俗を知る可し」であり、文学の任務とする情報提供の効果を、ありのままに果す。宋儒のいうごとく勧善懲悪の書ではない。その「辞」がことさらに立派なのは、孔子が書物にするときに「刪潤」すなわち手を入れたからであって、司馬遷「史記」の「孔子世家」がいうように、三千篇の原資料を削除して三百篇にしたのではない。でなければ「田畯《でんしゅん》紅女の言」、男女の農民の言葉が、こんなに美しい筈はない。各篇の前に作詩の背景の解説としてある「詩序」は、伝説のいうごとく子夏《しか》の筆ではないかも知れないが、背景の賦与によって、詩の印象を強めること、わが「伊勢物語」の業平の歌に対する関係に似ている。「蘐園二筆」、河出版全集一巻二三八頁。深くとらわれる必要はないが、朱子がそれを無視するのは、不当である。そもそも「詩」の言語は、自由な流動性を内在するゆえに、いわゆる「断章取義」、他の書に引用された場合、原作のそれとはちがう事態の表現としばしばなっている。このさいごの点は、「風」「雅」「頌」「賦」「比」「興」すなわち「六義」の定義とともに、仁斎の説にしたがってよい。「仁斎東涯学案」五六頁参照。なお「小雅」の「雨無正《うぶせい》」篇は、本来のものでなく、楽譜だけが残存したのに、詞をはめ込んでの補作だという特殊な説をも、「蘐園十筆」にはいう。河出版全集一巻四〇一頁。(d)「礼」は、もともと冠婚葬祭、外交儀礼、宮廷と村落における宴会また弓試合など、それら諸行事を、天子、諸侯、大夫、士という階級に応じてやり方を違えつつ、実践するものであるが、孔子およびその門流が、おのおのの行事のやり方を書物にした「経」が、「儀礼《ぎらい》」である。また周王朝の政府組織を書物にしたのが、「周礼《しゅらい》」であり、それも「礼」の「経」である。以上二つの「経」に対する「記」すなわちノート四十九篇を、漢人が集録したのが「礼記《らいき》」であって、うち、子思の作であり宋儒が「四書」の一つとした「中庸」篇、また彼が子游《しゆう》の作とする「礼運」篇などは、ことに立派な「辞」である。宋の蘇東坡が名文とする「檀弓《だんぐう》」篇は、さほどでない。「論語徴」「憲問」。宋儒が「四書」の又一つとした「大学」篇は、養老の「礼」に対する「義」すなわち運用を説いたものであって、仁斎が「孔氏の遺書に非ず」とするのは行き過ぎである。衛《えい》の国に関する「書」や「詩」を引くのから見て、その国の人の作であろうか。「論語徴」「子路」。それらに関する彼自身の著述は、「中庸解」「大学解」である。(e)「楽」はがんらい音楽の演奏であるが、孔子がそれを書物にした「楽経《がくけい》」は伝わらず、そのノートである「楽記」篇が、いま「礼記」の一篇となっているのは、すぐれた「辞」である。彼が日本の雅楽を、古代中国音楽の遺存としてみずから練習したことは、のちの一六三頁に説く。以上「詩」「書」「礼」「楽」は、「礼記」「王制」篇にいわゆる「四教」あるいは「四術」である。「術」というのも、政治の方法の意であり、さればこそ「左氏春秋」僖《き》公二十七年の晋の趙衰の語に、「詩と書は義の府《くら》也、礼と楽は徳の則《のり》也」というのだと、しばしば説く。(f)卜筮の書である「易」は、魯《ろ》の国の歴史である「春秋」とともに、孔子によってとりあげられたのが、ともに「経」となったものであって、いずれも「詩」と「書」ほど他書に引用されていないのは、そのためである。「易」の「経」の「辞」が奇奇怪怪なのは、鬼神の「辞」だからである。また「経」に附載された十篇の解釈「十翼」は、孔子がそれまでの伝承を整理したのであり、うち「序卦」篇「雑卦」篇など必ずしもそうでないものもあるが、仁斎東涯のごとく、疑いをさしはさむべきでない。「蘐園九筆」「十筆」、河出版全集一巻三九二頁また四〇一頁。仁斎父子の説については「仁斎東涯学案」五六また五九頁。(g)「春秋」も「易」とともに孔子によってとりあげられて「経」となったが、現行のテクストで「春秋」の「経」とされている部分は、あまりにも簡単に過ぎる。その詳細な注釈として普通には「左氏伝」と呼ばれる部分が、いきいきとした歴史叙述を示し、本来の書名は「左氏春秋」であったのこそが、実は「春秋」の「経」なのである。少なくともその大部分がそうなのである。でなければ「左氏春秋」すなわち俗にいわゆる「左氏伝」の文章が、あんなに光彩陸離たる「古文辞」であるはずはない。いま普通に「春秋」の「経」とされる簡単な部分は、孔子が毎年の事件の見出しを、便宜的に書き出したにすぎないこと、あだかも司馬遷の「史記」における「年表」、司馬光の「資治通鑑」における「目録」のごときものである。この見解、もっとも独特である。(h)「論語」は、以上の「六経」とあいならぶべき「古文辞」である。孔子の口頭の「言」を中心として、前半十篇は琴張《きんちょう》、後半十篇は原思《げんし》が、筆録して「辞」とした。「六経」はかくて七となったといってよく、同種類の書の「孔子家語《けご》」などを比較の媒介とすると、そのこと一そう明らかである。晩年に成った「論語徴」が、彼自身によるその新解釈であること、いうまでもない。なお「孔子家語」は、三世紀魏の王粛《おうしゅく》による増訂を含むが、もともとは孔子の門流の作であるとし、しばしば引用する。また「孝経」もその類であるが、戦国時代の作であり、必ずしも重要でないと、未完成の著「孝経識」が「甘雨亭叢書」に収められるのにいう。(i)漢代の「古文辞」として、もっとも推奨すべきは、司馬遷の「史記」である。そのえがく人物は、後代の諸悪習、すなわち後漢の「清議」処士横議、六朝の「清談」論理の遊戯、隋唐以後の科挙、宋以後の議論、それらがまだ発生しない

「世」の人人であり、後世の及ぶところでない。且つ「六経」の人物論は、「聖人の道」のしからしめるところとして、長所のみをあげ短所をいわない。「六経」の時代にも悪人はいたのに、後世から見ると、とても真似ができない人物ばかりのように見え、読者に尻込みさせる。「史記」の人間の写し方は、そうでない。「長短兼ね具え、纖悉も皆な有り」。善悪ともに、こまかいところまでリアルに書かれ、現代との距離を感じぬ。以上、特に示すもののほかは、「弁道」、「大系」三〇―三二頁、「徂徠集」二十三「藪震庵に与う」、二十四「水神童に復す」、二十二「平子彬に与う」。なお古代の史書として、「戦国策」は「史記」に次ぐ。(j)諸子については、「学則」の第二則が、注目される。「夫《そ》れ世の未まだ言を載せて遷らざるに方《あた》りては、管晏老列も亦た類《たぐい》也。何んぞ其の道の同じからざるを悪《にく》まん也《や》」。「大系」一九一頁。管子、晏子春秋、老子、列子、みな文章の正道が失なわれない「世」のものゆえに、主張のいかんにかかわらず、「古文辞の学」にとり、パイプのむこうの口となる。徂徠が諸子を勉強したのは、こうした見地からであって、清朝の「漢学」のしたごとく、単に「六経」の語彙の使用例の旁証を、諸子に求めたのではない。徂徠も清朝人と似たことをしていないではない。しかしそれが主眼ではない。

⒀ 詩の典型。

以上は「古文辞学」の中心、すなわち自己の漢散文を「古文辞」の散文と合致させるという行動と、それに伴のう思考であるが、漢詩の実作者としての徂徠は、李王二氏とともに、「詩は則ち漢魏盛唐」を主張とした。その主張が、「文は則ち秦漢」と不可分なものとして、李王にあったからである。ただしその理由を以下のように充足するのは、徂徠の発明かも知れない。すべて可能性の含蓄は、古代の事実にあるという思考、その延長として、詩の場合は、各ジャンルの創始の時期に、それがあるとする。まず自由詩型の五七言の「古詩」については、「夫《そ》れ古詩は漢魏に昉《はじま》る。故に太康以還は取らざる也」。漢と魏すなわち西洋紀元前後から三世紀前半までが創始の時期だから、西晋の太康年間以後、すなわち三世紀後半以後は、捨てる。定型の五七言の律詩と絶句については、「近体は唐に昉《はじま》る。故に大暦以還は取らざる也」。七世紀から八世紀前半までが創始の時期だから、唐詩のうちでも八世紀後半、大暦を年号とする時期以後の、いわゆる中唐晩唐は捨てる。あわせて「賦は西京に昉《はじま》る」。長篇の韻文「賦」は前一二世紀前漢が創始の時期だから、「故に唯だ子雲《しうん》と相如《しょうじょ》有る焉耳矣《のみ》」。揚雄と司馬相如のみが尊重される。すべて「務めて其の上《かみ》なる者を為して、其の次ぐ焉なる者を為さず」。それが「学の方也」。ひろく学問の方法である。「徂徠集」二十三「藪震庵に与う」。またさきにも引いた「詩学三種合刻の首に題す」にはいう、「古詩は漢魏を以って至れりと為す。近体は開天を以って至れりと為す」。うち「開天」とは、唐の玄宗の年号である開元天宝、すなわち八世紀前半の盛唐。「是れ自《お》のずと風気の会《あつ》まる所なり。其の人と雖も、自ずから其の然るを知らず」。歴史のまわりあわせとして自然にそうなったのであり、漢魏の詩人自身、盛唐の詩人自身に尋ねて見ても、原因についての答えを得るまい。かくいうのは、「天命」天の意思に対して関心を深めてのちの、晩年の思考だからであろうか。「降りて六朝、而《ま》た中晩」、古詩については晋以後、近体については八世紀後半以後の中唐晩唐詩は、「愈いよ工みにして愈いよ失のう。亦た自ずから其の然るを知らず。世の詩と与《とも》に汚《くだ》り隆《さか》んなる也」。詩もまた「世は言を載せて以って遷る」のである。なぜ唐詩の四時期、初、盛、中、晩、のうち、盛唐のみがすぐれるか。詩人入江若水に与えた書簡、「徂徠集」二十六「江若水に与う」、にはいう、李白、杜甫など盛唐詩の中心は「格」気品、ゆえに「高華雄渾、古雅悲壮」。白楽天など中唐詩の中心は「情」感傷、ゆえに「流暢円美、宛切にして人を動かす」。杜牧、李商隠など晩唐詩の中心は「意」趣向、ゆえに「新奇尖巧、目を刮《み》らせ心に快し」であるが、「格」気品を主とする盛唐詩のみが、詩の使命である無限定なものに触れて、「解す可く解す可からざる間に在る」。中唐の「情」感傷、また晩唐の「意」趣向は、最上乗でない。また盛唐詩のよさは、「格」気品とあわせて、「調」リズムにあるとするのは、「徂徠集」二十七「稲子善に答う」であって、「格」とはたとえば人品である。ゆえに高きを尊ぶ。「調」リズムとは人でいえば作法のごときものであって、節度を貴ぶ。「閬《ろう》風のやまに蒸す霞、峨嵋《がび》のやまの積雪」、それは「格」であり、五声の音階の調和、五色の映発は、「調」である。「格」があって「調」がととのわないのは、つまずく駿馬。「調」をのみととのえるのは、よく馴れた駑馬。また「徂徠集」二十五「崎陽の田辺生に答う」には、詩と散文の区別を説いて、詩は「情語」である。ゆえに短い。文は「意語」である。ゆえに長い。詩の一ばん長いものが、やっと文の一ばん短いものと匹敵する。二つはちがった職掌である。文の職掌である「意」は、いかに紆余曲折しても、論理でいいつくせる。詩の職掌である「情」は、喜怒哀楽愛悪《お》欲の七つというのは大別にすぎず、実は無限定に分裂する。論理ではいいつくせない。ただ「語の気格風調色沢神理」、さまざまの形で詩の言語の雰囲気となるもの、それのみが「情」の表現となり得る。作者も読者も、「語」をこそ重視すべきで、「意」を重視すべきでない。しかるに宋人は、「情」などは小供っぽいとし、小ざかしい「意」で、詩を作った。文の職掌をまちがえて詩の職掌としたのである。蘇東坡はその代表であり、近ごろの明の詩人のうち、李王の反対者である袁中郎《えんちゅうろう》すなわち袁宏道《えんこうどう》、銭蒙叟《せんもうそう》すなわち銭謙益《せんけんえき》は、その亜流である。日本人は和訓で詩を読むから、「意」だけは分かっても、「語」はつかめない。ゆえに詩の邪道である宋儒を喜ぶ。あるいはまた「徂徠集」十「香州師を送る序」は、仏教者の従弟に与えるゆえであろう、詩が無限定への接触であることを、一そう説く。「詩の物為るや、之れを散ずれば空と為り、構うれば斯《こ》こに色を成す。倏忽乎《しゅつこつこ》として色と空と相い遇い、象と境と相い成る。辟《たと》うれば則ち化人の宮の、太虚の中に幻出するごとく、浄土極楽、箕山潁水《きざんえいすい》、何んの有らざる所ぞ」。かくて宋の儒学、宋の文章とともに、彼が一ばんきらうのは、宋の詩である。安積澹泊あての書簡に、「五山の禿子《とくし》」、室町の五山文学は、「蘇黄を崇尚すること、詩書にも過ぎたり」、蘇東坡と黄山谷を「五経」よりも大事にしたと、あざわらう。「徂徠集」二十八、「大系」五三五頁。もっとも五山以来の宋詩よりも唐詩を尊重したのは、必ずしも彼にはじまらない。先輩木下順庵、一六二一―一六九八、別号は錦里が、すでにそうであったことを、彼は入江若水の詩集の序文でいう。「是《こ》こに於いて錦里夫子なる者出づる有りて、扶桑の詩皆な唐なり矣」。「徂徠集」八「江若水の詩に叙す」。彼と仲の悪かった新井白石も、順庵門の人として唐詩派であったこと、私の「鳳鳥不至」昭和四十六年新潮社の、「新井白石逸事」その一―その三参照。白石の詩も、主として盛唐をまねる。しかしなお排他的でない。徂徠の場合は、詩の場合も、排他的に漢魏盛唐の中に身を投げ入れ、みずから漢魏の詩人となり、盛唐の詩人となろうとする。

⒁「詩経」の詩と漢魏盛唐の詩。

しかし彼は李王とともに、人人の質問を受けねばなるまい。なぜ詩については漢魏と盛唐を宗とするのにとどまり、さらにさかのぼって「詩経」を典型としないか。それは彼ら強烈な古典主義者にとっても、非実際的であり、困難だったからである。事実、「詩経」以後、その体裁の四言《しごん》、すなわち毎行四字四シラブルの詩として、成功したものは、魏の嵇康、晋の陶淵明のみが、稀な例外である。李王にも徂徠にも、その作があるにはあるが、さすがに数も少なく、成功していない。徂徠の作はただ一首である。「徂徠集」一。そうして彼には、このことについて説明の用意があった。詩は「情」の表現であり、「情」は必ずしも「世」の推移にわずらわされない。詩に関しては、後世の詩、といっても漢魏と盛唐を意識しようが、それも「詩経」と異質でないとすることである。ゆえにそれらを典型とする。「詩経」への直接のパイプではない。しかし間接のパイプとなる。「徂徠先生答問書」によって示せば、その下巻に、「詩作被成度由能御心付と存候。上代の詩も後世之詩も同事に候。詩作不被成候へば詩経は済不申物に候」。みすず版全集一巻四八五頁。また巻中には、ひろく学問の方法として、「殊更吾邦にて学問をいたし候ば、聖人と申候も唐人経書と申候も唐人言葉にて候故、文字をよく会得不仕候ては聖人之道は難得候」。そうして「文字を会得仕候事は、古之人の書を作り候ときの心持に成不申候得ば済不申儀故、詩文章を作り不申候得ば会得難成事多御座候」。これすなわち「古文辞学」の要諦である。漢詩文の実作は、儒学の古典を読む限り必須である。もしこの心がけを欠き、「経書計学候人は中々文字のこなれ無御座候故、道理あらくこはくるしく御座候事にて候」。同四六〇―四六一頁。

彼の「論語徴」は、そうしたこはくるしき解釈の実例をいくつかあげる。たとえば「里仁」篇の孔子の語、「朝に道を聞けば、夕に死すとも可なり矣」。「道」とはむろん先王の道であるが、その朝に「道」を聞き得たならば、その夜に死んでもよいとは、詩的な誇張である。それを後世の儒者は、詩を知らぬゆえに、まっ正直にうけとっている。「夕に死すとも可なり矣とは、孔子自ずから其の道を求むる心の是の若《ごと》く其れ甚しきを言う也。後人は詩を学ばず、言語の道の本と是の若《ごと》くなるを知らず。故に其の過甚なるを疑う」。また「公冶長」篇に、微生高《びせいこう》なる人物の批評として、醋を貸してほしいといって来た人があったとき、彼の家では醋をちょうど切らしていたので、隣りの家から分けてもらって来て与えた。善意のゆきすぎであり、正直ものとはいえないと孔子はいったと、普通には解する章、「子曰わく、孰《た》れか微生高《びせいこう》を直《ますぐ》なりと謂うや。或ひと醯《けい》を乞いぬ焉、諸《こ》れを隣りに乞いて而うして之れに与えぬ」。彼の解釈は完全にちがう。この章は孔子のユーモアであって、微生高は、孔子と同じ町内に住む貴族であった。醯《す》を乞《か》りに行った「或るひと」とは、実は孔子の家の下男なのだが、微生高氏は、親切にも、更に隣りの家からもらって来てくれた。孔子はその親切への感謝として、正直なお方とはいえないねと、同町内の親しさから、冗談をいったのだとする。「蓋し反言して以って之れに戯るる耳《のみ》。親しむの至り也」。この一章は、親しみやすい市民としての孔子のポートレイトなのである。もし孔子自身は関与せず、他人同士のことならば、そんな瑣細なことを、批評するのは、「閭巷の間の匹夫匹婦の事」、町の井戸端会議の仕事であっても、孔子のしごとでない。孔子のユーモアが、久しく理解されなかったのは、やはり「後儒は詩を学ばず、言を知らず」だからとする。

(15)「古文辞」の含蓄と「物」の含蓄。

以上説いて来たところは、文学説としての「古文辞学」の主張と実践であり、それはのちに述べるように、彼の四十代を貫くものであるが、いま私はそれらを文学説として説くばかりでなく、五十以後の次の時期の儒学説において、その延長であり作用であると思われるものにも、しばしば言及した。言及を敢えてしたのは、彼の文学説と儒学説とが不可分の関係にあることを、示したかったからである。ところで次の時期の儒学説の重点となった「物」の尊重、「物」とは、「弁名」が「教えの条件」というのによれば、「先王」が政治と教育の標準として与えた事実であるが、「大系」一七九頁、そうした「物」の尊重へと、やがて儒学説の重点が赴くのも、またこの関係で把握できるのでないか。「古文辞」あるいはつづめていえば「辞」を、事実と密着した修辞であるとしての尊重が、事実そのものの尊重へと延びたであろう関係は、すでに前の(7)で述べた。事がらはそれのみでない。更に重要な関係として、「古文辞」をその含蓄において尊重することが、「物」すなわち事実の尊重にむすびついてゆくのでないか。「古文辞」の含蓄とは、前の(8)で説いたように、放射し得べき意味の可能性のさまざまを包括しつつ渾然たる存在であることである。またかく含蓄的な存在が原初の時期にあるとする思考は、散文の典型を、そのさいしょである秦漢の「古文辞」に置くについては、理由の一部となり、詩の典型を、各ジャンルの原初である漢魏と盛唐におくのについては、理由の全部となっている。かく原初に位する故に含蓄的である言語に対する尊敬が、儒学説における事実の尊重と、より深い層でむすびつくのでないか。何となれば事実もまた、放射し得べき意味のさまざまを渾然と包括しつつ、放射する意味の上に派生する諸存在、それらの原初に位する原存在である。「弁道」に、「故に先王の教えは、礼楽は言わず、行事を挙げて之れを示す」というのは、事実というものをこの形で彼が見ていたことの、顕著な表現の一つであろう。「大系」二五頁。「行事」すなわち事実は渾然たる未分裂であり、それに対し、「言う」すなわち議論は、一方的な分裂である。しからばのちの儒学説のもっとも重点となる部分も、さきだっての文学説からみちびかれている。哲学者でない私は、今のところそれだけしかいえぬ。以後の哲学者のもっとものの深考を待つ。

以上に述べるような「古文辞学」の主張と実践、それはすなわちこれまで惰性的に典型として来た宋的な文学からの脱却を意味するが、そのきっかけとなった李攀竜王世貞二氏の詩文との邂逅は、前に述べたように、徂徠三十九歳か四十歳のころとされる。一一九―一二〇頁。しかし宝永三年四十一歳の甲州紀行「風流使者記」には、なお李王の影響が見られない。文体も、中に插まれた詩も、なお非「古文辞」的であり、且つみずからを「当世の韓柳」と比擬すること、また前に述べた。一一六頁。徂徠みずからもいうごとく、李王の書に魅力を感じつつも、しばらくはその難読になやんだのである。

主張と実践の確定は、さいしょの接触よりしばらくのちにある。宝永六年の綱吉の死、それにともなう吉保の失脚、そうして徂徠自身も、にわかに失意の人となって、過去十四年間住みなれた柳沢の邸を去り、以後はその死に至るまで、柳沢の家臣という身分と俸禄を受けつづけつつも、江戸の市内に住む儒者でありつづけるという、生涯の大転機を、四十四歳の夏に迎えるのから、多くを溯らないころであったと、推定される。

推定の根拠と何よりもなるのは、彼の漢詩文集「徂徠集」三十巻の編次である。刊行は死後の元文年間であること、「大系」西田太一郎氏の解題に見えるが、生前の自編であるのに相違なく、詩六百八十一首、文四百二十三首を収め、文のうち書簡は二百八十四首であるが、原則として、「古文辞」の主張を抱くようになってのち、主張と背反しない作品のみを収め、それ以前のものを収めない。ただし詩も文章も、原則として制作の時を示さぬこと、これまた李王の詩文集に真似たらしく、利用に不便を感ずるが、各ジャンルとも、大たいとしては柳沢藩邸末期以後のものである。

もっとも明瞭なのは、詩の七言絶句の部分であって、ほぼ年次順の排列と観察されるが、全三巻三百二十一首の冒頭に近く、三番目に位する一首は、「正月十日の作」と題する。宝永六年その日の綱吉の死をいたむものであって、綱吉を漢の武帝に、みずからを司馬相如に、見立てる。「徂徠集」五。

嘗説漢家恩澤疎　　嘗つて説く漢の家の恩沢は疎《おろそ》かにして
金莖不到病相如　　金茎《きんけい》のくすりは病める相如《しょうじょ》に到らざりしと
従今中使茂陵路　　今従《よ》りの中使《ちゅうし》は茂陵《もりょう》の路に
封禪誰求死後書　　封禅《ほうぜん》　誰か求めん死後の書

このことは、「徂徠集」の詩文の制作時間の上限、したがって彼の「古文辞」の文学のはじまりが、綱吉の死をさかのぼること遠くない頃、つまり宝永末年にあることを示すに充分である。もっとも以上は原則であって、より早い宝永元年三十九歳の仁斎あての書簡を収めるのなどは、内容を重視しての例外である。逆に甲斐紀行は、のちの改稿「峡中紀行」を収め、初稿「風流使者記」はしりぞけられている。また全三十巻のあとに、「補」一巻を附録とするのは、転換以前の作品で保存の理由のあるものを拾遺するごとくである。たとえばさきの一一二―一一三頁に引いた七言絶句「請いを得《ゆる》され経を授くるを罷む」は、「補」の巻に見える。

かく転換以前の詩文を棄てて収めないのは、明の銭謙益の詩文集が、あだかも同じ体裁である。銭氏、一五八二―一六六四、は、徂徠の場合とは逆に、はじめ李王の熱心な信徒であったのが、のちその反対者へと転換したのであり、その詩文集「初学集」百十巻には、初期李王追随時代の作品を、すべて収めない。徂徠はそれから思いついたのかも知れぬ。彼が「斥䟕之士」やんちゃ坊主とみずからいうのは、もと漢の武帝の詔勅に見える語であり、タク・シを音として跅弛とも表記されるが、それも銭がしばしばみずからをいう語である。博学で貪欲な彼のことである。文学の主張は正反対の人物からも、適宜な吸収を行なわなかったといえない。また「徂徠集」の刊行は、身後にあるが、木版の版形は十行二十字、字体とともに、これは彼の守り本尊である王世貞の「弇州山人四部稿」と酷似する。

またかく「古文辞の学」が、藩邸の時期の末期にはじまることは、旁証もある。山県周南、一六八七―一七五二、は、安藤東野、一六八三―一七一九、についで、早く藩邸時代からの門人であって、宝永二年、十九歳のとき、故郷の周防から江戸へ出、以後三年間、徂徠について勉強した。つまり徂徠四十歳から四十三歳までのこととなるが、服部南郭の書いた周南の墓碑にはいう、そのころの先生は、「古を修める」仕事をはじめられたばかりで、同調者も少なく、兄弟子としては、東野一人であったと。徂徠の「修古」、つまり「古文辞学」提唱のはじまりが、そのころにあったことを、これも示す。そうして藩邸を去った翌翌宝永八年、改元して正徳元年、一七一一、四十六歳の二月に刊行された「訳文筌蹄」の「題言」では、さきの(10)で紹介したような形で、「古文辞」の主張が確固たるものとなっており、李攀竜王世貞の二人は、権威である。詩の典型について、「但し唐詩は少なきに苦しむ。当《まさ》に補うに明の李于鱗王元美等七才子の詩を以ってすべし。此れ自《お》のずと唐詩の正脈」。また文章の歴史を説いて、「故に李王は修辞を以って之れを振るい、一とえに古を以って則と為す。大豪傑と謂う可し矣」。みすず版全集二巻一三―一四頁。以後、年号が正徳である期間、一七一一―一七一六、彼の年齢では四十代の後半、「古文辞の学」は、彼とその門人によって、急激に膨脹し、大きな文学的勢力となる。ないしはそのころの社会全体における勢力となる。

事がらは、この期間の彼の環境と無縁でない。綱吉の死後、甥家宣が六代将軍となり、新井白石が補佐となって、綱吉における吉保の地位に就いたことを、彼は「鼎革」の語でいう。中国でならば、王朝の交代をいうところの、おだやかならぬ語である。のちの「政談」巻四に、「然ニ新井筑後守ト云フ者ノ申上ルコト、御先々御代ニ御用ナサレ、何事モ御先々前御代ノコトヲバ多ハ改メカユルコトニ成タリ」。「大系」三九五頁。綱吉吉保体制の崩壊を、その遺臣として、堪えがたしとした。そのころ周防に帰っていた門人山県周南が、手紙をよこし、先生もこんどの政権交替にあたり、「此の機会に乗じて、或いは以って身を青雲の際に致《すす》めたもう可き邪《か》」といって来たのに対し、彼は激烈な言葉で答えている。「予《わ》れは先朝の時に方《あた》り、業《すで》に已《すで》に府公の顕赫の勢に藉《よ》り」、藩主吉保公の御威勢により、「身は陪臣なる哉と雖も、尚お且つ金城に朝し」、お城に出仕して、「玉の墀《きざはし》を躡《ふ》み、鵷班《えんばん》に厠《まじ》わり」、お歴歴の仲間にはいって、「竜の威に咫《まぢ》かなること」、事実上の皇帝であるおん方のおそばにいること、「十有余載」であった。また「憲廟」綱吉公も、亡父方庵がその侍医であった余恵として、「時時に召見せられ、芸を御前に校《くら》べ」、武芸ならぬ儒学の御前仕合いを仰せつかり、「賜ものを拝し恩に沐すること、同列のものに踰《こ》ゆる有り」であった。そのとき私がもちまえのやんちゃな気質を抑え、「上《かみ》に媚ぶるを知って」、上《うえ》様のおん仰せをはいはいと聞いていたならば、出世など朝飯前のことだったろうが、あえてそうしなかったのは、私の偏屈のためである。ましてや新しい朝廷に出仕するなど思いも寄らない。「徂徠集」二十一「県次公に与う」。また二十五「朽土州に与う」は、それからややのち、朽木土佐守玄綱が、出仕をすすめたのに答えたものの如くであるが、私はもともと「狂奴」きちがい小僧、「斥跑之士」やんちゃ坊主、それが柳沢公の藩邸では、「鳴かず蜚《と》ばず」の三年を五度、つまり十五年間辛抱してまいったのです。ましてや今は「鼎革」の世、「強顔もて復《ま》た出で、市中に消揺《しょうよう》す」、町儒者としてあつかましく生きてゆくのを、おゆるし下さい。

家宣の四年弱の短い治世、またそのあと幼い遺児家継が、名のみの七代将軍であった三年弱、あわせて七年間、そうして年号は正徳であった時期、彼は体制との間に、緊張関係をもちつづけた。新しい体制の中心にいる白石を、「聱上の君子」と、何にもとづく語なのか浅学な私は知らぬが、皮肉そうな語でいう。また白石の方でも、旧体制の遺臣に対し、警戒をおこたらなかったように見える。写本の「徂徠集拾遺」に収める山県周南あての書簡にいう、「憲廟の既に殂《かく》れたまいてより、時事大いに変じ、事を用うる者」、当局者たち、「迺《すなわ》ち是れを以って吾が党に目を側《そばた》て、不佞を齮齕《きこつ》する所以《ゆえん》の者」、わたしをいじめること、「備《つぶ》さに至れり焉」。また白石は、徂徠の「古文辞学」の批判者でもあった。徂徠の方でも、それに反撥したこと、のちに触れる。一五九頁。ところでこうした緊張関係は、徂徠とその一党の「古文辞の学」のエネルギーを、却って一そうたくましくしたと、見うける。以下、この期間における彼の足跡を辿ろう。

はじめ宝永六年、綱吉の死により、吉保が失脚して、郊外の隠居所に移ろうとしたとき、彼もそこへ随従して、奉仕をつづけようとした。吉保はいった、いや、君は御城下に住んで、早く名をあげよ。安藤東野あての書簡にそのことを記すのは、もはや完全に「古文辞」の文体である。「府公は則ち僕に語《つ》げぬ、毋《な》かれよ也《や》」、それには及ばぬ。「憲廟の時に若《なんじ》の拮据《きっきょ》する所は、皆な国事也」。綱吉公への御奉公は、陪臣ながら、国家の御用をつとめたわけだ。「若《なんじ》は憊《つか》れたり矣。吾れは再び若《なんじ》を労するを欲せず」。それよりは、「其れ若《なんじ》の年の未《い》まだ艾《いそじ》ならぬに及びて、勉めて名の高きを為さん哉《かな》」。五十までに有名になれ。それには御城下を離れてはならぬ。「城中は豪傑の士の止《お》る所なり。交わりを養《そだ》つるは名を養《そだ》つる所以《ゆえん》也。若《なんじ》其れ城中を離るるを為す毋《な》き也」。「徂徠集」二十一「滕東壁に与う」。後年吉宗の政府に提出した自筆の履歴書「由緒書」にも、この「古文辞」と同じことをいう。「美濃守様格段之存寄ヲ以、町宅申付、江戸中ニ罷在、学術ヲ以手広致」、その次の句、私には読めない。そうして「日本無双之名儒之聞モ相立、総而世上之為ニモ相成候様致可教辱候」。

吉保の勧告どおり、彼は市中に家を捜した。東野あての同じ書簡に、「僕は坐して桂玉に困《くる》しみ」、にわかの失職者、薪は桂のごとく米は玉のごとき物価高に苦しみながら、「田を問い舎を求むるを免れず」、まずの必要は家さがしであった。「二三の人力、東西に奔命して之れ給《た》らわず、皆な疲れ甚し」。下男たちにさがさせても、へとへとになって帰って来るばかり、主人公みずから出馬せずばと、「僕も亦た屑屑乎《せっせっこ》として徒歩して大江の東より還る」。このあいだまでは駕に乗っていたのが、隅田川の東までとぼとぼと家を見に行って帰り、「牘を削るに及びて」、君への返事を書こうと、紙をひろげたところ、「頭岑岑然《しんしん》たり」。ずきんずきんと頭がいたむ。さいごの句は、「漢書」の「外戚伝」に、毒を飲まされた許《きょ》皇后が、「我が頭は岑岑たり」という「古文辞」の一句に、自己の体験を充塡する。

そうしてしばらくはどこか へ間借りしたようである。さきに一〇九頁でいうように、芝の瑞聖寺で筆談をかわした中国僧悦峰道章が、綱吉薨去弔問のため再び上京してのち、黄檗山へ帰って行ったのに寄せた書簡にいう、「方今は憲廟は天に即《つ》き」、綱吉公は薨去、「府公は老いを告ぐ」、吉保公は隠居、「不佞も亦た以って痾《やまい》を城外の市楼の中に養うを得て、閑散自適する也」。いわゆる城外が、どこをいうか詳かにせぬが、「日に風ばめる榻の上に偃臥《えんが》し」、あおむけに寝そべり、「咏哦を娯《たのし》みと為す」。詩ばかり作っている。かくて「精神も漸く蘇《よみがえ》り、稍稍乎《しょうしょうこ》として故《もと》の吾れに復《かえ》れり矣」と、宮仕えからの解放を喜びともする。冒頭に「亢旱は歳に渉《わた》る」といい、結末に「季秋は近きに非ず」といえば、宝永六年夏秋の間の手紙である。「徂徠集」二十九「悦峯和尚に与う」。

そうしてけっきょく落ちついたのが、「蘐園《けんえん》」と唐めかして呼ぶ日本橋茅場町の家であった。その日は雨であったが、東野が下僕をよこしたのに手伝わせて、引っ越しをすませ、「独り庁上に臥す」、座敷に寝ころぶと、「数十竿の竹、乍《たちま》ち聴くに琮琤乎《そうそうこ》たる響きを作《な》す」。気しんどうな柳沢の藩邸ではむつかしかったことである。「十五年のあいだ未《い》だ耳にせざりし所の者なり。則ち喜びて狂わんと欲す矣」と、野人の境遇を東壁あての書簡の又一通にはいう。また更なる一通では、東壁の来書の「古文辞」をほめて、「左と馬と荘と韓と、雑然として具《つぶ》さに列す」。左伝と史記と荘子と韓非子から引きちぎって来た成句が、東野の手紙にはずらりと並んでいるというのであり、師弟の「古文辞」、すでに高潮に達していたことを示す。更にまた一通、「東壁足下よ、近況は何似《いかん》」でおこるものには、「予《わ》れ始めは則ち以謂《おもえ》らく古文辞は或いは世に行なわれん邪《か》と」。われわれの新文学は文壇の勢力となりそうだと考えていた。しかし「是れ殆んど然らず」。どうもそうでない。原因は無学な連中が、旧態依然として、宋の欧陽修や蘇東坡の文学が、読みやすく、摸倣しやすいのに、しがみついているからである。「蓋し世の欧蘇の文を楽しむ者は、啻《ただ》に其の構《つく》り易きが為めのみにあらざる也。亦た其の読み易きが為め也」。ことにあの先生「渠《かれ》」などは、「文人を以って自ずから命ず」、大文豪気どりでいる。どうやら白石のことらしい。おたがいの作る「古文辞」など、だいいち読みが下らない。それで焼きもちを焼く。そうしてわれわれの新文学を邪魔する。君はそう思わないか。「故に古文辞の世に行なわれざるは、妬《ねた》みによる殃《わざわい》なる也。足下以って何似《いかん》と為す」。以上みな「徂徠集」二十一「滕東壁に与う」。

しかし「古文辞の学」は、そうした雑音をはねのけ押しつぶして、大いに世に行なわれた。まず正徳元年一七一一、四十六歳、「訳文筌蹄」の刊行は、彼の学力を、今さらのように世に示し直した。二十年前、増上寺の塾での講義の筆録を底稿とし、以後ずっと手を加えて来たものに、新しく執筆した「題言」をかぶせたのであり、それまでは写本で流布していたのが、京都から来た男が、むこうの連中さえ、虎の巻にしていると話した。無名氏の「蘐園雑話」によれば、もと仁斎の塾にいた山井鼎のことらしい。それならばと、筆耕の労をはぶくため、印に附するというのは、れいの東涯父子への反感である。そうして刊行は、東涯の本拠である京都の書肆によっているが、摂津の造り酒屋の詩人入江若水が、刊行の世話をしたこと、「徂徠集」二十六、入江あての書簡の何通かに見える。

家宣将軍就職の祝賀のため、朝鮮の使者が江戸へ来たのも、「筌蹄」の刊行された正徳元年であって、東上の道筋から江戸に至るまで、「韓客」の宿舎には、詩の贈答応酬を求める文人墨客、どっと押しよせ、大さわぎであった。彼はそれを冷笑し、在周防の愛弟子山県周南に与えた書簡にいう、朝鮮の使者たちの詩というのを見たが、陳腐きわまる宋的な文学だ。「其の卑靡にして一とえに宋元の旧《ふる》くさきを沿襲せるは論ずるまでも無く、是れ自《お》のずと三韓の士俗の然ら使《し》むるなり」。なぜ人人が大さわぎするのか分からない。こっち江戸では、「輦上の君子の、文章の柄を握る者有りて」、新井白石である。そのおん方さまが、韓使接待準備の会議の席で仰せられるには、「聘は大いなる礼也。三韓は上国也。其の人は文に習い、又た壌《くに》を中華と接す」。よい位な人間はお相手に出せない。「世の瑣瑣《ささ》たる者を以って之れに当つ可からず」。おかげでこちとら陪臣や町儒者は、宿舎のそばにもよりつけない。藩主柳沢公から御命令でもあれば、別としてである。いつか君にあげた七言律詩で、私はいった。「儻《も》しくは西客の遙かに相い覓《もと》むるに逢わば、日本晁卿《ちょうけい》以後の篇」。君の国の周防は、日本の西端に位して、中華に近い。日本の詩がほしいと「西客」中国人がいって来たら、かつての安倍仲麻呂以後、日本人としてはじめて立派な詩が、われわれにあるのを見せてやれといったのだ。こんども朝鮮の使者というのが、仲麻呂の友人であった李白や王維のごときでないかぎり、われわれの詩が、中国にもない世界第一の名山、富士の白雪のごときなのに、対抗できるものか。「是れ李白王維の輩に徼《あら》ざるよりは、何を以ってか能く夫《か》の芙蓉の白雪の高きと闘わん也《や》」。中国は「聖人」の出た国として尊重はするが、今や「先王の道」は失なわれ、「道」の後継者はむしろ日本の我が輩であるとする彼は、日本文明の能力の象徴を、いつも富士山に求める。この手紙より四年前、黄檗の住持、悦峰道章が、宇治へ帰るのを見送った手紙にも、「秋色は将《まさ》に尽きんとして、芙蓉峰上の雪、寒き色は人を照らさん。識《し》らず中華に此の好き孱顔《さんがん》有りや否や」、こんな立派な山が、お国にありますか。泰山華山と比較してどうです。「岱《たい》と華《か》と想うに当《まさ》に相い伯仲なるべき耳《のみ》」。「徂徠集」二十九。甲州の旅で北から見た富士は、ことに鮮烈な印象であったこと、「峡中紀行」に力説されており、また当時の江戸では、転転と引っ越した彼の住居のどれからも、富士が見えた。彼の詩は、十首に一首ぐらいの頻繁さで、それに触れる。いまこの周南あての書簡には、「芙蓉白雪の高き」を、ひそかにみずからに比擬する。その書簡にはまたいう、朝鮮の使者が登城する行列を、市民の人波にもまれながら、道ばたで見物した。「衣冠儀従、尚お明《みん》の典章に彷彿《ほうふつ》たり。鼓吹砲震、旗旆の繽紛《ひんぷん》たる状《さま》」、それらが大いに中国的なのは、将軍への進物としてもって来た「胡馬」

蒙古馬、「海東青」たか、など、「諸《もろ》もろの瑰瑋《かいい》奇《き》譎《きつ》にして耳目を娯しましむ可きもの」とともに、なかなかのものだったが、おかげで見物から帰って来るとすっかり疲れ、「枕を高くして偃臥し」、ねそべり、「足を地炉の中に烘《あぶ》り」、こたつに足をつっこんで、今ごろはあの御連中、先方さまへさし出す詩をひねくり出すべく、四苦八苦のさいちゅうだろうと、あざ笑う。「徂徠集」二十一「県次公に与う」。また「徂徠集」一「麗奴の戯馬の歌」は、韓使のともなって来たサーカスが、江戸城北門で、将軍の御覧に供するべく演技したのを、見物に行っての七言古詩。

韓使接遇に際しての白石の措置への不満は、後年の「政談」巻三でも非難されている。「新井ナドモ文盲ナル故、是等ノコトニ了簡ツカヌ也」。「大系」三五〇頁。安藤東野あての書簡の又一通が、「徂徠集拾遺」に見えるのは、充分よく読めないが、韓使接待準備会議のどれかの段階に、彼も参加したように見える。「以為《おも》えらく、此の事は宜ろしく御史は後に在り、執法は前に在り、列卿大夫は儼として臨みて上に在り、以って上《かみ》の命《おお》せを伝うべし」。万事体面を失なわないよう堂堂とやるべきで、先方がいうことを聞かなきゃ、「之れを放ちて可なり矣」、おっ返しゃいい、「之れを戮して可なり」、ぶったぎりゃいい、そう彼は主張したが、張儀蘇秦のような男で、梁の陶弘景もどきの「山中の宰相」、つまり政治の黒幕の文化人、そいつが牛耳っていて、彼のいうことは通らなかったと、憤慨する。「山中宰相」の語は、「徂徠集」二十一に収める東野あての書簡にも見え、白石であるかないか、なお待考。「徂徠集」二十二「平子和に与う」、すなわち平野金華あての書簡には、再び「輦上の君子」といい、その人物のいいぐさでは、王世貞李攀竜は、ただの才子、韓愈柳宗元こそ大家だといったというのを、取りあげ、馬鹿なことをいう、明人が編集した「唐宋八大家文」が韓柳を含むので、そういうのだろうが、無学なやつだ。これは白石を指す。

弟の荻生北渓および井伯明なる人物と三人で、「訳社」と称する中国語講習会を組織し、その発会式を開いたのも、おなじく正徳元年の十月五日であり、その規約「訳社の約」が、「徂徠集」十八に見える。講師は長崎通事の岡島冠山、ただし岡島は林大学頭の内弟子となったばかりで、月に六七度しか外出できないので、会期は五の日と十の日、ただし毎月二十五日は、徂徠が柳沢の藩邸へ講義に出かける日なので休会。会場は三人の宅もちまわり。平服、伴人はせいぜい少なく。座敷の掃除、庭の打ち水、随意。午前開始、日没後散会。飯は一汁、漬物とともに二皿。菓子と酒、随意。ただし「若《も》し或るいは佳肴美味の、他人より時に偶たま贈遺有りて、已れの辦置する所に非ざる者は、何んぞ妨げん也《や》」。到来物のお裾分けは、この限りにあらず。会員は減るのはよいが、ふやさない。主人の知りあいで俗人でないのは、臨時の出席をみとめる。

この講習会の開設は、柳沢藩邸ではもっていた「唐話」「唐音」練磨の便宜、それを失なったのを補うためかも知れぬ。「訳文筌蹄」の出版を世話した入江若水あての書簡に、次の表白がある。「筌蹄」の「題言」のなかに、「顚倒」すなわち漢語としては語序のあやまりがあると、某氏が指摘したと、若水が報告したのに対し、反撥していう、そんなことはない。中国語の「語理」すなわちリズムの秩序には、「本と天生自然の則《おきて》有り」なのを、私はよく呑み込んでいる。他の連中は、中国語をば日本語の媒介で理解するから、そんなことをいうのだが、私どもは中国語を中国語として理解する。「吾が党は則ち是《そ》れに異なり。其の法は亦た只だ漢語を以って漢語を会《さと》り、未《い》まだ嘗つて和語を将《も》ち来たりて漢語を推さず」。作文ばかりじゃない。日常のむだ話さえ、中国語を使って、そのままの語序、そのままのリズムでやっている。「故に但《た》だ筆を把《と》りても始めより誤り無きのみならず、平常に同人輩と、胡講乱説するにも、語語皆な漢語にして、一字の顚倒差誤する者有る莫《な》し」。そばにいるものがそれを筆記すれば、たちまち「燦然たる文章」が、束になる。われわれは寝言の中でも、彼らのような語序の「顚倒」など、犯すべくもない。「徂徠集」二十六。なお写本で伝わる「文罫」なる書は、この見地から漢文の語序を説くもので、のち「蘐園随筆」の附録とした「文戒」、一七一頁、の初稿である。

またより多く無遠慮な文章を収める「徂徠集拾遺」、その広島大学蔵写本に見える失題の一首は、岡島冠山の何かの著書への序文であるが、一そう威勢がよい。日本人と中国人とは、「風土方《みち》を異にし、言語宜《ほど》を殊にする」。まず中国的な生地《きじ》を作らぬかぎり、文明への道はない。「質すら且つ立たず、文将《は》た何《い》かでか施さんや」である。岡島君的な方法にしたがってこそ、はじめて「而かる後に其の衣冠は倭《わ》なるも、其の言語を華にし、掌を抵《う》ち頤《おとがい》を解き、声気態度、宛《あだか》も大海以西の人の如き也」。服装はやむを得ぬ。他は中国人そのままになれる。その上でこそはじめて「詩経」「書経」の学問がやれる。「夫《そ》れ然る後に之れに被らしむるに典謨雅頌の音を以ってす可し」。

雅楽の練習をはじめたのも、このころである。中国の古楽は、日本にのみ伝わっているというのが、彼の見解であり、「周漢の音は、吾が東方に存す」というのは、入江若水あての書簡である。「徂徠集」二十六。果して夏殷周三代のものか、秦漢のものか、魏晉のものか、弁別はむつかしいけれども、その中には「俗」なものとともに、「雅」すなわち正しいものもあろうと、ゆるめるのは、藪震庵あての書簡である。同二十三。入江あての書簡には、研究の結果として、「楽書」を作ったという。その一部分が、現存の「楽律考」その他であろうが、私はまだ精読していない。安藤東野あての書簡の一つにはいう、「三日のあいだ笙を吹かざれば」、むしゃくしゃして、「鬱湮の気、洩《もら》されざるに殆《ちか》し」。君もそうだろうといい、同二十一、爽鳩子方あての書簡には、彼が笙を吹くと、彼の家の猫がこわがったという。同二十二。明清の間に編まれた音楽理論の叢書「嘯余譜」の名も、東野あての書簡に見える。さきの一一二頁でいったような謡曲ぎらいは、雅楽の対蹠としてであったろう。奈良平安の王朝は、中華の「礼」「楽」によってかがやいていた。後醍醐帝の南遷によって、足利氏の世となってから、万事だめになったとするのが、彼の日本史観である。「徂徠集」二十八「安澹泊に復す」その他。

柳沢の藩邸へは、前引の「訳社の約」でいうように、毎月一回の講義のほか、月に三四度出仕するだけだと、黄檗の悦峰にあてた手紙の又一通にいい、あとの時間は、「日に唯だ元竜が百尺の楼上に偃臥して、世間応酬の務めに干《かか》わらず」であること、茅場町の蘐園へ引っ越してから、すでに一年有余、「稍や暇なれば則ち庭の樹の重なる陰の下」で、王維のごとく、「科《か》頭《とう》箕《き》踞《きよ》し、白眼もて礼法の士を睥睨《へいげい》す。時に或るいは酒酣わに耳熱すれば秦《しん》の箏《こと》を搊《ひ》き、洛の笙を弄びつつ、伶工瞽師と之れ与《とも》に従《お》る」。

吉保隠居のあと、藩邸の主人は、その子吉里であった。彼は「刑部侯」と呼んで、その詩集のために序文を書いたりしている。「徂徠集拾遺」。しかし藩の重臣の態度は、気ままな生活をする徂徠に対して、冷たく、四百石もらうはずの俸禄も、時には不渡りであった。「徂徠集拾遺」に見える安藤東野あての書簡の一つにいう、「平頭の徒の還りて曰《い》うらく、廩《くら》には見糧の支給する無しと」。下男に禄米をとりにやらせたら、お米倉はからっぽだという。「杳乎《ようこ》として未まだ定まれる期有らざる也」。いったいいつ支給されるのか。「藩の吾儕《われら》を待《あつか》うは、其れ何似《いかが》なるかを知らず矣」。君も僕も柳沢藩臣のはずだが、一たいどうなっているのか。

つまらぬ用事で藩邸に呼び出されることもあった。「徂徠集」二十一、東野あての手紙の又一つに、「昨《きのう》は藩の大夫より簡《てがみ》を折げて我れを召す。我れ始めは何の文事か有ると謂《おも》いしに」、文学の御用かと思ったら、「則ち諸学士先生の官を遷すの事なりき」。また同じ巻の周南あての手紙、二君に事《つか》えぬ志をいうものとして、前の一五六頁にも引いたのには、家宣白石の政府への不満とともに、藩への不満を露呈する。私はがんらい世の中のすたれものだ、「真に世の棄物」。気狂いの上に多病だ。毎月二十日以上は、うなり声を発し、あとはげらげら大声で笑う。「一日束帯すれば」、裃をつければ、「三日床に僵《たお》る」。しかし興がわけば、何百字何千字、口を衝いて出る。藩邸にいたころからそうなこと、君の知る通りだ。このたびは二三の友人が、私のこの奇癖をかあいそうに思い、うまく若殿にとりなしてくれたので、病身を担架に乗せて、藩邸を去り、いまこの茅場町で、俸禄頂戴の隠居「禄隠」をかまえている。過去の御奉公への返礼としての、藩の優遇だと人はいうだろう。どうしてどうして。入らざるよけいものなのだ。「之れを要するに一贅旒《ぜいりゅう》のみ」。そのうち破局が来る。「久しからずして終《つい》に当《まさ》に潰決すべき耳《のみ》」。

故将軍綱吉の伝記を「憲廟実録」として編集したのも、藩からの業務命令であった。幕府から編集の命令が藩に下り、更に彼に課せられたのである。「猗蘭侯」すなわち本多伊予守忠統《ただむね》は、彼のパトロンの筆頭であるが、その人あての書簡を「徂徠集」二十にはおびただしく収めるうち、近況を奉ずるのにいう、「之れに加うるに藩侯は教《おおせ》を奉《う》けて、重ねて憲廟の実紀を修む。而うして不佞は其の事に閑《なら》うと謂いて、以って委《ゆだ》ね見る焉」。おかげで「歌声未《い》まだ闋《おわ》らざるに」、雅楽の練習はそっちのけにして、「刀筆は祟《たたり》を為し、簿領旁午として、風雅悉《ことごと》く廃す」。うずたかい書類の山、詩どころではありませぬ。おなじ不平は、「徂徠集」二十四「中文山に答う」、二十六「江若水に与う」「芳幼仙に復す」にも見える。編集終了は、正徳四年十月であり、その翌月には、旧主吉保がなくなった。吉保が危篤の病床で、徂徠を百石加増して五百石にと遺言したのを、彼は感激をもって記す。「徂徠集」三十「卓上人に答う」。「蘐園雑話」には、生類憐れみの令を、吉保のすすめのように記したのを、これは上様御自身の仰せで、わしに責任はないぞと吉保がいったのに対し、善は君主に、不善は臣下にと申しますと、徂徠は答えたと、逸話をのせる。「進めば則ち忠を尽くし、退きては過ちを補わんことを思う」、そうした「左氏春秋」なり「孝経」の語などが、徂徠の意識にあったろう。なお生類憐れみの令のこと、「峡中紀行」に、「近年来の禁殺の令は、湿《しめ》れるを束ぬるが如き也」、濡れタオルをしぼるようにきびしいと、言及がある。「憲廟実録」は、「徳川実紀」の「常憲院殿御実紀」に、採択資料の一つとして引かれているほか、原本も写本で流伝している。

またさきに引いた本多忠統あての書簡は、河内の封地にいるその人に送ったものだが、あなたさま御出発ののち、「弊藩には凶変有り」、おかげでそのためにも三旬のあいだ、「絃を鳴らし竽《う》を吹いて」、雅楽をやれなかったというのは、同僚を藩邸で切り殺した親友田中省吾を、徂徠が庇護した事件をいうとすれば、正徳三年四十八歳の手紙であり、そうしたことからも、茅場町の生活は多事であった。

正徳三年一七一三、四十八歳の九月には、二度目の妻佐佐氏を迎えている。またそのころ茅場町から牛込に移った。いわゆる「牛門《ぎゅうもん》の居」である。「徂徠集」二十一の周南あての手紙は、後妻をもらった正徳三年のものであるが、それに「牛門の居は行くゆく将《まさ》に合完せんとす」。ただし二年前の「訳社の約」にも、すでに「牛門」が見えるのは、どうしたことか。一昨年来建築にかかっていたのが、完成を見て、移ったのであろうか。

正徳四年一七一四、四十九歳には、「蘐園随筆」五巻を、さきの「訳文筌蹄」に次ぐものとして、出版した。安藤東野が書いた序文は、師の「古文辞学」が、もはや一世を風靡しつつあることを、ほこらしげに述べる。いわく、先生は中国にもない偉人である。「峨嵋《がび》を天半の雪中に看る」とは、王世貞が李攀竜の詩風を、峨嵋山の雪にたとえてたたえる句であること、王の「藝苑卮言」にも特筆するが、あわれむべし彼等は、峨嵋山を知るだけで、「芙蓉の崔嵬《さいかい》」、わが富士山を知らない。先生は実に富士の白雪である。「神祖」東照公が、この名山のかたわらから崛起したもうて、戦国の禍乱を平定したもうてから何十年、今やこの大きな存在を見る。前の茅場町のお宅、こんどの牛込のお宅、「余《わ》れは未だ嘗つて朝に夕に継ぎて見《まみ》えざるはなき」間柄であり、「見《まみ》ゆれば則ち未《い》まだ嘗つて燭《と》を乗り席を促《すす》めて、談笑して倦むを忘れざるなき也」であるが、話題はいつも「文章風月」、文学芸術にある。特別にせがまないかぎり、「未《い》まだ嘗つて仁義性命の説に及ばず」。倫理や哲学の話はされない。「蓋し生平より道徳を以って自ずから処《お》ることを喜《この》まざれば也」。しかしこれは先生が道徳者でないことを意味しない。藩主に対し、なくなった父君に対し、友人に対し、奥向きに対し、態度はすべて美しく正しい。かの李王の二人は、文学者たるに止まる。彼等の「文」は形而下の「器」であって、形而上の「道」ではない。しかるに「器」と「道」とを兼備する偉人が、ここにいられると、大へんな気炎である。河出版全集一巻一三一—一三三頁。徂徠自身も「芙蓉白雪」をもって自任していたことは、前引の周南あての書簡参照。一六〇頁。

更に翌正徳五年一七一五は、徂徠五十の賀であり、賀客が牛込の家に満ちた。仙台へ亡命中の田中省吾にあてた書簡にいう、「蓋し方今の時、吾が党の士は、海内を傾けたり矣。会する毎《ごと》に觶《さかずき》を揚げて詩を称《とな》え、以って酒酣《たけなわ》なるに至りては、則ち竽《う》を吹き絃を鳴らし、簫と笛と遆《たが》いに和し、以って娯《たの》しみと為さざるは莫《な》し矣」。「徂徠集」二十二「富春山人に与う」。その居は牛込にうつってのちも、またのち赤城にうつり、市が谷に移ってのちも、ずっと「蘐園」と号した。かつての李攀竜の白雪楼、王世貞の弇山園《えんざんえん》、いずれも賓客雲のごとくであったのに、吉川「元明詩概説」岩波版一九八頁また二〇八頁、ひそかに比したであろう。そこにつどうのは、安藤東野、山県周南についで、服部南郭、平野金華、太宰春台、等等。「徂徠集拾遺」に収める周南あての書簡に、「双木半林」というのは、林家と木下順庵門を指そうが、そこでなら一人だけでも世の中の騒ぎになりそうな男たちが、ぜんぶ「吾が党に萃《あつま》る。是れ豈に人の力ならんや。抑そも天意也」。また「蘐園随筆」巻一に、「予《わ》れは仏法を悪《にく》みて、僧を悪《にく》まず」、何となれば彼らは立派な実践者であり、実は「皆な吾が儒中の人也」というように、河出版全集一巻一三五頁、周辺の人物には、多くの僧も含まれた。ただし二度目の奥さんは、この年の九月に、娘を生んで、なくなっている。「徂徠集拾遺」。また安藤が彼の五十を祝った文章によれば、この年の春にも、藩命によって、再び甲斐へ行っている。「東野遺稿」中。

ところでかく文学説は、この時期において、完全に宋的なものから脱却して、李王を神として欧蘇を敵とする学説を完成する。にもかかわらず、儒学説はなお宋の程子朱子の学を、この時期でも守っている。この十年近く、文学についてはその堕落をいいつづけて来た宋の文明を、儒学の面ではなお尊重し、擁護しようとする。「蘐園随筆」五巻が、その書である。後年反宋儒に転じてのちの彼は、この旧著に不満であり、「徂徠先生答問書」下にはいう、「蘐園随筆は、不佞未熟之時の書に候。御用被成間敷候」。みすず版全集一巻四七一頁。また安積澹泊に答えた書簡にはいう、「蘐園随筆の如き者は、不佞昔年、暑を消さんとして漫《みだ》りに書して、聊か以って自ずから娯《たの》しむ。本と以って諸《これ》を大方の君子に公にするに非ず」。それがうっかり公刊されたのであって、「且つ其の時は旧習未《い》まだ祛《のぞ》かず、見識未《い》まだ定まらず、客気未《い》まだ消えず、今ま自《よ》り之れを観るに、懊悔殊に甚だし」。「徂徠集」二十八、「大系」五三七頁。

その書は、反宋儒の伊藤仁斎の説のいくつかに反論して、宋儒を擁護するのを趣旨とする。さきの一一四―一一五頁で述べたように、仁斎にやった手紙に返事が来なかったことへの反感、その委細もこの書物自体に見えるが、それが動機となっての著である。安積あての書簡に、「客気未《い》まだ消えず」というのは、それを指そう。しかしながらこの書における宋儒擁護論は、仁斎のいうことなど、宋儒もとっくに同じことをいっているではないか、という形を取ること、しばしばである。ということは、仁斎の説そのものは否認されていないことであって、やがて次の時期に、反感の興奮から醒めて、仁斎への尊敬が復活するとともに、仁斎と同じ方向の学説を述べるの前段階と、実はなっている。また彼独自の説で、次期の定論の前提となるものも、散見する。いまそのいくつかを挙げる。

まずこの書では仁斎批判の資料としながら、次期の彼自身の学説となるもののうち、もっとも重要なのは、存在の本質は運動だということである。それこそは仁斎学説の中心であること、「仁斎東涯学案」三七頁以下に詳説するごとくであるが、徂徠のこの書では、まず仁斎学の「骨髄」が「天地は一大活物」にあるのは、「時流に踰ゆること万万」と、さきの仁斎あての書簡、一一四頁、と同じ語で、一おう評価した上、しかしそれは宋儒の説がすでにそうなのであり、早く上総時代の私は、それを読んで欣喜雀躍したほどだと、前の九六頁でも引いたようにいい、いまさら仁斎の説を待つまでもないとする。巻一、河出版全集一巻一四四―一四五頁。そうして「天地」も「人」も「活物」であるとする主張を、この書自体の主題の一つともするが、主張は次期の書では一そう強調され、ことに「徂徠先生答問書」に頻見する。またこの書では、人は「活物」であるゆえに、言語も「時有りて簡、時有りて繁」であるとし、仁斎が「論語」に見える孔子の語は、他の書に見えるそれと断然ことなるゆえに、「最高至極宇宙第一の書」とするのを、駁する。巻三、同一六一—一六二頁。この言語論は、以後の著に見えない。なお仁斎は、存在は運動であるゆえに、静止は存在でないとして、宋儒の静寂の主張を駁するが、この方向の語は、彼に乏しい。また「活物」の説は、被治者被教育者の自然の成長にむかって多く施され、仁斎が人間の可能性を、「星星《せいせい》の火も、以って原を燎《や》く可し」、「仁斎東涯学案」三七頁、というほど活潑な語に乏しい。町人の哲学と武士の哲学との差違であろうか。

次に彼自身の学説として、後来の政治重視への過程となるものが、この早期の著述にもいくつかみとめられる。ことに重要なのは、認識は大きな範囲にむかってなさるべしとする説である。すなわち認識は個物へむかっての穿鑿として働くべきでなく、存在を集合体として見、集合体として示す方向を看取すべきであるとし、それを「大心」「大体」「大意」「大知」等の語でいう。そうして「大知」の例を比喩で説く。夜の庭にお化けが出るといえば、幼児は怖がるが、大人は怖がらない。壁の中から虎が飛び出すぞといえば、幼児は信ずるが、大人は信じない。夜の庭に絶対にお化けが出ず、壁の中に絶対に虎がいないという保証はない。大人が怖がらないのは、大たいの方向としてそれらは存在として不可能なことを、知っているからである。つまり「大知」をもっているからである。巻一、河出版全集一巻一三八頁。また言語論としても、「無知」とか「無信」と呼ばれる人間は、知識と誠実が皆無なのではなく、大たいの方向としてそうなのであると、指摘する。巻三、同一六八頁。ここに説かれた認識論は、すなわち集合体である人間への対処は、道徳でなく政治でなければならないとする次期の説への重要な前段階である。そうして、朱子が「中庸」の「道を修むる之れを教えと謂う」に注して、「教えとは礼楽刑政の属《たぐい》」、つまり政治的事象というのは大いによろしいと、朱子をほめる。巻二、同一五六頁。やがて生まれる晩年の説は、この朱子の注からの影響が皆無ではあるまい。「礼楽刑政」は、もと「礼記」「楽記」篇に、「先王」の政治の四つの要諦とするのを、朱子が用いたのであるが、次期の彼も、「弁道」その他で、「先王の道」の内容を、「詩書礼楽」というとともに、「礼楽刑政」ということしばしばである。

また政治の形態は、中央集権の「郡県」制でなく、地方分権の「封建」制でなければ、スキンシップをもたないと、のちに強調される主張も、さいしょの簡単な表白がある。巻四、同一九一頁。儒家と老荘仏教との差違を、仁斎が、「聖人は天下国家従《よ》り見を起こし、仏老は一身従《よ》り見を起こす」というのは、のち彼も「徂徠先生答問書」で、全く同じことをいう。一八四頁。しかしここでは「此の論亦た佳」と一おうほめつつも、難ぐせをつける。巻三、同一六九頁。

また仁斎が、古人が「事に在るの理」を説いて「渾淪」と含蓄的なのをよしとし、宋儒の分析的な説明の「精微」を非とするのを、両者は表現の差にすぎぬといって、仁斎を駁する。巻一、同一四二頁。それとともに程朱の「性理の説」よりも、いにしえの「聖人」の「礼楽の教え」の方が、弊害は少なかろうという。巻二、同一五四頁。「六経」はすべて「物」すなわち事実であるという思考の前段階である。またいう、「天道の自然に従って全く人力を用いざる者は、老氏の道也」、道家の説であり、「聖人」はそうでないとして、「易」の「泰」の卦の「象伝」の「后《きみ》は以って天地の道を裁成し、天地の道を輔相す」を引くのは、「道」は「聖人」によって作為されたとのちに説くのと、もっとも接近する。巻四、同一八五頁。同じ思考を、人為の「礼楽」の効果は、人が「天」に勝つものとするのは、同一九〇頁、「天」には心がないというのとともに、同一八四頁、のちの思考が「天」を無条件な尊敬の対象とするのからは、取り消されるであろう。「礼楽」は「聖人」の「術」とする表白も、簡単ながら見える。ともに巻四。

また巻二と巻四に、「此の方《ほう》の士大夫」、日本の侍は、「自のずと一種の風習有り」、つまり武士道であるが、尚《たっと》ぶのは勇気と信義、名を重んじて生を軽んずる。なぐられ、罵られ、卑怯といわれれば、すぐ死ぬ。人間としては頭の廻転が早くて、「深遠含蓄の思い」に乏しい。度量せまく、すきなのは整頓、敏捷、簡潔。うるさい文明をきらい、「盛大従容《しょうよう》の気象」に乏しい。そのため、せっかく程子朱子の学問をしても変なことになるという。同一五七頁また一九一―一九二頁。山崎闇斎などを意識しての語であろうが、のちの「徂徠先生答問書」下の「世上に武士道と申習し申候一筋」云云につらなる。みすず版全集一巻四六四頁。

巻二に、「予《わ》れ近ごろ華音を学び、彼の方《くに》の俗語を識《し》る」といえば、元禄宝永ごろの執筆をも、この書は含むとしなければならない。河出版全集一巻一五九頁。巻三に、中国語の発声は、臍のあたりから出、日本とちがう。そうした肉体的条件の差違が、「論語」や「礼記」に見えるような荘重な歩き方を可能にするのだろうとし、同一七四頁、巻四では「中国は人の人」という。同一八五頁。

なおこの書の第五巻は「文戒」と題する附録である。仁斎の「語孟字義」「童子問」「古学先生文集」の漢文につき、語学的な誤りを指摘し、山崎闇斎その他の漢文にも及ぶ。同一九三―二一一頁。仁斎の文章についての指摘、少半は首肯され、大半は首肯しがたい。そうしてこの書で高潮した仁斎への反感は、のちしだいに中和される。「弁道」のはじめに、「近歳の伊氏も亦た豪傑」といい、「大系」一一頁、「弁名」でも、「仁斎先生は英邁の資を負い、特見の智を抱き」云云といい、ただ「古文辞」の方法を知らぬのをおしむ。同九七頁。「論語徴」でも態度は同じい。また「徂徠集」二十三、藪震庵あての書簡に、「蓋し百年来の儒者の巨擘、人才は則ち熊沢、学問は則ち仁斎。余子は碌碌として未まだ数うるに足らざる也」。あるいは東涯に対しても、「徂徠集」二十五「佐生に与う」では、その人が東涯のところで勉強したいといって来たのに答えて、私は党派意識をもたない男だから、遠慮はいらない、東涯のところへ行くがよい。「況んや海内寧《な》んぞ復《ま》た伊氏に踰ゆる者有らん哉《や》」と、激賞し、東涯の漢文のうまさについても、藪震庵への別の手紙に、世に漢文書きは多いが、「其の能く侏離《しゅり》鴃舌《げきぜつ》の習いを洗い」、日本語のきたなさを脱却して、「而うして華人の言に彷彿たるは、海内に唯だ伊原蔵ら二三輩なる已《のみ》」。「大系」五〇四頁。

四　第三の時期　五十以後　哲学者として

この解説のはじめに要約した学説は、徂徠五十以後のものである。前の時期に果たされた文学説の宋からの脱却、そうして明の李攀竜王世貞からの示唆による「古文辞」の新文学が、このさいごの時期ではいよいよ一世を風靡するうちに、儒学説もまた、「蘐園随筆」までは保持した宋儒の束縛から、完全に脱却して、それに反撥し、独特の新しい学説を樹立する。

正徳六年一七一六、年号が改まって享保元年、八歳の将軍家継の夭折、その補佐者であった新井白石の失脚は、体制と彼との間の緊張を解いた。仙台の佐久間洞巌あての書簡に、「国喪」ののち、しばらくは「物情洶洶」であったが、吉宗が八代将軍となったのを、「紀藩の入りて大統を纘《つ》ぐに頼《よ》りて、而うして後に謐如《ひつじょ》としてやすらかなり」と、政権の交代をば歓迎する。「徂徠集拾遺」「左子厳に復する書」。またおなじく仙台の香国禅師あての書簡に、「方今の朝廷は、綱を振るい紀を飭《ととの》え、庶政一新す」。「徂徠集拾遺」。吉宗の新政は、家宣白石体制の遮断、綱吉吉保体制の復活として、期待されたのであり、後者の書簡では、吉宗が藩邸時代から、「明律」すなわち明の刑法に関心をもっているのを、ほめる。この享保元年、彼は五十一歳である。

新しい学説の仕事は、あだかもこのころから始められ、享保十三年一七二八、六十三歳の死に及んだ。「学則」、「弁道」一巻、「弁名」二巻、「大学解」一巻、「中庸解」一巻、「論語徴」十巻、いずれも漢文であり、学説を和文で述べた「徂徠先生答問書」三巻は、庄内藩の二人の家老、水野元朗と匹田進修の問いに答えたものとされる。生前に刊行されたのは「学則」と「答問書」のみであり、他はいずれも死に至るまで不断の改訂を加えられたようである。「弁道」の奥書きに、享保丁酉秋七月望、すなわち享保二年一七一七、五十二歳の陰暦七月十五日と署するのは、おそらく初稿擱筆の日であって、最終稿の完成ではない。「徂徠集」二十、パトロンの猗蘭侯すなわち本多伊予守忠統に与えた書簡の一つは、安藤東野の死に言及するのからいって、享保四年五十四歳以後のものであるが、「弁道」の原稿に近ごろ更に手を入れたのを、お目にかけるといい、忠統あての別の一通は、更にのちのものであるが、「論語徴」の原稿の「丙」の部分が完成したのをお目にかけるという。またもう一人のパトロン下館侯すなわち黒田豊前守直邦あての一通も、東野の死後、つまり彼五十四歳以後のものであるが、「論語」「里仁」篇の「無適無莫」の解を、仏典の注釈から発見したのを喜びとする。いずれも終生の推敲を示す。

そうして仕事は「古文辞の学」の一部としてはじまり行なわれている。「古文辞の学」とはくりかえしていうように、単に古典を読むことではない。古典の中に身を投げ入れ、現代の日本と古代の中国との間にパイプを通すことである。しかしこれまでは、自己の経験を充塡すべきパイプのむこうのはしを、「左氏春秋」にとどめ、「史記」にとどめていた。それが李攀竜王世貞の方法だったからである。李王の二人は文学者であり、みずからの歴史叙述を作るためには、そこまでのパイプで済んだ。しかし徂徠はもはやそれに満足せず、パイプのむこうを、「六経」と「論語」まで延ばすことを、考え出したのである。

仙台に亡命している旧友田中省吾あての一通は、仕事がはじめられたばかりのころのものと思われるが、この間の消息を伝える。「不佞の古文辞を好むは、足下の知る所也。近来は閑居して事無し、輒《すなわ》ち六経を取りて以って之れを読む」。これによれば仕事はむしろ偶然の機会にはじまったようである。そうしてまず「稍稍に古言は今言と同じからざるを知る也」。「古文辞」の用語となっている古代語は、後世の中国の文章の語と非連続であるのを知った。「廼《すなわ》ち偏《あまね》く秦漢以上の古言を采って以って之れを求む」。「六経」の「古言」の旁証を、諸子その他の使用例に求めた。「而うして後に宋儒の妄を悟る焉」。そこで分かったのは宋儒の注釈のでたらめさである。またでたらめさの原因をつきとめた。「宋儒は皆な今言を以って古言を視る。宜《うべ》なり其の旧《ひさ》しく理の窟《いわや》に没《おぼ》るることや」。議論の魔窟にいる宋儒を、私は捨てる。そうして「古文辞」の方法によって、「六経」を研究し直す。私に「古文辞」の方法を教えてくれた二人、「李攀竜と王元美は、僅かに文章の士為り」。せいぜいが文学者である。元美は王世貞の字《あざな》。しかるに「不佞は乃《すなわ》ち天の寵霊を以って、六経の道を明らむるを得たり」。まだ仕事は中途であったろうが、そう豪語し、「天の寵霊」の語が、李王とのはじめての接触の場合と同じく、ここでも使われている。豪語は更に拡大する。「蓋し中華は聖人の邦なるに、孔子歿してより二千年に垂《な》んなんとして、猶お且つ有る莫き爾《のみ》」。古代の政治体制「封建」が崩壊してのち、中国の学問はずっと駄目でありつづけるとすること、のちに引く「論語徴」の序、その他でもしばしばいう。一七八頁。しかるに私は、「迺《すなわ》ち東夷の人を以って、聖人の道を遺《のこ》されし経《けい》に得たり」。徂徠が晁玄州すなわち朝日奈玄州から頼まれた孔子の画像の賛に、「日本国夷人物茂卿拝手稽首敬題」と署名したこと、人人の非難を浴びているが、「夷人」という自称には、この田中あての書簡にいうように、中国の儒者にはもはや分からないもの、それを後世の中国の悪習に染まない「東夷の人」なるがゆえに、却って理解し得るおのれ、そうした自負が、籠められていよう。しかしそれもみな「亦た李王二先生の賜もの也」と、方法のさいしょの示唆者への感謝がもらされ、省吾よ、君はわが党の領袖、ゆえに右特に報告すると、手紙はむすばれる。「徂徠集」二十二「富春山人に与う」。

同様のことは晩年の安積澹泊あての書簡でも追憶されている。はじめ「古文辞」を勉強し出したころの苦心を詳述した上、「祇《ただ》李王は心は良史に在り」、よい歴史叙述者となるのが目的であった。「而うして六経に及ぶに遑《いとま》あらず」、儒家の古典までパイプの口をのばすひまはなかった。しかるに「不佞は乃《すなわ》ち諸《これ》を六経に用う」。「徂徠集」二十八、「大系」五三七頁。

そうしてまた彼の前には彼の経験を充塡させるべき「古文辞」の一章があった。「論語」の「為政」篇に見える孔子の自叙伝である。「我れ十有五にして学に志し、三十にして立ち、四十にして惑わず、五十にして天命を知る」。五十にしてなお地位を得なかった孔子は、「天命」天の意思が、おのれを政治の実践者たらしめることになく、著作者として「先王の道」を後世に伝えさせるのにあることを知った。かくて「六経」を編定したのであると、「弁名」の「天命」の項にいう。「大系」一二五頁。おのれ徂徠もはや五十である。著述によって孔子と体験を同じくしなければならない。更にまた「天命」の存在を感知すべき経験が、身辺にあった。娘をなくしたことである。藪震庵に与えた書簡の一つにいう、「本月の初七日、又た女《むすめ》を哭するの慼《うれ》いに値う。是こに於いて乎《か》人寿の永くし難く、天命の遠からざるを懼《おそ》れ、情を約《つづ》ましくし哀しみを節しつつ、乃《すなわ》ち平生の講論する所の者を取りて、之れを篇に著《あら》わす。日に矻矻乎《こつこつこ》として」、一生けんめいに、「二三子と与《とも》に」、門人たちとともに、「唔咿《ごい》しつつ相い讐《たくら》ぶ」。唔咿は本を読む声。門人たちと検討しあっている。「庶《ねが》わくは以って聖道の万一に裨《たす》け補い、而こうして皇天の寵霊に答うる者、是れ不佞の命を知るの急務也」。ここでも「皇《おお》いなる天の寵霊」といい、また「命を知る」とは、おのれを孔子に比擬する。「徂徠集」二十三。書簡のはじめに、火除地規定の発令により、病軀をおして、牛込から西郊へ転宅したといえば、享保五年五十五歳。「徂徠集拾遺」の先妻三宅氏の墓銘からいって、なくなった娘の名は増、時に十七であった。「徂徠集」五に見える七言絶句三首は、そのときの作であろう。一般に彼の詩は、盛唐詩への密着が、必ずしも感情を自由にしないが、これはそうでない。

黄鳥哭花花泣露　　黄鳥《うぐいす》は花に哭《な》き花は露に泣く
尋常草色似墳墓　　尋常《なべて》の草の色の墳墓に似たる
始訝掌珠光許多　　始めて訝《いぶか》る掌のなかの珠の光りは許《か》くも多きを

青春到處總成暮　青《さかり》の春の到る処　総《す》べて暮《ゆうべ》と成る

更には病気であった。佐久間洞巌あての書簡に、「去秋は血を喀《は》くを患いて殆んど死す。偶たま幸いありて神医を獲て以って愈《い》ゆ」。しかし酒は慎しんでいる。「徂徠集」二十五「佐子厳に与う」。彼は肺病であること、早く死んだ愛弟子安藤東野と同じであった。仙台の香国禅師あての書簡の一つにいう、「疾ありて愈《い》えず。天命の永からざるを懼《おそ》るるや、戸を閉ざして先王孔子の業を修む焉。呻吟と吾伊《ごい》と」、病苦によるうめきと、読書の声と、「雑然として戸外に聞こゆる有り」。そうして「夏を経て秋に渉《わた》り、冬の月に至るに及びて、疾は稍稍に愈《い》え、而うして修むる所の業も亦た成れり矣」。且ついう、「其の修むる時に方《あた》りては、沈淫の思い」、どこまでも伸び沈潜しゆく思索、「万古の上に出づる焉なる者有りて、恍乎《こうこ》として三月のあいだ醒めず」。「徂徠集」二十九。病気は彼の身体をむしばむことによって、思索を深刻にしぼり出した。

そのおかげで詩はお休みだと、パトロン本多忠統あての書簡の又一通に、不平をもらす。「海西」というのは九州であろうが、近ごろそこから来た頑固な男、というのは藪震庵であろうか、それがいろいろと難問をふっかけるので、やむを得ず、「弁道弁名、及び諸経の解若干篇を著わす。経術祟《たたり》を為し、風雅乍《たちま》ち廃す」。「徂徠集」二十。

かくして成った学説は、まことに前人未到のものであった。より多く無遠慮な文章を収める「徂徠集拾遺」に見えた「県次公」すなわち山県周南あての書簡は、仕事の計画をたてはじめたころのものと読めるが、早くも、成果を予想して、「嗚呼、孔子没してより千有余年、道は今日に至りて始めて明らかなり焉。豈に不佞の力ならん哉《や》。天のこれを命ずる也。不佞は是れに藉《よ》りて死するも不朽なり矣」。

うち「学則」は、もっとも早く執筆されたであろう。「大系」西田氏の解題にいうように、少なくとも第一則が、中国音読と和文訓読との関係の論なのは、正徳元年一七一一、太宰春台が、四十六歳の彼に入門したとき、すでに

「書キ付テ額ニシテハリツケテ有リ」と、「文会雑記」にいう。第二則は「古文辞の学」の材料としての儒家以外の書の価値、第三則は「六経」の内容は「物」事実であり空言でないこと。しかし「六経」の内容が「詩書礼楽」であるとは、まだいわない。第四則は後世の歴史書の価値、第五則と第六則は、政治と教育における「大」と「小」の関係、第七則は、「天命」を知覚する必要を説くが、「弁道」「弁名」、更には「論語徴」でもっとも力説する「敬天」の語は、見えない。また全文を通じ、宋儒を名ざしで非難した部分はない。そうした内容ばかりでなく、その文体がもっとも「古文辞」的なのも、執筆が早い時期にあるのを思わせる。彼みずからも、藪震庵あての書簡で、「学則一篇は、不佞の昔年の所著、亦た古文辞を学ぶ者」といい、且つその文章は、弟子の安藤東野が僧香洲に与えた純粋に文学的な文章「香洲律師の嶼に遊ぶを送る序」、「東野遺稿」中、それと同じく李攀竜の文体であるという。しからば学説の初期における表白であるにはちがいないが、専ら文学としての「古文辞の学」に熱心であったころ、文学的実作の一つとして提示したという要素を、多分にもつ。藪震庵あてのその書簡が、享保五年のものである中で、「昔年の所著」というのも、それを思わせる。またされればこそ、生前の享保十二年に刊行されたこと、他の著書が死後の刊行なのとことなるのであろう。要するに「学則」という文章は、正徳年間、宋儒擁護の「蘐園随筆」が刊行されつつあったころ、すでに後来の路線への過程として抱かれていたものの表白ということになる。

いわゆる「二弁」のうち、「弁名」二巻は、「六経」「論語」その他に見える抽象語八十ほどにつき、使用例を総合帰納して、概念を厳密に規定する。仁斎の「語孟字義」に対する、対抗、継承、是正を、しばしば含むのは、執筆の動機を暗示するが、その序言にいうところと、「蘐園二筆」また「六筆」とを参照すると、これらの抽象語は、日常語とことなり、自然発生的なものでない。「先王」の「聖人」がその「道」の用語として、人為的に特に定めたものである。故に厳密な定義が可能だとする。河出版全集一巻二四〇頁また三三〇頁。また諸概念の最上位とする「道」

についての独立した解釈書が、「弁道」である。これまた仁斎の「語孟字義」の第一条が「天道」なのと無関係であるまい。また唐の韓愈の「原道」が、道とは何ぞやという議論なのへの修正という意味をも含もう。更にまた「論語徴」十巻は、「弁道」「弁名」においてなされた「古言」の定義を用いつつ、「論語」の文章を解釈したものであって、おそらくもっともおくれて成った。「弁道」「弁名」よりも、更につきすすんだ思考が、往往にある。そうして「論語」の解釈であるよりも、「論語」の文章を材料として彼の学説を説くことが、しばしばである。

ところで以上の諸著、すべては「古文辞の学」の一部であることを忘れてはならない。「論語徴」の序文にいう、「余《わ》れ古文辞を学ぶこと十年、稍稍に古言有るを知る」。宝永年間以来、「古文辞」の海にみずからを投ずること十年にして、「古言」という後世の中国文とは非連続な古代的言語の存在を知り研究した。かくて「古言明らかにして後に古義定まる」。いわゆる「古義」の「義」とは、やはり彼が「道」の運用と定義するそれであって、ここでは「道」の演繹としての「義」の意であろう。それが決定される。かくて「先王の道、得て言う可き已《のみ》」となった。序文はそのあとに、それが中国にもない独得の獲得であることを、ここでもいって、「独り悲しむ夫《か》の中華は聖人の邦なるに、千有余歳の久しきに更《わた》りて、儒者は何んぞ限らん」、後世の中国の儒者は無数にいる、しかも「尚お且つ嘵嘵《きょうきょう》然《ぜん》として」空虚に「堅白の弁を事とす」。詭弁ばかり弄し、「而うして孔子の伝うる所は何の道なるかを識《し》らず」。中国でさえそうである。「況んや吾が東方を乎《や》」。訓読で読んでいる日本の儒者の無能は、いうまでもない。

かくして晩年に提示された学説の要点は、二つあると思われる。

(1) 政治の道徳への優先

「孔子の道は、先王の道也、先王の道は、天下を安んずる道也」。「弁道」開巻第一の語である。「大系」一二頁。つまり人類を安定させるための政治の方法である。それをいう語として「先王」の「聖人」が定めた語が「道」である。それは万事に優先する。それに対し、「徳」とは、同音の語で解すれば、「得《トク》」であって、「得る也。人各おの道に得る所有るを謂う也」。「大系」四八頁。各個人が政治の方法である「道」によって獲得するもの、つまり個人的な道徳である。「仁」「智」「孝悌」「忠信」「恕」「誠」「中庸」等等は、「徳」の小わけであるが、みな「道」よりは下位にある。

なぜ政治の方法である「道」は、個人の道徳である「徳」に先行するか。個人の道徳の集積だけでは、人類の幸福は生まれないからである。その方向への努力が、効果を完全にしないことは、次の比喩によって知られる。ここに一石の米があるとする。「銖銖《しゅしゅ》にして之れを称《はか》るも、石に至りては必ず差《たが》わん」。一銖一銖ずつを精密に計量したつもりでも、そのつみかさねは、正確な一石にはなるまい。誤差は必ずおこる。同じように、一丈の布を、「寸寸にして之れを度《はか》るも、丈に至りては必ず過《あやま》たん」。「弁道」、「大系」二二頁。つまり一石の米ははじめから一石として、一丈の布ははじめから一丈として、はかるがよいのである。そのように集合体ははじめから集合体として対処されねばならぬ。そもそも人間は、集合体として存在する。泥棒さえ集団を作る。「盗賊と雖も亦た必ず党類有り」。「弁道」、「大系」一七頁。集合体である以上、大きくそれに対処する方法が必要である。それがすなわち政治であり、政治の方法として「先王」の「聖人」が案出したものが、「道」である。それは集合体としての人間を大きくそだてる方法である。「大」を「大」としてそだてる方法である。ただし「小」が、つまり個が、没却されるということではない。「学則」の第七則にいうように、「大なる者は大きく生き、小なる者は小さく生く」。「大系」一九六頁。また「弁名」にいうように「見る所の者大なれば、則ち小さき者は遺《す》てられず」である。「大系」一五一頁。しかし着眼はまず「大いなる者」に置かれねばならぬ。さればこそ「論語」の子張《しちょう》の語にいう、「大いなる徳の閑《のり》を踰《こ》えざれば、小さき徳は出入するも可也」。大きな範囲で価値が成立すれば、その中の小さな出はいりは問題でない。また子夏《しか》の語にいう、

「賢者は其の大いなる者を識《し》り、不賢者は其の小さき者を識《し》る」。認識の対象は大きな範囲にむかってこそなさるべきであり、小さなものにこだわるのは愚者である。共に「子張」篇。

「六経」の説くところ、「論語」の説くところは、すべてかく政治の方法である。ゆえに「道」の担当者である「君子」、徂徠によれば君主およびその輔佐者、そのために説かれたものである。被治者である「小人」のためではない。少なくともそれが主眼ではない。「小人」も親に対する「孝」、兄弟に対する「悌」、節度の道徳である「中庸」など、それらの「徳」の実践者となることは可能であり、また望ましい。しかし「徳」の実践者として期待されるのは、「君子」である。「徂徠先生答問書」下には、質問者が「治国政事之器も無之、人之下に付て一生を可送人之為には、如何様の教可然哉」と問うて来たのに対し、「其段は先王之教には孝悌忠信を中庸之徳行として民の務むべき事にいたし有之候」。しかしそれは「徳」の波及であって、「上たる人の学可申君子之道も是を土台にいたし候而、此上に君子の大道を学候事にて御座候」。「君子」の「徳」であるのこそ主眼である。みすず版全集一巻四六六頁。

かく「道」の担当者である「君子」が、政治を行なう人間としての資格を得る方法として、「先王」が設定し考案したものが、「詩」「書」「礼」「楽」の四つである。いずれも「空言」空漠な議論でなく、「物」事実である。「弁名」に、「物」を定義して、「教えの条件也」というのによれば、教育の標準となる事実、それが「物」である。「大系」一七九頁。うち民衆と宮廷との歌謡の集積である「詩」と、「先王」の政治的言語の集成である「書」とは、事実をそのままに密着させた修辞であって、「辞」である。冠婚葬祭の儀式、外交儀礼、宴会、弓試合等を、王、諸侯、大夫、士、とそれぞれの階級の差別に応じ、それぞれの形式で実演する「礼」と、音楽の演奏である「楽」とは、事実そのものであり、「事」である。要するにすべて「物」事実である。

四つの標準的事実が、「先王の道」であることは、漢代に編集された「礼記」の一篇である「王制」篇に、周王朝の「君子」に対する教育制度を説いたくだりに見える。いわく、国立大学の教官である「楽正《がくせい》」は、「四つの術を崇《たっと》び、四つの教えを立て、先王の詩書礼楽に順《よ》りて以って士を造る」、人材を育成する。更にこまかくは、「春と秋は教うるに礼と楽を以ってし、冬と夏は教うるに詩と書を以ってす」。学生は、将来の「君子」為政者たる人物であって、「王の太子、王子、群《もろ》もろの后《きみ》の太子、卿大夫元士の嫡子」、それから「国の俊《すぐ》れ選ばれたるもの」つまりエリート、「皆な造《いた》る焉」。それらが聴講に来る。「礼記」のこの記載こそ、「詩書礼楽」が、「先王の道」を構成する四要素なのをいうのであるが、そこでそれらを「四つの術」と呼ぶのは、政治者たる「君子」のために考案された人為の技術だからであって、後世の儒者たちは技術をきらうところから、「術」の字をいやがるが、「四術」とは四つの「道」、四つの方法なのである。またこの四つが政治のための方法技術である「道」の構成要素であることは、「左伝」の僖公二十七年の晋の趙衰の語も、旁証となる。「詩と書は義の府《くら》なり、礼と楽は徳の則なり」。うち「詩」と「書」を「義の府」というのは、空漠な道理の貯蔵所ということではない。「義」は、最高次の概念である「道」と関係する概念であって、より低次な「徳」ではない。その証拠は、「書経」の「仲虺之《ちゅうきし》誥《こう》」篇に、「聖人」の「先王」の一人として、殷王朝を創業した湯《とう》に対し、賢臣の仲虺がいった語を記して、「義を以って事を制し、礼を以って心を制す」という。「四術」の一つである「礼」が、行動の原則として「心を制《ととの》える」のに対し、「義」は、「礼」の運用であり、事態に応じて「事を制《ととの》える」のをいうのである。「礼」の原則を記す「儀礼《ぎらい》」の諸篇に、下級官吏「士」の階級の息子の元服の式次第である「士冠礼」、婚礼のそれである「士婚礼」、村落の宴会のそれである「郷飲酒礼」、宮廷と村落の弓試合のそれである「大射儀」「郷射礼」があるのに対し、漢代に編まれた「礼記」に、それら「礼」の運用ないしは演繹を説いた諸篇として、「冠義」「婚義」「郷飲酒義」「射義」があるのも、「義」の字の「古言」としての原義を証する。孟子が「義」の字を「徳」の一である「仁」と併せて、「仁義」といって以来、「義」は上位概念の「道」と関係する概念でなく、「仁」とおなじく「徳」の一つと誤解されているが、これは孟子が、「古言」を誤用したのであって、以後の儒者、ずっとその誤りに気づかない。

かく「先王の道」が、「詩」「書」「礼」「楽」という四つ、すべては「物」であるのによって構成され、議論ではないのは、議論は必ず誤謬を生むこと、前の一三〇頁にいうごとくだからである。「物」はそうした弊害をもたない。政治の担当者「君子」は、「詩」「書」の「辞」を読み、「礼」「楽」の「事」を実演し、それらに習熟することによって、みずからの人格を自然に成長させ、また「小人」人民をゆたかに大きく成長させる。なぜ成長が可能かといえば、運動こそ万物に普遍な属性であり、人間に普遍な属性だからである。仁斎が「天地は一大活物」といったのは、まことに達見であり、そのままに是認される。「学則」の第三則にいう、「夫《そ》れ六経は物也」。すべて事実である。そうしてその中に「道は具《つぶ》さに存す焉」。ゆえに「諸《これ》を行事に施して、深切著明なり」。実際の行動とするとき、切実明瞭になる。「論語」の孔子が、「憤《もり》あがらざれば啓《ひら》かず、悱《くちごも》らざれば発《おこ》らず」というように、「四つの術」の刺戟による反応の成長をゆるやかに待つ。「夫《か》の生まるるを竢《ま》つ也」。「外自《よ》り鑠《とろ》かすに非ざる也」。強制によるのではない。「襲いて取るに非ざる也」。接受者のむりやりな努力でもない。「大系」一九二頁。そうして「大いなる者は大きく生き、小さき者は小さく生く」。「学則」第七則、同一九六頁。

こうした「詩」「書」「礼」「楽」による政治の方法「道」を、創作し考案したのは、堯、舜、夏王朝を創業した禹、殷王朝を創業した湯、周王朝の創業者三人、文王、武王、周公、以上あわせて七人の「先王」である。「論語」の「憲問」篇に、「作る者は七人なり矣」と、孔子がいうのは、それを指すのであって、従来の注釈はみなまちがっている。「古注」の一つである魏の何晏の「論語集解」には、「七人」をもって、「論語」に見える隠者七人、すなわち長沮《ちょうそ》、桀溺《けつでき》、楚狂接輿《しょうよ》などとし、朱子の「新注」も、隠者七人とするが、みな「古言」を知らぬゆえの誤解である。「作る者」という「古言」が、人類の生活の方法の設定者を意味することは、「礼記」の「楽記」篇に、「作る者を之れを聖と謂う」と、はっきり定義がある。またそうした文化英雄を呼ぶ語が、「聖人」であるから、「之れを聖と謂う」と、「楽記」は定義するのである。なお宋の張載も、「論語」の「作者」の二字を、「先王」の「聖人」七人と解することは同じであるが、伏羲《ふくき》、神農《じんのう》、黄帝《こうてい》、堯、舜、禹、湯をかぞえて「七人」とするのは、徂徠の説でない。徂徠によれば、伏羲、神農、黄帝ら、最も早い時期の帝王も、「易」の「繋辞伝」その他にいうように、卜筮、すきくわによる農業、網による漁業、市場による商業、それらの方法を、人類のために考案創始した「聖人」の「先王」ではあるが、「作」ったものは、物質的な「利用厚生」の方法にとどまっている。「徳を正す」方法としての「礼」「楽」の記載は、「書経」の「堯典」「舜典」に至って始めて見え、またされぱこそ孔子の編定した「書経」百篇も、それを冒頭とするのである。「徂徠先生答問書」下に、堯舜を「我道の元祖」というのは、この意味である。みすず版全集一巻四六九頁。また「徂徠集」二十七の竹春庵あての書簡に、時代の古さだけで価値を決定すれば、より古い伏羲神農は、堯舜よりもえらいということになるではないかという。「大系」五二七頁。「学は必ず古」と、「学則」の第四則ではいうけれども、同一九二頁、単純な古代主義者で彼はあったのではない。またかく「道」の設定を、堯舜以後に限定するのは、宋儒のいわゆる「道統」の説が、堯舜より更にさかのぼって、朱子の「大学章句」の序などにも、「此れ伏羲神農黄帝堯舜の、天に継ぎて極を立つる所以《ゆえん》」というのなどに、反論する。

かく堯舜以下、「先王」の「聖人」が「作」った「道」は、あくまでも人為的に考案され「作」られたものであって、自然に存在するものではなく、人間に内在するものでもない。「弁道」にいう、「先王の道は、先王の造る所也。天地自然の道に非ざる也」。宋儒はそういい、東涯さえもそういう。「仁斎東涯学案」六二頁。しかしそうではない。「蓋し先王は聡明睿知の徳を以って、天命を受け、天下に王たり。其の心は一とえに天下を安んずるを以って務めとなす。是《ここ》を以って其の心力を尽くし、其の知行を極わめ、是の道を作為し、天下後世の人を使《し》て是れに由りて之れを行なわしむ。豈に天地自然に之れ有らん哉《や》」。「大系」一四頁。

以上のことを、「徂徠先生答問書」上の和文によってくりかえせば、「堯舜禹湯文武を古之聖人と申候。皆古之人君にて御座候」。つまり帝王として「道」を作り得べき地位にいた。ゆえに「道と申候は、天下国家を平治可被成候為に、聖人の建立被成候道にて候。是を天地自然の道と見申候事は、元老荘之説より起り申候事にて、儒書には無之事に候」。またいう、「尤も聖人の広大甚深《じんしん》なる智慧にて、人情物理《にんじょうぶつり》にさからはぬ様に御立候へば、無理なる事は毫髪も無之候へども」、この語は、「中庸」篇の「性に率《したが》う之れを道と謂う」の彼による解釈である。しかし「聖人出給はぬ以前より、天地に自然と備《そな》はり有之候道理に而、今日の人も我心に立帰り求め候へばをのづから見え申候事と説候は誤りにて候」。みすず版全集一巻四二九頁。宋儒によれば、すべての存在は、一つの「理」によって貫かれており、「理」のすべての人間への賦与が「性」である。ゆえに人間は内省によって「理」すなわち「道」が「をのづから見え申候事」と、宋儒は説く。しかしそれは「誤りにて候」。

また宋儒はかく道理への可能性が万人の内部にあるとする結果、更に大きな誤りを犯したと彼はする。すなわち各個人による「理」の発見を期待して、個人的な「徳」を、集合体に対する政治の方法「道」よりも先行させたことである。それは老子荘子など道家の説、ないしは仏教の説であり、儒家本来の説ではない。「荘老の道は山村に籠居候一人ものの道にて候」。また「釈迦と申候も、世を捨家を離れ乞食の境界にて、夫より工夫し出したる道にて候故、我身心《しんじん》の上之事計にて、天下国家を治め候道は説不申候」。儒者の中にもその影響を受けて、「聖人の道も専ら己が身心を治め候へて相済み、己が身心さへ治まり候へば、天下国家もをのづからに治まり候」という説を立てるものもある。つまり「論語」の「憲問」篇に「己を修めて人を安んず」というのを誤解して、「己を修めて」いさえすれば、自然に「人を安んじ」得るとするものがある。しかしそれは「仏老の緒余」、道家や仏教のおこぼれを頂戴するものであって、正しい方法ではない。もっとも集合体への政治の「道」さえあれば、個人の「徳」が不必要というのではない。「尤聖人の道にも身を修候事も有之候へ共、それは人の上に立候人は、身の行儀悪敷候へば、下たる人侮《あなど》り候而信服不申候事、人情の常にて御座候故、下たる人に信服さすべき為に身を修候事にて」、信頼こそもっとも必要な人間関係であること、さきの一三〇—一三一頁参照。「菟角は天下国家を治め候道と申候が聖人の道の主意にて御座候」。ゆえに「たとひ何程心を治め身を修め、無瑕《むか》の玉のごとくに修行成就候共、下をわが苦世話に致し候心無御座、国家を治むる道を知り不申候はば、何之益も無之事に候」。みすず版全集一巻四三〇—四三一頁。

また先王と孔子の「道」が、「詩書礼楽」であることは、質実をよしとするのでなく、複雑をとうとぶのである。「古者《いにしえ》は道をば之れを文と謂う」。「弁道」、「大系」二六頁。「答問書」下はいう、「扨聖人の教は専《もつぱら》礼楽にて風雅文采なる物に候」。優雅で複雑な美をもつものである。宋儒のいうような精神主義の「心法理窟の沙汰は曾而無之事に候」。しかるに「宋儒以来わざを捨て」、ここに「わざ」というのは、「詩書礼楽」を四つの「術」とするのの訳語であろう、それを閑却して、「理窟を先とし風雅文采をはらい捨て野鄙に罷成候」。非文明も甚だしい。これみな「天子之道なる事を忘れ候より、専道理を説候て」、空虚な精神主義を人におしつけ、「人を喩《さとし》候事を第一に仕候」。議論はすべて無駄と彼がすること、一二九頁以下参照。「是より理非邪正之争盛に罷成候」。事実をはなれた議論によって人間をしめつける。「議論一定してかたの極まり候事に成候故、何程学候ても知見の進み広まる事は曾て無之」、その方向ではいくら勉強しても駄目であり、「只片口にぜうのこわき事に罷成候」。偏執的な人間になる。山崎闇斎が意識にあろう。「是皆教法の違にて候。孔門の教とは天地雲泥《うんでい》に候」。みすず版全集一巻四六九頁。

そうしてかく「道」は「作」られたものである以上、その獲得のためには学問が必要なこと、いうまでもない。ただしそれは宋儒のように、人間の「心」とはいかなるもの、「理」の賦与としてある人間性「性」はいかなるものと、空漠な議論をすることではない。だいいち「論語」の中で、「心」によって人物を批評するのは、「雍也」篇で、孔子が顔回を評して、「回也《や》、其の心は三月のあいだも仁に違わず」というのだけであって、孔門の学問は宋儒のごとくでない。その章の「徴」。なお彼には、学問はそもそも摸倣であるゆえに、「人の天性」であり、さればこそ「論語」の開巻第一にいうように、「学びて時にそれを習う」のが「悦《よろこ》」びなのだとする説も、「公冶長」篇終章の「徴」にある。

彼が中国の「楽」の遺存として、日本の雅楽の練習に熱心であったのは、以上の主張の実践である。一六三頁。「礼」については、中国のそれがそのまま日本に実行されるとは、考えていなかったようである。そもそも「先王」の「礼楽」は、各王朝の「開国の君」が「継世の君」のために「作」ったものであり、一王朝限りという特殊性を、その普遍性とともにもつとする思考が、彼にあった。たとえば親への服喪期間を、「三年」すなわち二年強とするのは、周王朝の「礼」として周公の定めたものであって、殷王朝の「礼」ではなかったと、「憲問」篇の「徴」でする。安積澹泊が「神主《しんしゅ》」すなわち位牌の作り方を質問して来たのに答えた書簡に、「古の時、夏の礼は諸《これ》を殷に行のうを得ず、殷の礼は諸《これ》を周に行のうを得ず。周以後も皆な然り。異代の礼の、時の王の制に悖《もと》るものは、臣子の為すを得ざる所也」。「徂徠集」二十八、「大系」五四〇頁。しからば必要なのは、「先王」の「礼」そのものよりも、「礼」的な事実である。「政談」巻二には、かつて綱吉の講筵に侍した際の印象を語って、「御先々前御代ニ易ノ御講釈拝聞被レ仰セ付ケ、某式モ登城シテ御講釈ノ坐ニ列リシ時、熟《つらつら》ト傍ヲ見廻シタルニ、御老中モ、若老中モ、大名モ、御旗本モ、有官無官トモニ某等ガ衣服ト何ノ異リモナシ。是ヲ見テ、余リノコトニ涙コボレテ茫然トナリシ也」。「大系」三一四頁。落涙は、「先王の礼」が、天子、諸侯、卿、上大夫、下大夫、上士、中士、下士、と身分によって服章を異にするのとは、あまりにも距離があるためである。なお彼には「吾が邦の先王は、喪祭の礼を制せざりし」ため、遵守すべきものがないのを、二度も残念がっている。上引の安積あての書簡、および「徂徠集」同じ巻の「松子錦の神主の制度を問うに答う」。

またかく「礼」「楽」が時代によって異なるとする思考は、孔子の地位の説明にも用いられている。「先王」でもなく、「作者」すなわち「礼」「楽」その他の「道」の制定者でもない孔子が、堯舜その他の「先王」の「作者」とおなじく、「聖人」とされることは、漢の班固の「漢書」の「古今人表」以来のことである。彼はその理由として二つをあげる。第一には、「詩」「書」「礼」「楽」を、すべて書物として整理し、それに「易」「春秋」を加えて「六経」として、「先王の道」を後世に伝えた功績が、「作者」たる「先王」とあいならぶからとする。第二には、孔子は「先王」のごとく、「礼」「楽」を「作」り制定し得る能力をもっていた。ただ時節が悪くして、その地位にいなかっただけであり、もし地位さえ得ればその能力を実現に移し得たからだとする。「弁名」、「大系」六三―六四頁。「論語徴」では、孔子の時代は、周王朝の「礼」「楽」が「作」られてからすでに五百年、あだかも「革命の秋《とき》」にあたっており、新しい「礼楽」が「制作」さるべき時間であったとする説が、あちこちに散見し、「衛霊公」篇「顔淵、邦を為《おさ》むるを問う」の「徴」では、その相談相手は、顔回であったとする。また「陽貨」篇で、宰我が親のための「三年の喪」は、長すぎはしませんかと問うているのの「徴」でも、孔子に「礼」「楽」を改め「作」る意向があるのを察知しての問いとし、「先進」篇の末章の「徴」では、曾晳《そうせき》も師の志を知っていたとする。「日本的思想家としての徂徠」二七四頁参照。清朝末年の康有為ら、「春秋公羊《くよう》伝」を祖述する人人の考えに近い。

なお「弁道」では、「詩書礼楽」というほかに、ときどき「礼楽刑政」という。「仁」は盲目的な愛ではなく、除くべきものを除く「刑」が「道」に必須であり、またそれは「仁」の「徳」の一部分でもあるとする思考は、「弁道」

「弁名」「答問書」のあちこちに見える。そうしてこの語、実は朱子の「中庸章句」の影響を交えると疑われること、一七〇頁参照。

以上のような形での政治重視の儒学説は「答問書」で彼自身、「数百年来の儒者の誤候処」というごとく、空前の説である。儒学はがんらい政治に関心をもつ哲学であるけれども、彼とは逆に、道徳をもって政治に先行させるのが、宋儒のみならず、中国でも日本でも普通である。宋の朱子が宋の孝宗皇帝から政治の要諦を問われたとき、陛下よ、まずおんみずからの心を正し意を誠にしたまえ、といったことを、仁斎は「童子問」でその迂遠を笑う。岩波文庫本一〇六頁。しかしその仁斎においても、最上の価値は「仁」という道徳であり、政治ではない。徂徠は仁斎をも含めて、すべての先儒とはことなった説を立てたのである。

しかしそれだけにこの空前の説が、「六経」「論語」の原典とどれだけ合致するかは、別の問題である。まず資料的な弱点として、彼が所拠とする「書経」の文句は、今の学界では三世紀魏晋の偽作と決定されている偽篇の中のものなのが、しばしばである。彼が「義」をもって、「礼」とともに「道」に属する概念であり、「徳」ではないと力説する根拠は、「仲虺之誥」篇の、「義を以って事を制し、礼を以って心を制す」にあること、前述のごとくだけれども、一八一頁、この篇は偽篇である。またそもそも彼が最高概念とする「道」の字である。「書経」の真篇では、「洪範」篇の「王道」のほかには用例に乏しく、偽作の篇に至って、「大禹謨」篇の「道心は惟《こ》れ微」をはじめ、おびただしく現われる。「詩経」に見える「道」の字は、道路の意であっても、抽象的な「道」ではない。抽象語としての「道」の字は、「論語」および「易」の「繫辞伝」におびただしく見えるそれ、「大学」篇の「大学の道」、また彼の思考の発足点の一つとなったと思われる「中庸」篇の「性に率《したが》う之れを道と謂う」など、みなおそい発生の第二次古典に至って、頻見する。また「弁名」が一一の語の概念を厳重に固定するのは、宋儒が「仁」の語につき「専言」つまり広義、「偏言」つまり狭義の別があるというのなどへの反論でもあるが、多義に流れ易い中国語の単語が、彼のいうごとく概念を固定して、諸古典に現われるとは、むしろ考えにくい。「蘐園随筆」で、人間の言語も「活物」であるとした思考、一六九頁、それは忘れられているように見える。「論語徴」は力作であり、名著である。しかししばしば「論語」の文章を、彼自身の哲学説にひきよせる。「憲問」篇の「危きを見て命を授く」を、通説のごとく君主のために生命を犠牲にすることでなく、国際政局の危機にあたって、外交使節が使命の伝達に念を入れる意とし、あるいはまた仁斎が人間の平等をいう章として重視する「衛霊公」篇の「教え有って類無し」を、刑法運用上の心得と解するのは、その甚しいものである。いずれの章の解釈も、みなそうした面をいくばくかはもつといえる。「答問書」下で、宋儒の注釈を、「惣体宋儒之学は、古聖人之書を文面之儘に解したる物にては無之候。程子朱子何れも聡明特達《たつ》之人にて、古聖人之書をはなれて別に自分之見識有之、其見識にて経書を捌き被申たる物に候故」、みすず版全集一巻四八二頁、というのは、宋儒について真実であるとともに、彼自身もそうでないとはいえないことを、読者は注意しなければならない。仁斎は孔子の装束を剝いで裸にしてしまった、「之れが衣冠を褫《うば》う」と、「蘐園二筆」で彼はいうが、河出版全集一巻二四八頁、彼はまた孔子に別の装束を着せる。彼は非政治的人間であるよりも、より多く政治的人間で、そもそもあったようであり、みずからを「棄物」と呼んだりするのは、一六四頁、反語に過ぎまい。綱吉と吉保に対する追憶にも、感謝とともに、単なる学者として扱われた不満が、いりまじるように見える。そうした性格が、政治重視の学説と無縁でないこと、他の多くの解説がいうごとくであると、わたくしも思う。

(2) 天の尊敬

「夫《そ》れ先王の道は、天を敬うを本と為す。詩書礼楽、皆な然らざるは莫《な》し」。「弁名」の「敬」の項である。「大系」九八頁。この宗教的な思考は、年とともに深まり、「論語徴」では、「論語」に現れる「敬」の字、すべて抽象的なつつしみでなく、「天」への敬虔であると説く。冒頭の巻「学而」第一の「事を敬して信」の「徴」に、「敬は皆な天を敬い鬼神を敬うに本づく。其の敬する所無くして敬する者は、未《い》まだ之れ有らざる也」。「八佾」篇「礼を為して敬せずんば」の「徴」に、「礼は敬を以って本と為す。天と祖宗を敬する也。後儒或るいは主一無適を以って解と為す者は皆な古言を識らざる也」。一を主《むね》とし適《ゆ》く無しとは、自己への敬虔として、心の静寂をもって「敬」の内容とする宋儒の語である。「憲問」篇の「己れを修むるに敬を以ってす」の「徴」に、「敬する所を言わざるも、天を敬する也」。つまり「敬」なる語は、いつも隠れた目的語として「天」をもち「鬼神」をもつ。宋儒のいうごとく、自己への敬虔ではない。

「天」、「鬼神」、祖先神、みな超自然の存在である。それへの尊敬こそ、政治重視の説とともに、彼の学説の重点である。両者は方向をことにするように見えて、ひとしく現実の複雑さに対する敏感の所産である。現在の複雑さに対処する「大」いなる方法として選ばれたのが、政治であった。現実の複雑さ、それを生み支え蔽うものとして求められたのが、「天」である。

事がらは、宋儒が万物は一つの「理」によって貫かれているとする主張を疑い、それへの反撥を、起点とする。宋儒はまずその認識論において、すべての個物は、「理」を賦有するゆえに、一一の「物」個物について「理」を「格《たず》」ね追求すれば、「知」真理に「致」到達するとする。しかしそれは、「銖銖にして称《はか》り、寸寸にして度《はか》る」方法である。誤差なく一石に到達し一丈に到達できるか。また宋儒は、すべての存在は「理」で統一されているゆえに、すべての存在は人間による認識が可能であり、またみずからも「理」の一つである人間は、その能力をもつとして、「一物をも知らざるは、儒者の恥」などという。しかし人間はすべてを知り得るか。まず第一に、人間は未来を予知できるか。現在私自身、予期しない邂逅を李攀竜王世貞二氏との間にとげた。更には、「掌のなかの珠」のごとき娘を失なった。

また神秘の存在を、宋儒は否定し、仁斎もその点では宋儒に同調する。しかしついこの間の享保辛丑六年七月二十一日、麹町六番町の大工の女房四十四歳が、飯をくっているうちに、急に目が痛くなり、膳の上にうつぶせになっていると、きらきらした舎利が目から飛び出して落ちた。あくる日の夜あけに又一粒、翌壬寅七年の六月一日の夕方に又一粒、奇瑞として評判になった。女房の隣りの家のばあさんが、かつてうちの女中であったのの話では、おとなしい女で、前の女房の生んだまま子にもよくしてやる。一ど間男をして、亭主から叱られたことのあるほかは、仏信心のよい町の女房だという。儒者たちは、目から舎利が出たのは、大蛤から真珠が生まれるのと同じく、病気の一種だと、あっさり「理」によって片づけるだろう。事がらはそう簡単でない。女房が舎利の獲得によって、いよいよ仏信心にはげめば、宿世の善因となろうし、また悪い坊主にそそのかされて、この上とも間男をしたら、仏教者のいわゆる魔縁ということになろう。霊獣麒麟が孔子の時代に出現したとき、孔子は感動して「春秋」を書くという、よい結果を生んだ。のち漢の武帝の時代にも麒麟は出現したが、国家が浪費になやんだ点からは、仏教者のいわゆる魔であり、領土の未曾有の拡張からいえば、やはり瑞祥であったかも知れぬ。女房の目から出た舎利も、彼の女にあるいは善行を、あるいは淫行を、結果するであろう。一たい大蛤がなぜ真珠を生み、麹町の女房がなぜ舎利を出したか。「天道は冥冥、孰《た》れか其の由《よし》を識《し》らんや」である。また真珠を日本では薬用にしかしないが、中国では宝石として珍重し、また西洋の三仏斉の人間は陽物にはめこむという。人間の行為は、そこまで分裂する。「徂徠集」十三「舎利記」。また東北の福島にある弁才天の社では、いつも己巳《つちのとみ》の祭の日に、奇瑞があり、「輒《すなわ》ち燈の若《ごと》き者有りて、来たる所を知らず。或いは川に沿いて上り、或いは山を踰《こ》えて転じ、冉冉《ぜんぜん》」ゆらゆらと「空に駕して行き、廟の前の巨石の上に集まる者、之れを久しくして乃《すなわ》ち去る。其の色は恒《つね》の火より赤し。土人は称して海竜王の供燈と為す」という。やはり「夫《そ》れ精誠の萃《あつま》る所、神有りて斯れ応ず」であり、「豈に常理の能く言う所ならん哉《や》」。「徂徠集」十四「福島妙音廟の碑」。

そもそもまた宋儒の倫理説が、疑われねばならぬ。宋儒によれば、「聖人の心は、渾然として天理なり」。天とおなじく完全善な人物が「聖人」だという。しかしそうした人間が地上に存在し得るのか。仁斎が不充分にいうように、「聖人も亦た人なり」でないか。そうして凡人も、「人の性として其の初めは皆な聖人と一つなり矣」、生まれたときの人間は、すべて聖人と同じく、完全な善の方向にあると、宋儒はする。それが「但《た》だ気質と人欲の害する所と為りて、則ち知愚賢不肖の差有り」。後天的な条件、宋儒の用語では「気質の性」また「人欲」のために、不斉一なことになるとし、しかし不斉一は人間の本来でなく、本来の「本然の性」は斉一であるとする。以上の彼の宋儒解釈、「徂徠集」二十三「藪震庵に与う」による。「大系」五〇八頁。しかしこうした宋儒の説は、現実にそむく。「左氏春秋」襄公三十一年で、鄭の子産《しさん》がいうごとく、「人心の同じからざるは、其の面の如し焉」、顔がそれぞれ違うように心も違うのが、人間の現実である。この語、彼の愛するものであり、「屈景山に答うる書」に、「夫《そ》れ人心は面の如く、好尚各おの殊なる」と、四度くりかえして、景山の学説と自己の学説とが必ずしも合致しないであろう説明とする。「徂徠集」二十七、「大系」五二八および五三四頁。また「徂徠先生答問書」中では、質問者が注文通りの人材が見つからないと嘆くのに答えて、「手前より注文を出し人を御さがし候は、手前之御物ずきを御立候にて御座候故、その御注文に合候人は天下古今尽未来際《じんみらいざい》まで無之物に候。子細は人心不《ざること》レ同《から》如《くに》レ面《の》候。足下之御面之様なる人無之候。是慥なる証拠に候」。みすず版全集一巻四四二―四四三頁。

また宋儒はかくほんらい斉一な「本然の性」が、分裂するのは、後天的な「気質の性」のためとし、それゆえにまた修養により、「気質の性」を「変化」させれば、「本然の性」を回復して、人間は善にむかい、けっきょくは「聖人」にまで到達し得るとする。しかしこれも人間の現実にそむく説であって、人間の個性は、顔のことなるごとく生まれたときから個個別別である。「中庸」に「天の命之れを性と謂う」というのは、宋儒のいうように、人間性の斉一をいうのでなく、がんらいにある不斉一をいうのである。「学則」第七則、「大系」一九六頁。この生来の不斉一さは、あくまでも保持される。人間は「活物」であるから、それぞれに成長はするけれども、各自の個性を「変化」させることはない。宋儒の説は、非現実的であるばかりでない。そもそもこのような説は、どの古典にも見えない。「徂徠先生答問書」中にいう、「気質は天より稟得《うけえ》、父母よりうみ付候事に候。気質を変化すると申候事は、宋儒の妄説にてならぬ事を人に責候無理之至に候。気質は何としても変化はならぬ物にて候。米はいつ迄も米、豆はいつまでも豆にて候」。それは修養の必要を否定するのではない。それぞれの個性にしたがいつつ、「只気質を養ひ候て、其生れ得たる通りを成就いたし候が学問にて候」。しかしながら、「米は豆にはならぬ物に候。豆は米にはならぬ物に候」。みすず版全集一巻四五六―四五七頁。また前引の藪震庵あての書簡には、かく人間の個性が相互に固有のものとして異なることは、ほかならぬ聖人群の間にも看取されるのであって、「書伝の載する所を観るに」、諸古典を読むに、「大を以って堯を称し、知を以って舜を称し、禹は則ち恭倹にして伐《ほこ》らず、湯は則ち寛、文王は則ち敬、周公は則ち多材多芸、孔子は則ち学」であって、「各おの長ずる所有る也」。更にまた「長じる所有りとせば、斯《すなわ》ち短とする所有り」。それは「皆な気質のしから使《し》むる所也」。先天的な個性の差違が、人間の代表である「聖人」群の間にも、その短所となるものをも含めて、見られるとする。「徂徠集」二十三、「大系」五〇八頁。これは従来おおむねの儒学が、聖人は完全無欠な最も純粋な人間であるゆえに、互いに斉一な人格であったとする見解をも、非現実的非歴史的として破却するのである。「聖人」である孔子も、超越者でなく、「聖人も亦た人也」とする論証は、「論語徵」に豊富に見える。これらの点、彼の見解は、私が「仁斎東涯学案」五三頁以下でいう仁斎の見解と一致する。

ひとりかく人間が、複雑な分裂をもつばかりではない。自然も例外ではない。もっとも恒常性をもつとされる天体の運行にも、彼は疑いをはさむ。同季節の同時間に人間の目に映ずる天象が、徐徐に移動し、約千年を経ると、三十度ばかり右に移ることが、元の郭守敬らの「授時暦」によって確認され、「歳差」の名で記述されているが、彼はいう、精密さをほこる「授時暦」も、要するにわずか三四十年間の観測を資料とする。天象が逆の方向へ歩き出す可能性が、数千年後にはないと、どうして保証されるか。天もまた「活物」だからである。「堯のとき自《よ》り今日に至るまで、人は其の盈を見るのみにて、未《い》まだ其の縮を見ず。安《な》んぞ数千歳の後、必ず縮せざるを知らん乎《や》。何となれば則ち天地日月、皆な活物なれば也」。「徂徠集」二十四「水神童に復す、問いに答う」、「大系」五一四頁。「孟子」が、「天の高きも、星辰の遠きも、苟《いや》しくも其の故を求むれば、千歳のちの日至も、坐《い》ながらにして致《もと》む可き也」というのへの反論である。

要するに人間も自然も、人間の知恵では知りつくし得ない複雑さをもつ。何となれば、自然も人間も、仁斎のつとにいうごとく、「活物」だからである。「徂徠先生答問書」下にいう、「天地も活物、人も活物に候故、天地と人との出合候上、人と人との出合候上には、無尽之変動出来り、先達而計知候事は不成物に候」。みすず版全集一巻四六二—四六三頁。この認識を、「学則」の第六則では次ぎの語でいう、「凡そ天地万物の情は、棼縕《ふんうん》交結し、雑《まじ》りて以って文を成す」。「情」とは、彼があちこちでいうように「実情」の意。棼縕《フンウン》という擬態語《オノマトペイア》は、ぶつかりあい入りみだれる形容。「陰陽相い仍《よ》り、禅《ゆず》り易《かわ》りて居《とど》まらず。諸《こ》れを糾《あざな》える縄に辟《たと》うべし。剛きと柔かきと相い苞《つつ》み、曾《かた》まり曾《かさ》なりて尽くる無し。喩えば蕉を剝《む》くが如く、得て窮め詰《なじ》る可からざる已《のみ》」。「大系」一九四—一九五頁。注意すべきは、現実の複雑さは、芭蕉の葉をむくごとく無限であるとする比喩である。「答問書」にいわゆる「天地と人との出合」、「人と人との出合」、つまり個物と個物の接触ばかりではなく、複雑さは個物の内部にも見られるという思考のようである。「弁道」に、「物なる者は衆理の聚まる所也」というのも、そうした思考であろう。「大系」二六頁。このことはさきの一三四頁以下に説いた「古文辞」の含蓄、ないしは古代の事実のもつ含蓄、それらへの思考と関連しよう。「答問書」上にはまたいう、「風雲雷雨に限らず、天地の妙用は、人智の及ばざる所に候。草木の花さきみのり、水の流れ山の峙ち候より、鳥のとび獣のはしり、人の立居物をいふまでも、いかなるからくりといふ事をしらず候」。みすず版全集一巻四三八頁。

かくすべてを知り得ない人間、それが人間をさばくのは僭越である。そうした背のびした認識が、「気質」を「変化」させるというような無理な教条を、宋儒に生んだ。それよりも最高の権威を、人間を超えた超自然に置くのこそ、人間を自由にし、「道」を有効にする。こうした思考を含めて、求められたのが、「天」であると思われる。「天」とは何か。「之れを望めば蒼蒼然《そうそうぜん》たり、冥冥乎《めいめいこ》として得て之れを測る可からず。日月星辰繋《かか》る焉、風雨寒暑行なわる焉。万物の命を受くる所にして、百神の宗なる者也」。すべての神神の神であり、万物をその意思によって運動させる。「至尊無比、能く踰《こ》えて之れを上《しの》ぐ者莫《な》し」。「弁名」、「大系」一二〇頁。

「易」の「復」の卦の「彖伝《たんでん》」で、孔子が「天地の心」というように、「天」は意思をもつ。それが「天命」、あるいは「命」である。「学則」では、さいごの第七則で、「然りと雖も、命を知らざれば、以って君子と為る無し」と、「論語」全巻のさいごの章を引きつつ、「命」への覚醒の必要を説く。田舎で良師友がいない、貧乏で本が買えない、みな「天」の意思である。それをじっと甘受せよというのではない。誠実に「天」の加護を求めよ。自分で学問するひまのない官僚は、人に学問をしてもらうがよい。しかしどうしても人間では動かせないものがある。「六経」が残欠して不完全にしか伝わらないこと、すでにそれに属する。「大系」一九六―一九七頁。「学則」第一則の冒頭にいうところの、「東海は聖人を出ださず、西海は聖人を出ださず」。「大系」一八八頁。つまり「聖人」は中国のみに生まれたということ、けだしまた「命」の大きなものとするのであろう。そうして彼自身が孔子とともに、「五十にして天命を知る」であったことが、彼の晩年の著述と学説を生んでいる。

かく「天命を知る」思考が、だんだんと深められて、「論語徴」でもっとも強調するような「敬天」の説へと赴いたと思われる。彼がしばしば依拠とするのは、「易」の「観」の卦の「象伝」の、「聖人は神道を以って教えを設け、而うして天下服す矣」。「象伝」は「易」の「十翼」の一つであり、上の「復」のそれとともに、彼によればすべて孔子の語である。また「礼記」の「礼運」篇の孔子の語、「是の故に夫《そ》れ政は必ず天に本づき、殽《なら》いて以って命を降す」。人君の政令は、必ず天意にもとづいて下される。ゆえに諸種の政令を降す場所は、地の神を祭る社、祖廟、山川、五祀においてであると、「礼記」のその文章はいいつぐ。またかく「天」を敬えというのは、「天」そのものばかりへの尊敬ではない。天の意思の作用としてある諸現実への尊敬となる。鬼神を敬い、君を敬い、上を敬い、父母を敬い、兄を敬い、賓客を敬う。みな「天」の意思としての存在だから、敬うのである。人民もまた為政者の尊敬の対象である。それを治めよと「天」から命ぜられたものが民だからである。またわが身を尊敬する。尊敬すべき存在である親の継承だからである。以上「弁名」、「大系」九六頁。なおわが国の古代の神道も、中国のそれと同じであったという説が、「徂徠集」八、享保四年に書いた「旧事本紀解の序」に見える。同四八九頁。似た説はまた彼の著ともあるいはされあるいはされない「蘐園談余」の巻頭にも見え、本居宣長は、それを京都の堀景山の塾にいたころの雑記帳に、「物部茂卿曰」として、二度も書き抜いている。筑摩版「本居宣長全集」十三巻九三頁また九六頁。

この敬天の説、さきの政治重視の説ほどに、強引には感じられぬ。ただ「書経」の偽篇が、所拠にふくまれ、また「論語」の「敬」の字のすべてが、「天」を対象とするというのは、必ずしも人人の首肯を得ないであろう。

以上のように儒学説を飛躍させた五十歳以後の時期に於いても、前の時期に於ける文学説のはなばなしい成功は、一そうはなやかに持続展開された。直接の門人ばかりでなく、世の文学青年たちの神で、彼はあった。彼と彼の一党の守り本尊である李攀竜が編選した「唐詩選」が、門人服部南郭、一六八三—一七五九、によって、覆刻されたのは、享保九年一七二四であり、当時のみならず、江戸時代を通じてのベスト・セラーズであった。「日本的思想家としての徂徠」二七七頁をも参照。ひいては今日に至っても、日本人の中国詩に対する関心を、彼が好んだ方向に固定しやすくしている。彼自身も、当時の漢詩文作者集団の中心に位する大宗匠として、何種かのアンソロジーを編集している。享保五年一七二〇に刊行した「唐後詩」は、李攀竜王世貞を中心とする明人の詩を、唐以後の詩はこれのみであるという意味を書名として、選んだものである。そのさいごの巻が「本邦」であり、大友皇子から源順に至る十四首、附録として僧機先の一首であるのは、「寧平の際」、すなわち奈良と平安初期の日本人の漢詩を、唐詩の極盛の一部分としたのである。のち明和八年一七七一、その部分のみを「皇朝正声」と題して刊行した本がある。また「唐後詩」に選んだ李攀竜王世貞の詩のうち、絶句のみを抜き出して簡単な解説を加えたのが、「絶句解」また「絶句解拾遺」である。山県周南あての書簡の一つに、李攀竜の「唐詩選」は詩の数が少ない点が、書生たちの悩みだから、李王二公の近体定型詩のうち、「其の盛唐に合する者」を選んで、「略《ほ》ぼ箋釈を加え、行くゆく将《まさ》に梓に問わん」、刊行したいというものである。「徂徠集」二十一「県次公に与う」、「大系」五〇一頁。また唐の韓愈、柳宗元の散文百余篇と、明の李王二氏の散文約百五十篇とを選んだのが、「四家雋」であり、別名が「漢後文」なのは、「唐後詩」に対応する。「徂徠集」二十五「佐子厳に与う」。以上のアンソロジー、みな死後の刊行であるが、おおむね彼による和訓を附する。「唐音」直読の「崎陽《きよう》の学」は、一般人には困難であると、もはやしたのであろう。「四家雋」のうち「韓柳雋」の部分は、太宰春台の協力を求めたこと、「徂徠集拾遺」「徳夫に与うる書」に見え、「李王雋」の部分は、服部南郭によること、京都大学附属図書館に蔵する写本によって知られる。そうして彼自身による漢詩文の実作が、いよいよ力量を示し、これまでの時期の作品とともに、死後に刊行された「徂徠集」の、さすがにこれは訓点を一さい施さないのに、満載されていること、いうまでもない。彼はもはや完全に、かつての吉保の期待を十分に実現して、「天下無双之名儒」であり、一目おくのは、京都の伊藤東涯のみであった。書物も大いに売れた。「徂徠集」三十「香律師に与う」。江戸の市民にとっても神であったろう。「梅が香や隣りは荻生惣右衛門」、其角。有名になりすぎて、「権貴」からにくまれ、「流言」になやまされたこともあった。「徂徠集」二十二「富春山人に与う」。

そうして将軍吉宗のために、「六論衍義《りくゆえんぎ》」を翻訳したことによって、その知遇を得た。その書はもと明の太祖が人民にむかって発布した教育勅語を、口語を用いて演繹したものであるが、それが琉球から輸入されたのに、吉宗は興味を感じ、まず朱子学の室鳩巣に和訳を命じたが、中国口語の専門家でない鳩巣の訳は、吉宗を満足させず、あらためて徂徠に命じた。「有徳院殿御実紀」享保六年九月十五日の条に、「此日戸田山城守忠真のもとに、松平吉里が儒臣荻生惣右衛門茂卿をめし、六論衍義の訳を命ぜらる」。徂徠は役所に日参して、目のまわるような目にあい、帰って来ると、げんなりし、「気息厭厭」であった。「徂徠集」二十四「墨君徽に与う」。そうしてわずか一週間のちに、鳩巣には読み切れなかった二万五千字ばかりを、従来隣-里不-和ナルハ、多起ル二于婦-人女-子一ニ、東家《アチラテ》説レキ長ヲ《ヨシト》、西家《コチラテ》道レイヒ短ヲ《アシヽト》、止タヽテ因二彼-此《アチコチノカヽ》婆ノ舌《ノクチ》一、搬《シイダス》二成一場ノ炒-閙《ヤカマシヲ》一ヲ、という風に、詳細な訓点を附して、上呈した。「実紀」九月二十二日の条に、「荻生惣右衛門茂卿訳せし六諭衍義御覧に供へしに盛慮に応ぜり。これは世上風俗のためにもしかるべければ、上木あるべし、序も茂卿にかきて奉るべき旨御下さる」。以上、中村忠行氏「儒者の姿勢」、副題して「『六論衍義』をめぐる徂徠・鳩巣の対立」、昭和四十七年三月、天理大学学報第七十八輯、を参酌した。

翌享保七年二月二十九日の「実紀」にはいう、「さきに六論衍義のこと奉つりしをもて時服をたまふ。この後も茂卿しば／＼御尋問のことどもあつて、月毎に御側申次有馬兵庫頭氏倫が家にまかり、内内聞えあげしとなり」。政治的人間としての彼は、はじめて本懐を達した。本書に収める「政談」「太平策」、いずれも吉宗への献言である。また「日本儒林叢書」に収める「学寮了簡」が、学制の改革を論ずるのも、そうであり、その奥書が、正徳四年にあたる甲午七月なのは、誤字と思われる。明《みん》の刑法「大明律」を、「日本は明朝に服従する国にも非ず」として、「大」の字を删り、「明律国字解」を作ったのも、彼とその一党の腕前を示した。

かくて享保十二年四月朔の「実紀」には、「けふ松平甲斐守吉里が家士荻生惣右衛門茂卿、文学に長じ、年ごろうち〳〵御顧問うけたまはりしかば、拝謁をたまふ」。時に六十二歳、城中において吉宗と、その世子長福すなわちのちの九代将軍家重に謁した。藪震庵あての書簡にいう、「郷《さき》には召見を承《たまわ》り、殿上に伏謁し、鴻臚より特に名を奏す。蓋し破格の遇と云う」。「徂徠集」二十三。宇野士朗あての手紙にも同じことをいい、しかしおかげで「然れども亦た憊《つか》るること甚し焉」。「徂徠集」二十二、「于士茹に復す」。市ケ谷大住町中ノ町の晩年の居には、祝賀の客と手紙があふれた。「遠近の賀する者、人と書と、環堵《かんと》の室に狼藉たり」と、藪あての書簡にいい、「徂徠集」二十八の安積澹泊あての書簡も同じ。

なくなったのは、翌享保十三年一七二八の正月十九日である。清朝では世宗の雍正六年。よわい六十三。吉宗は、「浜御殿ニテ御直ニ何カ御尋問是アル旨仰出サレシガ」、及ばず、ウニカフルを病床に賜わった。いずれも「蘐園雑話」。安中城主板倉勝明が「甘雨亭叢書」にかぶせた「徂徠荻生先生伝」には、臨終の時のこととして、「是の日、天大いに雪ふる。時已《すで》に纊を属《つ》く」。危篤状態であり、中国の「礼」では、息をひきとるのを測験するため、纊《わた》を鼻にあてるべき時間であったが、徂徠は枕頭の人人にいった、「海内第一流の人なる物茂卿、将《まさ》に終らんとす。天も為めに此の世界を使《し》て銀ならしむる也」。後来の反徂徠論者が、しばしば嘲笑の材料とする豪語を記し、「其の豪邁にして自ずから負うこと此《か》くの如し」と、板倉は伝記をむすぶ。

「蘐園雑話」が、門人松崎子允から聞いた臨終の語として記すものは、別である。「予《われ》下世ノ後、遺文世ニ行レンニ、予ヲ知ル人ハ日本ニテハ東涯一人ナルベシ」。明治の学者で、徂徠を出発点としたのは、西周である。鷗外の「西周伝」に、周の「私記」を載せて、「既にして徂徠集を得、読むこと未《い》まだ半ばならずして、十七年の大夢、一旦にして醒覚す」。またいう、「是こに於いて乎《か》、始めて厳毅窄迫の平易寛大に如《し》かずして、空理の日用に益無く、礼楽の貴ぶ可く、人情の捨つ可からざるを知る也」。岩波版「鷗外全集」三巻五三頁。周が「百一新論」で、孔子の表の商売は政事学者、道徳は内職であったのに、後の儒者はそこのところを見損い、「己さえ修まれば人は治めらるる、誠意正心ができると天下は平かになると心得て」、その結果、「禅宗の坊主が坐禅をするやうなことを、政をするの本と思ふ」というのは、徂徠そのままの祖述である。漱石が、「子供の時聖堂の図書館へ通つて、徂徠の蘐園十筆を無暗に写し取つた」と、「思ひ出す事など」の六でいうことは、のち「草枕」八の老人が、山陽の幅を徂徠の幅に懸け替えるのを、導いていよう。「日本的思想家としての徂徠」二八五頁以下をも参照。内藤湖南の二つの講演、「史記の話」「支那史の価値」は、一四七頁で述べた徂徠の「史記」観と、大へん似る。筑摩版全集六巻。湖南はまた徂徠の満洲字への知識に言及する。同八巻「昔の満洲研究」。

昭和四十八年三月十八日すなわち幸次郎六十九生日校畢。

（一九七三昭和四十八年四月岩波「日本思想大系」36「荻生徂徠」解説、一九七五昭和五十年二月補訂）

民族主義者としての徂徠

はしがき

私は昨年の後半から今年の春にかけ、「徂徠学案」なる論文を、だいぶ苦労して、岩波「日本思想大系」「荻生徂徠」の巻の解説として書いた。黄宗羲《こうそうぎ》、全祖《ぜんそ》望《ぼう》の「明儒学案」「宋元学案」をまねて、「学案」とは題するけれども、この儒学者の伝記と思考についての事実を提供したいのが、重な目的であり内容であって、事実の選択にはむろん私の判断が働いているけれども、論評はせいぜいさしひかえた。徂徠に関する従来の著述に、いくつか事実の誤認があると見うけるのが、執筆の動機の一つであった。

そうして事実の追跡に従事するうちに、この儒学者の思考の方法と形態について、私の予期になかったものを、いくつか発見し、戸まどった。ある方方が予想されるように、私はこれまで徂徠の勤勉な読者であったのではない。宣長を読むほどに、また仁斎を読むほどに、徂徠を読んだのは、このたびがはじめてである。そうして私を戸まどわせたものの中には、やはり従来の研究者によってあまり注意されなかったものがいくつかあるように思われる。

今は、前稿執筆の際に気づきながら、不充分にしか説かなかったもの、またその後に気づいたものを、述べる。やはり事実を提供するのが主眼である。私自身は、徂徠の考え方に必ずしも同調しないことを、念のためおことわりしておく。

上の一　中国の優越を説く徂徠

明治時代、ないしは大正から昭和の初期にわたっての徂徠の不評は、彼が価値の基準のすべてを中国におき、日本をもって非文化の地域としたことにあるであろう。非国民というのが、彼への刻印であったようである。ことに非難の資料となったのは、孔子の肖像への賛として書いた文章に、

　日本国夷人物茂卿

と自署したことである。

文章は、彼の歿後、弟子服部南郭らが刊行した彼の漢詩文集「徂徠集」三十巻のうち、巻之十四の巻首に、「孔子の真に題す」と題して、載せられている。「真」とは肖像の意。まず全文を、解説を加えつつ引く。

　是謂克肖　　是れを克《よ》く肖《に》たりと謂うことを
　吾豈敢　　　吾れ豈《あ》に敢えてせんや
　是謂不克肖　是れを克《よ》く肖《に》ずと謂うことを
　吾豈敢　　　吾れ豈《あ》に敢えてせんや

孔子の本来に似ているとも似ていないとも、判定はひかえよう。はっきりと認められることは、そこにおける孔子

の服装が、生前のものでなく、帝王のよそおいであることである。

　亦惟唐帝之贈　亦《ま》た惟《こ》れ唐帝の贈りものとして
　袞冕十二章　袞冕《こんべん》十二章
　儼然王者服　儼然《げんぜん》たる王者《おうしゃ》の服なり

孔子に文宣王という王号を追贈したのは八世紀唐王朝の皇帝玄宗であるが、この肖像ではそれにふさわしく、竜が袞《まる》くわだかまった模様以下、十二の模様のある「王者の服」を、「儼然」ありありと、着用している。絵はおそらく中国からの輸入品であったであろうが、かく「聖人」孔子を、人爵の表象をもってよそおうのは、後世のはきちがえであり、おかしなことという気もちなのであろうか。それともまた、孔子は「王者」として「礼楽」を制作する能力をもっていたのであり、さればこそ帝王であった堯、舜、禹、湯、文王、武王など、「先王」の「聖人」と同じく、「王者」ではない孔子も「聖人」と呼ばれるとするのが、彼の孔子観である。「学案」八〇頁また一八七頁。「儼然たる王者の服」は、孔子にふさわしいとするのであろうか。そのいずれとも、私には分かりかねるが、さいごは賞賛の語である。

　萬世之下　万世の下
　萬里之外　万里の外
　伏惟聖徳遠矣哉　伏して惟《おも》うに聖徳は遠《ひろ》き矣哉《かな》

「万世の下」永遠の時間にわたり、「万里の外」すべての空間にわたり、「聖人」としての道徳は、普遍である。そうしてさいごの行としてあるのが、問題の署名である。

　歳庚子夏五月日本国夷人物茂卿拝手稽首敬題

歳の庚子《こうし》の夏五月、日本国の夷人なる物茂卿拝手稽首して敬《つつ》しみて題《し》るす。

茂卿《もけい》とは彼の字《あざな》、そうしてその肩書きが「夷《えびす》の人」である。「拝手稽首」は、平伏してしばらく頭を地にすりつけたままでいるというのを原義とするもっとも丁寧なお辞儀。「敬題」の「題」は書きしるす。

画像は、門人晁《ちょう》玄洲、すなわち朝日奈玄洲の所蔵であり、その請いによって書かれたこと、「徂徠集」巻之二十二の朝日奈あての書簡に見え、「歳庚子」とは享保五年、彼のよわいは五十五、一年ごしの病気になやんでいたのが、快方にむかったので、朝日奈からのもう一つの依頼であった明《みん》の仇英《きゅうえい》の画、それへの跋、それも「徂徠集」巻之一に、七言古詩「晁玄洲の為めに仇実父《きゅうじつぼ》の画の後に題す」として見えるが、それとともに「疾《やまい》を力《つと》めて命を塞《ふさ》い」だのであり、ゆえに「字は益ます醜し矣」であるけれども、字を書くことは元来、私の得意でない。あなたも私の字がほしかったわけではあるまい。

然れども不佞《ふねい》に求むる者は、豈《あ》に字を以ってせん哉《や》。是れ慮《はばか》り無き也。

「不佞」は、徂徠のいつも使う一人称。字の巧拙に対しては責任をもたないといっているのは、文章に対しては責任をもつということになる。その文章の署名が「日本国夷人物茂卿」なのである。「夷人」の二字は、文明国中華の人ではなく、夷狄の地域の人間の意でなければならない。

井上哲次郎「日本古学派之哲学」明治三十五年には、評していう、

己れを卑下して夷人といふに至りては、抑ゝ又自ら侮るの甚しきものといふべきなり、此の如き醜態を呈して、曾て其醜態なるを知らざるは、蓋し拝外の余に出づるものにて、其弊の已に極度に達せるを知るべきなり、

傍点も井上による。

岩橋遵成「徂徠研究」昭和九年は、「夷人」とは夷狄の人の意でなく、「書経」「泰誓《たいせい》」篇の「億兆夷人」にもとづ

き、無位無官の平民の意に用いたと、弁護する。同書二四二頁。しかしそれは無理な弁護であって、徂徠は別の場所でも、みずからを「東夷の人」と呼んでいる。「徂徠集」巻之二十二、富春山人、すなわち田中省吾、かつて柳沢藩邸に於ける同僚であり、人を斬って罪を得たのを、徂徠がかくまいかばってやった人物であるが、それに与えた書簡には、みずからの功績を、

乃《すなわ》ち東夷の人を以って、而かも聖人の道を遺経に得たる者は、

云云という。その書簡は中に、「功令に駆られ、疾《やまい》を輿《くるま》にのせて居を移す」といえば、それまでの牛込の住まいが、火除地に指定されたため、赤城へ転居した享保五年のものであり、あだかも孔子肖像の賛と同じ年のものである。また以上のような片言隻句をとらえなくても、彼の方法叙説である「学則」、単行本ともなり、「徂徠集」巻之十七にも収めるものの、第一則の冒頭の規定は、周知のように、次の二句である。

東海は聖人を出ださず、西海は聖人を出ださず。

人類の文明の法則の設定者である「聖人」は、「東海」すなわち日本からも、「西海」すなわち西洋からも、出現しなかった。つまり中国のみに出現したというのであって、日本はがんらいは「聖人」の地域でない。夷狄の地域でなければならない。岩波「日本思想大系」36「荻生徂徠」一八八頁。

和文の著書で、この趣旨が一そうはっきりと見えるのは、「訓訳示蒙」である。この書は南郭の「物夫子著述書目記」には載せないけれども、ずっと早年、増上寺の塾での講義録に相違ないこと、私の「学案」で考証したごとくである。本書一〇一―一〇二頁。それには、なぜ漢学が日本人の必然として要請されるかという理由を、むこうの「儒道」も、こちらの「侍《サムライ》ノ道」と、本質的には合致することを、まず一方では強調しつつ、しかし「侍ノ道」だけでは不完全な理由を、

儒道ハ勿論侍ノ道ナレドモ、中華ニハ聖人ト云人ガ出タリ、日本ハ聖人ナキ国ユヘ、ソノ侍道ガ武ノ一方ヘ偏ナル処アルゾ、

つまり日本の歴史は、「聖人」をもたなかったため、「詩書礼楽」という高級な「道」が不足して、武士道一辺倒なのだとする。みすず版「荻生徂徠全集」二巻四三七頁。

「訓訳示蒙」にはまた、中国語の単綴性は、日本のみならず、他の非中国の地域、彼によれば「夷」の地域の言語が、複綴性なのと異なる点が、その優秀性であることを論じたくだりに、

中国ノ詞ハ文ナリ、夷ハ質ナリ、中国ノ詞ハ密ナリ、夷ハ疎ナリ、

とした上、そうした中国語の優秀さは、その地域から「聖人」という特別の存在が生まれたのと、原因を同じくするとする。

唐土ヲ文物国ト名ツケ、又文華ノ義理ニテ中華ト名付タルモ、此道理ナリ、又唐土ニハ聖人ト云モノ出タルモ、サヤウニ細密ナル国ユヘナリ、同四三八頁。

かく哲学と文学と言語における中国の優越の主張こそ、彼の学問と思考の根底をなすものであり、さればこそ中国の「先王の道」の闡明と獲得をもって、その学問の中心としたこと、また文学者としての精力を、漢詩文の実作へそそいだこと、またすべての出発点として、漢文を中国の原音で読むことを主張し、鎖国の不便の中で、中国語会話からはじめてそれを学んだこと、詳しくは私の「学案」八一頁以下など、について見られたいが、その他の種種の面でも、彼は中国の日本に対する優越、あるいは日本のみならず、すべての非中国の地域に対する優越を説く。

軍事についてそれをいうのは、晩年、将軍吉宗に提出した意見書「政談」巻之四の一条である。秀吉の朝鮮出兵のときのこととして、

加藤清正ノ故老ノ物語ニ、高麗陣ノ時、朝鮮人ト異テ、大明ノ軍法ニハ及ヌ事モ有。大軍ヲ引廻スニ殊ノ外自由ナルコト、日本ノ合戦ニハ遂ニ見ヌコト也。

「朝鮮人ト異テ」といえば、日本に対する優越ばかりでなく、朝鮮に対してもの優越である。その一例として、囲ミタル城ヲ巻解《まきほぐす》ニ、唯今迄城ヲ手痛ク攻ルカト思ヘバ、忽ニ其人数何方ヘ行シヤラン、一人モ不ルレ見コト有。

というようなことがあったといった上、中国の軍隊の行儀のよさを、加藤清正の家来、飯田覚兵衛からの聞き書として いう、

又日本ノ大軍陣取ノ跡ハ、人馬ノ糞満々、足ノ踏所モ無者也。大明ノ軍兵陣取ノ跡ハ、人馬ノ糞見エズ。如何ナル故ハ知ネドモ、兎角法令能ク手ニ入タル也ト覚兵衛感ジ、物語セリト承ル。

これ中国の「先王」の「礼楽刑政」の余波であるとするごとくである。私は彼の兵法の書「鈐録」をまだ読んでいないが、同じ評価はそれにもあるかも知れぬ。

また「政談」の同じ条には、中国の仏教の行儀のよさをも附言する。

亦黄蘗派ノ法事ハ日本ノ法事ト替リ、儀式見事ニ調テ、乱ル事曾テ無。是亦異国ノ礼法ノ面影写シタル故如シレ此クノ。「大系」三九七頁。

彼は禅宗に対し、中国の文明がすでに堕落した宋元時代の産物として、原則的には好意をもたないのに、ここで黄蘗禅に好意を示すのは、辻善之助氏の「柳沢吉保の一面」に説くように、藩主吉保のそれへの帰依、また私の「学案」でいうように、一〇九―一一〇頁、その宗派の中国僧が、彼の中国語会話の相手であったということのほかに、まだ日本化されない純粋な中国の仏教ということが、好感の理由であるであろう。

また文学以外の芸術についていえば、音楽については、日本の雅楽を尊重し、みずからもそれを習ったのは、中国

の「先王」の「詩書礼楽」のうちの「楽」が、中国自体ではすでに亡んだのが、日本には遺存しているからだとしたこと、すでに「学案」で略説した。一六三頁。そこでは「徂徠集」巻之二十三、藪震庵の問いに答えた書簡、また巻之二十六、入江若水《じゃくすい》あての書簡を引いたが、そのときは引かなかったものとして、パトロンの一人である本多伊予守忠統《ただむね》にささげた文章、「楽楽堂記」には、次の一節がある。「徂徠集」巻之十三。

不佞茂卿《もけい》、又た嘗つて我が東方の楽を睹《み》るに、制氏嚋人の、相い守りて廃《すた》らざる者《こと》、数百千歳。

「制氏嚋人」とは、音楽の技術を伝える家家。

要するに小《すこ》しく縁飾する無きならざるも、而かも韶《しょう》と武《ぶ》と安世《あんせい》の諸楽は具《つぶ》さに在り。

「韶」は舜の、「武」は周王朝の、「安世」は漢王朝の音楽。いささかの便化は施されていようが、ほとんどそのままに、日本に遺存する。その伝承され方は、不思議にさえ思われる。

雅淡洋洋、衆美咸《み》な備わる。嗚呼、是れ胡《なに》とて以《か》くは伝わる也《や》。

事がらは日本の琴曲についても同じであるとして、藪震庵あての又一通の書簡に、次の一節がある。

問うを承る、本邦にも亦た琴瑟有り乎《や》否やと。

答え、

源氏物語等の諸書を案ずるに、古も亦た琴有り。五六百年来、廃して伝わらず矣。嘗つて諸《こ》れを狛《こま》迫寛に訪《と》うに、渠《かれ》の家には猗蘭琴譜有り。予《わ》れ借りて之れを覧るに、乃ち隋の人の作にして、桓武以前の筆蹟なり。

桓武の上、原文では一格をあけて、「王室」への敬意を表する。

其の譜は、明朝の琴譜と大いに異なり。乃ち知る古楽は中華にては伝えを失い、而して我が邦に之れ有るを。

かく中国の古楽が、かえって日本にのみ遺存すること、文献にも実証が求められるとして、震庵あての又一つの書

簡には、

此の方の箏を弾く法は即ち古の瑟を弾く法なりやと問わるるを承わる者は、魏書に、継儒の瑟を弾ずる法を載すると、正に同じ。故に其の然るを知る也。

いわゆる「魏書」とは、「正史」の一つである北朝の魏収《ぎしゅう》の著を指そう。ただし継儒云云というのを、私はまだ検出し得ないが、中国では音階が、八世紀唐の玄宗以後変化したのに、日本はそれ以前の音階を保持しているという見解が、いつも彼の説の背後にはあるらしく、音楽史にくらい私には、推察される。彼の音楽史についての専書として写本で伝わる「楽律考」「楽制篇」は、その詳論であるらしい。

また書と画とについても、中国風のものを尊重し、「和習」日本くささを嫌った。書については、「字なる者は本と華の物也」、漢字はもともと中国のものであるから、海内の書家が、争って華と為ることを求めるのに、うまくゆかないのは、日本人の字ばかり見ているからである。しかるに近ごろある小供の字を見たところ、それは純然たる中国風である。まだ六歳の小供のであり、揮毫の依頼が、なかなかあるのを、父親がお菓子をやり、なだめすかせて書かせる。書いてしまうと、筆をなげすて、表へ飛び出して竹馬に乗り、鳶をあげている。つまり彼はまだ日本の書道の悪習に染まない。だから、「混沌未だ鑿《うが》たず、天籟と与《とも》に遊んで」、華人そっくりの字が書けるのである。「天籟」云云というのは、中国人の字は、自然の規律として、自然に自然な美をもつのに、無心の小児なるゆえ、却って合致するというのであろう。「徂徠集」巻之十八「阿林の字に跋す」。

画についても同じであって、「徂徠集」同じ巻の「墨君徽《ぼくくんき》の画がきし岳陽楼の跋」では、住江滄浪からもらった画を、はじめ一瞥して、中国人のものかと、びっくりし、中国にも君と同姓名の人がいるのかと思ったほどだといい、君の詩は、「悉《ことごと》く倭人《わじん》の習《くさ》みを洗って」、すがすがしいが、画もそうだと、激賞する。なお彼の日本絵画史に対する見解は、後に引く。二一八頁。

また彫刻については、「徂徠集」巻之十五「峡中紀行」に、次の言及がある。宝永三年、四十一歳、前述の田中省吾とともに、藩主柳沢吉保の封地である甲斐へ往還したときの紀行であるが、帰途、塩山《えんざん》の向嶽寺、また天目山の棲雲寺で、開山の諸禅師の木像を見て、そのあるものを「名手の造也」と賞讃した上、すべての工芸は、中国こそすぐれるのに、木彫だけはそうでないのは、物には得手不得手があるからであろうか、それとも唐以前のむこうのすぐれた技術が、こちらには遺存するのだろうかと、疑っている。

凡そ百工の巧は、中華を精となすに、是れのみは独り然らざる者は、豈《あ》に物には各おの長ずる所有る耶《か》。抑そも唐代の遺、之れを吾が東方に施す也《なる》か。

こうした中国崇拝は、生活の末端にまで及ぶのであって、文房具も、中国風のものでなければ使わなかった。「政談」巻之二、国内の手工業を論じた条にいう、

某唐紙唐筆ニテ無レバ物書レヌ故、諸方ヲ承リ合セ、日本ノ内ニテモ唐紙ヲスキ、唐筆ヲ結《ゆ》フ人アリヤト尋ネ求シニ、唐紙此以前大坂ニテスキ出シタレドモ、物入多キ故、商売ニ成ヌトテ止タリト承ル。唐筆ハ弟子共ノ内ニ能指図ヲシテ結《ゆは》スル者アレドモ、是モ工手《くで》間《ま》掛リテ損也トテ結ハズ。「大系」三二五—三二六頁。

また「徂徠集」巻之二十五、「柳川の内山生に復する書」では、かつて「藤予侯」すなわち本多伊予守忠統のところで見た柳川の紙が、「潔白にして雪の如く、頗る華の牋《かみ》に似る」のに感心し、柳川の風土に期待をよせたが、期待はむなしからず、果して足下の如く「華風を慕うこと深き」人物がいたということを、学問の方法をこの後進に教える書簡の書き出しとしている。また「徂徠集」巻之三十、「玄海上人に与う」という書簡では、長崎にいるその僧からもらった香炉、筆、墨、紙が、「皆な中華の物」なのを、「何を以って愛せ見《ら》るるの此こに至る耶《や》」と、感謝し、珍

重する。

また雅楽を、中国の「詩書礼楽」の日本に於ける遺存として尊重する彼が、その対蹠として軽蔑するのが、徳川氏の式楽であった謡曲能楽であったこと、「学案」で略説したほか、一一二頁、「政談」巻之四にも見えるが、「大系」三九九頁以下、かく彼の軽蔑の対象である能楽さえも、その原型は中国にあり、さればこそ日本人による模倣が可能であったとする説が、和文の随筆「南留別志《なるべし》」に見える。

能は、元《げん》の雑劇を擬して作れるなり。元僧の来り教へたるなるべし。こればかりの事も、此国の人のみづからつくり出だせるわざにてはあらじかし。

つまり日本人は、いかなる文明をも、中国にたよらないかぎり、みずからの手では創造し得ないということになる。なおこの条は、当時のおおむねの儒者とは無縁であった中国戯曲の脚本を、新井白石の「折りたく柴」に於ける言及と同じく、一瞥ではあろうけれども、読んでいたことを示す。「元の雑劇」とは、十三世紀元時代の戯曲であり、明の臧晋叔《そうしんしゅく》の編訂したその脚本集「元人百種曲」が、舶載されていた。私の「元雑劇研究」岩波版もしくは全集十四巻参照。

彼は一生のうち、たびたび江戸市中を引っ越しているが、萱場町の「蘐園《けんえん》」から牛込へ越したときであろうか、何里ほどか「聖人」の国へ近づいたといって喜んだというゴシップが、伝わっている。もと何の書に見えるのかを、まだたしかめ得ないが、こうしたゴシップを生むべき事実として、九州は中国に近いから、その風景も中国に似るだろうとする賞賛は、「徂徠集」巻之二十三「豊の公族大夫なる養拙君の二亭の記」に見える。文章を与えられた人物は、豊前小倉藩の家老小笠原某であるが、まずいう、

予《わ》れ曰わく、海西の九州は、大海の中に在り。声教の被る所、遂に称して吾が倭《わ》と為す者は、豈《あ》に天地の素《もとより》ならん乎《や》哉。

九州は自然地理としては、必ずしも日本でない。文明の連続の関係から日本であるのに過ぎない、というように見える。そうして日本風景論として、画家の説によれば、日本の風景は東部と西部で差違があるとする。

吾れ之れを画者に聞くに、吾が倭《わ》の山川風土、東は莽如《もうじょ》たり焉。西は秀如《しゅうじょ》たり焉。

東日本は大ざっぱ、西日本は秀麗というのは、中国に近いほど風景もよいとする思考なのであろう。その実証として、

海を航して以って豊の岸に登れば、殆んど夫《か》の呉越浙閩《せつびん》に類する焉《えん》なりという者なり。

九州北端の豊後に足をふみ入れれば、風景はすでに、中国の江蘇、浙江、福建に似る。ただし私は、関東にばかりへばりついているので、ただそうであろうと想像するだけであるけれども。

其の風気の殊なる所は想うのみにては得可からざる也。予《わ》れは匏《ひさご》のごとく東に係《つな》がれ、亦た井の蛙なる哉。

なお同じ文章の中で、九州の地理を、

西は以って外の中州に走《おもむ》く可く、東は以って内の中州に走《おもむ》く可し。

というのうち、「外の中州」とは中国をいうのであるが、「内の中州」とは、京都を中心とする本州の上方をいうのであって、やがて説くであろうように、彼が必ずしも中国一辺倒でなかった面を示す。

漢文の著書のうちさいしょに公刊された「蘐園《けんえん》随筆」、正徳四年、一七一四、その巻之四に次のようにいうのは、以上のべて来た彼の態度の結論となり総括となるであろう。

中国なる者は、人の人也。夷狄なる者は人の物也。物は思う能わず。唯だ人のみ能く思う。中国の礼楽の邦為るは、其の能く思う故也。河出版「荻生徂徠全集」一巻一八五頁。

日本は、中国のように「人の人」人間のなかの人間なのでなく、「人の物」であるところの夷狄の一種でなければ

ならない。また同じ書物の巻之三には、中国口語学習の経験として、

予れ華音を学ぶに、字字句句、皆な臍◎《ママ》自《よ》りす。和語は則ち否。

また肖像画を見ても、華人と此の方の人とは、形貌が同じくない。さればこそ、足の容《すがた》は重く、声の容は静かに、頭の容は直く、気の容は粛《しめや》か、と諸古典にいうような荘重な立居振舞いが可能なのであって、

凡そ中華と此の方の同じからざる者は、豈に啻《た》だ此れのみならんや焉。此れは乃《すなわ》ち其の大いなる者なり。同一七四—一七五頁。

彼自身が、祖先の物部氏を一字につづめて姓を物《ぶつ》、名のりを茂卿としたのをはじめ、弟子の服部南郭は服南郭であり、安藤東壁は滕東壁であり、平野金華は平金華であるなど、姓名をみな中国風によそおったのは、中国的な生活への追随の、手近な表現であり、その漢詩文に現れる日本の地名も、江戸が東都であり、京都が洛であり中州であるのをはじめ、長崎は崎陽《きよう》であり、広島は広陵《こうりよう》であり、延岡は延陵《えんりよう》であった。

上の二　「王室」への態度

以上のような中華崇拝のほかに、彼の態度には、国体論者を喜ばせないものがある。京都の天皇よりも、江戸の将軍をもって、日本の実際の君主と見ることである。

彼は徳川氏の歴代を、中国の皇帝に対する称呼をもって呼ぶ。家康を王朝の創始者として「神祖」と呼ぶのをはじめ、秀忠を台徳院の院号によって「台廟」、家光を大猷院の院号によって「猷廟」、家綱を厳有院の院号によって「厳廟」、綱吉を常憲院の院号によって「憲廟」と呼ぶの、みなすでにそれである。称呼ばかりでない、措辞もまた帝王として扱う。

宝永六年、綱吉の死の直後、弟子の県次公すなわち山県周南に与えた書簡、「徂徠集」巻之二十で、綱吉から受けた寵遇を回顧していう、

　即ち不佞は陪臣なりと雖も矣、亦た嘗つて叨りに恩沢を辱うして、猥《みだ》りに朝廷侍従の臣の後に厠《まじ》わり、時時に天威に咫尺し、芸を講じ賚《たまもの》を拝して、日月の末光に沐浴する者《こと》、十四年なり矣。一旦、竜髯を抱いて号《さけ》ぶ者は、是れ詎《な》んぞ其の他を之れ問うに遑《いとま》あらん乎《や》。

「恩沢」といい、「朝廷」といい、「天威に咫尺す」といい、「日月の末光」といい、「竜髯を抱く」という、すべて天子に対してでなければ使えぬ措辞である。綱吉の死をいたんでの七言絶句「正月十日の作」が、綱吉を漢の武帝に見立て、みずからを司馬相如に擬するのは、「学案」にすでに引いた。一五四頁。また「徂徠集」巻之二十七、入江若水あての書簡は、正徳二年のものと推定されるが、近況を報じて、

　遏密の中、嘯歌皆な廃す。

家宣の死によるそれを、天子の喪に服する語「遏密《あつみつ》」をもっていうのである。

こうした徳川将軍に対する至上の敬意に対して、京都は「王室」と呼ばれ、「共主」と呼ばれて、ある程度の敬意は表されている。しかし「共主」とは、末期の周王朝が、当時の諸侯に対し、名義的な共通の権威であったのをいう語であって、京都の「王室」は、今やすでにその如くであるとするのである。そうしてもろもろの漢文、綱吉を呼ぶ「憲廟」その他、将軍に関する語の上を、一字あけにするのと同じく、桓武、後醍醐、「共主」などの上も、一字あきであるけれども、少なくとも徳川将軍に対する以上の敬意は示されていない。

この態度はやはり、中国崇拝と関係している。すなわち中国の「先王の道」の日本におけるかつての主宰者は、寧《な》楽《ら》朝、平安朝の「王室」、彼の語によれば「寧平の際」の「王室」であった。しかし北条氏、足利氏以来、武士が政

治に進出すると共に、武士道なるものが、日本の風俗となり、「王室」の主宰した中国風の「先王の道」は中断した。それを復活させ、現在における主宰者となっているのは、徳川氏にほかならぬ。ゆえに日本の真の君主は、もはや京都の「共主」ではなくして、江戸の「興王」だというのが、彼の日本史観なのである。

日本の文明の歴史に対するそうした彼の見解は、「徂徠集」の諸文のあちこちに見える。まず日本も、その上古の政治は、神道を奉じ、「天を敬する」祭政一致であったこと、中国の「先生の道」もそうであったのと、自然に合致していたとする。「徂徠集」巻之八「旧事本紀解の序」、また「論語徴」「子罕」篇の「子は九夷に居らんと欲す」の章。このことは彼の儒学説が、日本の神道説から啓示を受けた部分があるのを示すと思われる。つまり中国の規準で日本を律するように見える彼の儒学説が実は逆に日本をもって中国を律する部分があることを疑わさせるものであるが、今は立ち入らない。次の「日本的思想家としての徂徠」二四四頁以下に詳説する。

かくがんらい中国の「先王の道」と合致する政治が行なわれていた日本へ、やがて中国の制度が「律令格式」として輸入され、日本の制度となるに及んで、日本文明はそのさいしょの盛況を記録した。何よりもそれを示すのは、「寧平の際」寧楽朝平安朝における詩の立派さである。「徂徠集」巻之八「江若水の詩に序す」は、友人の摂津の酒造家入江若水の漢詩集の序文であるが、それに日本の漢詩の歴史を総括するうち、

間《ひま》に嘗つて詩の由りて隆降する所を揚搉《ようかく》して其の世を論ずるに、則ち寧平の際、斯《こ》こに於いて盛んと為す。其の名公鉅卿、相い与《とも》に本朝の上に賡《つ》ぎて歌い、鴻業を潤色して、王猷を黼黻《ほふつ》するを為す者は、野篁、藤常嗣の倫《ともがら》、皆な颯颯乎《さっさっこ》として治世の音也。

小野篁、藤原常嗣、それら在朝の人物のみならず、「山沢《さんたく》列仙の儒」も、隠遁者としての詩を作ったと、その文章ではいい、しかしその量が豊富でないのは残念だと、「徂徠集」巻之九、弟子服部南郭の第一詩集への序文「南郭初

稿の序」ではいう、

予《わ》れ嘗つて経国と懐風の諸篇を読み、喟然《きぜん》として嘆じて曰わく、是れ有る哉。

しかし、

何んぞ其れ寥寥《りょうりょう》たる哉《や》。

彼の編んだ「唐後詩」なる書は、彼が文学の最高の基準とした唐詩、といっても唐代前半期の詩であるが、それ以後その復活であるのは、十六世紀明《みん》の李攀竜《りはんりゅう》、王世貞《おうせいてい》らの詩があるとし、それらを選録するのを主な部分とするが、全十巻のうちさいごの一巻を、「本邦」にあて、奈良平安の日本人の漢詩を、唐詩と歩武を同じくするものとして集録する。そうして晁衡すなわち阿部仲麻呂、藤万里、冬嗣、小野篁らの作は、

諸《こ》れを唐人に厠《まじ》えても、弁識す可きに難し。

と、評価する。なお「唐後詩」なる書、彼の生前、享保五年、服部南郭が序を冠して刊行されたものは、「本朝」の巻を欠くが、没後に「皇朝正声」と題して、その部分だけが刊行されたのには、大友皇子以下、十五家三十五首を収める。

ところで、こうした中国風の文明は、北条氏の進出によって、中断された。「徂徠集」巻之十「対《つしま》の書記なる雨伯陽に贈る叙」すなわち対馬の藩儒であった雨森東洲におくった文章にはいう、

蓋し有相氏の馬上を以って海内を定めて自《よ》り、歴代相い承けて、弦を控《ひ》くことを俗と成し、事は大小と無く、一切は武断にして、文字を事とする無し矣。

「有相氏」とは北条氏、「弦を控《ひ》く」とは、軍事を意味する「史記」「漢書」の語。

更に事がらを決定的にしたのは、後醍醐帝の建武中興の失敗である。「徂徠集」巻之二十八の安積澹泊あての書簡

にいう、

大抵建武の時に、王室南に遷りてより、凡百の制度、此れ由りして淪《ほろ》ぶ。

そうして以後は、いよいよ武人専制の世となり、いわゆる武士道なるものが横行することとなった。「徂徠集」巻之二十七、県雲洞、すなわち山県周南の父におくった書簡にいう、

蓋し嘗つて以《おも》えらく我が東方は帝の降りて王と為りて由り、弦を控《ひ》くこと俗と成り、戦争ばかりが風俗となり、

士大夫の間、業《か》くて自のずと一つの道有りて、以って世よ相い沿い承けて是れ伝う。

それは、家庭生活から政治の方法に至るまで、すべて素朴な信義の実践を尊重するものであり、学問を拒否する。興味あることは、以上の推移を、女性と武士との関係において見た文章が、彼にあることである。「徂徠集」巻之十二「松浦《まつら》と塩冶《えんや》と飫浦《あくら》の事を記す」が、それである。まず「王室」の都である京都を論じて、

大抵平安の地は、山水麗秀にして、往往にして尤物《ゆうぶつ》を生む矣。

「尤物」とは美人。山紫水明の平安京は、美人の産地である。ゆえに桓武奠都以後、貴族たちの第一のたのしみは、女色であった。延喜天暦よりこのかた、

平安の麗人の盛んなるは、清、紫、赤染の諸女、史記の載する所、概《おおむ》ねを見る可し焉。

そうして平安朝の政治は「文柔」、風俗は「風流」であり、「微言佚行」、恋愛の言語と実践、「何の有らざる所ぞや」ではあったが、暴力によって女性をうばうという行為、これはまだ絶無であった。当時の京都に勤番する武士たちとても、女ずきであったにはちがいなく、朝廷や公卿屋敷の警護となって、きれいな上臈を見れば、「心歆《うご》いて肉飛ぶ」であったろうけれども、あちらは雲の上人、こちらは下男、手の届かぬ高嶺の花であった。彼らの相手となる女性と

いえば、町の妓女がせいぜいであり、義仲や義経のように、このタブーを犯すものは、物議をかもした。

しかるに北条氏が後鳥羽院ら三人の天皇を廃してからは、武士がいばり出し、且つ「胡僧」というのは元《げん》から来た禅僧であるが、彼らが悪知恵をつけるに及んで、タブーは破れた。更に後醍醐が、王権の恢復をあせって、宮廷の女性を武士たちに下賜されるに及んで、時代は完全に変る。かくて筑後の武士松浦五郎が、一の宮の御息所をうばい、尊氏の家老高師直が、塩冶高貞の妻がもと宮廷の女性であるのに懸想し、高師秋が菊亭大納言の家の女房を強奪しようとしたというような事件が、「太平記」に見えるのだけを数えても、しきりに起こることになった云云。

また絵画史を事がらの象徴とするのは、「徂徠集」巻之二十七、左沕真に与えた書簡である。それには事がらの推移を、三段階に分ける。まずいう、

大抵、本邦の画は、巨勢氏を最古と為す。

巨勢金岡である。

乃《すなわ》ち其の為す所の画趣は、蓋し諸《こ》れを和歌者流に取る也。婉《あでや》かに縟麗なる爾《のみ》。以って閨閣の中の翫《たのし》みに供う。惜しい哉、王風の衰えたること也《や》。

平安朝後半、文明が「閨閣」すなわち女性中心となり、和歌が盛行した時期の画が、日本最古の画として伝わり、中国的な「王風」最盛期のものでないのが残念だが、それはなお「王風」のなごりである。次にはすでに武家の世となった足利の画、

之れに次いでは僧雪舟氏、猶《あだか》も之れ宋詩の遺《なが》れ乎《か》。稜稜《りょうりょう》たる蒼骨、冷然乎《れいぜんこ》として墨戯禅なり。

彼の尊重する唐詩ではなく、彼のきらう宋詩また禅と、共通する趣味である。しかしなお力はある。やがてもっとも品下るのは、より後の狩野派であって、

> 狩野氏の時に迨《およ》びては、冠裳久しく褫《うば》われ、短後急装、世の士《ひと》の用いて以って趣と為す者は、宗祇と利久の輩の三昧也。

「冠裳」とは中国的な礼楽、それが絶滅して、「短後急装」とは武士のいでたち、連歌の宗祇、茶の利久、みな彼の尊重しない存在であり、それらと趣味を合致させるのが、狩野派である。

> 故に其の画の趣きと為すものは、能く超乗して上る焉なる者無し。

なお利久らの茶道への評価は、巻之十六「驟雨説」、柳沢藩の家老である柳子藎臣なる人物が、驟雨を名とする茶壺を手に入れたのに対しておくった文章に、見える。「東山の主父《ほ》」すなわち足利義政がそれを喜んで以来、茶博士たち、あいついで出で、

> 愈いよ益ます之れを褒《おお》いに飾って以って博大にし、伝うるに奥妙を以ってし、之れが眇論を為《つく》り、其の崇高の勢いを仮りて、斉民《せいみん》を鼓動し、之れを天下に被らしむ。

かくてその他の書画歌詩曲芸者流と肩をならべることとなり、せまい方丈の室の中での諸法則が、世の典礼となった。

> 王公大人も、首を俯して約束を受く焉。其の称賛する所の肩衝《かたつき》等の諸物も、亦た天子の分器と為るを得て、夏の琱戈、商の彜、呉の干、趙の璧と、声を斉《ひと》しくし価を比ぶ焉。

堕落は絵画ばかりではない。かつての京都の「王室」が主宰したすべての文明、足利の世にいたって、完全に駄目になったとするのは、「徂徠集」巻之十一「于季子に贈る序」、すなわち京都からのはじめての弟子であった宇野士茹《しじょ》に与えた文章である。それにはまず、おのれが関東において「古文辞」の学をとなえて以来すでに十年、

> 海内は喁然《ぎょうぜん》として風に郷《むか》い

日本中みなおれのいうことを聞き、

　豪傑の士、往往、糧を裹《つつ》みて以って至る者、西は大海の浜に薄《いた》る。

九州からさえも弟子入りをするものがあるのに、ひとり京都からは誰も来ない。

　而かも京洛は独り寥寥として聞く無し焉。

今に見ていろと思っていたところ、あなたたち兄弟が京都からやって来たと述べた上、その「王室」論また京都論を展開する。

　夫《そ》れ洛なる者は、共主の居る所也。王室は千歳を更《へ》て、絶えざること綫《いと》の如し。

こうした「王室」の衰えは保元平治にはじまる。

　保平の際に至るに及びて、典章文物、蓋し変更して殆んど尽き、建武の後は、覇主之れに拠る。

「覇主」足利氏が京都の主人となったが、その方法はまやかしであって、文明のかつての主宰者であった「共主」を尊崇する気もちは更になく、

　故に弓馬を飾りて以って礼と為し、猿楽を節して以って楽と為す。

彼のきらいな武士道であり、能楽である。

　一切は武断もて、海内に号令す。豈に復《ま》た文に意有らん哉《や》。

まやかしの方法を弥縫するものとして、足利氏が厚遇したのは、禅僧であり、彼等をその政府の秘書とした。

　是こに於いて禅盛んにして聖人の道は廃れたり。

そもそも禅宗とは中国の文明がすでに堕落した宋元の時代のものである。

　而うして儒者の業は、地を掃う者《こと》三百年。

同じ趣旨の文章を、更にあげれば、「徂徠集」巻之二十七「竹春庵に与う」、すなわち福岡藩儒竹田春庵に与えた書簡には、春庵が借してくれた「大和律」二巻が、「寧平の際」の法律書なのをたたえ、

之れを読んで益ます盛世の文物を想う。因って益ます今の衰えを嘆く哉。何に縁《よ》りてか変更すること殆んど尽き、以って真の倭奴《わど》と成るに至れるや。豈に悲しからず乎《や》。

日本もかつては、中国と「礼楽刑政」を同じくしたのに、なぜ今は「倭奴《わど》」と、中国人から蔑視されるようになったのか。同じ書簡にはまた、近ごろ応永十八年の暦を手に入れたが、それは中国のこよみそっくりの、「儼然たる中華の物」であり、みみずのぬたくったような近ごろの仮名がきの暦でない。すべては足利氏が悪いのであって、

則ち室町氏の禍は、秦火よりも甚しき也。

秦の始皇の焚書よりもひどいとする。

要するにかつての「王室」が主宰した「先王の道」は、北条足利によって中断したのであり、今の京都の「王室」は、上引の文章にもいうように「絶えざること綫《いと》の如く」である。もはや日本の文明を復興する能力をもたない。いかにもかつての文明の形骸だけは、彼の対立者であった新井白石が、熱情をもち血道をあげたように、有職故実として、「王室」に遺存してはいるというのは、「徂徠集」巻之二十二「于士新に与う」、すなわち士茹の兄である宇野明霞に与えた書簡であって、

蓋し九鼎《きゅうてい》は遷らずして、筍虡《じゅんきょ》は謐如《ひつじょ》たり。

「九鼎」とは、中国の古代における帝位の象徴、ここはそれで三種の神器をいおう。「筍虡」は雅楽の楽器をぶらさげる枠組み。それらは「謐然」とひそまりかえって、京都の宮廷にあるであろう。

凡百の文物制度、宛《あだか》も千歳の旧の如し。

しかしそのエネルギーはすでに尽きている。中国風にいえば、「王気」はすでに消え沈んでいる。そのことは、あなたがた兄弟以外、誰も私のところへ弟子入りする京都人がなかったことが、すなわちその証拠であると、再びわが田に水を引いた上、

豈《あ》に神州の清淑の気、澌《き》えはてたる邪《か》。王室は復《ま》た興こらざる邪《か》。毎《つね》に之が為めに潸然《さんぜん》となみだする者《こと》久し矣。

と、ここではなお言葉をゆるやかにする。

また「徂徠集」巻之二十二、入江若水あての書簡の一通には、関白近衛家熙の好学と蔵書を、若水が報知したのに答え、

蓋し相公《しょうこう》なる者は、吾が邦の第一の貴人にして、復《ま》た其の右に出づる者無し。是れ何を以って能く爾《しか》るや。果して爾《しか》らば、王室は其れ興こらん乎《か》。亦た吾が邦人の皆な聞くを楽しむ所也。

そうした「王室」への期待の語もある。

しかしけっきょくにおいて、京都の「王室」はもはや駄目なのである。公卿たちのもったいぶった有職故実も、まやかしのはったりに過ぎないとする見解は、さきに引いた「于季子に贈る序」に見える。

且つ洛の重きを為す所の者は共主なる邪《か》。王臣は周の礼を秦火の余に執りて、以って海内を欺く。

はったりに欺かれた一人、それは白石であるといいたいのであろう。

そうした「王室」の衰微に対し、日本の文明の新しい主宰者は、わが徳川王朝である。この新王朝こそ「先王の道」の日本における具現者で、「神祖」東照公以来ある。さきに引いた雨森東洲に贈った文章には、上引の部分につづけて「神祖」家康以来の徳川氏の政教をたたえて、

神祖の竜のごとく興りたまうに至るに及びて、墳素《ふんそ》を崇《あが》め向《とうと》びたまいて、凡百の制度、二つの代に監《かんが》みて、郁郁《いくいく》

乎《こ》として文なり。海内の靡然として風に郷《したご》う者《こと》、茲《こ》に百年。

家康の尊重した「墳素」とは、中国の古典。「二つの代」云云は、「論語」の孔子が、夏殷二王朝ののちにおこった周王朝を、「周は二代に監《かんが》み、郁郁乎《いくいくこ》として文なり」とたたえるのを、北条足利二代の後にある徳川氏にあてはめる。このような徳川王朝に対する賛美は、「徂徠集」のあちこちに、くりかえして見える。たとえば「徂徠集」巻之十一「菅童子に贈る序」が、享保九年、幕府の医官の子で神童と称せられた山田麟嶼が京都に遊学するのを送別する文章であるのには、

惟《こ》れ吾が神祖、既に海内を定めて、武を偃《ふ》せ文を修めたまう。

それ以来、

列聖相い承けて、累洽重熙《るいこうちょうき》、百年の久しきなり。

と、歴代の将軍の好文を、「列聖」歴代の天子と呼んでたたえる。また前引の入江若水の詩集の序では、「神祖」の「深き仁と厚き沢《めぐ》み」の結果として、

吾が榑桑《ふそう》の文明の運《めぐ》りは、方《まさ》に今や日の再び中《ちゅう》するが如き也。

とする。「榑桑」は扶桑と同じ。つまり日本の文明は、太陽が南へさしかかるように、われら徳川王朝において再興されたとするのである。

彼には、徳川氏はもはや、「王室」から譲位を受けてもよいとする思考があった。しかしあえてそれをしないのは、周の文王が、殷王朝の末期において、「天下を三分して其の二を有《たも》ち」ながら、なお謙遜して、諸侯のはたがしらの「西伯《せいはく》」であるのにとどまったごとくであるとする口吻が、綱吉の伝記として書いた「憲廟実録」の末尾に見える。いま明治大学に蔵する写本につき、字のあげさげを原型のままにして示せば、

建武ヨリ以来

王化陵夷シテ海内武命ヲ欽ム天ノ与フルトコロ民ノ帰スルトコロ誠ニ物ヲ改ムルニ近シ況ヤ　神祖天下ヲ乱賊ニ取玉ヘルニ尚西伯ノ至徳ニ法リ神道ヲ守リ玉フコト国家ノ定謨ナル上尚深ク天命未改ノ精微ヲ鑒ミ玉フニヤ禁裡ヲ尊崇マシマスコト世々ニ超玉ヘリ毎歳勅使奉対ノ日ハ必沐浴シテ御服ヲ改メ精誠ヲ極メ玉フ

末に「正徳四年甲午正月十日源吉保入道保山謹録」と、柳沢吉保の名を署するけれども、徂徠の執筆であること、いうまでもない。

また「政談」巻之三には、江戸は江戸で勲等を作るべきであり、今のように官位を、形式的にも京都から貰うのは不都合であるとする議論がある。

且天下ノ諸大名皆々御家来ナレドモ、官位ハ上方ヨリ綸旨・位記ヲ被ルレ下サコトナル故、下心ニハ禁裏ヲ誠ノ君ト存ズル輩モ可シレ有ル。当分唯御威勢ニ恐テ御家来ニ成タルト云迄ノコトナド丶ノ不レ失ハ二心根ヲ一バ、世ノ末ニ成タラントキ、安心難キレ成リ筋モ有也。「大系」三四八頁。

なお事がらの附帯として、幕府の都である江戸をほめ、「共主」の都である京都をけなす文章が、彼にはある。後者の例は、前引の宇野士茹に与えた文章であって、「王室は絶えざること綫《いと》の如き」である現在の京都の住人は、公卿を除けば、商工業者のみである。ゆえに「纖嗇《せんしょく》の俗」、けちでこせこせした風俗は、「史記」の「貨殖伝」や「漢書」の「地理志」が、周王朝の旧都であった洛陽の風俗をいうのと、同じである。ゆえにまたそこの儒者たちも、生活に困り、いろいろ講釈の店を開いているが、陳腐な宋学ばかりだというのは、仮想敵国であった伊藤仁斎東涯父子に、山崎闇斎を含めよう。なるほど平安朝以来のこととして「名姫は靡曼」、べっぴんはいるし、「百貨織巧の出づる所」、西陣その他、くしゃくしゃした工芸の生産地ではある。それらを、「山川の韶秀、語言の都雅」とともに、京都人は自慢するが、彼等はそれに慣れきって、見識卑陋であり、それ以外のことを考えない。

そうした京都の衰弱と対比して、われら徳川王朝のお膝下である大江戸の豪勢さはどうだ。漢と唐の長安といい洛陽といい、明と清の南京といい北京といったって、物の数ではあるまい。もろもろの悪事をも包容してのその繁昌、もはや世界第一の都会だと、「徂徠集」巻之十一「岡仲錫の常に徙《ひだち》るを送る序《うつ》」にいうことは、すでに「学案」に引いた。九一頁。「徂徠集」巻之十「野生の洛に之《ゆ》くを送る序」は中国語会話の教師の一人であった長崎人中野撝謙が京都に遊ぶのに与えたものだが、そこでも、東西二京の学問が比較されている。洛は「共主」の居住地で、「山川は秀麗、土は潔く水も洌《きよ》く」、其の君子は、「閑暇にして以って楽しみ」、ひま人が多いので、

故に其の学も、周密にして以って詳緩。其の文章は、悠然として世を曠《むな》しくする思い有り。

それに対し、わが「関中」は、「興王の地」であり、天地の元気の潑溂たるところ、其の人民はぜいたく、其の君子は「事功に趨《はし》るを貴ぶ」、政治の実際と接触するので、

故に其の学は、先ず其の大いなる者を立つるを貴ぶ。其の文章は渢渢乎《さつさつこ》として大国の音有り。

そうしてこの文章では、この二つの中心とても、あなたの出身地長崎が海外と接触する「万国の大都会」であり、「華風」の影響もっとも深いのには及ばないと、中野に花をもたせているのは、またもや例の中華癖であるが、同時にその文章の中で、長崎税関の「通事」通訳官たちが、中国語会話は達者でも、学問がないのをも、あざわらっている。

下　日本の優越を説く徂徠

以上のように中国の優越を説く徂徠が、しかしまた一方では、しきりに日本の優越を主張する民族主義者でもあっ

たという事実は、従来の徂徠研究にあまり言及されていないように感ずる。

大正の終りから昭和のはじめにかけて、有田音松という国粋主義者の薬屋があった。しばしば新聞に一頁広告をのせ、その主張をのべたが、ある一回は、徂徠を非国民として攻撃するものであった。何よりの資料は、「日本国夷人物茂卿」であったろう。漢学の大家でもあった犬養木堂が、有田に書簡を与え、その所論の行きすぎに反論した。すると有田は更に一頁広告により、こんどは犬養を攻撃した。

五十年前の犬養の弁護がどのような資料を使ってどのような論理のものであったか、もはや私の記憶にないが、中国を先進国としてあがめ、日本を後進国としていやしめる言語を、多量にのこす徂徠が、一方ではまた、大義名分にやかましい国体論者を喜ばせるごとき言語をも、一見、前者とは矛盾するごとき形でもつことは、事実である。まずあぐべきは、晩年の著、「明律国字解」の巻頭である。これは従来の研究者からも、無視されていない。

その書物は中国明《みん》時代の刑法である「大明律」の和文による詳解であり、吉宗の政治顧問となってからの晩年の著であるが、原書のタイトルは「大明律」である。その注解でありながら、「大」の字を删り、「明律国字解」とした理由を、開巻第一に、次のように弁ずる。

これは明代の刑書なるゆへ、明律と名づく。本書にては大明律と云へり。総じて大字を加ること、当代を尊ぶ辞なり。たとへば、漢の代には大漢と云へども、後世よりはただ漢と云。唐代をも、当代よりは大唐と云へども、後世よりはただ唐と云。日本のことを、此方にては大日本国と云へども、異国よりはただ日本国とばかり云て、大字を加へたるためしなきがごとし。

この書も原タイトルが「大明律」なのは、明時代にその王朝のものとして編定されたからである。しかし、今、日本は明朝に服従する国にも非ず。ことに異国にても、いまは代替りて清《しん》の代となりたれば、当代のことをば大清と称すれども、明朝のことをば大明とはいはず。まして日本に於ては大明と云べき子細なきゆへ、今刊行の本には大字を除くなり。

更にまたこの書物は刑法の書である。もし日本人が「大明律」というならば、この書物自体の規定にもそむくことになる。

此道理は、刑書に於ては、ことに吟味すべきことなり。末にある十悪の第三に、謀叛《ぼうはん》と云は、本国にそむきて異国へ従ふことを云て、是を十悪大罪と定めたること、刑書の掟なれば、今大字を除なり。創文社版三―四頁。

いわゆる「謀叛」の罪は、第一巻「名例律」の条に見える。同一八頁。

かく異国に対しては、「大」その他の美称を加えていってはならぬというとともに、日本に対しては「大」「皇」などの美称を加えていうべきだという主張も、早年の著「訳文筌蹄初編」巻一、「和」の字の条に見える。まず「和」の字が日本の意味に用いられるのは、がんらい磤馭盧《ヲノコロ》島の転音であって、それに「大」を加えたのだとし、

大和トイフハ大宋大唐ノ大ノ如シ

といった上、宋、元、明の人人が、それぞれみずからの王朝の名の上に、「大」と同義の字「皇」をかぶせ、皇宋、皇元、皇明というのにならい、日本の美称としても、「皇和」おおいなる和国、という呼び方があってよいとする。

又皇宋皇元皇明ノ例ニ任セテ吾国家ヲ皇和トイフベキコトナルニ古ヨリコノ称ヲ聞カズ近年茂卿ガ文ニ始メテカキタルナリ

事実、徂徠はその詩文のあちこちで、「皇和」なる語を使っている。故岡井慎吾氏が「漢字の訓解と校勘の学」岩波「日本近世の儒学」で指摘したように、正徳元年一七一一、あだかも彼の「訳文筌蹄」刊行の年であるが、朝鮮の使節に随従して来た曲技団が、その技芸を家宣将軍と市民の前で演じたのを、彼も見物に行っての長詩、「麗奴戯馬の

歌」に、「皇和今は逢う仁明の君、百年の昇平戦氛を息《や》む」というのは、その一つである。「徂徠集」巻之一。また京都の人平元珪の著が、「皇和通暦」と題するのに、序文を与えている。「徂徠集」巻之九。且つその語の現れるところ、必ず上を一字あけにして、自ずからの国家に対する敬意の表示とする。なお本居宣長は、この一条を、京都遊学中の雑記帳「和歌の浦」巻四に、「荻生氏訳文筌蹄一曰」として、抄出している。筑摩版全集十四巻六一六頁。

また「徂徠集」巻之十四、例の問題の孔子画賛ののち数頁の「張良の賛」、すなわち漢の高祖の謀臣であったその人の肖像に題したのが、

何んぞ況んや吾れは今ま千載の後、万里の表《かなた》に瞠《みは》るのみ。

と、孔子の画賛と似た措辞で終るそのあとの題署は、次の如くである。

大日本享保癸卯臘月二十八日。

ところで民族主義者としての彼の面目を、よりよく示す資料は、別にある。富士山への愛である。彼はこの山をもって三国一の名山とし、日本国の優秀さの象徴として誇示すること、「徂徠集」の詩文にしばしばである。「先王の道」の宣揚とならんで、「徂徠集」漢詩文の主題となっていると思われるほど、しばしばである。「芙蓉」あるいは「芙蕖《ふきょ》」、それが彼のこの名山に対する呼び方である。そうして時には暗に、みずからの象徴ともする。

このことすでに「学案」でも触れた。一六〇頁。そこでは、弟子山県周南が、正徳元年、家宣将軍の就職を慶賀するため来日した朝鮮大使一行の接待役となったのに与えた書簡、「徂徠集」巻之二十一に、ちかごろ朝鮮の使節との詩の応酬、御苦労であったが、朝鮮人の詩など、李白王維なみでないかぎり、われわれの詩が、「夫《か》の芙蓉の白雪の高き」がごときなのに対抗できるものか、というのを引いた。またさきだっては宝永四年、宇治黄檗の中国僧悦峰道章《えつぽうどうしょう》が、綱吉将軍に謁するため江戸へ来たのと、芝の瑞聖寺で会見し、その中国音の美しさに堪能したあと、宇治へ帰

ろうとする僧に与えた書簡、「徂徠集」巻之二十九、に、お帰りには芙蓉峰上の雪をよくよくごらん下さい、中華にもこういう山はありましょうか、泰山、華山ならば兄弟分であるかも知れませんが、というのを引いた。

そこに引かなかったこととして、後者の書簡では、富士のほかに、琵琶湖をももち出し、「琵琶と西湖とは、終《つい》に何如《いかん》」と、中国の西湖との競争をも申し入れている。お忙しい中とは存じますが、この富士と琵琶湖の二件だけは、宇治のお寺へ帰着されて、すこし落ちつかれたら、お返事を頂きたい。

忙中に答えを賜うを要せざるも、山に回るの後、或いは能く此の二事を以って報《こた》え相《ら》れば幸甚。

以上の書簡のほか、富士への関心をよりしばしば示すのは、「徂徠集」の詩の部分である。十首に一首ぐらいの頻繁さで富士が現われると、「学案」のそこでいったのは、すこしいいすぎたようであるが、「徂徠集」巻一から巻七までが詩であるうち、「芙蓉」「芙蕖」が現われる詩は、二十首を越える。

すなわち「徂徠集」の詩の部分は詩形によってまず分類した上、同詩形の中の排列は年代順とおぼしいが、まず巻之五、七言絶句一百十六首の巻頭第一首「春の日に楼に上る」にはいう、

落日高樓俯碧霄　　落日の高楼は碧の霄《そら》に俯す
關中春霽望逾遙　　関中の春の霽《は》れ　望み逾《いよ》いよ遙かなり
把杯意氣千秋色　　盃を把《と》れば意気は千秋の色
獨看芙蓉白雪驕　　独り看る芙蓉の白雪の驕るを

綱吉の死をいたんだ「正月十日の作」がその次の項に位するのからいって、まだ柳沢吉保失脚の前、その藩邸にいたころの作であり、すなわちまた現存する詩作のうち最も早いものであるが、その主題がすでに「芙蓉の白雪」である。

また七言律詩のさいしょの巻である巻之三は、八十一首を収めるうち、巻頭の第一首ではないが第二首は、やはりはやくも「嶽を望む」である。

何物芙蓉落日寒　何物の芙蓉ぞ落日寒き
關中霽迥綵雲端　関中に霽《は》れて迥《はる》かなり綵雲《さいうん》の端《はし》
青天一柱崢嶸出　青天の一柱　崢嶸《そうこう》として出で
白雪千秋突兀看　白雪千秋　突兀《とっこつ》として看る
誰指仙衣懸縹緲　誰か指さす仙衣の縹緲《ひょうびょう》に懸かるを
自疑玉女剖琅玕　自のずと疑う玉女の琅玕《ろうかん》を剖《さ》くかと
于今石跡山陰地　今に於いて石跡は山の陰なる地
喚取驪駒問大丹　驪《くろ》き駒を喚び取りて大丹を問わん

この詩も、綱吉の死、吉保の失脚、その直前の作のひとつであり、上の絶句とともに「関中」すなわち徳川王朝の直轄地である関八州、その象徴としての意味をこめての富士である。

同じ巻のややあとの七律「諼洲《けんしゅう》の新歳」が「屋を買いて痾《やまい》を養う諼葉の州、優遊して歳を卒《お》え憂いを忘れんと欲す」でおこるものは、柳沢の藩邸から、萱場町の寓居に移った翌宝永七年、その新春の作であるが、それに「枕を高くすれば西山より雪の色来たる」という「西山」も、富士にちがいない。

また同じ巻で、中野撝謙《きけん》が朝鮮大使一行を三河まで送るのの、はなむけとした七律には、次の一聯がある。

相逢儻及丸嵩游　相い逢うて儻《も》しくは丸嵩の遊びに及ばば
指點芙蓉雪色誇　芙蓉の雪の色を指点して誇れ

「丸嵩」とは、東海道中のどこを唐めかして呼ぶのか知らないが、一行がそこへさしかかったら、富士の白雪を、朝鮮大使の一行にさししめして、自慢しろというのである。また巻一の七言古詩で、僧玄海が長崎へ帰るのを送った長篇のむすびに

天竺高僧倘相逢　天竺の高僧に倘《も》しくは相い逢わば
爲問須彌優曇鉢　為めに問え須弥優曇鉢
其如日東芙蓉峰　其れ日東の芙蓉峰に如《い》かんぞやと

インドの山山と比較してどうかというのであり、さきの悦峰への手紙とあわせれば、三国一の名山であることを確認したいというのである。

かく三国一の名山とすれば、日本国内における最優秀の山であることは、いうまでもない。再び七言絶句のうち、岡崎侯水野忠之が京都所司代として赴任するのに医師東玄意が随行するのを送る詩では、京都の公卿たちに、わが関東の名勝として自慢してやれ。

聞說長安多貴游　聞く説《な》らく長安は貴遊多く
四時絃管帝王州　四時の弦管は帝王の州なりと
相逢倘問東方勝　相い逢うて倘《も》し東方の勝を問わば
海上芙蓉初日浮　海上の芙蓉は初日《しょじつ》に浮かぶ

また九州の貝原益軒の弟子である「鎮西の教授竹君」すなわち竹田春庵の訪問を受けたときの三絶句の一つは、

怪來大海西千里　怪しみ来たる大海の西千里
能識芙蓉白雪秋　能く識《し》る芙蓉白雪の秋

はるか西のへんぴな九州の人でありながら、よくぞ富士の白雪のめでたさを認識したまう。これには、おのれを富士山に比擬する気もちがあると思われる。

なおあげれば、いくらもあるが、巻之一、愛弟子山県周南が中仙道を通って周防へ帰るのを送った五言古詩「古風五解」の第四章は、やはり富士をもって、みずからに比擬するであろう。

去矣策君馬　去れ矣《よ》　君の馬に策《むち》うち
北上岐嶒嶺　北のかた岐嶒《きそ》の嶺《いただき》に上《のぼ》れ
回顧中原色　中原の色を回顧すれば
芙蓉高燭天　芙蓉は高く天を燭《て》らす
是我送君意　是れぞ我れの君を送る意
皎皎遙爲懸　皎皎《こうこう》として遙かに為めに懸かる

木曾の峠から、ふりかえって見えるであろう富士、それが私だ。

なおこれも「学案」で略説したように、彼がもっとも印象を深めた富士は、宝永三年、柳沢吉保の命によって甲府に赴いたとき、篠籠《ささご》峠のあたりで見た富士であった。事がらはその時の紀行「峡中紀行」、「徂徠集」巻之十五、に見えるほか、後年、左沕真に与えた書簡、「徂徠集」二十七、でも、

一朶の玉芙蓉、白雪と初日と相い媚《なま》めき、清冷は心脾に沁み、人を使《し》て今に至るまで碧痞を結ばしむ。

と、追憶し、巻之四の五言絶句「題画三首」の一つでは、

馬首玉芙蓉　馬首の玉芙蓉
峡遊日日従　峡の遊びには日日に従いたり

　　除却十年夢　十年の夢を除却しては
　　何思復一逢　何んぞ思わん復《ま》た一たび逢わんとは

かつての甲斐旅行の毎日、わが馬の頭上でわたしをおっかけてくれた富士、十年間も夢に見つづけたが、そうした不断の夢を除外すれば、きょうあなたから見せられた画の中で、出あったその姿が、思いがけぬ再会だ。

以上はなお、富士に言及した詩文の全部ではない。なぜかくも徂徠はこの山に執着し、賞讃するのか。そこには徂徠の思念が托せられている。日本は諸外国に超越した国であり、その象徴が富士であるとする思念である。そうしてこの国に生まれたおのれこそ、三国一の学者であり、その象徴も富士であるとする自負である。

もっともおのれは富士であり、富士はおのれであるとする自負は、以上に引いた詩の中に、すでに隠見するものの、さすがにそう明説した言語、彼自身にはない。

しかし弟子の言語には、それがある。もっとも愛弟子であった安藤東野が、正徳四年、師の「蘐園随筆」の刊行にあたり、それにかぶせた序文である。「学案」にも略引したが、一六六―一六七頁、ここには、そこには引かなかった部分を中心としてあげる。安藤はまず文章のはじめの方で、

　　徂徠先生は、其れ芙蓉の白雪なる邪《か》。

と、喝破する。そうして富士の秀絶は日本人のみならず、外国の航海者もみとめるところであるとする。

　　芙蓉の天に隣るは、独り我が東方のみにあらず、彼の航して洋《うみ》に泛《う》かぶ者も皆な言う、淼茫汗漫《びょうぼうかんまん》の中に、堙堁《たか》を天際に見る者は、芙蓉なる已《のみ》と。しからば則ち芙蓉の天下に大なるは、吾が党の言なるのみには非ざる也。

客観的に、世界第一の山なのである。不思議なのは、この世界一の山が、世界の文明の中心であるべき中国には存在せずして、日本に存在することである。

独り怪しむ名山大川天下淑霊の気の鍾《あつま》る所、中国に於いてせずして、而かも東方に於いてするは、抑そも何ぞ諸《や》。そうしてその原因を分析して、中国といい、辺境というのは、微視的ないい方であって、巨視的には、自然のエネルギーは、どこにでも発現し得る。且つ自然のエネルギーと文明のエネルギーが相即の関係にあることは、いわゆる「文章は元気に関す」であるが、わが国は文運の開け方がおそく、ことに近古以来は「唯《た》だ武をのみ競う」ところの戦国の世であったのを、わが「神祖」東照公が、勃焉《ぼつえん》として名山芙蓉の側からおこりたまうに及び、すべての暴力は消失し、かつての歴史に見ない太平となった。

　青史を歴計するに、今の盛んなるに並ぶ者なし。嗚呼其れ盛んなる哉。

かくて、自然の情勢も、中国ないしは世界の山山、みなわが富士に服属する情勢が、顕在的となった。「鸞《らん》のごとく挙がり鳳のごとく峙す、虎のごとく踞《うずくま》り竜のごとく蟠《わだかま》る者」、みなわが富士が、「芙蓉一たび晴れて、初日初めて湧く」前に、小供のごとくひれふして、「靄を送り翠を献じ、霞を舒《の》べ霧を出だし」て、この世界第一の霊峰をきわだたせる。

　こうした自然の情勢に応じて、国家の文運は、前古未曾有の盛況を呈し、「仁義を言う」哲学者、「文章を言う」文学者、いろいろと輩出したが、みな満足すべき連中ではなかったのが、わが徂徠先生が出現されるに及んで、はじめて富士と即応することとなった。先生の偉大さは、富士と同じであり、世界に冠絶する。

　即ち知る先生は天下の偉人にして、独り吾が東方のみに非ざる也。

　先生が、富士の麓の三河大給氏の後裔であるのも、偶然でないとして、更にいう、このたびここに刊行を見る「蘐園随筆」は、先生にとっては「砕錦片玉」に過ぎないけれども、しかもなお富士に湧く雲が午前を終らずして天下に雨ふらすがごとく、世界の人人をうるおすであろう。中国人は泰山を名山とほめ、ことにその日観峰《にっかんほう》の夜あけを自慢する。しかしもはやこの書物が出現した以上、日本の学問の中国への優越が示されたことは、泰山の日観峰とても、富士から見れば小僧っ子であるごとくであろう。

然らば則ち鶏の日観に鳴くも、亦た安《いずく》んぞ芙蓉の児孫《じそん》に非ざるを知らん邪《や》。

先生が尊重される中国の学者は、明《みん》の王世貞《おうせいてい》と李攀竜《りはんりゅう》であり、前者は後者の文学を、峨嵋山《がびさん》の雪にたとえて賞賛している。あわれむべし、彼らは峨嵋山のみを知って、わが芙蓉の白雪を知らない。いやそれともまた、富士に言及するのをわざと控え、やがてわが先生が世界第一の偉人として出現されるのを待っていたのであろうか。

以上、安藤の「蘐園随筆」の序文、何とも気炎万丈であり、あれよあれよというばかりであるが、これは徂徠の気もちを代弁したものといってよい。日本の文明は彼の出現によって、もはや「先王の道」の祖国である中国にさえも優越するのである。

中国の日本に対する優越をいいつづける徂徠が、あるいはその親密な弟子が、逆に日本の中国に対する優越をいうこと、矛盾のごとくである。

しかし矛盾ではなかった。中国の優越、それは古代の「先王の道」の時代にあった。しかし秦の始皇以後の中国は、「先王の道」を失のうことによって、その優越を喪失し、今やそれを再獲得した日本の徳川王朝は、中国に優越するというのが、彼の認識であったからである。

すなわちひろく人類の規範が、中国古代の堯舜以下の七「聖人」により、「詩書礼楽」を構成要素として設定されたとすることは、彼にとってアプリオリであり、説明をゆるさないドグマであった。それはただひとえに信仰すべきものである。荘内藩の家老である水野元朗と西田進修とへの書簡であるとされる「徂徠先生答問書」に、仏家のいう「輪廻転生」の説を問われたのに答えていう、愚老は釈迦をば信仰不仕候。聖人を信仰仕候。聖人之教に無之事に候得ば、たとひ輪廻と申事有之候共、とんぢやくに不及儀と存候。其子細は、聖人之教にて何も角も事足候而不足なる事無之と申事を愚老は深く信じ候故、如此了簡定まり候。みすず書房「荻生徂徠全集」一巻四五二―四五三頁。

しかしかく中国古代の七「聖人」、具体的には堯、舜、禹、湯、文王、武王、周公によって、せっかく設定された「道」は、中国自体では、孔子がそのさいごの理解者であって以後、決して順調に継承されなかった。

けちのつきはじめは、孔子の没後数百年にして、孟子という饒舌な男が出たことにある。「詩書礼楽」というおだやかな教養で人材を知らず知らずのうちに育成するという方法こそ、「先王の道」であったのに、孟子は早くもそれにそむき、理論的なお説教で人を説得しようとした。ついでは秦の始皇が強力な中央集権の国家を作ったことは、体制的に「先王の道」の破壊であった。「先王の道」は、各地方にいる世襲の大名が、それぞれの地域の人民と密接な接触をもつという体制、すなわち中国語の原義でいう「封建」の体制上に成り立つものであるが、秦の始皇はそれを「郡県」の体制、すなわち中央政府から派遣された官吏が、地方の長官となるという水臭い体制に改悪した。以後の中国では、秦の始皇にはじまるこの「郡県」の体制がずっと継続して、今に至っている。その点で根本的に中国はだめである。「徂徠集」巻之二十四、「水神童」すなわち水足博泉の問いに答えた書簡にはいう、

蓋し古の学者は皆な礼楽を以って其の徳を成す。之れを均しくするに君子人也。而うして其の政事と文章と、皆な詩書由りして出づ。聖人の道に悖《もと》らざる所以也。

しかるに、

秦漢よりして下《のち》は、郡県を以って封建に代え、法律を以って礼楽に代ゆ。

たとい表面的には「先王の道」を尊重するとしても、実際は非である。

其の吏治を言う者は亦た孰《たれ》か経術を援《ひ》かざらんや。而うして郡県の治は、凡百の制度、古と同じからず、而うして先王の道は用う可からず、故に亦た僅かに用いて以って吏術を縁飾すると云う爾《のみ》。豈に能く先王に法《のっと》らん哉《や》。

同じ議論は、「弁道」にも見える。「大系」二一―二二頁。

こうした政治の体制の堕落に応じて、秦以後の中国は文学も哲学も原則的にはだめである。ことに哲学を変な方向にもって行ったのは、十一世紀の程子《ていし》、十二世紀の朱子を中心とする宋の儒者たちの、いわゆる「理学」である。羅山以来、それは日本の国教ともなっているけれども、「先王」の「道」のもっとも歪曲した解釈である。またそれは単に哲学だけの問題でなく、関連諸科学みな悪くなってしまった。「徂徠集」巻之二十五、「谷大雅に復する書」にいう、

大抵宋以後は、啻《ただ》に経術のみならず、文章経済より、旁《かたわ》ら医卜の諸雑書に及ぶに至るまで、亦た皆な程朱の流風の浸淫する所と為る。故に読む所益ます博くして、理学の蔽益ます牢《かた》く、復《ま》た自ずから覚えず矣。

右は広汎な指摘である。「徂徠集」巻之二十五、パトロン本多忠統あての書簡の一つに、十三世紀南宋の理宗皇帝自筆の詩を偶然目にしたのを、「寒酸なること殊に甚だし」、何とも貧相だ。「理学の弊は、一とえに此こに至る邪《か》」というのは、細かな部分への指摘である。

中でもことに重要なのは、文学の堕落であるとすることを、あちこちに述べる。まず詩については、「詩経」三百篇の「温柔敦厚」こそ、詩の永遠の批評基準であるのが、八世紀唐の李白杜甫までは継承された。しかるに十一世紀宋の蘇東坡以後は、全く駄目になったとし、「徂徠集」巻之十九「唐後詩の総論の後に題す」にはいう、

詩三百より以って李杜に至るまでは、其の調べ世に随いて移り、体は人毎《ごと》に殊なりと雖も、而かも一種の色相は諸《こ》れを春風の物を吹きて燁然《ようぜん》として観る可き者に譬うるは、乃ち異ならざる也。

しかるに宋の蘇東坡以後は、この伝統が絶えてしまったとし、詩の罪人は、東坡をはじめとして、明の徐文長《じよぶんちよう》、袁《えん》中郎《ちゆうろう》、鍾伯敬《しようはくけい》、また儒学の罪人は、秦の李斯、宋の陸象山《りくしようざん》、明の王陽明と李卓吾とかぞえ、

天は此の一種の人物を生みて、以って盛んなるを転じて衰えに趨《おもむ》かしめ、醇《あつ》きを破りて漓《うす》きに就かしむ。畏る可きの甚しき也。

また散文の文学についても、さいしょの変転は、八世紀唐の韓愈《かんゆ》、柳宗元《りゆうそうげん》にあるとし、それはなお許容されるが、十一世紀宋の欧陽修《おうようしゆう》以後は全く認めない。

千年内外にわたる中国文学の、そうした悲しむべく憐れむべき状態ののちに、例外的に出現したのが、十六世紀明《みん》の李攀竜《りはんりゆう》、王世貞《おうせいてい》であって、二人がとなえた「古文辞」の文学説が、彼の文学説のみならず、儒学説への啓示となったのを、彼は「天の寵霊」として感謝すること、「学案」で詳説したごとくであるが、一七三頁以下、李と王の二人がせっかく復活させた唐詩のおおしさも、次の十七世紀中国では祖述されているようでない。十七世紀の中国の詩人として、彼が「唐後詩の総論の後に題す」であげるのは、袁宏道《えんこうどう》と鍾惺《しようせい》、すなわち前述の袁中郎と鍾伯敬、また「徂徠集」二十五「崎陽の田辺生に答う」では、袁と銭謙益《せんけんえき》であるが、彼らの詩は、いとうべき宋詩が「情」よりも「意」を主とするのに逆もどりして、つまらぬ詩であること、私は「溟渤を渉り」、海を渡って、「華域を踏み」、中国へ行ったことはないけれども、手にとるごとく分かる。且つ現在の中国の政治は、胡族である満州人の清王朝によって行なわれている。

「先王の道」は、永遠の規範である。しかしそれは中国ではすでに衰亡してしまっているのであり、現在の中国には、もはや学ぶべきものがない。言語の音声、紙、筆、墨の製法、そのような無自覚な行為は、なお「中華」であるけれども、自覚的な行為は、文学、哲学、ないしは音楽、みな正しい伝統を喪失している。わが徳川王朝の優越に及

ばない。

そうした認識は、前引「徂徠集」巻之二十五、柳川の内山生に与えた書簡にも示されている。柳川産の和紙が、中国の紙に似るのをたたえるその同じ書簡にいう、

且つ三代よりして後は、中華と雖も亦た戎狄之れを猾《みだ》る。古の中華に非ざる也。故に徒らに古の中華の名を慕う者は、亦た非也。足下其れ之れを思え。

「三代」とは、秦始皇以前、夏、殷、周の三王朝である。

かく中国では喪失した「先王」の「道」の伝統を、日本という優秀な風土の中で再獲得した人物は、ほかならぬこのおのれである。それが徂徠の自負であった。彼の主著ともいうべき「論語徴」の自序は、この自負をいうものにほかならない。まず歴代の中国の学者が「論語」に与えた注釈は、すべて不当であるとしていう、

然れども学は古を師とせざるは、孔子の心に非ず矣。乃ち傲然として自ずから諸《これ》を心に取りて以って解を為す者は、韓愈《かんゆ》より下、数百千家、愈いよ繁くして愈いよ雑に、愈いよ精《くわ》しくして愈いよ舛《たご》う。

唐の韓愈の「論語筆解」がよろしくないのをはじめとして、宋の儒者の注釈はいよいよいけない。わたしの注釈は、それらのすべてと異なるとした上、

独り悲しむ中華は聖人の邦なるに、千有余歳の久しきを更て、儒者何んぞ限らん。

儒者は無限にいたはずなのに、

尚お且つ嘵嘵然《ぎょうぎょうぜん》として堅白の弁を事とし、而うして孔子の伝うる所は何の道なるかを識《し》らざる也。況んや吾が東方をや。

「堅白の弁」とは詭弁である。

かくて彼は彼の学説を「吾が東方」のすべての先輩よりも優越するのは勿論、中国のいかなる学者、孟子をもふくめてそれ以後の中国のいかなる学者の学説よりも、すぐれると自負した。自負は小さな形でも示されているのであって、「甘雨亭叢書」に収める未完成の著書「孟子識」には、「梁恵王」下篇にあらわれる「莒《きょ》」の字につき、それは陝西省の地名であり、宋の朱子の注その他がいうように軍隊の意でないとし、ほこっていう、

　中国人は地理を知らず、日本人之れを正す。異なる哉。

以上のように見て来ると、彼が「日本国夷人」と自署し、「東夷の人」と称したということも、別の意味をもって来る。

「夷ハ質ナリ」であり、「夷ハ疎ナリ」であるには相違ない。しかし文明が無用の歪曲をもたない地域の人間であるゆえにこそ、正しい伝統を把握し得た人間という含意を、「夷人」の二字はもち得る。またそうした含意を、彼に可能にする文献がある。「孟子」の「離婁《りろう》」下篇である。

　舜は、諸馮《しょひょう》に生まれ、負夏《ふか》に遷り、鳴条《めいじょう》に卒す。東夷の人也。

また

　文王は、岐周に生まれ、畢郢に卒す。西夷の人也。

七聖人の一人である舜は、おのれと同じく「東夷の人」であったではないか。

「東夷の人」という語が現れるのは、はじめにいったように、富春山人田中省吾に与えた書簡であるが、二〇五頁、それは次のような文脈の中に現われる。

まずいう、省吾よ、私が明の李攀竜と王世貞によって提唱された「古文辞」の方法の愛好者であること、君の知る通りだ。いわゆる「古文辞の学」がいかなる方法であるかは、従来の徂徠研究諸家の解釈、必ずしも十全でなく、私

の「学案」一四〇頁以下に説くところを見られたいが、書簡はつづけていう。私は、「近来閑居して事無し」、柳沢藩邸を去って、町の儒者となった。ひまがあるのにまかせて、李王二氏が文学の方法として使ったものを、私は「六経」研究に転用して見た。すると世間で権威となっている宋儒の注が、いかに出たらめであるかが、はっきり分かったとして、いう、

蓋し中華は聖人の邦なるに、孔子歿して二千年に垂《な》んなんとして、猶お且つ有る無《な》き乎爾《のみ》。

かつては「聖人の邦」であった中国は、もはや完全にだめである。しかるに、わたしは、

乃《すなわ》ち東夷の人を以って、而かも聖人の道を遺されし経に得し者は、亦た李王二先生の賜もの也。

李王二氏への感謝をここでも附言すること、それはおくとして、東夷の人を以って、以東夷之人、というい方は、東夷の人なのにかかわらずの意とともに、東夷の人なればこそ却って、そうした意を含み得る。

しからば孔子の肖像の上に、

日本国夷人物茂卿拝手稽首敬題

とするしたことも、一すじ縄ではゆかぬ措辞となる。孔子よ、あなたの伝統を、「夷人」なるゆえに直接に継承し得る日本国の物茂卿の意を蔵しないとしない。「日本国」という語を、他の漢文ではあまり使わないのをここでは使うのも、無意味ではないかも知れぬ。「徂徠集」巻之九「南郭初稿の序」には、「日出づる邦」なる語が見え、巻之三、五言律詩のあるものには、「東方君子国、伊《こ》れ鳳の翽《か》け翔《か》ける所」。

更につきすすんでいえば、孔子以後の孔子、それはおのれであるとする思念がなかったか。孔子が伝達者であろうとした「先王の道」は、日本はもとより、中国でも、孔子以後はまともに伝達されず、彼に至ってはじめて再獲得されたとすれば、「夷人物茂卿」は第二の孔子でなければならない。「東海は聖人を出ださず」と「学則」にはいう。し

かし今や「東海」には、ほれ「聖人」がここにいると、彼はいいたいのではないか。私がそう疑うばかりではない。大阪における反徂徠の巨頭であった五井蘭州は、その「非物篇」巻之六で、徂徠が「弁道」のはじめに、著述の動機を、

予《わ》れは五十の年既に過ぐ焉。此こにして自ずから力《つと》めず、宛《えん》として其れ死せば、則ち天命を其れ何とか謂わんや。故に輒《すなわ》ち論著する所有り。以って天の寵霊に答う。

というのは「論語」の孔子がみずからの一生の経歴をのべたうちに、

五十にして天命を知る。

というのに比擬するのであり、何たる不遜ぞやと、攻撃している。

この論文を書いたのは、実は更に語りたい事実が次にあるからである。以上のような心情あるいは抱負の上に構築された彼の儒学説は、価値の基準を中国の古代におきつつも、実は甚だしく日本的な儒学である面をもつと観察する。彼の「敬天」の主張は、日本の神道からの啓示であり、信頼こそ万事の基本とする主張は、日本仏教からの啓示のように思われる。また彼の古典解釈の方法は、帰納的、実証的であるごとく見えて、実はより多く思弁的、演繹的である点、中国の平均と異なる。少なくとも清朝の「漢学」とは、外貌を似かよわせつつ、異なる。また「西海は聖人を出ださず」と規定した西洋をどう意識していたか。いずれもこの論文では、説く時間をもたなかった問題である。

一九七三年十一月。

（一九七四昭和四十九年一月「世界」）

日本的思想家としての徂徠

一　はじめに

この論文は、一昨一九七三年の春、岩波「日本思想大系」36「荻生徂徠」の巻のために、その解説として、その人の伝記と学説を説いた「徂徠学案」、この論文では「学案」と略称するもの、及びその補足として、昨一九七四年一月号の「世界」に、「民族主義者としての徂徠」と題して書いた論文、すなわち古代中国の「先王」の「道」を価値の基準とするのをめぐって中国の日本に対する優越を主張する徂徠が、他方では逆に日本の中国に対する優越を、富士は三国一の山という子供じみた自負をも交えつつ、しばしば主張することを指摘した論文であり、以下に、前の論文というもの、その二つへの更なる続論である。そうして前の論文の末で予告したように、徂徠の学説、思想、思考法に、民族主義者としての面目と相表裏して、自覚的無自覚的に、中国的であるよりも日本的なものが、いくつか認められるのを、指摘したい。

二　日本の神道からの示唆

まず指摘されるのは、彼の学説のもつ宗教性である「敬天」の主張、その成立に日本の神道からの示唆が参与すると認められることである。

「敬天」の説とは、私の「学案」が一八九頁以下に述べるものであって、要約すれば、その説は、人間の現実の複雑さへの敏感から発足している。人間の個性は、無限に分裂する。孟子や宋儒のいうように、善への方向を斉一にはもたない。且つそれぞれの個性は、宋儒がいうように、修養によって「気質」を「変化」させることはない。いつまでもその本来を保持する。人間も万物も「活物」だから、成長はある。米はよりよい米に、豆はよりよい豆になることはあっても、米が豆になり、豆が米になることはない。かくて個性と個性の接触による人間の生活は、無限の変化を示す。人間ばかりではない。自然さえも必ずしも法則的でない。奇蹟を示す。要するに現実は、人間の知恵では追跡しおおせない複雑さをもつ。宋儒が「格物致知」の説をとなえ、万事は人間の知恵によって究明されるとするのは、誤謬である。現実の複雑さの原泉としては、人間以上の存在が考えられねばならない。それが「天」である。われわれの上方に、蒼蒼然《そうそうぜん》、冥冥乎《めいめいこ》としてある天球である。その意思の発動として、すべての現実はある。「天」の意思は、人間には不可知である。ゆえにその発動である人間の現実は複雑なのであり、人間の知恵では蔽い得ない。「天」の意思の発動は、「天命」と呼ばれる。人間の知恵と人間の努力が不必要というのではない。すべては「天」の意思の発動、「天命」であることを認識した上での努力こそ必要である。「天命を知ら」ねばならない。そうして「天」への尊敬を、すべての行動の根底としなければならない。人間の知恵では測り得ない霊妙さへの尊敬である。また「天」はすべての神神の中心である。「天」への尊敬の拡大として、ひろく「鬼神」を尊敬しなければならない。「鬼神」もまた不可知である。ゆえに、尊敬される。朱子と宋儒が、「鬼神」の存在を否定し、諸古典に見えるその語をも、物質の活動の比喩とするのは、不遜な誤謬である。京都の伊藤仁斎は、宋儒の「理」の哲学を否定した点では、尊敬すべき先輩であり、「日本には過たる大豪傑」であるけれども、無神論である点は、宋儒の誤謬を継承する。仁斎を「大豪傑」と呼ぶのは、新出の書簡の語。みすず版「荻生徂徠全集」一巻四九四頁。

以上の論理を和文でいったものとして、「学案」一九四頁でも断片的に引用した「徂徠先生答問書」下の一節を、丁寧に引けば次の如くである。

総じて世間の一切の事、人智人力のとゞき候限り有之事に候。天地も活物、人も活物に候故、天地と人との出合候上、人と人との出合候上には、無尽の変動出来り、先達て計知候事は不成物に候。愚かなる人はたま〱一つ二ついたしあて候事候へば己が智力にてなし得候と存候へ共、左にては無御座候。皆天地鬼神の助けにて成就いたし申候事に候。其人智人力のとゞき不申場にいたり候ては、君子は天命を知りて心をうごかさず、我なすべき道を勤候故、をのづから天地鬼神のたすけを得候に、をろかなる人はわが智に見え不申候故、疑ひ生じ心を専らにしてはげみ候事なく、つとむる力よはり候故、其事破れ候て成就いたし不申候。

「答問書」は更に、以上に対する比喩として、航海にはもとより技術がある。しかし難船の場合は、「智力も尽果、只仏神の力を頼候より外他事無之候」。だからといって、「櫓械をもすて船底にひれふし居候計」では助からない。「仏神の力を頼み候上に、猶々己がつとむるわざを励候故、十死一生の難を凌ぎて生路を得候事に候」。以上みすず版全集一巻四六二—四六三頁。

以上のような敬天、敬鬼神の説、つまり超自然の存在を容認し、それへの敬虔を強調する説は、宋儒と仁斎の無神論への反撥を、成立の契機としょうが、日本の神道説が成立にあずかっていると認められるのは、中国古代の「先王」の「聖人」たち、すなわち彼によれば堯、舜、夏王朝創業者の禹、殷王朝創業者の湯、周王朝創業者の文王、武王、周公、以上計七人の天才の君主が、永遠に妥当な政治の技術として、「道」を作為したのも、その根底にあるのは「天」への敬虔であり、その具体的表現として祭政一致であった、それは神道家のいう日本古代の様相と、合致するとする表白が、彼にあることである。彼のいう「先王の道」が、無限に個性を分裂させる人間を、集団として統治する政治の技術であり、個人的な道徳である「徳」よりも優先すること、「道」は七人の「先王」が人為的に設定し作為した政治技術であり、「天地自然の道」「事物当行の理」などと従来の儒者がいうように、自然に内在する法則の顕現ではないこと、といって分裂する個性を窮屈にしばる抽象の言語ではなく、為政者の標準となる具体的事実として、歌謡集である「詩」、散文集である「書」、諸種の儀式である「礼」、音楽の演奏である「楽」、それらへの習熟を寛容に示唆する「風雅文采」の方法であること、要するに「先王」の「道」のすべては後世の宋儒がすべてを「理」でしばるのとは対蹠的であること、かかる「先王」の「道」のさいごの理解者は孔子であり、以後の中国は、孟子をはじめとして堕落をつづけ、堕落の極が朱子ら宋儒であるのに至って、「先王の道」は完全に喪失されたこと、喪失は、中国の政治制度が、秦の始皇以後、「封建」から「郡県」へと移行したのと、相表裏すること、そうした中国の堕落から脱却して、「先王」の「道」を再獲得するためには、「先王」の時代の文体が「辞」と呼ばれる特別の文体であるのに習熟し、その習熟の上に「先王」の文献を読むべきこと、「辞」の習熟はみずからの言語生活をそれと合致させるのによること、それには送りがな返り点の漢文読みを捨てて、本来の中国音によって棒読みにするのは勿論、中国が堕落してからの文体、ことに宋時代の文体は、「先王」の時代の「辞」とは非連続な異質であり、従来の儒者がそれを読書の対象、また漢作文の範型として来たのは、「先王」の「辞」したがってその「道」への到達には、積極的な障害となること、かく古代の言語に自己を投入することによって古代を獲得する方法は、十六世紀明の李《り》攀竜《はんりゅう》、王世貞《おうせいてい》の二人が、堕落した中国における例外的な覚醒として、文学の分野でそれを行なったのであるが、おのれはそれからの示唆により、方法を「先王」の「道」の文献へと拡充したのであること、その結果として「先王」の「道」への到達が可能となったのは、「辞」と後世の中国文との非連続、また中国語と日本語との非連続、表現する言語は非連続であっても、表現される人間の事態は時空を超えて連続の関係にあるからであること、この連続の関係を、言語の非連続を超克して確認するのが、すなわち「吾が古文辞学」であること、以上すべて詳しくは、「学案」に説いた。

さて日本の神道と、中国の「先王の道」は、ひとしく祭政一致であり、両者は連続の関係にあるとする表白は、漢詩文集「徂徠集」巻八に収める「旧事本紀解序」に見える。パトロンの一人である上州沼田藩主、黒田豊前守直邦が、「旧事本紀」に施した注釈に与えた序文であり、全文約五百字、冒頭まず日本のそれについて、

蓋し我が　東方は世世神道を奉ずと云う。

ここでの「神道」の語は、神による政治の意であり、日本のそれのみを狭義には指さない。原漢文が「蓋我　東方」云云と、「東方」の上が一字あけなのは、祖国への敬意。ところでかく「神道を奉ずる」のは、日本のみならず、「六経《りくけい》」の記載によれば、中国の「先王」の「道」も同様であったとして、

恭うやしく古昔の六経の載する所、虞夏商周の聖人の為す所の道を稽《かんが》うるに、豈に翅《ただ》に我れ已《のみ》ならん哉《や》。

中国の「先王」の「道」も、祭政一致であり、「天」を敬し、「鬼神」を敬して、爵禄刑賞、みな神意によったこと、日本の古代と同じであったとし、そのことを、「礼記」「礼運」篇の孔子の語、「政は必ず諸《こ》れを天に本づけ、殽《なら》うて以って命を降す」云云、同じく「中庸」篇の孔子の語、「郊社の礼」、神社への儀礼と、「禘嘗の義」、祖先神の祭祀の運用、それらに「明らかなれば、国を治むること其れ諸《こ》れを掌に示すが如き乎《か》」、政治は掌中の物を指すごとく明晰に容易であろう、また「易」の「観」の「卦」の「聖人は神道を以って教えを設く」、それらの語を証として説く。そうして中国では宋儒が無神論を決定して以来、「先王」の「道」はその点でも滅んだが、中国にもし再び「聖人」が現われたらば、きっとわが日本の方法を採用するであろうとまで、極言する。

後世に中国にて聖人の興こる有らば、則ち必ず諸《こ》れを斯《こ》こに取らん已《のみ》。

この文章は以上の部分すでに、彼の敬天敬鬼神の説が、日本の神道と関係することを示すが、更に興味があるのは、その後半である。現存する「先王」の文献は、孔子の門流が伝えた周王朝の「道」に関係するもののみであり、それらでは「天」と「鬼神」への敬意がなお充分に看取されず、日本の神道と異るという疑いを生むかも知れないけれども、より先だつ尭、舜、夏王朝、殷王朝の「道」は、今やその文献は伝わらないけれども、より多く宗教的であった可能性をもつと予想する。

孔子の徒、独り周礼を伝う。而うして儒者は乃《すなわ》ち謂《おも》えらく、先王の道は此れ已《のみ》と。亦た深く思わざる也。

このことは歴史家としての彼の眼光を示すとしてよい。うち少なくとも殷王朝についての予想は、現代の歴史学者の見解と合致する。貝塚茂樹編「古代殷帝国」参照。彼の場合は、「礼記」「表記」篇の、「殷人は神を尊ぶ。民を率《ひき》いて以って神に事《つか》え、鬼を先にして礼を後にす」、また漢の劉向《りゅうきょう》の「説苑《ぜいえん》」の「修文」篇、班固の「白虎通」の「三教」篇に、殷王朝の文明の特質は「敬」、その弊害は「鬼」というのなどが、予想の構成にあずかっていよう。

右の説は、「旧事本紀解序」に見えるばかりではない。「論語徴」「子罕」篇の、「子、九夷《きゅうい》に居らんと欲す」、すなわち中国に失望した孔子が、東方の「夷」の国に移住したいといったと普通には解する章のところにも、全く同じことをいう。まず徂徠は「九夷」二字を通説の如くには解しないが、それは当面の問題でないからおくとして、仁斎の「論語古義」がこの章から出発して、孔子が東方に居ることを欲したのは、わが日本のごとく、太祖神武帝が、周の恵王《けいおう》の十七年に国を開いて以来、「君臣相い承けて、連綿と絶えず、之れを尊ぶこと天の如く、之れを敬すること神の如く」であること、中国の及ばぬ国が存在するからだというのに対し、徂徠は反論していう、日本はむろん立派な国である。しかし立派さは、仁斎のいうような点にあるよりも、祭政の一致にこそある。且つそれはまさしく夏王朝、殷王朝の「道」なのであると、ここでは断言し、儒者たちは周王朝の文献のみを読むゆえに、日本の方法は、中華聖人の「道」と合致しないというが、これ思わざること甚しであるとする。

敬天、敬鬼神の説が、それのみで成立したとはいわない。しかし日本の神道からの示唆が大きく作用していることは、以上の二つの文章によって、明らかであるとしてよい。神道の史に無知な私は、いかなる流派の神道が、彼と親近であったかを知らない。「徂徠先生答問書」下、武士道への嫌悪を述べる条では、「或ひは武道はすなはち神道」という説があるのを、歴史の浅いものとしてしりぞけている。みすず版全集一巻四六五頁。またパトロンのために文章を書いた「旧事本紀」が疑わしい性質にあることも、むろん彼の博学は心得ている。門人三浦竹渓が彼の口述を筆記した「経子史要覧」に、「古事記ハ、其文古雅ニシテ、誠ニ古書トモ称スヘキナレトモ、旧事記《ママ》ノ如キハ、其文古事記ヨリ新ニシテ、冗長ナルトコロアリ、コレ正シク後人ノ偽作スルトコロナリ」。みすず版全集一巻五二八頁。

なお和文による徂徠の著述とあるいはされあるいはされない「蘐園談余」巻一の冒頭にも、「神道」と題する条がある。「我国ノ神道ハ、乃中華《モロコシ》ノ神道也、昔ハ天照大神ノ御霊《ミタマ》、大殿ニ在テ、神宮皇房ノ差別無シト云ヘリ、祭祀ノ礼ハ輔臣ノ司ル所ニテ、朝政ハ皆神徳ヲ以テソ行レシ、唐虞三代ノ礼ハ、尚書三礼ニ載タリ、大政ハ皆宗廟ニテ行ハル、宗廟ノ制作、大様後ノ世ノ朝堂ニ均シ、祭祀ノ礼ヲ治メ、神霊ノ命ヲ承テ行レケレハ、異国本朝神霊ノ道ハ同一揆也」云云。

「蘐園談余」なる書は、井上哲次郎「日本古学派之哲学」において、門人山県周南の「為学初問」と内容が全く同じであるところから、徂徠の書でないと判定され、岩橋遵成「徂徠研究」も、その方向への証を添える。二人の考証の過程は必ずしも周到でないと感ずるが、たとい徂徠の語でなく周南の語であるとしても、それが徂徠の思想であることは、上引の二つの漢文との合致によってたしかである。なお本居宣長は、その京都遊学中のノートが、近ごろ活字になったのに、この条の全文を、「蘐園談余、物部茂卿曰」として、二度も書き写している。筑摩「本居宣長全集」十三巻九四また九六頁。徂徠と宣長をむすぶ新しい線の発見である。

そうしてかく超自然への敬虔を説くことは、神道説からの影響のいかんにかかわらず、彼が中国的思想家であるよりも、日本的思想家であることを示す。中国の伝統は、彼が中国の病態とする宋儒の無神論ばかりではない。「論語」がすでにその方向へ傾くと、客観的には考えられる。私の書いたものでは、全集二巻「中国人と宗教」など参照。もっとも彼の「論語徴」は、「未まだ人に事《つか》うる能わず、焉《い》ずくんぞ能く鬼に事《つか》えん」、「鬼神を敬して之れを遠ざく」

などの章をも、彼の学説にひきよせて解する。

なお彼が「神道」の語を用いるのは、上にも触れたように、「易」の「聖人は神道を以って教えを設く」にもとづいて、ひろく超自然への尊敬を含めた政治技術の意としてであり、日本神道ばかりを狭義に指さない。「徂徠集」十七、「対問」は、享保十一年、相模の酒匂川に、「先王」の一人である禹を治水の英雄として祭る神社が出来たとき、幕閣の要人の命によって、その記念碑の文章に手を入れ、且つ祠の堂守りは、坊さんでよいとした際の文章であるが、禹の社とても、奉仕者は神道の神主でなく、仏僧でよいとする理由をのべていう、「且つ今の世の神に奉《つか》うる者は五つ。巫と曰い、祝と曰い、陰陽と曰い、僧と曰い、修験と曰う。其の奉ずる所の道は二つ。神道と曰い、仏道と曰う」。これは狭義のそれ。「然れども之れを均しくするに、皆な神道なり」。これは広義のそれ。「五者何んぞ択ばん也《や》」。

三　日本仏教からの示唆

次に指摘されるのは、彼の信頼の哲学と日本仏教との関係である。

ここに信頼の哲学というのは、私の「学案」が、一二九頁から一三一頁にわたって述べるものである。それは超自然の尊敬と連鎖の関係にある。天への敬虔は天への信頼であり、鬼神への敬虔は鬼神への信頼であるのの延長として、よき人間関係は、相互の信頼の上にのみ成立するとする。師弟の間はことにそうであり、孔子と七十弟子の関係はそれであった。また「先王」の「道」が窮屈な教条による強制でなく、「詩書礼楽」によるおだやかな示唆であり得たのも、「封建」の制度の中において、世襲の領主また家老と領民との間に、代代の信頼関係があったからとする。

この美風を消滅させ、中国を堕落にみちびいたはじまりは、「弁を好んで」議論ずきであった孟子にある。あるいは「中庸」の著者子思《しし》、「大学」の著者曾参《そうしん》も、責任の一部にあずかる。彼らは「先王の道」と孔子とを祖述するのを意識としながら、対立の学派をもつゆえに、議論による説得を方法とした。そもそも議論というものは、こちらを信頼しない相手を強制的に説得する言語である。必ず偏向を生み誤謬を生むこと、法廷の弁論と同じである。以後、議論による弊害が極端になったのは、宋の時代である。ゆえに宋儒の哲学はもっとも誤謬に満ち、宋代の文章は、議論のための分析を仕事とし、古代の「辞」と異質のものとなった。回復さるべきは信頼の美風である。

以上のような信頼の哲学の成立に、仏教、ことに日本仏教があずかっていると観察されるのは、彼みずからそれをいう文章が、「学案」のその条でも簡単に触れたように、「論語徴」にあるからである。

「論語徴」が、この哲学を説くのは、二か所、「為政」篇の孔子の語、

　人にして信無くんば、其の可なるを知らざる也。

また「子張」篇の子夏の語、

　君子は信ぜられて後に其の民を労《はたら》かす。未まだ信ぜられざれば則ち以って己れを厲《なやま》すと為す也。信ぜられて後に諫む。未まだ信ぜられざれば則ち以って己れを謗《そし》ると為す也。

以上二か所であるが、後者の「徴」に、その説がある。すなわちいつものごとく、孟子の議論ずきは、「論語」この章のいましめを忘れたからであるとした上、次の語を着ける。

　後世にては唯《た》だ浮屠のみ尚お能く是の意を窺《うかが》う。其の言に曰わく、仏教の大海、信のみ能く入ると為すと。

孟子以後の儒者が、信頼の哲学の意義を忘却した中にあって、まだしもそれを理解するのは、却って「浮屠」すなわち仏教者のみであるとする。そうして「仏教大海、信為能入」と、仏家の語を引用する。

「論語」の注釈に仏典を引くこと、すでに異例であり、そのこと既に仏教からの示唆を思わせる。仏教大海の二句、「学案」でもいったように、諸友人の教えによれば、「大智度論」の語のよしである。それがいかなる文脈の中にある

か、仏教に無知な私は、生兵法を敢えてしないが、何にしてもその限りでは、中国仏教の語であり、日本仏教に限定されない。

それを私が日本仏教との関係において見ようとするのは、彼の言説の中に、親鸞の「歎異鈔」と酷似するものを、見いだすからである。

彼の信頼の大きな対象が、「先王」の「聖人」であること、いうまでもない。「徂徠先生答問書」下には、いう、

愚老抔が心は、只深く聖人を信じて、たとひかく有間敷事と我心には思ふとも、聖人之道なれば定めて悪敷事にてはあるまじと思ひ取りて、是を行ふにて候。みすず版全集一巻四七八頁。

もし「聖人」を弥陀もしくは法然上人におきかえれば、すなわち「歎異鈔」のかの有名な条そのままではないか。

親鸞におきては、ただ念仏して弥陀にたすけられまひらすべしと、よきひとのおほせをかふりて信ずるほかに、別の仔細なきなり。念仏はまことに浄土にむまるゝたねにてやはべらん、また地獄におつべき業にてやはんべるらん。惣じてもて存知せざるなり。たとひ法然上人にすかされまひらせて、念仏して地獄におちたりとも、さらに後悔すべからずさぶらう。

「歎異鈔」はまたいう、

かつは諍論《じょうろん》のところにはもろもろの煩悩おこる。智者遠離すべきよしの証文さふらうにこそ。故聖人のおほせには、この法を信ずる衆生もあり、そしる衆生もあるべしと、仏ときおかせたまひたることなれば、われらはすでに信じたてまつる、またひとりありてそしるにて、仏説まことなりけりとしられさふらう。

徂徠の議論否定の論理そのままではない。しかしあい近い。

徂徠も儒者である限りの立場では、仏教を好まなかった。仏説が老荘とともに、異端である理由を、その非政治性

に求め、「答問書」上に、「釈迦と申候も、世を捨家を離れ乞食の境界にて、夫より工夫し出したる道にて候故、我身《しん》心《じん》の上之事計にて、天下国家を治め候道は説不申候」。みすず版全集一巻四三〇頁。

そうして、「答問書」中では、質問者が輪廻転生のことを問うて来たのに対し、「愚老は儒学は仕候へ共、仏学は不仕候」と前おきした上、「愚老は釈迦をば信仰不仕候。聖人を信仰仕候。聖人之教に無之事に候得ば、たとひ輪廻と申事有之候共、とんぢやくに不及儀と存候。其子細は聖人の教にて何も角も事足候而不足なる事無之と申事を愚老は深く信じ候故、如此了簡定まり申候」。同上四五二―四五三頁。釈迦は信仰しない、というとともに、「聖人」に対する信仰の態度は、再び完全に「歎異鈔」的である。

もっとも「歎異鈔」は、明治の清沢満之以前、江戸時代には必ずしも普及しなかったと、専門家からは聞く。しからば親鸞その人からではなかったかも知れない。しかし彼の信頼の哲学が日本仏教の影響の下に成立したことは、もはや疑いを容れぬと思われる。何となれば、これまた中国的思考ではないからである。同様の説を、中国人から聞いた記憶は、次の一つを例外として、私の寡聞にない。

例外とは、ほかならぬ李攀竜がやはり「古文辞」の仲間であった宗子相《そうししょう》、実名では宗臣《そうしん》、その旅立ちを送るものとして書いた文章、「宗子相を送る序」の一節である。詩は分からない男にむりに読んできかせても無駄であり、こちらを信頼する相手にのみ伝えるがよいというのが、その趣旨のように読める。徂徠の編んだ「四家雋」の巻三にも選ばれており、版本「四家雋」のその部分は、服部南郭によって和訓が附せられたこと、京都大学附属図書館所蔵の写本によって知られるが、それによって訓読すれば、

言わずして信ずることは、是れ同心に喩《さと》すことを委《まか》す。其の三隅に反せざること有るをば、則ち屛息して之れを辟をみ(?)耳《のみ》。既にして以って人に強うれば、人愈いよ厭い、既に以って人に信ぜしむれば、人愈いよ疑う。

明人の「古文辞」独特の難解さであり、そこからさきは、南郭の和点にたよってもよく読めないが、要するに徂徠の信頼の哲学と、同趣旨である。またこの文章は、蘐園の徒に珍重されたようであり、徂徠が王世貞李攀竜の絶句を注釈した「絶句解」に、南郭が序文を書いたのにも、この一節を引用して、説を立てる。

信頼の哲学が、李氏のこの文章から導かれたとするのは、事がらの順序であるまい。李の文章を読んで、我が意を得るものと驚喜し、それによって李への傾倒を一層にしたことはあっても、思考の材料のさいしょには位しないと観測される。

なお徂徠の博学が、仏典をも射程に収めたのは、幼時の読書の部分としてであったことを、やはり「論語徴」でみずからいっている。「里仁」篇の孔子の語、

君子の天下に於けるや、適《てき》する無き也、莫《ばく》する無き也。義とのみ之れ比《した》しむ。

うち適《てき》と莫《ばく》の二字、従来の諸注みな要領を得ないのに対し、彼は幼時の記憶をたよりに、「華厳経」と「無量寿経」を繰って、二字の使用を検出し、且つ「華厳経」に附した慧苑の「音義」、澄観の「疏」、また「無量寿経」に附した慧遠の「義疏」、璟興の「連義述文賛」によって、適莫の二字は親疏の意であり、「論語」の「無適無莫」は、要するに無偏無党の意であるのが決定されるとする。そうして今の学者は、仏経を読まないが、六朝隋唐の諸僧が仏典に加えた訓詁は、儒書の古注にもとづいた知識であり、後の朱子などの及ぶところでないとする。

案ずるに、「幼にして仏経を読む」とそこの「徴」でいうのは、延宝七年、数え年十四のときから、元禄三年二十五歳まで、父荻生方庵の流罪に随従して、上総国長柄郡二宮庄本能村に、不遇の少年青年としていた時期をいう。今は千葉県茂原市の一部であるが、当時は草深い田舎であった。異常な読書力をもつ少年は、父のたずさえて行った多少の漢籍を読み尽くしたあと、田舎の寺にまだしもあった仏書を、貪欲な知識欲の対象として読破の対象としたので

ないか。写本で伝わる「徂徠集拾遺」には、村の勝覚寺の住持である法印覚眼が、彼一家の不遇をあわれみ、親切に世話してくれたのを追想し感謝する文章がある。「学案」九六頁でもいったように、覚眼の親切には、経蔵の解放が含まれていたという推測は、充分に可能である。

なお彼は、「譲園随筆」一に、「予《わ》れは仏教を悪《にく》みて僧を悪《にく》まず」というように、河出版全集一巻一三五頁、一世の大家となったのちも、多くの緇徒と交游をもち、それを示す詩文が、「徂徠集」におびただしい。十二「慧寂を送る序」では、僧は政治と無関係であって、ゆえに「先王の道」の妨害にならない。しかるに世の儒者が彼等をにくむのは、ひとしく遊民として、「耕さずして食らい、蚕せずして衣《き》る」ゆえに、種類の近い職人同志のように、縄張り争いをするのだといい、前章で引いた十七「対問」でも同じ議論をのべる。十「香洲師を送る序」は、姑《おば》の夫の子、つまりいとこに当たる僧に与えるが、釈迦の草衣木宿、岩に棲んで三宿しないのは、中国の比率でいえば「逸民」であり、「道」の害にはならない。もっとも只今の出家は、肉食妻帯をしないというだけで、僧位をもち、宗派をもち、師弟の系図をもち、錦襴を飾り、伽藍を壮《さか》んにし、油蜜を糅《ね》って肉に象《ま》ね、孌童を内《つま》に当てる、等等、すべて俗人と同じだから、一そう目のかたきにするに当たるまいと、皮肉な説をのべる。九「香国禅師の六十を賀する叙」は、その唐音と文学を賞讃し、仏経のうち「楞厳」と「維摩」を「芸苑の逸品」とたたえる。その僧に与えた書簡十数通は、宇治万福寺の中国僧悦峰に与えた数通と共に、巻二十九の全部を占める。同じく中国僧であったか。二人は特に尊敬を払われているが、その他の僧も、あるいは文学をほめ、あるいは身の持ち方の清潔さ、儒者よりもまさるとほめる。十「釈玄海の崎陽に帰るを送る序」、またそれと同時の作と思われる七言古詩「海上人の崎陽に還るを送る歌」は、彼の門下で「古文辞」を学んだその僧が、仏典の漢訳が、文章の道の衰えた魏晋六朝時代に行なわれたのを残念とし、「左伝」「史記」の文体で改訳したいという意見を、面白しとはげます。のち太宰春台の「修刪阿弥陀経」と、事柄は連なろう。「甘雨亭叢書」。当時の学僧たちとの関係については、神田喜一郎「鳳潭・闇斎・徂徠」岩波「図書」一九六九年六月をも参照。

四　日本的伝統による虚構の尊重

以上述べて来た二つ、神道また日本仏教と彼との関係は、関係する相手が、私の分野の外にあるため、結論としては必ずそうであるべきことを信じつつも、その過程については隔靴搔痒を免れないが、彼の思考なり学説が、日本の伝統とむすびつき、中国の伝統とはむすびつきにくい第三のものが、私の分野の中のものとして、更にある。虚構の文学の尊重である。

今世紀初頭の「文学革命」に至るまで、虚構の文学である小説と戯曲が、いかに中国で厚遇を受けなかったかは、私がこのあいだ書物にした「中国文学史」岩波昭和四十九年十月の、一つの重点として説いたから、ここではくり返さない。人人あるいは、十六世紀の特異な思想家李贄《りし》、すなわち徂徠の愛重した王世貞と完全に同時代人であるのが、「水滸伝」と「西廂記」を、「童心」の文学として激賞したのを、もち出すかも知れぬ。しかしそれは大きな例外であり、且つ李贄が近代思想の先駆として回想されるようになったのは、今世紀の「文学革命」以後である。その人の次の世紀である十七世紀、清朝学術の始祖となった顧炎武が、その「日知録」において、古来の小人のうち最も忌憚なき者として弾劾するのは、李贄である。同じく清朝の学術の祖として顧炎武と並称される黄宗羲が、幼時に小説を耽読したというのは、再び小さな例外となるが、十八世紀清朝歴史学の最高峰である銭大昕《せんたいぎん》は、小説演義の書を、専ら人を悪に導くものとする。私の全集一巻「中国小説の地位」参照。実在の経験のみを価値として歴史叙述を尊重し、空想の所産を無価値ないしは反価値とするのが、中国文明の長い伝統であった。

早くから虚構の文学を発生させ尊重した日本の伝統は、以上のような中国の伝統とあい反する。ところが徂徠には、日本的伝統によって、虚構の文学の価値、より詳しくいえば人間研究の方法としてのその価値を主張する文章がある。すなわち晩年の漢文の随筆である「蘐園十筆」、その「二筆」の部分の一節である。河出版全集一巻二三八頁。ただし河出版の訓読は多少の誤読を含むのを、正して読む。

その一節は、

　本邦の人の聡慧なるは、絶えて外国の及ぶ可きに非ず矣。

と、民族主義者としての面目を丸出しにした句ではじまる。日本人はどの外国人よりも頭がいい。「外国」の中に中国も含まれることは、以下の文脈が示す。

日本人の超越的な「聡慧」の例として、まずあげられるのは、「伊勢物語」が業平の歌を説明する方法である。一一の歌が発生した背景として説く説話は、必ずしも歴史的事実でなく、虚構をまじえている。そうして虚構の設定によって、歌の内容を切実に理解させる。

　伊勢の在中将の和歌を伝《と》く如きは、則ち序を作りて、以って其の意を発明す。詎《な》んぞ其の事の有無を問わんや。

傍点はむろん私である。「序を作りて」とは、歌の成立の背景として述べられた説話、つまり「月やあらぬ春や昔の春ならぬわが身ばかりはもとの身にして」という業平の歌への序《はしがき》として、二条后との情事の物語を叙述するのをいう。その事柄自体が歴史的事実として有ったか無かったか、それは問題にならない。たとい虚構による設定であっても、あるいはそうであればこそ、歌の解釈としての効果をもつ。まことに「聡慧」の方法とせねばならないとする。

そこで彼は中国をふりかえる。中国においても、「先王」の「道」の伝統がなお健在であったころの古典解釈法は、「伊勢」と同じであった。「詩経」三百五篇、一一の詩の前に冠せられた短い散文で、「序」と呼ばれるものが、それである。孔子の作とも、孔子の弟子子夏《しか》の作とも、また後漢の学者衛宏《えいこう》の作ともいわれるが、詩の一一の語句には訓詁を与えず、ただそれぞれの詩は、いかなる背景のもとに生まれたか、それを序《はしがき》する。

たとえば祝婚の歌「桃夭」、「桃の夭夭《ようよう》たる、灼灼《しゃくしゃく》たる其の華、之《こ》の子于《ゆ》き帰《とつ》ぐ、其の室家に宜ろし」にはじまる三スタンザ、その「序」としては、このようなよき結婚の讃歌が生まれたのは、時の周王朝の君主の后妃の淑徳の結果であるとして、「桃夭は后妃の致《まね》く所也」。后妃が「妬み忌まざれば、則ち男女は以って正しく、婚姻は時を以ってし、国に鰥《やもめ》無き也」。

もう一つ例をあげれば、衛《えい》の国の歌である「新台」は、飛んでもない婿どのをつかまされたと不幸な配偶を悲しむ女性の歌であり、「新しき台《うてな》は有《げ》にも泚《あざや》かに、河の水は瀰瀰《びび》たり。燕婉《えんえん》のひとをこそ之れ求めしに、籧篨《きょじょ》のせむしおとこ鮮《すく》なからず」云云と、やはり三スタンザであるが、これは衛の君主である宣公が、王子の伋《きゅう》の妃として迎えた女性を、嫁入りの途中、黄河の川岸に新しい楼台を作り、そこで横取りしてしまったのを、領内の人民が非難したのであると、「序」はいう。

これらの「序」のいうところは、必ずしも歴史事実でなく、虚構によるふくらみをもとう。しかし詩をそうした具体的な事件の中に置くことによって、詩の感情は生きる。日本人の「聡慧」による「伊勢物語」の方法は、こうした「詩経」の「序」の方法と合致する。

詩序の意を得たりと謂う可し。

「蘐園二筆」の原文は、それだけの一句であるが、徂徠のいいたいことを敷衍すれば、以上のようになる。

徂徠がそういうのは、実はとどめを刺したいものが、別にある。宋の朱子の「詩経」解釈である。

朱子に勝ること遠きこと甚し。

朱子は、「詩経」の「序」をもって信ずるに足らぬとして、廃棄し、みずからによる新しい注釈を、「詩集伝」と名づけて書いた。また「序」廃棄の理由を説明する書として、「詩序弁」を書いている。廃棄の理由は、「桃夭」の「序」が「后妃の致《まね》く所也」というのなど、政治への関心が過度であるというのが、一つであって、祝婚の歌は祝婚の歌、恋の歌は恋の歌として読めばよいとする。この点は朱子のむしろ進歩的な側面として、現代の学者から評価されているが、朱子の「詩序」廃棄の理由は更にあった。「序」が詩の背景として説く説話、すなわち「新台」の「序」のごとき場合が、往往にして他の文献と符合せず、歴史事実とは認められないということにあった。つまり実在の経験でないゆえに無価値ということにあった。

しかし徂徠にいわせれば、それは「伊勢物語」の場合と同じく、「詎《な》んぞ事の有無を問わんや」である。虚構でも構わないでないか。あるいは虚構なればこそ、詩の解釈として価値をもつ。十一世紀の「聡慧」な日本人は、そうした「詩序」と、暗黙に方法を合致させつつ、「伊勢物語」を書いた。十二世紀中国の道学先生朱子が、「詩序」の価値を知らないのに、勝ること万万である。

以上の「伊勢物語」論は、和文の随筆「南留別志《なるべし》」にも、見える。「伊勢物語は、うたの心を説きたる物なり。事のあるなしは、論ずべからず。抄物のやうなる事して、歌の心をとかんは、うたをしらぬ人のする事なり」。なお「詩序」については、同じく「蘐園二筆」のすこし前の条にもいう、「三百篇に序有るは、猶お後世の詩に題有るが如し。詩は題無くしては終《つい》に暁《さと》る可からず。故に三百篇も序無かる可からず」。河出版全集一巻二三六頁。

以上は日本の虚構の文学から得た知恵を、「先王」の「詩」の解釈に役立てようとするのであるが、「蘐園二筆」が、日本人の「聡慧」を、日本の虚構の文学に求めるのは、「伊勢物語」にむかってばかりではない。次の賞讃は、「源氏物語」にむかい、小説としての価値、またその出現が、中国における小説の出現よりもずっと早いのを、賞讃する。

紫式部の源語を作るは、勢語に規模して以って之れを広む。和歌の為めにしては設けず焉。而うして数百人、人人態を殊にし、態は情を尽くし、文は変を尽くす。水滸伝より数百年の前に在る也。

中国における虚構の文学の軽視は、そもそもその発生をおくらせ、三千年の文学史において、裾の方の三分の一に至って始めて存在すること、また私の「中国文学史」にいうごとくである。小説としての質と量をはじめてそなえるのは、徂徠のいうごとく「水滸伝」であり、その成立過程については、過去の虚構の文学の研究が盛んになった現在でも、なお定論を見ないが、現形の「水滸伝」の出現が、早くても十四世紀明初にあることは、たしかである。「源氏」はそれより三百年早い十一世紀に書かれた。日本人の愛国心を何よりも無害に働かせる場であろうと、私もかねてから考えて来たが、徂徠はちゃんと先にわが意を得ている。更にまた「人人態を殊にし、態は情を尽くす」のを、「源氏」の批評とするのは、個性の不可変を強調する彼の学説は、ここからも援軍を得たかと疑われる。文学の諸ジャンルのうち、人間の個性にもっとも敏感なのは、小説である筈である。

「二筆」の文章はなお終らず、次のように結ばれるが、それは又もや日本の歌学史に無知な私の手にあまる。次の研究者の分析を期待する。

藤定家の和歌の門庭を開くも、亦た王李に前《さき》だつ。而うして王李の奥を得たり矣。

「王李」とは、明の王世貞と李攀竜である。

この章の附説として、いくつかを述べる。

徂徠は、「論語」にも、「詩」のごとく「序」があり、一一の語が発せられた背景についての説明があったならば、それぞれの章が単なる抽象の語でなく、具体的な事件また情景に即して生きて来るであろうに、原則としてそうでないのを、残念がっている。説は、「論語徵」の例言に見える。

詩は序有るに論語は序無し。何を以って孔子の之れを言いし所以《ゆえん》を識《し》らん乎《や》。そうして「先進」篇の末章は、師弟の問答をめぐる情景を、画の如く描写すること、この論文でものち二七四頁で触れるごとくなのを、例外として、たたえる。しかし原則はそうでないのを、編集者の不行届とし、不行届の原因は、「論語」という書物が、がんらい孔門のメモであったのによると、「子罕」篇の「徴」にはいう。これは仁斎が「論語」をもって「最上至極宇宙第一の書」とするのへの反撥である。

伊勢の物語は、虚構を含むのが却って価値であることを、徂徠にさきだって強調するのは、契沖の「勢語臆断」であると見うける。契沖の著述は、徂徠のころはまだ流布していなかった由であるが、両者の関係、専門家の検討を待つ。徂徠の博学が日本文学をも射程にもつことは、他の著述によっても示されるが、これまた上総でくすぶっていた時間に得られたのでないか。不たしかな伝聞であるが、十七歳のころ手写した「古今和歌集」が、後裔の家に蔵せられるという。また宣長の漢学の師である堀景山が、徂徠を訪問して、「源氏物語」を談じ、「古今ニ大家ナル人、如何ニ暇多クシテ、是ラノ書ニモ渉ラレケルニヤ」と驚嘆したという話は、京都大学蔵写本、南川維遷「金渓雑話」に見える。

章のしめくくりとして、附説でないことをいえば、彼の時代からややおくれて海の向こうで極盛に達した清朝の実証学は、彼と同じく反朱子の立場に立つゆえに、「詩序」の問題についても、朱子の廃棄を非とし、その再検討を試みるが、検討は、「詩序」のいうところが歴史事実かどうかをめぐって行われても、徂徠のごとくその虚構を積極的に許容する議論には、少なくとも今までのところ、出あわないように思う。徂徠のこの思考が、日本的であっても、中国的でないのを、たしかめさせる。

五　日本的整然

以上の三つは、日本の伝統との明白な関連が、彼自身の自覚にもあったであろうものであるが、彼の思想ないしは思考法には、必ずしも彼の自覚には上らずして、日本的なもの、少なくとも中国的であるよりもより多く日本的なものが、いくつか指摘される。

その第一は、彼の学説のもつ整然たる体系である。「先王」の「道」についての彼の学説は、その是非はしばらくおき、一糸みだれぬ整然さにある。それを彼は主著「弁道」「弁名」の体系ある叙述として表現する。これは中国ではむしろ稀な現象である。「先王」の「道」の文献である「易」「書」「詩」、みな寛容な示唆であると徂徠がいうごとく、断片的な言語の集積であり、「論語」に至ってはもっともそうである。古代の書ばかりではない。議論ばかりに耽ると徂徠が非難する宋儒も、学説の提示は、周敦頤の「通書」などを除けば、二程子、朱子、みな諸古典の逐条的な注釈、また弟子との対話集「語録」における断片的な言語としてあるのが、おおむねである。「弁道」「弁名」のごとき整然たる表現をそこに求めることは困難である。徂徠の整然は、日本人の組織力を示すとともに、むしろ非中国的である。

事柄は徂徠だけのことでなく、仁斎、徂徠、東涯、真淵、宣長とつらなる日本の「古学」の系列は、あだかも時間を同じくして海のむこうで発展した清朝の考証学と、学風を類似させるけれども、徂徠の「弁道」「弁名」のみならず、仁斎の「語孟字義」、真淵の「国意考」、東涯の「訓幼字義」「鄒魯《すうろ》大旨」、宣長の「初山踏」のごとく、みずからの学説を集約的に説いた著書は、ひとり戴震の「孟子字義疏証」が、徂徠の「弁名」と体裁を同じくするのを除き、清朝の学者にないことを、私はかつての文章「学問のかたち」で説いた。私の全集十七巻。そうしてその文章では、そうではあるものの、それら日本の学者とても、仁斎は、古典そのものの逐条的な解釈である「論語古義」と「孟子古義」をもって、みずからの主著とし、彼自身それら二著作の附録だという「語孟字義」よりも重視されることを望み、宣長は「初山踏」よりもまず「古事記伝」が読まれることを望むであろう。それと同じく、徂徠もまた「弁道」「弁名」よりも、むしろ「論語」の逐条的な解釈である「論語徴」をもって、学説の精髄の表現としたろうと説いた。この説、仁斎と宣長については、撤回の必要をみとめぬ。徂徠については、速断をおかしていた。彼の場合は、学説の体系を十二分に示した「弁道」「弁名」こそ主著なのであり、「論語徴」は体系をあてはめての応用である。

それとともに整然への欲求は、彼の学説にしばしば無理を生む。つまり無理を生まざるを得ぬほど、整然を欲する。そのことは彼の学説の中心であり、もっとも体系的な主著「弁名」においてすでに見られる。その書は、彼が最高の概念とする「道」、また「道」の構成内容とする「礼」と「義」、個人的道徳であるゆえに「道」よりも下位の概念とする「徳」、「徳」の種類であるとする「仁」「孝」「悌」以下、儒家の古典に現われる約八十のタームについて、厳密な概念規定を与えた著作であるが、この著作は、一つの無理な前提の上に立つ。すなわちこれらの語は、山、川、草、木、など自然発生的な語とことなり、「先王」の「聖人」が、厳密に選択して定めた語であり、故に厳密な概念規定が可能だとする前提である。「大系」四〇頁。説はまた「蘐園二筆」また「六筆」にも見える。河出版全集一巻二四〇頁また三三〇頁。

しかしこの前提は、甚だしい無理を伴なっている。一字多義、それが古今を通じての中国語に普遍な現象である。事がらは、中国文の常用字数が案外に少なく、「論語」二十篇の使用字数が一千五百十二字、つまり今の日本の当用漢字よりも少ないというふうに、古往今来、三千を上下するのを常用字として、種種の意義を表現するところから生まれている。彼はむろんこの現象を知っている。「詩経」の「於《ああ》緝《あつ》まり熙《やわ》らぎて敬《つつ》しむ止《かな》」という句の「止」の字が、「詩経」の本来ではカナという助字なのに、「大学」篇の引用ではトドマルと動詞に読まれているのを、漢字の意義が一定せず、自由多岐に動きまわる例として、指摘したりもしている。「徂徠集」二十五、谷口元淡あての書簡「谷大雅に復す」、また「大学解」。

しかるに主著「弁名」は、この普遍な現象を無視あるいは軽視した前提の上に立っている。それに対する説明としては、これら「先王」の「聖人」の書に見える語は、これまた「先王」が不動の概念規定をもつものとして作為したという、強引な説明しか与えられていない。もしこの前提が成り立たないとすれば、「弁名」という書の全部があやふやとなる。あるいは彼の整然たる体系が、根本から崩壊する危険さえもつ。

そうして一一の語の定義は、文例からの総合であり帰納であるという形を取り、多くの傾聴すべきものをもつと共に、やはりしばしば無理を犯すのであって、あるいは断片的な証拠、いわゆる孤証によって説を立てる。既に学案一八八頁でも説いたことであるが、たとえば「義」が、孟子以下がいうように「仁義」と並列する「徳」でなく、上位概念の「道」の内容として、「礼」と並列するとするのにつき、もっとも論拠とするのは、「書経」「仲虺之《ちゅうきし》誥《こう》」篇の、「義を以って事を制し、礼を以って心を制す」である。そうしてそれを「左伝」僖公二十七年の「詩と書は義の府《くら》、礼と楽は徳の則《のり》」にむすびつけて、「礼」は行為の本則、「義」はその運用、両者で「道」の内容を構成すると説く。二つの孤証による独断であるのを免れない。且つ孤証の一つである「書経」の「仲虺之誥」篇は、いわゆる偽篇である。清の閻若璩《えんじゃくきょ》以来、三世紀魏晋の偽作と論定された現在では、資料としての価値を失のう。「書経」の偽篇については、私の全集八巻「尚書正義」参照。

更にはまた彼が至高の概念とする「道」の字も、これまた「学案」の同じ頁でいったように、第一次古典である「五経」では、おおむね、物理的な道路の意としてのみ現われ、抽象概念としての使用は稀であり、第二次古典である「論語」その他に至って、はじめて頻繁である。「五経」の中での例として、「書経」「大禹謨《だいうぼ》」篇の「人心は惟《こ》れ危く、道心は惟《こ》れ微なり」、それは皮肉にも彼の排撃する宋儒が「天理人欲」説の根拠とするものであるが、もしそれを数えるとするならば、これまた偽篇である。

しかし彼はこれらみずから与えた定義を、どこまでも押し通すのであって、たとえば「論語」に現れる「敬」の字は、すべて隠れたる目的語《オブジェクト》として「天」をもつとする。つまり天への敬虔であって、宋儒のいうごとく自己への敬虔ではないと、「弁名」でなした定義を、「論語徴」のいたるところでくり返す。「学案」一八九—一九〇頁。

あるいはまた彼の学説の重点の一つは、「道」は自然発生でなく、「先王」の「聖人」の作為にかかるとすることであるが、これは「礼記」「楽記」篇の「礼楽の情を知る者は能く作る、作る者之れを聖と謂う」、同じく「礼記」「表記」篇の孔子の語、「後世に作る者有りと雖も、虞帝は及ぶ可からざる也」、それと「論語」「憲問」篇の孔子の語、「作る者は七人なり矣」、この三つをむすびあわせることによって成り立っている。うち「論語」の「作者七人」は、旧説おおむね七人の隠遁者を孔子がたたえたとするのであるが、彼はそれをしりぞけて、「楽記」の「作る者之れを聖と謂う」にむすびつけ、「道」を作為した「聖人」は、堯、舜、禹、湯、文王、武王、周公、この七人に限定され、それ以前の伏羲、神農、黄帝等は、物質生活の方法の設定者であっても、「道」の作為者でないと、孔子がいったのだと、「論語徴」でする。また「蘐園五筆」では、「作者七人矣」と句末に強調の助字「矣」があるのも、「道」の作為者は、この七人だけじゃぞよと、限定の強調であるとする。河出版全集一巻三一八頁。巧妙な整然であり、整然がかえって無理を思わせる。

かく無理を犯してまでの整然は、日本的であると感ずる。中国の思考は、しばしば矛盾を併存させて、思考の余裕を示す。そもそも「先王」の文献が、「物」「事」を羅列して、おだやかな体裁にあること、それはまさしく彼の指摘するごとくであるのにはじまって、余裕を失なわないのを平均とする。

こうした整然への欲求は、彼の漢文の文体にも、影響を及ぼしている。彼の漢文が江戸時代一流のものであることは、疑いを容れぬ。惺窩、羅山など初期の儒者の漢文が、「和習」に満ちたのを、より純粋な中国文に近づけたのが、仁斎と彼にはじまることは、彼の「論語徴」への批判として「非徴」を書いた大阪の中井竹山さえも、率直に認める。事実、彼の漢文は、語彙、措辞、文法、すべて完璧に近い。しかしあまりにも力説的であり、あまりにも説き尽くす。中国風に批評すれば、言有れば必ず尽くす、有言必尽。主張としては、「先王」の「辞」の濃密な含蓄をとうとぶが、含蓄には乏しい。またその措辞は常に大上段に大げさである。時には滑稽を感ずるほどそうである。彼が王世貞李攀竜の文学を好んだのも、同じような大げさな文章であり詩であるからである。

一字一句に「和習」はない。しかし全体としてはやはり日本人的な思考と気質による漢文と感ずる。ないものねだりに類するが、上等の肉料理の肉汁が肉片そのものよりももつ美味、あるいは冷徹なガラス器がただよわせる清潔な香気、中国人の文章で遭遇し得るそれらとは異なっている。

彼の仮想敵国であった伊藤東涯は、徂徠に対して批評がましい言葉を、終生一度も口にしなかったが、ただ一度の例外として、徂徠門の神童である山田麟嶼《りんしょ》、通称は大佐が、京都に遊学し、その旅立ちにあたり徂徠から貰った漢文を東涯に見せたところ、東涯は、「鬼臉《オニノメン》ヲ蒙《カブ》リテ小児ヲ怖《オド》セルニ似タリ」といったという。南川維遷「閑散余録」二「日本随筆大成第二期」吉川弘文館。徂徠のその文章は、「菅童子に贈る序」と題し、「徂徠集」十一に収める。温厚な東涯のことである。口にしたのはその一度にとどまったかも知れない。しかしその書いた父仁斎の伝記「先府君古学先生行状」には、父の漢文は、専ら唐宋八大家を宗とし、取らなかったのは、「文選の浮靡の習い」、六朝の美文、それと「明代の鉤棘《こうきょく》の辞」、明代の奇怪な文体であったという。うち後者は王世貞李攀竜を中心とする「古文辞」の奇怪をいうのであって、父はその存在を知っていたけれども、採用しなかったというのは、専らそれを宗とする徂徠への暗黙の批判である。

六 日本的極端

自覚しない日本的なものの第二は、整然への欲求とあい伴なっての極端性である。彼は中国の「先王」を祖述する点では中国的思想家である。しかしその祖述が往往にして極端に走り、過剰に陥るときは、むしろ中国的でない結果を生む。

そのことは彼の学説の中心となる政治重視、すなわち集団としての人間に対する政治の技術「道」を最高とし、個人の善意である「徳」に優先させることにおいて、すでに見られる。

いかにも中国の思考は、儒家のみならず、常に政治を離れないのであり、ことにそうなのが儒家であるのに過ぎないこと、「徂徠先生答問書」下に、「老荘の自然、申韓が刑名は、元より国を治むる道に候」というのは、すぐれた指摘である。みすず版全集一巻四六四頁。彼の政治重視は、日本の伝統がむしろそうでない中にあって、非日本的であり、中国的である。しかし彼の如き形で、政治を個人の善意に優先させる思想が、中国、少なくとも過去の中国にあったか否か、その方面の専門家の検討を乞いたい。「先王」の「道」が果して彼のいうごとくであったかどうかという疑問をも含めて、「修己」と「治人」とのバランスを考慮するのが、中国の、少なくとも過去の中国の、平均であったごとく感ぜられる。

また個性の尊重を力説する寛容主義は、その外廓において、日本的であるよりも中国的である。何となれば、一たいに日本の儒学の伝統は、山崎闇斎をもっともの代表として、厳粛を平均とするのに対し、中国のそれは、中国の病態と彼がする宋儒をも含めて、より寛容であると感ぜられる。少なくとも山崎闇斎の朱子学ほどには厳粛な印象を、朱子その人の著述からは受けない。これは中国では儒学が普遍な教養であったのに対し、日本では主張されるべき思想であったことが、差異の原因であると、私はかねて考えているが、彼は山崎闇斎への反撥を動機として、日本の平均から脱出し、中国の平均、彼が中国の病態とするものをも含めてのそれへ、大きく接近している。

しかしながら彼の書を読むと、終始その寛容主義がくりかえしくりかえし説かれている点、これまた寛容の価値を厳粛に説く一種の厳粛主義と感ぜられないでない。整然ではあるが、極端である。

また彼が「先王」の「詩」と「楽」を根拠として、「風雅文采」の生活を主張したことは、従来の日本の儒学に対する大きな変革であったにはちがいない。彼の主張したことは、理性と感性の同時尊重、また詩と哲学の相補であり、李王の「古文辞」の文学から出発して「先王」の「道」に到達したのは、その見事な実践であった。そうしてそのことは、以後明治維新に至るまでの日本の儒者が、漢詩漢文をよくしないのを、少なくとも恥辱とする風習のはじめとなった。事がらには、仁斎東涯父子、白石、鳩巣、南海があずかるとしても、もっともの起動力は彼にある。

そうしてこのこともまた、甚しく中国的である。「先王」の「詩書礼楽」ばかりではない。中国の哲学史において、山崎闇斎のごとく詩をよくしない学者を見出すことは、彼が病態の極にあるとした宋代に於いてさえ、困難である。朱子を目の敵にする彼は、「徂徠先生答問書」下に、「宋儒以来わざを捨て理窟を先とし風雅文采をはらひ捨て野鄙に罷成候」と酷評する。みすず版全集一巻四六九頁。しかしその朱子とても、さいしょ朝廷への推薦は、詩人としてであったと、「宋詩鈔」の小伝にいう。朱子とあわせて彼の排撃した明の王陽明も、さいしょは「古文辞」派の作家であった。彼にややさきだって清朝初期の三大家とされる顧炎武、黄宗羲、王夫之、みな詩集文集をもち、王は「詩話」さえもつ。彼よりややおくれる清朝中期の戴震に至って、はじめて詩集をもたない思想家を見出す。清末の康有為の「孔子改制考」は、孔子を革命家と見る点、彼の孔子観とあい近いが、やはり大量の詩集をもつ。現代でも毛沢東氏が詩人としての業績をもつことは、周知である。

この意味で、徂徠の行なった転換は、少なくとも日本の儒学史としては、大きく中国の伝統に接近する。この転換には、彼が、その「和歌世語」がもっとものの顕示であるように、日本の詩歌の歴史が唯美的な文学至上的な姿にあるのへの玄人であったこと、あるいは玄人であると自負したことが、大きく影響しているに相違なく、しからばこれまた日本文明からの示唆である。ただし美への感性のみを価値とせず、理性との相補、両者の同時尊重を主張する点で、再び中国的なのであるが、この問題については、私などよりもむしろ他の研究者で、日本文学の歴史、日本思想の歴史に熟達した人たちの熟慮に待ちたいと思うので、これ以上、立ち入らない。私が彼の「風雅文采」が、極端による行き過ぎをもつと思うのは、「先王」の「楽」の遺存として、雅楽の習得に熱中したことである。これまた彼のきらう朱子をはじめ、中国の一流人、少くとも後世のそれには稀な事態である。むろん彼自身にいわせれば、それは病態におちいってからの中国がそうなのであって、孔子の音楽愛好を、病態の中国を飛び越えて継承するものであった。

こうした彼の極端性は、朱子批判の言語にも見られる。たとえば「大学解」のはじめにはいう、

朱熹は、辞を修めず、古に昧《くら》く、乃《すなわ》ち其の創《はじ》むる所の性理の説を以って之れを説き、人人みな聖人と為るを以って之れを言う。割裂し補綴し、古文を紊乱して以って其の説を成す。従う可からず矣。

そのころ海のむこうでも、清朝の実証学は、戴震を中心として、朱子への批判を高め、批判は勅撰の書「四庫全書総目提要」においてさえ顕著であるが、彼のごとき激烈な言葉を、しかも朱熹と実名を名ざしつつ、投げつけるものはない。むこうでは康熙帝が朱子の篤信者であるというような断片の圧力のほかに、朱子の著作が、元、明、清と、「科挙」試験の指定書でありつづけたという歴史的社会的な無言の圧力が、彼ほど無遠慮な語を生まなかったのに比し、江戸幕府の朱子学尊重は寛慢であったということを考慮に入れるとしても、彼の朱子悪罵は、日本的極端である。極端な悪罵の言語は、朱子に対してもっともしばしばなばかりでない。「論語徴」に次のようなものがあるのを、

附記しておこう。

「公治長」篇の「宰予《さいよ》、昼寝ぬ」。昼寝を孔子に叱られたのは、単なるひるねではなく、白昼から寝室にいたのは、「蓋し言う可からざる者有り」、つまり女を引き入れていたのだとする。説そのものは、ともかくとして、そのあとにいうことは余分である。なぜ従来の注釈者は、そこのところに気づかなかったかといえば、彼らの仕事は、寺子屋での講釈にあり、一ばん気にかかるのは生徒の居眠りである。ゆえにこの章をも、只のひるねと解する知恵しかもたなかったのだ云云。山崎闇斎、伊藤仁斎の講義ずきにあてつけての語である。

「里仁」篇、孔子の曾参《そうしん》への言葉、「参《しん》よ、吾が道は一以って之れを貫く」。曾参の答え、「唯《しか》り」。それをもって宋儒が「豁然貫通」とするのは、仏説の「頓悟」をぬすみ、また曾参の答えを迦葉の微笑に見たての謬説とし、更にその延長として、宋儒の学説が、仏説からの剽窃であるさまざまを指摘する。いわゆる「道統」は「四七二三」であり、「天理人欲」は「真如無明」、「理気」は「空仮」、「天道人心」は「法身応身」、「聖と賢」は如来と菩薩、「十二元会」は「成住壊空」、「持敬」は座禅、「知行」は「解行」である等等。指摘はおおむね当たっていようし、彼の仏典への精通をも示す。そこまではよいとして、なぜ宋儒が仏説を盗んだかといえば、宋では禅僧が優遇を受けていたが、儒者にも羨しくてたまらず、その真似をしたのであると。これまたいわずもがなの言葉であるというほかに、宋代の禅僧が王公貴人から受けた優遇は前古未曾有というのは、これもあてつけるものがあろう。護持院の大僧正隆光、それと彼が柳沢藩邸において、将軍綱吉、またその生母桂昌院の御前で、「三密具欠之法問議論」を仰せつけられたこと、「学案」一一一頁にいうごとくだが、それら将軍側近の僧侶が、儒者よりも厚遇を受けるのへの憤りである。権勢ある僧侶への憤りは、さきに引いた「香洲師を送る序」にも見える。二五六頁。

何にしても以上のような極端な悪罵の言語、もし中国の大家ならば、身分にさしさわるとして、敢えてしないであろう。日本の選手である彼は、敢えてしている。

七　実証の限界

彼は日本における実証的古典研究の祖として、仁斎、契沖、真淵、宣長と共に、回顧される。そうして実証の前提として博学であるのも、やはり従来の日本儒学の固陋からの転換である。さきだっての羅山、仁斎、同時の白石、東涯も、方向を共にするが、彼の博学は、ことに花花しい。「学問は只広く何をもかをも取入置て、己が知見を広むる事にて御座候」。「徂徠先生答問書」上、みすず版全集一巻四三六頁。

このことも中国の伝統に近づく。「先王」の書では、たとえば「易」が「君子は以って多く前言往行を識《し》りて、以って其の徳畜《たくわ》う」というのなどが、伝統の始めを示そうが、以後の学術史も、常に広い読書を出発点とするのを、平均とする。彼が目の敵にする朱子の博学は、弟子たちとの対話集「朱子語類」をいささかひもとくだけでも、驚嘆にあたいする。日本における祖述者が、彼のいう「朱子流の理窟」である如くでない。更にはまた博学をもってもっとも方法の出発とするのは、清朝の実証学であり、彼よりさきだつ時間では顧炎武、黄宗羲、おくれる時間では銭大昕《せんたいぎん》を、代表とする。彼の博学は、海のむこうのそれと歩調を合わせるばかりでなく、同時の中国の学者が手をつけなかった面にさえ及んでいる。諸子の研究である。「古文辞」の資料としてであり、また思想家としての欲求であった。「徂徠集」十八の「管子に跋す」は、日給の五日分を投じてその書をあがなった際の文章である。このことは以後の日本の漢学が、中国にさきだって、「韓非子」その他を必読の書に含めるのの始めとなった。時あだかも中国では清が雍正《ようせい》を年号とする時代であり、諸子はまだむこうの古典学の対象となっていない。この点でも彼の仕事は、中国の研究を先取する面をもつ。詳しくは、私の全集二巻「日中諸子学釈疑」参照。

そうして博学が、単なる雑学でなく、それによる帰納の前提としてであったことも、中国の学術史がもっともその方向にある清儒の方法と似る。彼の「論語」注が、「論語徴」を題名とするのは、諸子の書にもわたって蒐集した古代の「辞」の使用例を、「徴」すなわち証人としての成果であり、「古言」によって「古義」を得たからであると、自序にいう。更にはまた早年の著である漢和辞典「訳文筌蹄」こそは、帰納家としての力量を示す。

しかしながら彼の方法は、帰納には終始しない。すでに見たように、学説の要所要所において、むしろ独断にかたむく。あるいは孤証による判断である。帰納は拒否され、急速な演繹である。このことは中国の平均とことなる。少なくとも静かな帰納を守る清儒とはことなる。清儒の方法については、小野和子訳の梁啓超「清代学術概論」平凡社「東洋文庫」参照。ひとり清儒ばかりではない。宋儒のいう「格物致知」とは、帰納による真理の追求を意味する。かく中国の平均とことなって、彼の方法が帰納よりも演繹にかたむくのは、彼の哲学の根底に横たわるのが、「天」と「鬼神」への敬虔を中心とする不可知論、およびそれと連鎖の関係にある信頼の哲学であったことが大きく作用していよう。不可知の対象、信頼の対象にむかって、帰納の道は閉鎖されている。それからの演繹のみが可能である。

「徂徠先生答問書」中の一条は、「鬼神」の有無を人が問うて来たのへの返答としていう、「古今の間此論やかましく候。何れも理窟にて候。理窟は申次第之物に候間信用成不申候」。それは帰納による論証の対象にはならない。「聖人の経書之趣は、成程鬼神はある物と相見え申候」。またいう、「冥々の中を見ぬき候而、鬼神はいかやうの物に候と申候事を存候事は人のならぬ事に候」。鬼神を認識することは、人間の能力のほかにある。同上四五三頁。私などには歯が立たない難解な漢文として、「徂徠集」十七に見える鬼神論の何篇かも、たぶん以上の和文と同趣旨であろう。

実証家である筈の彼が、古文献の弁別におろそかであり、あるいは無精なのも、以上と関連させて考えれば、帰納を拒否する信頼の哲学の過剰な作用であったかも知れぬ。「書経」の偽篇が、三世紀魏晋の作であることは、つとに朱子が疑い、清の閻若璩《えんじゃくきょ》に至って定論となった。日本では仁斎が閻氏に先だって論定している。「仁斎東涯学案」四九頁。彼は朱子と仁斎への反撥をも原因に含むであろうが、さきの二六五頁に述べたように、「仲虺之誥」篇の「以義制事、以礼制心」などを、学説の重要な論拠とする。

「孔子家語」が、同じく三世紀に出現した偽書であると、早くから疑われているのに対しても、同じである。やはり学説の重要な論拠として利用する。「論語」「先進」篇の末章、すなわち孔子と弟子四人の問答として、各人それぞれ抱負をいえと孔子がいったのに対し、子路、公西華、冉有《ぜんゆう》、みな諸侯の重臣となった際の抱負を述べた。ただひとり曾晳《そうせき》は、黙黙と琴を爪びきしていたが、師からうながされてのその答えは、晩春、仕立ておろしの合服を着て、大人小供ともどものピクニック、温泉につかり、公園で涼んで帰りたいと思います。孔子は大へん賞讃したという章であるが、徂徠の「論語徴」の解釈は、突飛に特殊である。孔子は革命家として新しい「礼楽」を作為する希望をもっていた。さいしょの三人の答えは、それに無神経であった。ひとり曾晳は、師の心理を知り、わざとはぐらかした答えをしたのが、孔子の賞讃を得たのだと。そうしてこれは「微言」であり、詩の分からない奴には分からぬと大見得を切るが、論拠とするのは、「孔子家語」に見えた曾晳の伝記に、「時に礼教の行なわれざるを疾《にく》み、之れを修めんと欲し、孔子之れを善《よ》みす」ということである。

更にまた意地悪くいえば、明の李攀竜王世貞の「古文辞」の文学が、次の十七世紀の中国の批評では、無内容、偽古典主義、にせ骨董、「優孟の衣冠」、俳優の扮装した古人、と悪評され、悪評は今日でも保持されていること、私の「元明詩概説」第六章第六節にいうごとくであるのに、彼があれほど傾倒したのも、信頼の哲学の濫用でなかったか。

八　感性の限界

かく彼が文献の弁別におろそかであったのは、又一つのことを思わせる。感性の尊重、それは彼の学説の重要な部分である。しかし彼自身の感性の方向、少くとも中国的なそれには、限界があったのでないか。

仁斎を比較の媒介とすれば、仁斎は「大学は孔氏の遺書に非ざる弁」で、おのれは他の才能は別として、孔孟の「血脈」の言語と、そうでない言語との弁別に於いては、特別な自信があるといい、事実また仁斎の判定は、「大学」と「中庸」についてはしばらくおき、「書経」の偽篇をはじめ、「易」の「十翼」を孔子の作でないとするのなど、今日の学界にもそのまま通用する。「仁斎東涯学案」四九頁また五六頁。徂徠の場合はそうでない。

彼の又弟子である湯浅常山の「文会雑記」は、彼とその一党との逸話集であるが、その巻一下にいう、「徂徠ハ無器用ノ人、拍子キカズ、勉強精力ヲ尽シテ、楽ヲ学バレタルトナリ」。つまりリズム感は乏しかったというのである。再び思いあわせるのは、彼の漢文である。江戸時代一流であることは、前にいう如くであるが、リズムは必ずしもよろしくない。再び仁斎を引き合いに出せば、仁斎の漢文がより多く中国本来のリズムを得ていると感じられるのに及ばない。彼の場合は、李攀竜、王世貞という、中国古今の文章のうちもっとも奇怪な文体といってよいものを範型としたという条件を、考慮に入れるとしても、なお且つそうである。一字一句に「和習」はなくとも、文全体にそれがあるのであろう。私個人の経験として、一般に日本人の漢文は、中国人のそれよりも、暗誦に困難を覚えるが、彼の場合はことにそうである。

「徂徠先生答問書」中には、日本と中国の詩歌を比較していう、「此方の和歌抔も同趣に候得共、何となく只風俗の女らしく候は、聖人なき国故と被存候」。みすず版全集一巻四六一頁。かく尊重するのは、日本的感性よりも、中国的感性であり、それへの接近を仕事とした彼においても、接近には限界があったとせねばならぬ。もっともこれは日本人の漢詩漢文一般についていえることであって、彼のみのことでないけれども、もっとも中国的思想家であり、その実践者であった彼においても、免れがたい運命であった。

九　武への態度

「風雅文采」を価値とし、また前の論文の上の二の章でいったように、日本でも「先王」の「礼楽」が、昔は京都の「王室」に存在したのに、北条氏足利氏の武断によって衰亡したというのを、日本文明史観とする彼は、いわゆる「武士道」が、「大抵勇を尚《とうと》び死をいとはず、恥を知り信を重んじ、むさときたなく候事を男子のせざる事と立候習はし」を、源平以来のもの、歴史の浅いものとして、低く評価する。また「文武二道」という言葉も、「吾国之俗説」であるとする。「徂徠先生答問書」下、みすず版全集一巻四六四―四六五頁。これは当時にあって勇気ある発言である。そうしてこれまた、文をおもんじ武をいやしむ過去の中国文明史の平均に近づく。

しかし武の完全な否定ではない。「武士道」というものも、もとより「聖人の道」には劣るけれども、すべての技術が、その極致のところでは何がしか取り柄があるのの例外ではないと、「答問書」のその条でいい、「文武二道」の語を「俗説」とするのも、それを二つに分ける点がそうなのである。「聖人の道」にあっては、「治まる時は文を用ひ、乱るゝ時は武を用ひ」、「只一箇の道」であるとする。また個性分裂の理論をここにも用い、「人の生付には気質の偏御座候故」、武徳の人間と文徳の人間とがある。物頭侍大将など武官には前者、家老奉行職など文官には後者が適すると、以上すべて「答問書」が庄内藩の家老の質問への返答なのに見える。みすず版全集一巻四六四頁以下。また「答問書」中では、武備の必須を主張する。同四四六頁以下。

早年の著「訓訳示蒙」の例言は、表現する言語は非連続であっても、表現される人間の事態は、時空を超えて連続するという哲学を、充分には成熟しない形で述べること、「学案」にいうごとくであるが、九九―一〇一頁、「儒道」

というのも「侍《さむらい》の道」と差はないといった上、「日本ハ聖人ナキ国ユヘ、ソノ侍ノ道が武ノ一方へ偏ナル処アルゾ」。みすず版全集二巻四三七頁。武一辺倒なのが日本の弱点とすると共に、よりすぐれた「聖人」の国でも、武は文と同等の存在価値をもつという認識が、この早年の文章からも演繹し得る。

仁斎は「童子問」で、「治道の要」を問われたのに答えて、「文其の武に勝てば則ち国祚修《なが》く、武其の文に勝てば則ち国脈蹙《ちぢ》まる」という。「仁斎東涯学案」四頁。そこまでの言葉は、彼の書から見出しにくく感ずる。町人を身分とした仁斎と、五百石取りの侍との差違であろうか。兵法家としての彼は、「孫子国字解」「鈐録」などの著者でもあった。

彼が李攀竜王世貞の文学に共鳴したのも、以上のことと関係するかも知れない。明は、中国の比率の中では、武を尚んだ時代である。その哲学の代表者である王陽明は、寧王朱宸濠征討の指揮官であり、ほかならぬ王世貞の父王忬も、武官としての経歴をもつ。李も王も自身は武人でないけれども、その文学の雰囲気は、武を拒否せず、むしろ武人的な直截さを価値とする。

李攀竜の「唐詩選」は、そうした批評基準から、唐詩のうち勇壮剛健なもののみを、偏向をもって選び、白居易の詩は緊張を欠くとして一首も収めない。しかし彼はその書を甚だしく尊重した。そうして門人服部南郭が和点を施した復刻本が、江戸時代を通じてのベスト・セラーズとなった。南川維遷の「閑散余録」に、「四十年来ニ板行セル書籍ノ内ニ、大ニ行ハレタルコト唐詩選ニ及ブモノナシ。原板享保九年甲辰正月、再板寛保三年癸亥正月、三板延享二年乙丑五月、四板宝暦三年癸酉九月、五板宝暦十一年辛巳五月、六板明和二年乙酉三月」。前引「日本随筆大成」。改刻はその後もつづき、日本人をして唐詩に親近させるとともに、「唐詩選」的な詩のみが中国詩であるような錯覚を生みつづけ、錯覚は現在にも及んでいる。その書が武士を中心とする社会に適応する中国詩教科書であったという大きな原因のほかに、これまたさいしょの選択者である彼の感性に、限界と偏向があったことを示すであろう。

彼は「先王の道」を価値の基準とすることに於いて、まず大きく中国的思想家である。中国語とそれによる文学を、日本語とそれによる文学よりもすぐれた言語であり文学とし、その実作者であったことは、中国的文学者であり文学批評家である。音楽、書、画、法律、軍事、仏教、みな中国は日本より優越するとし、彫刻もそうであろうとした。愛好は筆、紙、雑器にも及んだことなど、すべて前の論文「民族主義者としての徂徠」、その前半の部分で説いたごとくである。

十　むすび

享保十三年正月十九日、臨終の語が、おれの本は死後に読まれようが、理解者は、「日本ニテハ東涯一人ナルベシ」であったと、「蘐園雑話」に記すことを、「学案」の末で触れた。二〇〇頁。日本では、彼の仮想敵国であった東涯一人というのは、一人でない知己を中国に期待したとも読める。しからばこれまた中国的思想家としての面目である。

しかしまた前の論文の後半で述べたように、民族主義者として、日本の中国に対する優越、少なくとも「先王」の「道」を喪失して病態におちいってのちの中国に対する日本の優越を説く彼は、そうであるのにふさわしく、この論文で列挙したように、日本的伝統からの寄与を、自覚的積極的にうけ入れている。あるいはまた自覚せずして、中国の伝統に連なるよりも、より多く日本の伝統に連なる。もっともそれらを非中国的とするのを、彼は必ずしも承認しないであろう。病態におちいってのちの中国とは連ならなくても、「先王」の中国とは連なるとするであろう。現に神道との関係については、さきの二の章で説いたように、そう主張している。

そもそも彼が「先王の道」を尊重するのは、単に中国のものとしてではない。「聖人」が東海からも出ず、「西海」

からも出ず、中国からしか出なかったのは、「天命」の最大のものとして、「道」の発源地がそこにあったに過ぎない。それは時空を超えた普遍妥当な「道」なのである。「徂徠先生答問書」下に、「教に古今無く、道にも古今無く候。聖人の道にて今日の国天下も治り候事に候。外に仕方は無之候。聖人の教にて今日の人も才徳を成就候事に候。是又外に仕形無之候。古今通貫不申候ては、古聖人の道とも教共不被申候」。みすず版全集一巻四七二頁。また「古の聖人の智は、古今を貫透して今日様々の弊《へい》迄明に御覧候」。同四七五頁。また「然共聖人甚深広大の智を以て、人の生れつき相応に建立し玉ひて、是にて人間界といふものは立候事故」。同四七八頁。

もはや「先王の道」は、中国のものでもない。日本のものでもない。日本の思想家としての彼が、構築した思想の体系なのである。論拠をもっぱら中国の古文献に取るのは、これまた「天命」として、資料がそこにあるからに過ぎない。

そうしてこのことは、日本思想史の上に於ける彼の地位を、おそらく従来の予想を超えて重大にする。しかしそれとともに、古代中国の解釈学としては、妥当でないものを、これまた従来の予想を超えてもつ。祖述さるべきもの、ことに直観によるそれを、多くひそめるであろうと共に、彼の整然たる体系が、その要所要所において、しばしば独断であり、しばしば信頼し難い資料の上に立つこと、この論文で指摘したごとくである。

実証家としての彼は、しばしば清朝の実証学が、彼の世紀の後半、極盛に達したのを先取するとされる。これも再検討を要する。「論語徴」がむこうに伝えられ、劉宝楠《りゅうほうなん》の「論語正義」その他に、「日本物茂卿曰わく」として引用されているのは、顕著な事実である。藤塚鄰「物徂徠著論語徴の清朝経師に及ぼせる影響」弘文堂「論語叢説」。しかし両者の学風の同異は、これまたこの論文でも、さきの七の章で触れたごとくである。

事がらの一端として、清朝実証学の一部である校勘学、すなわちテクスト・クリティクは、彼の弟子山井鼎が、足利学校の資料によって作った「七経孟子考文」が、将軍吉宗の配慮によって清国に輸出されたのが、刺戟となり、また重要な資料となって、八十年後の次世紀のはじめ、阮元の「十三経注疏校勘記」を生んだこと、これまた清朝学術史の顕著な事実である。私の書いたものでは、全集十九巻「日本人の知恵」副題して「山井鼎と国文学」参照。そうして同じく徂徠門の宇佐美灊水《しんすい》によれば、山井の仕事は徂徠の発意によるというのを、狩野直喜「山井鼎と七経孟子考文補遺」みすず書房「支那学文叢」は重視する。

しかし徂徠が山井の書に与えた序文を読むと、弟子の「好古の癖」を、孔子の態度を継ぐものと、大げさに形容しつつも、仕事そのものは必ずしも評価したようでない。「論語」「里仁」篇「無通無莫」の章の「徴」、すなわちさきにこの論文の三の章で触れたように、隋唐の諸僧の書を賞揚するくだりでは、それと対比して、唐の孔穎達《くようだつ》の「五経正義」、すなわち山井が校勘の中心的な対象とした巨大な書を、つまらない注釈とする。そもそも彼が注釈書のすべてを原文への変形として拒否する傾向にあることは、「学案」九四頁また一二四以下頁参照。

私がこの数年、彼の著書を読んで感じたことは、それが日本思想史の研究者にとって必読の書であるということである。それと共に、現在の中国学研究者にとっては必ずしもそうでないということである。これは私が日本的な朱子学の勢力が後退したのちの研究者であり、それと勇敢に戦かった彼とは異なった状況にいるからかも知れない。私の彼への感謝はむしろ別の方向にある。もし彼がいなかったならば、日本人の中国文明への関心ないしは愛好は、江戸時代においてあれほど高まらず、その余恵が今日に及ぶこともなかったであろう。「唐詩選」は偏向をもつ中国詩集である。しかしひろい範囲の日本人を中国の詩に近づける最初の書で、今日でもある。

更にまた一つの感想は、日本思想史の上における彼が、近代の先駆として回顧されることは、重要な事実である。実証的な古典学の先駆者として回顧されるばかりではない。朱子学、少なくとも日本の朱子学が、無雑作にむすびつけて来た「天」と「人」つまり自然と人間を分離したことは、丸山真男氏の「日本政治史研究」が、彼の大きな功績として指摘するごとくである。私自身は、完全善の社会は、堯舜の世にも実在しなかったと、宣長に先だって喝破したのを、最も高く買う。「学案」一三六頁。仁斎にはじまる欲望の肯定は、彼に至って大きく地歩をすすめ、感性の尊重は、宣長をひらく。

しかし彼もまた封建の世の巨人であったことを、より深く感ずる。彼はみずからの時代が、「先王」の時代と同じく「封建」であるのを讃美する。「日本も古は郡県にて候へども、今程封建に罷成候故、唐宋諸儒の説には取用がたき事共御座候」。「徂徠先生答問書」上、みすず版全集一巻四三四頁。中国が「郡県」の病態におちいってのちの諸学説は、ゆえに徳川氏の幕藩体制に適せず、「封建」の世に生まれた「先王の道」のみが適するとするのである。

ところで彼のいう「先王の道」は、領主とその補佐者である「君子」に政治の方法を示唆するものであっても、「小人」すなわち人民は、圏外におかれる。少なくとも直接の対象ではない。「民は愚かなる物」だからである。「徂徠先生答問書」中、同四四七頁。またその時代に於ける階級の固定について、「世界の惣体を士農工商の四民に立候事も、古の聖人の御立候事にて、天地自然に四民有之候にては無御座候」。「徂徠先生答問書」上、同四三〇頁。固定が天地自然でないというのは、不自然として否定する苦悩を、何がしか伴なっていると解せられないでない。恐らくはそうでない。またそもそも「四民」「士農工商」の語は、儒家の書に必ずしも頻見しない。「書経」「周官」の篇は、又もや「偽篇」である。

彼の「天命」の説は、階級の世襲的な固定を弁護するための論理として成立したと疑われる面をもつ。「論語」全巻最後の章は、「命を知らざれば以って君子と為る無き也」であるのに対し、彼の「徴」は、「命とは道の本也。天命を受けて天子と為り公卿と為り大夫士と為る」というのをもって、議論をはじめる。地位を世襲する家の当主として生まれるのは、超自然の意思による運命なのである。本人はそれを自覚し、支配層としての義務に忠実であれというとともに、それは人間の論議をゆるさない問題とする。

現在われわれの態度となっているものの幾つかが、既に彼にあるのを、私は尊敬するとともに、われわれが脱出を欲するもののいくつかにも、彼が参与しているのを否定しがたい。厳格な儒学の一つとされる「水戸学」が、彼に発源するとされるのは、偶然でない。

余論の一　徂徠と西洋

この論文は以上をもって終ってよい。しかし附録を添えよう。以後の私は、これまでの私の発言に反論なり批評が与えられ、それに答える必要を生じた場合は別として、この日本思想史の巨人についての研究を、みずからに課する機会を、しばしばにはしないだろうからである。

余論の一は、彼の西洋に対する関心である。結論をさきにいえば、むしろ稀薄である。対立者である新井白石のオランダ癖への反撥であろうか。

「徂徠先生学則」の第一則に、「東海は聖人を出ださず、西海は聖人を出ださず」というのは、「西海」すなわち西洋は、「東海」すなわち日本と同じく、「道」を作為した「聖人」を出した中国に及ばない地域とするのである。「大系」一八八頁。

「訳文筌蹄」の「題言」には、その地域は、人間の性質が異常なのに応じて、言語も奇怪に下等であろうと予想する。「其の荷蘭《オランダ》等の諸国の、性稟の常に異なる如きは、当《まさ》に解し難き語の、鳥の鳴き獣の叫ぶ如くにして、人情に近からざる者有るべし」。みすず版全集二巻六頁。そうしてそれを日本はそうではなく、「情態」生活感情が、中華と接近するとするのと対比する。

「徂徠集」巻八「国思靖の遺稿の序」では、そうした「鳥鳴獣叫の如き」言語を練習する長崎税関オランダ通事のありさまを、「夷ならば舌を弾ずるを是れ習い、唇を沸かすを是れ効《ま》ねる」のみで、何の学問教養もないと嘲笑する。もっともその点は、長崎の中国語通事も同様であり、「華ならば啌嘡嘶喉歯腭」、いずれも当時の中国語学の術語であろうが、それを「明審」するだけで、やはり無学無教養、しかも口先の技術だけで、豪勢な生活をしている中にあって、岡島冠山の師であった国思靖だけは例外であるという文脈の一部である。

「徂徠集」巻十「釈玄海の崎陽に帰るを送る序」では、長崎に来航する外国船を、「欧駱南交仏斉仏狼瓜哇渤泥の諸夷」と数え、巻十六「暹羅語を善くする人に贈る」では、「交趾林邑三仏斉真臘身毒、及び筠冲臥蘭的亜の賈胡」と数える。何の地の訳字であるか、調査のいとまがないが、白石が「采覧異言」で示すような精密な知識ではなさそうである。うち三仏斉は、真珠を陽物に嵌めると、巻十三「舎利の記」にいう。

天主教への言及は、「徂徠集」巻十四「崎陽大音寺伝誉上人の碑」。禁教以前、長崎に教徒が充満したのに対処するため、初期の幕府が設けた寺の開山上人の頌徳碑である。勇気あり弁舌の立つその僧は、暗殺の危険にさらされつつ、教徒の改宗に努力し、長崎の地ではさいしょの仏寺であり、檀家わずかに二三十人であったのを、銅板の踏み絵を踏んで帰依するもの、日日に益ます衆《おお》い。「夫《そ》れ西洋の夷は、瑣乎として微なりと雖も、禍心を包蔵し、密《ひそ》かに国を窃《ぬす》まんと謀り、巧言は飴の如く、以って愚民を餌《つ》る。愚民は知覚する罔《な》く、淪《しず》みて胥《とも》に相い溺れ、以って刑戮に陥る。是れ其の菑《わざわ》いは、洪水猛獣よりも甚し」であり、地方官も「朝廷」すなわち幕府も、慶長元和のころには手のつけようがなかったのを、善導して救ったのは、この上人であるとたたえる。なお天主教への簡単な言及は、「蘐園随筆」一にも、大西、西学、西儒の語をあげつつ見え、河出版全集一巻一三五頁、「政談」四には、「吉利支丹ト云者、今ハ日本国中ニ有間敷事也」というとともに、「又吉利支丹宗門ノ書籍ヲ見ル人ナキ故ニ、其教如何ナルト云ヲ知ル人ナシ。儒道・仏道・神道ニテモ悪ク説タラバ、吉利支丹ニ紛フベキモ計リ難シ。是ニ依テ吉利支丹ノ書籍御庫ニ有ルヲモ、儒者共ニ見セ置レテ、邪宗ノ吟味サセ度事也」。「大系」四三四―四三五頁。「徂徠集拾遺」に収める「畸人十篇の跋」は、マテオ・リッチのその書を、尾藩の津田大夫の蔵するのを読んでの所感であって、禁絶の後も、その教えは、形を変えて他教の中にひそんでいるかも知れぬ。その書物を読まねば、検討はむつかしいのに、それを許さないのは、「有司の過ち也」と、「政談」と同趣旨のことをいう。文章の日づけは、享保丙午すなわち十一年の七月初九日。

彼の散文が「西海」に言及するのは、以上にとどまるであろう。同時の伊藤東涯の「訓幼字義」が、「今時西夷南蛮遠き海外の人ども、年々にわが国に来りあつまるを聞くに」、彼等も人間としての倫理は共通であるといい、「仁斎東涯学案」六二頁、おくれては本居宣長の「玉勝間」が、その七の巻で、「おらんだといふ国のまなび」を一条とするごとき態度は、彼にない。

ただ「徂徠集」の詩で、巻五の七言絶句の中に、義空なる僧が、西京へ旅立つ置き土産に、「阿刺吉酒を留め恵まる。盛る所も亦た西洋の玉壺《ぎょくこ》なり」を題とする二首が見えるのは、彼もまた、次第にたかまりつつあった蘭癖と無縁でなかったことを示す。「阿刺吉《アラキ》酒」は、オランダ渡来の酒、芭蕉の俳諧にも、「花に嵐アラキチンタを暖めて」と見えるよし、岩波「古語辞典」、「玉壺」はガラス瓶。うち第一首は、酒に直接ふれぬ。第二首を録する。

紅毛酒貯碧琉璃　　紅毛の酒は貯う碧琉璃
留我一壺琥珀疑　　我れに一壺を留め琥珀かと疑う
欲綰春風歌離別　　春風に綰《つが》ねて離別を歌わんと欲すれば
君家甘露灑楊枝　　君が家の甘露は楊枝に灑《そそ》ぐ

余論の二　漱石と徂徠

余論の二は、もっとも余論である。「学案」の終りに、明治以後の人人の徂徠に対する言及として、西周、夏目漱石、内藤湖南のそれを、せいぜい簡約に触れておいたが、うち漱石の徂徠ずきは、資料を挙げておくのが、徂徠研究家にとっても、漱石研究家にとっても、役に立ちそうである。

「伊勢」「源氏」論を紹介したところで資料とした「蘐園十筆」は、昭和のはじめ関儀一郎の「続日本儒林叢書」が活字にするまで、専ら写本のみあり、したがって人人の注意せぬ書であった。それを漱石は、ティーン・エイジャーのころ、湯島聖堂の図書館、すなわち国会図書館のまわりまわりての前身に、せっせと通って、「無暗に写し取った昔」を、子供の時のたのしい記憶として、修善寺の病床で思い出している。「思ひ出す事など」六。

そうして漱石の徂徠ずきは、一生を通じる。「漢文では享保時代の徂徠一派の文章が好きである。簡潔で句が締つてゐる。中略。漢文も寛政の三博士以後のものはいやだ。山陽や小竹のものはだれてゐて厭味である。自分は嫌ひだ」。明治三十九年「文章世界」に与えた談話「余が文章に裨益せし書籍」。また同じ年に「中央公論」に与えた談話「予の愛読書」にはいう、「僕は漢文が好きだ。中略。所謂和文といふものは余り好かぬ。又漢文でも山陽などの書いたのは余り好かぬ。同じ日本人の書いた漢文でも享保時代のものは却つて面白いと思ふ。人は擬古文というて軽蔑するが、僕は面白いと思ふ」。

小説「草枕」の老人が、山陽の硯を自慢にすべく観海寺の和尚を招いたときの会話にも、徂徠が山陽と比較されている。「和尚さんは、山陽が嫌ひだから、今日は山陽の幅を懸け替へて置いた」。「徂徠かな」。「徂徠もあまり、御好きでないかも知れんが、山陽よりは善からうと思ふて」。「それは徂徠の方が遙かにいゝ。享保頃の学者の字はまづくても、何処《どこ》ぞに品がある」。「広沢をして日本の能書ならしめば、われは則ち漢人の拙なるものと云ふたのは、徂徠だつたかな」。「わしは知らん。さう威張る程の字でもないて」。
一九七四立冬日稿畢。

（一九七五昭和五十年一月「世界」、翌二月補訂）

本居宣長の思想

本居宣長、一七三〇享保十五年―一八〇一享和元年、の思想として、私の理解するところは、以下のごとくである。現実は、無限に複雑で、神秘で、不思議である。人間の知恵で説明することはできない。人間の知恵は有限だからである。

現実の不思議さは、すこしの反省で、われわれの周辺に発見される。たとえば「此大地は空にかゝりたらんか、物のうへに着《ツキ》たらんか、いづれにしても、いと〳〵奇異《アヤシ》き物なり」。「くずばな」上、筑摩「本居宣長全集」八巻一二九頁。あるいは「人の此身のうへをも思ひ見よ。目に物を見、耳に物をきき、口に物をいひ、足にてあるき、手にて万のわざをするたぐひも、皆あやしく、或は鳥虫の空を飛《ビ》、草木の花さき実《ミ》のるなども、みなあやし」。同上。そのすべてが人間の知恵で説明できるか。

もし複雑な現実を、人間の知恵をもって総括しようとし、総括の結果として、法則らしきものによって現実を説明し、あるいは規制しようとするこころみは、必ず誤謬におちいる。何となれば、現実の無限な複雑さに対し、人間の知恵は有限だからである。法則らしく見えるものは、現実のすみずみにまで適合せず、したがって法則による規制は、強制、むりじい、となる。儒学、仏教、それら外国人の説はみなこの誤謬におちいっている。

われわれは神の存在をみとめねばならない。人間以上の超越者の存在を、信じねばならない。現実の不思議は、世界が神によって作られたからである。すべての現実は、神の意思としてある。「凡て此世中の事は、春秋のゆきかはり、雨ふり風ふくたぐひ、又国のうへ人のうへの、吉凶《ヨシアシ》き万《ノ》事、みなことごとに神の御所為《ミシワザ》なり」。「直毘霊《ナホビノミタマ》」、全集九巻五四頁。自然も人事も神の意思のほかなるものはない。

世界が神によって作られた次第を、もっとも正確に記すのは、日本に発生した古典、「古事記」と「日本書紀」である。ことに説きざまの正しいのは、前者である。それは人間の知恵、少くとも個人の知恵をもって、書かれたものでない。神神の時代からの伝承を、そのままに記したものであり、「いさゝかもさかしらを加《クハ》へ給ふことなき」ものであるゆえに、もっとも信頼性をもつ。同五〇頁。

そこには、法則らしきものは説かれていない。神神の「事蹟」を記すのみであるが、「うひ山ぶみ」注ホ、全集一巻九―一一頁、それらは以後すべての現実の原型であり、したがってすべての現実を説明し得る。「世間乃《ヨノナカノ》、阿流淤母《アルオモ》夫伎波《ブキハ》、何事母《ナニゴトモ》、神世之跡袁《カミヨノアトヲ》、尋弖斯良由《タヅネテシラユ》」。「玉鉾百首」全集十八巻三二四頁。法則らしきものが提示されていないからといって、軽視してはならない。「うはべはたゞ浅々《アサアサ》と聞ゆれども、実《マコト》にはそこひもなく、人の智《サトリ》の得《エ》測度《ハカラ》ぬ、深き妙《タヘ》なる理のこもれる」ものである。「直毘霊」、全集九巻五八頁。

世界は善と幸福とのみでは満たず、悪と不幸とが、必ず並存する。これは神の意思としてそうなのであって、神には善神もあり、悪神もあるからである。そうして吉善《ヨゴト》、すなわち幸福と善の中には、必ず凶悪《マガゴト》、すなわち不幸と悪の要素があり、逆に凶悪《マガゴト》の中には必ず吉善《ヨゴト》の要素があるゆえに、吉善《ヨゴト》と凶悪《マガゴト》とが相互に転移する。現実がそうである原型も、「古事記」の神神の間の交渉としてある。伊邪那伎《イザナキ》、伊邪那美《イザナミ》の二神が、美斗能麻具波比《ミトノマグハヒ》をして、国国を生んだという吉善《ヨゴト》は、最後に火の神を生んだことによって、女神の死という凶悪《マガゴト》を招く。しかしまた女神を黄泉国《ヨミノクニ》にたずねて行った男神が、女神と訣別しての帰途、橘小門《タチバナノヲド》の禊《ミソギ》をし、それによって天照大御神《アマテラスオホミカミ》、すなわち宣長によれば、現在も天空にかかる太陽であるが、それを長姉とする三貴神が生まれたのは、吉善《ヨゴト》である。これ善と悪、幸福と不幸が、永久に継起交錯するという事態の原型である。「古事記伝」七、全集九巻二九五頁。

凶悪《マガゴト》はけっきょく吉善《ヨゴト》に勝たない。女神が一日に千人を殺そうといったのに対し、男神が一日に千五百人を生もうといったと、やはり「古事記」にいうのは、その原型である。同上。

またかく吉善《ヨゴト》と凶悪《マガゴト》が交錯し継起する中にあって、人間は凶悪《マガゴト》を嫌悪し、吉善《ヨゴト》を行おうとする。これも神の意思としておのずからそうなのであって、教訓による強制ではない。そもそもその原型となる伊邪那伎の橘小門における禊も、強制によるものでなく、自発であった。「世《ノ》人も亦其《ノ》如くにて、産巣日《ノ》神の御霊《ミタマ》によりて、凶悪《マガゴト》をきらひて、吉善《ヨゴト》をなすべき物と、生《ウマ》れたれば、誰《タ》が教ふとなけれども、おのづからそのわきためはあるものなり」。同上、全集九巻二九六頁。

かく生まれながらにして、みずからの生き方を知っているのは、ひとり人間ばかりのことではない。動物もそうである。それぞれの存在の存在としての方法は、神の意思としてそれぞれの存在に内在しているからである。「世中《ヨノナカ》に生《イキ》としいける物、鳥虫に至るまでも、己《オノ》が身のほど〳〵に、必《ズ》あるべきかぎりのわざは、産巣日《ムスビノ》神のみたまに頼《ヨリ》て、おのづからよく知《リ》てなすもの」である。いわんや人間は万物の霊長として、ことにその能力をもっている。もし教育の強制によらなければ分らないとすれば、人は動物よりも劣ることとなる。「直毘霊」、全集九巻五九頁。

そのゆえに、日本の古代には、倫理とか道徳とか、法則による強制を意味する単語はなかった。いかにも「美知《ミチ》」という単語はあるが、それは地上の道を意味したにすぎない。同上、全集九巻五〇頁。

しかし今は、神の意思として人間はあり、万物はあるという原理、それを「道」と呼ぶならば、人間はその原理すなわち「道」の中に居、またそれによって生きていることを、自覚しなければならない。「そも〳〵人としては、いかなる者も、人の道をしらでは有べからず」。学問をするものはことにそうである。「殊に何のすじにもせよ、学問をもして、書をもよむほどの者の、道に心をよすることなく、神のめぐみのたふときわけなどをもしらず、なほざりに思ひて過すべきことにはあらず」。「うひ山ぶみ」注ヤ。全集一巻二九頁。つまり人間は究竟において哲学的人間でなければならない。

そうして、自覚された哲学を実践にうつして、「道」の拡充につとめなければならない。いかにもすべては神の意思である。しかしそれゆえに人間は努力を怠るべきでない。「然らば何事もたゞ、神の御はからひにうちまかせて、よくもあしくもなりゆくまゝに打捨《ウチステ》おきて、人はすこしもこれをいろふまじきにや、と思ふ人もあらんか、これ又大なるひがことなり」。すべてを神にまかすのは、誤謬である。「人も、人の行《オコナ》ふべきかぎりをば、行《オコナ》ふが人の道」である。ただしそれがうまくゆくかうまくゆかないかは、善神の意思と悪神の意思とが交錯するゆえに、人間の力の及ぶところではない。無理押しはさけるべきではある。けれども、「たゞなりゆくまゝに打捨《ウチステ》おくは、人の道にそむけり」。「玉くしげ」、全集八巻三二〇頁。

かく「道」を自覚し、実践するための教科書は、「古事記」「日本書紀」である。中でも漢文で記された「書紀」よりも、「言語《モノイヒ》のさま」が、神神の「事蹟」を忠実に伝える「古事記」である。

しかしながら、ここに方法として、また実際の事態として、甚だ重要な事がある。「道」を知ろうとして、不用意にまっさきにこの二典にとっつくならば、必ず失敗する。

何となれば、二典は「事蹟」すなわち事実を記すのみであり、その中に「道」は示唆されているけれども、外国の哲学の書である儒学や仏教の書のように、人間の法則らしきもの、それは不完全と虚偽にみちるものではあるが、それらを提示するごとき形に、この二典はない。「道はこの二典にしるされたる、神代のもろ〳〵の事蹟のうへに備はりたれども、儒仏などの書のやうに、其道のさまを、かやう〳〵と、さして教へたることなければ」、二典そのものを読むだけでは、二典が示唆する「道」は理解されない。「うひ山ぶみ」注ホ、全集一巻九頁。「初学のともがら、いかほど力を用ふとも、二典の本文を見たるばかりにては、道の趣、たやすく会得しがたかるべし」。「うひ山ぶみ」注へ、同一一頁。

単に理解しがたいばかりでなく、必ず無意識の誤解、また意識的な曲解に、おちいる。儒学的仏教的な方法、つまり法則らしきものを提示する書を読むことによって人間を知る方法になれた人たちは、二典をも同じ方法で読もうとする。つまり原型の書を法則の書として読もうとする。そうして原型の書にむりに導入しようとする法則は、儒学仏教のそれとなる。現に在来の解釈は、「釈日本紀」「日本紀私記」以下、みなこの陥穽におちいっている。近ごろのいわゆる「神道家」も、彼の私淑する契沖と、直接の師である賀茂真淵を、例外として、みなしかりである。誤解曲解の歴史として、はじめは仏教によったというに対し、近ごろ百五六十年以来は、儒学によるというのは、山崎闇斎の「垂加神道」を、もっとも多く意識しよう。「うひ山ぶみ」注ホ、同一九頁。

要するに、哲学的人間であろうとして、ただちに哲学を求めるときは、必ず誤謬におちいる。この誤謬におちいらないものとして、宣長はその方法を提示する。すなわち、感情の感動によってものの本質に接触すること、それが哲学への必須の前提となる。彼の言葉ではそれを「物のあはれを知る」という。またその修練のためには、感情の言語である詩、また小説こそ、まず読まるべきだとする。またみずからも歌を作る。それを彼の言葉では「雅《ミヤビ》の趣《オモムキ》を知る」という。この準備を必須としてのちに、「道」の書を読んでこそ、「道」は把握されるとする。また以上の主張には、言語表現の様相、ことに感情的言語におけるそれが、人間精神の直接な反映であり、人間の現実として重要なものであるとする主張が、並存する。

事がらの前提として、感情は人間心理のうちもっとも重要なものとする思考があるであろう。あるいは人間の心理とは、けっきょく感情にほかならぬという思考があるであろう。彼の歌論の書に、感情は動物さえも、普遍に具有するという議論が、しばしば現れるのは、その証明としてであると思われる。「すべて世中にいきとしいける物はみな情《ココロ》あり」。「石上私淑言」一、全集二巻九九頁。

そうして感情があれば、必ず現実への反応として、感動がある。「情《ココロ》あれば、物にふれて必おもふことあり」。動物のなき声は、その感動の表現であり、人間のそれが歌であるのに、おなじい。同上。

ことに人間は、万物の霊長であるから、感情の感動も、高等に複雑である。「其中にも人はことに万の物よりすぐれて、心もあきらかなれば、おもふ事もしげく深し」。また接触する現実が複雑であることが、感動の形態を多様にする。「そのうへ人は禽獣よりもことわざしげき物にて、事にふるゝ事おほければ、いよ〳〵おもふ事おほき也」。そうして「あるときは喜《ウレ》しくあるときは悲《カナ》しく、又はらだゝしく、又はよろこばしく、或は楽《タノ》しくおもしろく、或はおそろしくうれはしく、或はうつくしく《愛》或はにくましく《悪》或はこひしく或はいとはしく、さま〳〵におもふ事」が生まれる。同上。

なぜかく感情の多様な感動が、人間の必然としてあるか。対象とする現実の本質への接触が、感情による直感としてあるからである。それを「物のあはれを知る」という。「たとへば、うれしかるべき事にあひて、うれしく思ふは、其うれしかるべき事の心をわきまへしる故にうれしき也、又かなしかるべき事にあひて、かなしく思ふは、そのかなしかるべきことの心をわきまへしる故にかなしき也。されば事にふれてそのうれしくかなしき事の心をわきまへしるを、物のあはれをしるといふ也」。同一〇〇頁。うち「こころ」は事態の本質、「わきまへしる」は、それへの接触、あるいは認識、と訳してよいであろう。

かく「物のあはれを知る」べき現実として、まずわれわれの周辺にあるのは、月、花、など、美麗な自然である。

「さてその物のあはれをしるといひ、しらぬといふけぢめは、たとへばめでたき花を見、さやかなる月にむかひて、あはれと情《ココロ》の感《ウツ》く、すなはち是、物のあはれをしる也」。それはわれわれの感動を生むべき外的自然の本質、それに接触しての感動である。「これその月花のあはれなるおもむきを心にわきまへしる故に感ずる也」。この接触がないときに、感動は生まれない。「其あはれなる趣《オモムキ》をわきまへしらぬ情《ココロ》は、いかにめでたき花見ても、さやかなる月にむかひても感《ウツ》くことなし。是即物のあはれをしらぬ也」。同一〇六頁。

自然ばかりではない。すべての現実に対してそうである。「月花のみにあらず、すべて世中にありとある事にふれて、其おもむき心ばへをわきまへしりて」、すなわち現実のすべてに対し感情によってその本質に接触し、うれしかるべき事はうれしく、おかしかるべき事はおかしく、かなしかるべきことはかなしく、こひしかるべきことはこひしく、「それ〳〵に情《ココロ》の感《ウツ》く」、すなわち現実のことなるに応じて、それぞれの形で感情を感動させる。それがすなわち「物のあはれをしるなり」である。

かく「物のあはれをしり」つつ、生きるのが人間の基本的条件である。「されば物のあはれをしるを、心ある人といひ、しらぬを心なき人といふ也」。同一〇七頁。

また次の段階として、感動を人に伝達したくなるのが、人間の本来である。独語では満足しない。「さればなべて心にふかく感ずる事は、人にいひきかせではやみがたき物也」。同上。この伝達としてあるのが、歌である。歌としての伝達をしないのは、完全な人間でない。動物にさえ劣る。「鳥虫ニ至ルマテモ、折節《ヲリフシ》ニツケテ、ソレ〳〵ニ曲節アル音ヲ出シ、ヲノレ〳〵ガ歌謡ヲナスモノヲ、人間トシテ一向ヨム事アタハサルハ、可恥ノ甚シキニアラスヤ、ヨマデモ事タルト思フハ甚アチキナシ」。「あしわけをぶね」、全集三巻二七頁。

要するに人間は文学的人間であり、詩人的表現者でなければならない。それが「雅《ミヤビ》の趣をしる」である。「すべて人は、雅《ミヤビ》の趣をしらでは有《ル》べからず、これをしらざるは、物のあはれをしらず」、つまり感動によって現実の本質と接触し得ないところの「心なき人なり」。「うひ山ぶみ」注ヤ、全集一巻二九頁。

かく「物のあはれを知り」「雅の趣を知り」て、「心ある人」となり、つまり人間の基本的条件として文学的人間であったのちに、「道」すなわち哲学への接近は可能であるが、この方法は、師賀茂真淵によって開拓されたものと、宣長はいい、真淵の語を次のように引く。「古《へ》の道をしらんとならば、まずいにしへの歌を学びて、古風の歌をよみ、次に古の文を学びて、古《へ》ぶりの文をつくりて、古言をよく知《リ》て、古事記日本紀をよくよむべし」。またいう、「古言をしらでは、古意はしられず、古意をしらでは、古の道は知《リ》がたかるべし」。「うひ山ぶみ」注ラ、全集一巻一七頁。

なぜ「道」とは一見疎遠と思われる「万葉」を、真淵は「道をしる階梯」として重視したか。宣長はその理由の説明としてまずいう、歌の文学の内容は、柔軟な感情であり、その柔軟さが、道の柔軟さと合致するのであると。「すべて神の道は、儒仏などの道の、善悪是非をこちたくさだせるやうなる理窟は、露ばかりもなく、たゞゆたかにおほらかに、雅《ミヤビ》なる物にて、歌のおもむきぞ、よくこれにかなへりける」。「うひ山ぶみ」注ラ、全集一巻一八頁。

またかく柔軟さを、歌の文学の本質とすることは、その中でもことに柔軟な恋愛の歌を、重視させる。そうしてその理由として、恋愛感情こそは、感情のうちでも深刻なものであると主張する。「恋は万のあはれにすぐれて深く人の心にしみて、いみしく堪《タヘ》がたきわざなる故也、さればすぐれてあはれなるすぢは、つねに恋の歌におほかる事なり」。「石上私淑言」二、全集二巻一五六頁。

あるいはもっとも切迫した感情は、不倫の恋の歌にあるとする。行為としてそれが不倫であることは、教えられずとも知ることの一つとして、誰でも知っている。しかしそれゆえに一そう感情は切迫する。「スヘテ人情、コレハヨキ事、コレハアシキ事、スマシキ事ト云事ハ、大カタタレモワキマヘシル事也、コトニ人ノ妻ヲ犯スナト云事ハ、竹馬ノ童モアシキ事トハシル事也、シカルニコノ色欲ハ、スマジキ事トハアクマテ心得ナカラモ、ヤムニシノビヌフカキ情欲ノアルモノナレハ、コトニサヤウノワザニハ、フカク思ヒ入ル事アル也」。「あしわけをぶね」、全集二巻三頁。

またそもそも歌は、政治や倫理とは無関係な独立した存在であると、宣言されている。「歌ノ本体、政治ヲタスクルタメニモアラズ、身ヲオサムル為ニモアラズ、タヽ心ニ思フ事ヲイフヨリ外ナシ、其内ニ政ノタスケトナル歌モアルベシ、身ノイマシメトナル歌モアルベシ、又国家ノ害トモナルベシ、身ノワサハイトモナルベシ、ミナ其人ノ心ニヨリ出来ル歌ニヨルヘシ」。同上。

更にまた感情の文学である歌の本質として、柔軟さを尊ぶことは、そもそも人間の感情は、めめしく、はかないのが、本来であるという思考へと、延長される。「おほかた人は、いかにさかしきも、心のおくをたづぬれば、女わらべなどにもことに異《コト》ならず、すべて物はかなくめゝしき所おほきものにて」であり、そうでなくよそおうのは、虚偽である。「石上私淑言二」、全集二巻一五一頁。その証明を日常の身辺に求めれば、愛児の死を、より多く悲しむのは母であり、父は世間態をはばかって涙をかくす。父の方が虚偽であり、母の方が真実である。同一五三頁。すべて男子が、「心ニハアクマテ悲シクアハレニ思フ事アリテモ、人ノ見聞ヲオモンハカリ、心ヲ制シ、形ヲツクロヒテ、本情ヲカクシツクロフニタクミナルヤウ也」であるのは、「近世武士ノ気象、唐人議論ノカタギ」であって、人間の感情の真実でない。「タトヘバ武士ノ戦場ニ出テ、君ノタメ国家ノタメニハ、一命ヲステテ露オシマス、イサキヨク死スルハ義士ノ常也」であるが、しかしそのとき、妻子のことを思い、老いたる親を思うであろう彼は、本当に悲しくないのか。「あしわけをぶね」、全集二巻三六頁。また人間にとってもっとも悲しいのは、死である。「世中に、死ぬるほどかなしきものは」ない。さればこそ人間の生活の原型となる「古事記」では、「国土万物を成立《ナシタテ》、世中《ノ》の道を始めたまひし、伊邪那伎大御神《イザナキノオホミカミ》」すら、女神の死を、「ひたすら小児《セウニ》のごとくに、泣悲《ナキカナシ》みこがれ給」うたではないか。「玉くしげ」、全集八巻三一六頁。それを悲しく思わないふりをするのは、儒、仏の書の邪説である。

またそれと関連することとして、感情の自由の肯定は、欲望の自由の肯定となっている。そうして従来のおおむねの思想、ことに儒者のそれが、欲望を否定するのを、しばしば冷笑する。欲望もまた神の意思として、人間の自然とするからである。「うまき物くはまほしく、よききぬきまほしく、よき家にすままほしく、たからえまほしく、人にたふとまれまほしく、いのちながゝらまほしくするは、みな人の真心也《マゴコロ》」。物欲、名誉欲、みな人間の真実であり、自然である。その否定は、不自然であり、虚偽である。「然るにこれらを皆よからぬ事にし、ねがはざるをいみしきことにして、すべてほしからず、ねがはぬかほするものの、よにおほかるは、例のうるさきいつはりなり」。色欲についても同断であって、先生、上人などといわれる人物が、「月花を見ては、あはれとめづるかほすれども、よき女を見ては、めにもかゝらぬかほして過るは、まことに然るにや」。美麗な自然を愛するからには、美麗な異性をも愛すべきである。そうでないのは、「人とあらむものの心にあらず」。「玉かつま」四、全集一巻一四四頁。また儒者どもは、本はほしがるくせに、金はほしくない顔をする。金があってこそ、本も買えるのでないか。「玉かつま」十二、同三七一頁。住居についても、「里とほくしづかなる山林《ヤマハヤシ》」、つまり物欲の刺戟に乏しい地域を、彼自身は、このまない。「玉かつま」十三、同三九八頁。

かく柔軟さをもって、感情の本質であり、価値であるとする彼は、歌についても、「万葉集」的な「古風」の歌ばかりを尊重するのを、躊躇する。「雅《ミヤビ》の趣をしる」ためには、「後世風」の歌、ことに「古今集」「新古今集」も、同時に尊重すべきだとする。「万葉」は、古代の歌であるゆえに、しばしばあまりにも素朴であり、素材も簡単であるのに対し、「古今」「新古今」の歌は、複雑な素材、したがって複雑な感情をもつ。歌の歴史のクライマックスは、むしろそこにこそあるとさえする。「そも〳〵上代より今の世にいたるまでを、おしわたして、事のたらひ備りたる、歌の真盛《マサカリ》は、古今集ともいふべけれども、又此新古今にくらべて思へば、古今集も、なほたらはずそなはらざる事あれば、新古今を真盛といはんも、たがふべからず」。「うひ山ぶみ」注オ、全集一巻二五頁。比喩をもっていえば、「古風は白妙衣のごとく」であり、「後世風は、くれなゐ紫いろ〳〵染たる衣のごとし」である。白衣は白衣なるがゆえによいところがあるとともに、色彩のある着物も色彩のゆえによい。ただその色彩の当否が問題なのである。「うひ山ぶみ」注ノ、同二四頁。

そうしてまた彼はいう、もし「染たる衣」は、作為であるゆえに、虚偽であるというならば、歌というものは、そもそも作為である。「そも〳〵歌は、思ふ心をいひのぶるわざといふうちに、よのつねの言とはかはりて、必《ズ》詞にあやをなして、しらべをうるはしくとゝのふる道なり、これ神代のはじめより然り」。「うひ山ぶみ」注ムまた注ノ。全集一巻一九頁。作為があればこそ、深刻な伝達となり、人を、あるいは鬼神をも、感動させる。

事がらは日常の身辺からも証明されるのであって、深い悲しみによる泣き声は、おのずと節奏をもつ。「タトヘハ人ノ哭《ナク》声ニテモ、カロク哭《ナク》時ハ、シクホクトナクノミニテ、カナシミモウスキ時也、フカキ悲《シ》ミニヨリテ、声ヲ上ケテナク時ハ、ヲノヅカラ其声ニ文《アヤ》アリテ、聞ク人モフカク哀《レ》ニ思フ也」。歌もそうであって、「コレ又イツハリト云モノニアラズ、実情ヲ云《フ》ニモ、ソノ文《アヤ》ニヨリテ、実モアラハレ、人モ感ズル也」。「あしわけをぶね」、全集二巻四八頁。

以上「後世」の歌についての議論は、彼の哲学の又一つの要素としてあるところの、作為もまた神の意思であるという思考と、関係する。当時、往往、彼の説は、中国の儒学には反撥しつつも、中国の老子荘子の説に近いという批評があった。「玉かつま」七、全集一巻二一八頁。それに対して彼はいう、老子の徒はすべての人為をいとう。それはかえって自然に反する。真の自然ではなく、私のいう本当の「道」では、やはりない。「もし自然に任《マカ》すをよしとせば、さかしらなる世は、そのさかしらのまゝにてあらんこそ、真の自然には有べきに、そのさかしらを厭《イト》ひ悪《ニク》むは、返りて自然に背《ソム》ける強事《シヒゴト》也」。「くずばな」下、全集八巻一六三頁。

また「後世風」の歌の尊重、またひろくしては作為の尊重は、彼の哲学の又一つの要素である進歩史観の表白でもある。「後世風」の歌を尊重する論拠として、彼はいう、「すべてもろ〳〵の事の中には、古《へ》よりも、後世のまされる事も、なきにあらざれば、ひたぶるに後世を悪しとすべきにもあらず」。「うひ山ぶみ」注ノ、全集一巻二三頁。あるいはまたいう、「古よりも、後世のまされること、万の物にも、事にもおほし、其一つをいはむに」と前提して、古代に尊重された橘は、今の蜜柑のうまさに遠く及ばないであろうことを、挙例とする。そうして次のように結論する。「或は古にはなくて、今はある物もおほく、いにしへはわろくて、今のはよきたぐひ多し、これをもておもへば、今より後も又いかにあらむ、今に勝れる物おほく出来べし」。「玉かつま」十四、全集一巻四三六頁。後述するように、学問はことにそうであるであろう。三〇三頁。

そうしてかく「古風」「後世風」の歌に対して、受動的に読者であるばかりでなく、みずからもそれにならった歌をよんでこそ、「雅《ミヤビ》の趣をしる」という主張は、さきにいったように、人間は詩人的表現者であらねばならぬという主張によるとともに、自己の体験こそ、もっとも切実な現実であるとする思考である。「すべて万《ツ》の事、他のうへにて思ふと、みづからの事にて思ふとは、浅深の異なるものにて、他のうへの事は、いかほど深く思ふやうにても、みづからの事ほどふかくはしまぬ物なり」。対象を対象としてながめていては、充分に理解されない。対象をみずからの体験としてこそ、対象は理解される。「歌もさやうにて、古歌をば、いかほど深く考へても、他のうへの事なれば、なほ深くいたらぬところあるを、みづからよむになりては、我《ガ》事なる故に、心を用ること格別にて、深き意味をしること也」。「うひ山ぶみ」注ム、全集一巻一八頁。

かく「雅《ミヤビ》の趣をしる」資料として、重視されるのは歌の文学であるが、同時に重視されるのは、「源氏物語」その他の小説群である。

その理由を、彼は次のように説明する。物語は、一般に、「世の中に有《リ》とある、よき事あしき事、めづらしきことをかしきこと、おもしろき事あはれなる事などのさま〴〵を、書あらはして」、つまり人生の種種相を描写して、人人の娯楽の用に供するとともに、それらの事件に遭遇した場合の人間の心理なり行動を、人人に教えることを、性質とする。「源氏物語玉の小櫛」、全集四巻一七四頁。そうして「しか〳〵の物を見聞たる時は、かやうに思はるゝもの、しかしかの事にあたりたる時の心は、かやうなる物、よき人のしわざ心は、かやうなるもの、わろき人は、かやうなるもの」と教える。つまり作中人物の体験を読者の体験とする。同三四頁。

しかしもっとも効用は、やはり「物のあはれをしる」、すなわち感情の感動の価値と作用を知る資料としてである。男女の事柄が中心になりがちなのは、ほかならぬそのためであって、「人の情《ココロ》のふかくかゝること、恋にまさるはなければなり」である。中でも「源氏物語」にいくつか見えるような不倫の恋の示す「あはれ」は、一そう深刻である。彼以前にしばしばあった見解のように、「源氏物語」を勧善懲悪の教訓の書と見るのは、花を見るための存在である桜の木を、薪にするようなものである。薪が人生に不必要というのではない。しかしそのためには他の書があるであろう。同二二五頁。

そうして、その議論では、「物のあはれをしる」ことの価値として、「おしひろめなば、身ををさめ、家をも国をも治むべき道にも、わたりぬべき也」という議論が附随している。同二二五頁。また虚構の物語が人生の種種相をうつす可能性は、歴史書の上にあることが、「源氏」の「螢」の巻の、源氏と玉鬘の会話を引用して説かれている。なお物語は「有《リ》とある事」を書くべきなのに、なぜ「源氏物語」の素材が、貴族の生活にかぎられ、庶民の生活に及ばぬか、それは時代の制約のためであったと、説明されている。同二三九頁。

ところで以上はなお、「道をしる」前提として、歌をよみ、歌を作り、物語を読むのを必要とする真淵の議論に対する、宣長の演繹の全部ではない。更に重要な部分として、言語表現の形態こそ、心理の波動のもっとも直接な反映であり、人間研究の資料として重視さるべきであるとする思考が、併存する。そうして、真淵が、「古言」を知ることによって、「古意」は知られ、「古道」は知られるという理論の証明も、その応用としてある。

この指摘は、甚だ重要である。一般の常識は、言語表現は、事態の伝達のためにある手段であり、重要なのは、言語の伝達する事態にあるとするであろう。宣長はそう考えなかった。伝達される事態が、重要でないとはいわない。事態の伝達としてある言語の様相は、それは伝達の主体である人間、すなわち話者の心理の、直接な反映として、伝達される客体とともに、ひとしく重要な事態であるとした。いかにいうかが、何をいうかとともに、重要であるとした。あるいは事態の様相が直接に明確でない時代の研究は、言語の様相によることの方が賢明であるとした。

宣長はまず一般論として、いう、「まず大かた人は言《コトバ》と事《ワザ》と心《ココロ》と、そのさま大抵相かなひて、似たる物にて、たとへば心のかしこき人は、いふ言のさまも、なす事《ワザ》のさまも、それに応じてかしこく、心のつたなき人は、いふ言のさまも、なすわざのさまも、それに応じてつたなきもの也、又男は、思ふ心も、いふ言も、なす事《ワザ》も、男のさまあり、女はおもふ心も、いふ言も、なす事《ワザ》も、女のさまあり」。

賢者、愚者、男性、女性が、それぞれの「心」に応じて、それぞれらしい「事《ワザ》」をし、「言《コトバ》」をはくように、人間の言語、行動、精神、その三者は必ず相似の関係にあるというのである。

そうしてこの原理が、古代精神の理解にも、応用されることを説く。すなわち時代時代の差違に応じて、その「心」「言」「事」は相似してうごくとする。「されば時代々々の差別も、又これらのごとくにて、心も言も事も、上代の人は、上代のさま、中古の人は、中古のさま、後世の人は、後世のさま有て、おの〳〵そのいへる言となせる事と、思へる心と、相かなひて似たる物なるを」。

しからば古代の「道」を知るためにも、古代の「心」「言」「事」の三者を、密接に相関のものとする認識に立たねばならない。

ところで古代の「言」として重要なのは、何か。それは歌である。「そのいへりし言は、歌に伝はり」である。更にくわしくいえば、「記」「紀」の歌、また「万葉」の歌である。かく古代の「言」として、歌をあげることは、すでに表現の様相に念を入れた言語の重視であり、表現の様相こそ「心」あるいは「事」とつらなるという傾斜をすでに示している。そうして「万葉」は、歌の数も多く、且つ純粋な漢文である「書紀」に比してはもとより、漢文を完全に離脱しない「古事記」に比しても、より多く「まさしく古言をしるべき」資料であるとするのも、すなわちもっとも多く古代の言語表現の様相をしるべき資料である点をいうと読める。

次に「事」はといえば、「なせりし事は、史に伝はれるを」。つまり歴史としての「古事記」「日本書紀」に記載されているが、「その史も、言を以て記したれば、言の外ならず」。これは言語が客体である事態の伝達となる面をいうのであるが、歴史事実も、結局は「言」であるといういい方は、「心」「言」「事」の三者のうち、あるいは少くとも「言」「事」の二者のうち、より多くの尊重は「言」にあるという傾斜を、ここでも示す。

そうしてまた「心」については、「心のさまも、歌にて知《ル》べし」というのは、既に紹介したように、歌の内容となる柔軟な感情が、「道」の「心」である柔軟さと、一致するという、主張からも来ているであろうが、更に語をついだ結論として、「言と事と心とは其さま相かなへるものなれば、後世にして、古の人の、思へる心、なせる事《ワザ》をしりて、その世の有さまを、まさしくしるべきことは、古言古歌にある也」というに至って、そのもっとも重視するものが「言」にあり、「言」の中でもその表現の様相にあることは、もっとも明瞭である。以上「うひ山ぶみ」注ラ、全集一巻一八―一九頁。

同じ理論は他にもしばしば見える。「すべて意も事も、言を以て伝《フ》るものなれば、書《フミ》はその記せる言辞《コトバ》ぞ主《ムネ》には有ける」。「古事記伝」一「古記典等総論《イニシヘブミドモノスベテノサダ》」、全集九巻六頁。書物とはけっきょく言語だというのである。「凡て人のありさま心ばへは、言語《モノイヒ》のさまもて、おしはからるゝ物にしあれば、上《ツ》代の万《ヅ》の事も、そのかみの言語をよく明《アキ》らめさとりてこそ、知《ル》べき物なりけれ」。「古事記伝」一「訓法《ヨミザマ》の事」、同三三頁。ここでは「言語《モノイヒ》のさま」という語が使われ、言語表現の様相への考察こそ、歴史と人間を考察する基礎という思考が、もっとも明瞭である。

事がらは、現実の尊重を思想の基盤とする彼が、言語表現をもって、人間のもっとも切実な現実としたことから、発していよう。そうして学問の方法としては、言語の伝達する事態のみをとりあげる歴史家、また哲学者に、その方法の不完全さを反省させよう。また当時の日本の学問が、古人の著作の注釈をもって任務として来たのに、存在理由を与えよう。あるいはまた現代の読書者に対しても、その方法を示唆しよう。事実また彼はこの理論に対する信仰のもとに、「古事記伝」その他、古人の「言」を解釈した書を、主著として書き、またそれらはいずれも「言」を解することによって「心」を分析し、あるいは「事」を追跡した仕事として、比類ない成功を収めている。

以上のように、「もののあはれをしり」、また「雅《ミヤビ》の趣をしる」修練ののちに、人ははじめて「道」に接近し得るという彼の方法、その正しさの論証として、この方法によらない同時の学者の失敗をも、彼は指摘する。「然るに世間の物学びする人のやうすを見渡すに、主《ムネ》と道を学ぶ輩」、つまり哲学者であろうとするものは、「おほくはたゞ漢流の議論理窟にのみかゝづらひて、歌などよむをば、たゞあだ事のやうに思ひすてて、歌集などは、ひらきて見ん物ともせず、古人の雅情を、夢にもしらざるが故に、その主とするところの古の道をも、しることあたはず」。「うひ山ぶみ」注ヤ、全集一巻二九頁。

逆にまた世界の原理である「道」に何の関心ももたず、ただ古代的な「雅《ミヤビ》」におぼれるものは、ディレッタントであるにすぎないとする。「古をしたひたふとむとならば、かならずまづその本たる道をこそ、第一に深く心がけて、明らめしるべきわざなるに、これをさしおきて、末にのみかゝづらふは、実にいにしへを好むといふものにはあらず、さては歌をよむも、まことにあだ事にぞ有ける」。同上。

ところで以上のようにして「道をしる」ということは、「道をおこなふ」ことではない。前者は学問の任務、後者は政治の任務だからである。そうして「君臣」という関係で、治者と被治者が存在するという現実も、神の意思として、あり、そうして「道」を政治として行うのは、治者の任務であるとすれば、被治者は、学問をするものをもふくめて、それに柔順であるべきである。「そも〳〵道は、君の行ひ給ひて、天の下にしきほどこらし給ふわざにこそあれ、今のおこなひ道にかなはざらむからに、下なる者の、改め行はむは、わたくし事にして、中々に道のこゝろにあらず」。被治者は治者の指導にしたがうがよい。「下なる者はたゞ、よくもあれあしくもあれ、上の御おもむけにしたがひをる物にこそあれ」。彼自身はそれを実践の方針としたのであって「吾はかくのごとく思ひとれる故に、みづから道をおこなはむとはせず、道を考へ尋ぬることをぞつとむる」。「玉かつま」二、全集一巻七〇頁。

そうして最高の治者は、天照大御神《アマテラスオホミカミ》、すなわち今も天にある太陽、その子孫である天皇の家である。「直毘霊」、全集九巻五六頁。そうして今はその天皇の家を尊敬したまう東照神御祖命《アヅマテルカムミオヤノミコト》、すなわち徳川家康の家が、天皇の家を補佐している。「駁戎慨言《ギョジウガイゲン》」下、全集八巻一一七頁。この状態は変革すべきでない。「玉くしげ」、全集八巻三一九頁。

かくて「上」すなわち治者は、「位たかく、一国一郡をもしりて、多くの人をしたがへ、世の人にうやまはれ、万ゆたかにたのしくてすぐし」、「下」すなわち被治者は、「うゑず食ひ、さむからず着、やすく家《ヲ》る」、それらはみな、「君のめぐみ、先祖のめぐみ、父母のめぐみ」であるのもさることながら、根本的には「神のめぐみ」である。その恩寵になれて、神への尊敬を忘れおこたってはならない。あるいは神への祈りがかなえられぬことがあっても、生活の大部分は依然として「神のめぐみ」なのであり、小部分がかなえられないにすぎぬ。そのために神をうらむとするならば、百両の金を借りに行って、九十九両しか借してくれなかったので、一両借してくれなかったのをうらむのと、同じである。「玉かつま」十四、全集一巻四四七頁。

ただし全部を「神のみはからひにうちまかす」のではないとすることは、この論文のはじめに述べたごとくである。二八九頁。政治の担当者である人たちのために献言をするとすれば、改革は急速であってはならない。「道にかなはずとて、世に久しく有《リ》ならひつる事を、にはかにやめむとするはわろし」。何となれば、「万の事は、おこるもほろぶるも、さかりなるもおとろふるも、みな神の御心にしあれば、さらに人の力もて、えうごかすべきにはあらず」。「玉かつま」二、全集一巻六九頁。彼が紀州侯の諮問に答えた「秘本玉くしげ」は、そうした心構えの下に、いくつかの改革が進言されているとともに、改革は慎重であるべきことが、いつも附言されている。全集八巻。

ただし学問は別である。「よしあしきをいはず、ひたぶるにふるきをまもるは、学問の道には、いふかひなきわざ也」。故におのれは、師真淵の説についても妥当でないところは、遠慮なく改めた。またわが弟子たちも、私の説の妥当でないところは、改めるがよい。重要なのは教師である私でなく、「道」すなわち真理である。「玉かつま」二、全集一巻八八頁。

ただし、宣長はまたいう、「道」の議論の書として正しいものは、現在のところ、彼自身の著書をおいてほかにない。ことに「古事記伝」である。他の学者の書物は、曲説が多く、歌学の書としてはただ契沖が推奨されるが、契沖は「道」に説き及ばない。師真淵も「道」についての説明は不充分である。「まづ速に道の大意を心得んとするに、のり長が書共をおきて外に、まづ見よとをしふべき書は、世にあることなければ也」。「うひ山ぶみ」注へ、全集一巻一一頁。またその考えたかぎりのことは、すべて著述に書いてあり、いいのこしたことはない。「いにしへの書共を考へて、さとりえたりと思ふかぎりは、みな書にかきあらはして、露ものこしこめたることはなきぞかし。」「玉かつま」七、全集一巻二二八頁。

以上のような宣長の思想、また思想にもとづく学問の方法は、徳川の初期以来、彼の時代に至るまでの圧倒的な勢力であり、彼自身もはじめはそれを学んだ儒学、ことに儒学のうちでも、幕府の官学であった朱子学、それへの反撥を、跳躍台として、のべられることしばしばである。

まず反撥されるのは、儒学が、善と幸福にのみ満ちる社会の可能を、「聖人」の世として説くことにある。「然るを儒《ジュ》の道などは、隅《スミ》から隅《スミ》まで掃清《ハキキヨ》めたるごとくに、世《ノ》中を善事《ゼンジ》ばかりになさんとする教《ヲシヘ》にて、とてもかなはぬ強事《シヒゴト》なり」。「玉くしげ」、全集八巻三一九頁。しかしそうした世の中は実際にない。しかもこのあやまれる可能性の主張の上に、人間に実行不可能な倫理を強制する。「たとへば、一丈の溝《ホリ》を飛越《トビコエ》よとて、飛《トビ》やうを教ふるは聖人の道也、然れ共千万人の中に、一人もをしへのごとく飛《トブ》ことあたはず、皆わづかに三四尺の溝をよく飛越《トビコ》ゆ」。売薬の効能書きのようなもので、その通りには効果がない。「くずばな」下、全集八巻一六四頁。またこうした無理な倫理の根拠として、天命、天道、陰陽、五行、などという法則をいいたて、それによって現実のすべてを説明しようとするが、しばしば矛盾におちいる。人間のかぎりある知恵で、現実のすべてを割り切ろうとするからである。たとえば「天道」は、善人に福《さいわい》し悪人に禍《わざわい》すというけれども、至極の善人である孔子自身の一生、またその子孫は、幸福でなかった。そもそもまた孔子は別として、他のいわゆる「聖人」は、殷の湯王、周の武王、みな前王朝の簒奪者であり、みずからの簒奪を正当化するための論理をのべたにすぎない。「直毘霊」、全集九巻五四―五五頁。「くずばな」下、全集八巻一六四頁。論理は上手であるが、それだけ一そう真実から遠ざかる。ことに宋以後の儒学が、欲望を「人欲」として否定するのは、「人欲」もまた「天理」であることを忘れたものである。「直毘霊」、全集九巻六〇頁。

反撥は、若くして、京都の堀景山の塾に遊学して、儒学の勉強にいそしんだころ、すでにおこっている。歌論「あしわけをぶね」がそのころの著とすれば、日本の歌の優秀性が、漢詩を比較の媒介として主張されている。全集二巻五四—五五頁など。また歌の優秀の基礎として、「てにをは」をもつ日本語の優秀性が、それをもたぬ中国語に対して主張されている。同五〇—五二頁。ただし議論の根拠としては、しばしば中国の古典が利用されており、また漢詩も中国人にとっては真実性をもつであろうが、外国人である日本人には然らぬのだというふうに、反撥はなおゆるやかである。同三五頁など。

反撥は、二十八歳、松阪へ帰り、以後終生の職業として小児科医を開業しつつ、国学に専心するとともに、高まり、決定的となる。四十二歳、「古事記伝」の総論として「直毘霊」を書き、ついでまた儒者市河多門のそれに対する反論への更なる反論として書いた「くずばな」その他に至って、上にのべたような中国文明全般に対する非難となる。そうしてすべては「古事記」に見えた神の「道」を、外国人は知らないことからおこった誤謬だとする。

それとともに、かく儒学への反撥を跳躍台として成立した彼の思想は、彼以前の儒学の、ことに反朱子派のそれの、更なる発展であるという面をも、有力にもつ。朱子を中心とする宋儒の理論を、人間に苛酷をしいる独断的な私見として排斥し、それに関連する思考として、感情と欲望とをより多く尊重することは、十七世紀の伊藤仁斎にはじまり、十八世紀初の荻生徂徠にいたって、一そう強まる。また哲学的人間である前に、文学的人間でなければならぬとし、したがって、言語表現の様相を、人間認識の資料とすることは、徂徠学においてすでに重要な主張であった。また超越者への要求は、徂徠において、すでに動いている。「聖人」の超越者としての信仰、鬼神の存在の容認。本書「徂徠学案」一八九頁以下。また私の全集十七巻「受容の歴史」。

宣長の「古事記」尊重は、その次の段階としての飛躍であって、超越者を必要とする種類の哲学の、必要とするものを、「古事記」の神神に見いだしたと、見得ぬでない。そのことは彼自身にも気にかかっていたようであって、市河多門の議論のあるものに対し、「余がいふところ、実は心の底には、神といふ物は無き物と思ひながら、御国の古伝をしひて立《テ》んために、神ある如くいひなせりといふ意歟、もしその意ならば大に弁あり」というのは、この問題と関係するであろう。「くずばな」、全集八巻一四一頁。

そもそもまたその著書の方法として、「古事記伝」が、古書の注釈の中に自己の思想をのべるのを、一生の主著とするのは、仁斎の「論語古義」、徂徠の「論語徴」が、注釈によって思想を説くのと、おなじである。かく読書と思考の一致を方法とする点は、もっとも大きな意味で儒学的である。ただし宣長自身は、みずからが仁斎徂徠の後継であることを、否認する。「玉かつま」八、全集一巻二五七頁。

また彼が、士農工商の身分別のやかましい体制の中で、町人出の医師であったこと、またかつては富裕な商人であった彼の家が、江戸幕府と同じく、最盛期をすぎ、「物のあはれ」に敏感なるべき状態にあったこと、みなその思想の形成と無関係でないであろう。

そうして以上のような要約は、要約である点で、彼の意にかなわないであろう。彼は彼自身の思想と方法とを、彼としてはもっとも要約した「直毘霊」の末に、「かゝれば如此《カク》まで論《アゲツラ》ふも、道の意にはあらねども」といっている。全集九巻六二頁。「言説《モノイヒ》のさま」を重んじた彼としては、彼の片言隻句のもつ波動、さらにつきつめていえばその音声の波動のうちに、彼の思想はあるとするであろう。あるいはまた「古事記伝」その他、古人の片言隻句を、丹念に分析したものの中から、更に精細な追跡がなされることを、希求するであろう。

思想を思想という形では主張することを欲しない思想家、哲学を哲学という形では主張しない哲学者、それが本居宣長であった。

昭和四十三年十二月―四十四年一月。

（一九六九昭和四十四年三月筑摩「日本の思想」15「本居宣長集」解説）

本居宣長

——世界的日本人——

私は中国を対象とする学問に従事するものであって、国学を専攻するものではない。従って宣長の書物をあまねく読んだわけでもなければ、また読むひまもない。「古事記伝」以下の宣長の業績が、いかに偉大なものであるか、それを具体的に語ることはできぬ。にも拘らず、私が宣長を偉大なりとするのは、その学問の方法に甚しく感心するからである。

私が宣長の方法に感心するのは、私の体験からである。

私が宣長を読みだしたのは、決して久しいことではない。昭和十三年の夏、関西には大水害があった。私は夙川《しゅくがわ》の母の安否を案じ、食糧をもって見舞いに出かけた。家は濁水につかっていたけれども、母は無事であった。私は翌日京都に帰ることとし、阪急夙川駅前の小さな書店で、岩波文庫本「うひ山ぶみ」一冊をあがなった。水害を記念せんがためである。

しかしこの半ば好奇心から購った小さな書物は、帰途の車中で、私を魅了した。宣長の国学の方法は、すなわち私の中国研究の方法であった。そうして私が年来、私の方法の理論として考えていたものを、この書物ははっきりと説きつくしている。私は私の方法の誤っていなかったことを知り、百万の援軍を得た思いをすると共に、先きを越されたというくやしさをさえ感じたのであった。

以来、私は宣長の信徒となった。本居宣長全集七冊は、やがて彙文堂の手代衛湖原《えこはら》君の好意により、私の机上に届けられた。私は「玉かつま」を読み、「古事記伝」を読むを得た。国学にうとい私は、わが国の事象に対する宣長の解釈を、批判することはできぬ。私が驚嘆したのは、宣長が中国の事象に対しても、極めて的確な解釈に到達していることである。漢文の読み方が正確であり、自作の詩文も見事であるのは、さいしょ京都での漢学の師である堀景山が、徂徠とも交渉をもったの弟子である以上、当然のことであるが、単にそればかりではない。中国の事象に対する見解の正しさは、当時の群儒を抜くものがあると感ぜられる。ところでかく中国の事象に対しても、的確な解釈に到達しているということは、やはりその学問の方法が優秀であったことを、物語るものにほかならぬ。また中国の事象に対しても、その方法が成功を収めている以上、更に他の事象を対象とする学問にとっても、宣長の方法は、役立つものでなければならぬ。私が宣長を、世界的な日本人とする所以は、ここにある。

宣長の学問、それは実証学である。「うひ山ぶみ」の定義によれば、「何事も古書によりて、その本を考へ上代の事をつまびらかに明らむる学問」である。つまり歴史事実をそのまま再認識せんとする学問である。その為には、一切の恣意は排斥されねばならぬ。そうして認識の基礎としては、最も確実なものが求められねばならぬ。そうした確実な基礎として、宣長が求めたものは何であったか。それは実に、古人の言語であった。何となれば、人間の百般の行為は、すべて人間の精神の反映であるが、過去の人人の行為のうち、最も確実にとらえ得るものは、言語活動をおいては、ほかにないからである。過去における言語活動の把握、それこそ、すべての歴史認識の基礎でなければならぬ。

こうした主張の前提として、宣長はまず、言語活動というものが、いかにその主体である人間の精神を反映するものであるか、それを指摘していう、「まづ大かた人は、言《コトバ》と事《ワザ》と心《ココロ》とそのさま大抵相かなひて似たる物にて、たとへば心のかしこき人は、いふ言のさまも、なす事のさまも、それに応じてかしこく、心のつたなき人は、いふ言のさまも、なすわざのさまも、それに応じてつたなきものなり、又男は、思ふ心も、いふ言も、なす事も、男のさまあり、女は、おもふ心も、いふ言も、なす事も、女のさまあり、されば時代々々の差別も、又これらのごとくにて、心も言も事も、上代の人は、上代のさま、中古の人は中古のさま、後世の人は後世のさま有て、おのおのそのいへる言と、なせる事と、思へる心と、相かなひて似たる物なるを」。

ところで学問とは、「今の世に在て、その上代《カミヨ》の人の、言をも事をも心をも考へしらん」とすることであるが、上代の人の「心」、それはむろん直接な認識のほかにある。次に「事」はといえば、いかにも「なせりし事《ワザ》」は「史」に伝わってはいる。しかし「その史も、言を以て記したれば、言の外ならず」。この宣長の言葉は、直接には「事」というものも、「言」によって記載される、だから「言」は「事」を認識する前提としても必要であるというのであるが、その裏の意味をつきとめれば、「事」というものは、「言」を通じてこそ認識し得る。つまり既に直接な認識のほかにあるのであって、一層の膜を隔てたものであることを、指摘しているのである。

では膜を隔てないものは何か。それは実に「言」である。「そのいへりし言は、歌に伝はり」である。しかも「言」と「心」とは、前に引いた如く、「そのさま大抵相かなひて似たる物」であるから、「心のさまも、又歌にて知るべし」である。「言」を知れば「心」を知るのである。そればかりではない。「事」も「言」と同じく「心」の反映であり、「心」と相かなうものである以上、「事」を完全に知るためには、まず「心」を知らねばならぬが、「心」を知る最も端的な手がかりは、「言」にある。つまり「言」を知らねば、「事」も完全にはとらえ得ないのである。ということは、「事」が「言」によって記載されるのを指すのではない。「事」と「言」とが「心」を媒介として「相かなふ」のを指すのである。むろん「言と事と心とはそのさま相かなへるもの」である以上、「心」によって「事」が、「言」が、また「事」によって「心」が、「言」が、明らめられる場合もあろう。しかし最も確実な手がかりは、やはり「言」にある。「後世にして、古の人の、思へる心、なせる事《ワザ》をしりて、その世の有さまを、まさしくしるべきことは、古言古歌にあるなり」でなければならぬ。

その結果、宣長の学問においては、文学というものが、甚だ重要な位置を占める。文学こそは「言」の淵藪であり、すなわち人間の精神の最も豊富な反映だからである。いかにも「古学」の目的は、「古道」を知るにあり、従って最も重要なのは「道」をしるした記紀二典である。しかし「二典の次には、万葉集をよく学ぶべし」、「これは歌の集なれども、道をしるに、甚だ緊要の書なり、殊によく学ぶべし」、「又伊勢源氏その外の、物語書どもをも、つねに見るべし」。何となれば、「すべて人は、雅《ミヤビ》の趣をしらでは有るべからず、これをしらざるは、物のあはれをしらず、心なき人なり、かくてそのみやびの趣をしることは、歌をよみ物語書などをよく見るにあり、然して古へ人のみやびたる情をしり、すべて古への雅《ミヤビ》たる世の有りさまを、よくしるは、これ古の道をしるべき階梯なり」だからである。

更にまた真に古人の「言」に徹し、従ってまた「心」に「事」に徹するには、単に古人の「言」を読むぐらいのことではいけない。みずからも古人の「言」を使って、歌を作らねばならぬ。それこそ古人の「心」に接する道である。「すべて万づの事、他のうへにて思ふと、みづからの事にて思ふとは、浅深の異なるものにて、他のうへの事は、いかほど深く思ふやうにても、みづからの事ほどふかくはしまぬ物なり」。つまり作歌ということは、創造の意欲を満足させる為にのみ存在するのではない。むしろ自己の歴史認識を完成する上に、必須の修練なのである。

私は右のような宣長の方法を、きわめて卓抜なものと思う。何となれば、歴史というものが過去を対象とする以上、それを把握する手がかりとして、もっとも確実なものが、言語であること、すなわち宣長の言葉でいえば、「言のさま」であることは、儼然たる事実であるからである。

とともに、かく「言のさま」を重視するのは、実に東洋の学問の伝統的な精神であるといい得る。日本の学問が、また中国の学問が、古人の書物を読むのを仕事とし、訓詁注釈の道を歩んで来たのは、まさにそのためであった。古人の言葉は、すなわち古人の精神の反映だからである。「都」(ああ)「兪」(しかり)「吁」(むむ)というような「書経」のなかの間投詞さえ、聖人の「至理」の反映ならぬはないという宋の朱子の言葉は、まさにそうした認識である。日本と中国とは、さまざまの点で差違をもつけれども、この点においては、一致する。或いはこの点においてこそ一致する。

ただ、こうした学問の意義を、宣長ほどはっきり説いた人を、私はほかに知らない。ひとり知らないばかりでなく、むしろ普通の認識では、「言」は「事」を記載するが故に尊いとされる。記載する「言」が尊いのではなく、記載された「事」が尊いのであって、「言」はただ「事」を認識するための過程であり、手段であるにすぎないとされる。宣長も「言」のそうした手段としての面を、無視するわけではない。「なせりし事は、史に伝はれるを、その史も、言を以て記したれば、言の外ならず」というのは、そうした態度である。しかし宣長が「言」を尊ぶのは、「言」が「史」を記すからではない。少くともそのためばかりではない。「言」そのものが「史」であるからである。言語は事実を記載するゆえに尊いのではなく、言語そのものが事実なのである。これは古書を読むことを仕事として来た東洋の学問に、はっきりとした理論的根拠を与えたものといわねばならぬ。理論的根拠を与えたということは、いいかえれば、それが世界の学問の方法として存在し得べき理由を与えたということである。宣長の功績は世界的である。

ただ現代の日本人は、宣長がせっかく存在の理由を与えた方法を、ただしく守っているであろうか。史家は「事」をのみ求めるのに急であって、「言」もまた「事」であることを忘却しているようである。少くとも文学には恐ろしく冷淡である。その結果、最も「言」を重んずべき文学史家でさえ、作品の中の「事」を論ずるのに忙がしくて、「言」を論ずるのにはやぶさかである。作品の中に描かれた人生、それをあげつらうのには、熱心であるけれども、作品の文章には冷淡である。「言」のさまこそは、作家の「心」の最も直接な反映であることは、忘れられているのである。

また哲学者たちは、あまりにも「心」を求めるのにのみ忙しくはないか。「言」が「心」の反映であることを忘れているのではないか。逆にまた「言」の穿鑿にのみ忙がしい言語学者も同断である。「然るに世間の物学びする人々のやうを見渡すに、主《ムネ》と道を学ぶ輩は、おほくはたゞ漢流の議論理窟にのみかかづらひて、歌などよむをば、たゞあだ事のやうに思ひすてゝ、歌集などは、ひらきて見ん物ともせず、古人の雅情を、夢にもしらざるが故に、その主とするところの古の道をも、しることあたはず、かくのごとくにては、名のみ神道にて、たゞ外国の意のみなれば、実には道を学ぶといふものにはあらず」。

また古人の「言」を知るためには、みずからも歌をよめという宣長の主張は、まったく閑却されていいものであろうか。創造の意欲を満足させせんが為に歌を作る人はある。しかし自己の歴史認識を完成せんがために歌を作る人はない。鎌倉時代を研究しようとして、新古今風の歌をよみ試みる人があってもよさそうに私は思う。しかし私は、そういう人のあるのを耳にしない。文学の神に仕え、創造の意欲を満足させることも、人生を完成する道であろう。しかし自己の歴史認識を完成することも、一つの人生の道である。その道を生きぬくためには、文学ぐらい冒瀆してもいいではないか。また英文学者、仏文学者は、日本語を書くことは上手であろう。しかし英語が、フランス語が、英国人に見せて恥かしくない程、またフランス人に見せて恥かしくない程、書ける人がどれだけあるか。中国学者また同断である。ということは、英語も、フランス語も、中国語も、実は充分に読めていないということである。それは更にいいかえれば、英国人の心も、フランス人の心も、中国人の心も、充分にわかっていないということである。それは更にもう一ついいかえれば、人間の心がわかっていないということである。人間の心を把握していない学問、それが何の役に立つのであろうか。

宣長が偉大な人物であることは、人の争って説くところである。しかしその偉大さは、本当にはまだわかっていないと思われる。そうして現代の日本人の歩みつつある方向は、必ずしも宣長の唱えた方向とは一致しないと思われる。宣長を偉大とするからには、その偉大さを本当に知るのでなければならぬ。それには今の日本人がもっと偉くならねばならぬと考える。

(一九四一昭和十六年十月「新風土」)

附録　西園寺公望の伊藤輶斎に寄せた書簡および伊藤蘭嵎がこと

一九頁、「仁斎東涯学案」―「仁斎の伝記」の章の末で触れたように、かつて「古義堂」の学生であった西園寺公望が、旧師である伊藤輶斎、すなわち仁斎の玄孫であり、幕末明治初の「古義堂」の主であった人に寄せた書簡というのは、仁斎の末子伊藤蘭嵎《らんぐう》、一六九四元禄七年―一七七八安永七年、名は長堅、字《あざな》は才蔵、五人の兄弟みな秀才であるなかで、長兄東涯、字《あざな》は原蔵とともに、学問ことにすぐれ、堀川の首尾蔵と称せられた人に、「老子」を偽書とする説があるのを知って、写本のまま「古義堂」に保存されている蘭嵎の遺稿について調査の上、写しを送ってほしいというのである。

書簡は、昭和二年、蘭嵎百五十年忌に際し、そのころの「古義堂」の責任者であった伊藤顧也が、蘭嵎の漢詩文集「紹衣稿」の写本六巻のなかから、内藤虎次郎、青木晦蔵の二人に嘱し、詩文おのおの若干篇を選んで、活版にしたものの巻首に、写真版で掲載されている。

拝啓如何御起居候哉其後は無申訳御無音仕候陳者突然の儀申兼候得共老子是正と申書に蘭嵎先生序文を被作候事有之由右序文の全文承知仕度若御調への道も被下在候はゝ御写取被下度候序文趣意は老子は戦国人の作なりとの義の由右は湯浅元禎作の文章にて見当り申候小生は兼て崔東壁と申す人の考信録と申書を信じ老子の偽書ならん事を疑居候処老子是正序平安伊藤長堅云々有之殆忭舞いたし候先獲吾心ものと存候不顧唐突右御依頼申上候書不尽言要事而已如件候近日寒気殊甚御自愛専一奉□候草々頓首

十二月廿四日

伊藤先生　梧右

公望

封筒の表書きは、

京都堀川下立売上ル

伊藤重光殿

親披

裏面には、方形の印判、

東京荏原郡入新井村

第千四百七拾五番地

大森停車場側字根岸

侯爵西園寺公望

明治二十六年のものと説明が附されているのは、郵便の日附印によろう。時に西園寺は、貴族院副議長、法典調査会副総裁であった筈である

書簡の内容を解説すれば、西園寺がさいしょ「老子」は偽書であるという説を聞いたのは、清朝中葉の学者、崔述《さいじゅつ》、字《あざな》は東壁《とうへき》、一七四〇乾隆五年―一八一六嘉慶二十一年、その「考信録」によってであった。崔氏は、疑古派ないしは弁偽派の先駆とされる学者であって、古代の文献には後人の附加が多いのを弁ずるのを、学説の中心とする。孔子が周の王都におもむいて、老子が先輩であるのと問答を交したと、「史記」の「孔子世家」や「老荘申韓列伝」に見えるのを、歴史事実でなく、また「老子道徳経」として伝わる書も、その思想内容また文体からいって、のちの楊朱学派

の偽託とする説を、その「洙泗考信録」巻一で述べる。崔氏の学説は、同時の中国ではうけ入れられず、まして日本ではその存在を知る人さえすくなかった。やがて東京高等師範学校教授の那珂通世が重視し、明治三十六年、「崔東壁遺書」を東京で活版にしてのち、疑古派学者のバイブルとなるのであるが、西園寺はそれにさきだって、むこうの原書が輸入されたのを読んでいたとせねばならぬ。且つ当時の漢学者はうけいれそうにない崔氏の説を「信じ」て、「老子の偽書ならん事を疑居候」。その明敏は、驚嘆してよい。

そうしてやがて蘭嵎にも、崔氏と同趣旨の説があると知り、驚喜した。それは湯浅元禎の引用によるというのは、「文会雑記」の次の条を読んだのである。

一、老子是正一巻新刊、寛延辛未仲夏朔旦、日東張静撰、注甚アラシ。老子ヲ兵法ノ書トミタテ、注セリ。首ニ平安伊藤長堅序アリ。其序ノ趣意ハ、老子ト云人昔ニハナキコトニテ、荘子ノ寓言ニ出タルナリ。論語ニ古人ヲ称シタマヘルニ老子ノ名ナシ。又老子ノ文平易ナリ。又仁義ト云コト孟子ニ始テ、孔子已前ニハナキコト也。将軍ノ号モ古ニナキコトナリ。三公ト云コト老子ニ見ヘタレドモ、古ニハ三事ト云テ三公ト云ズ。戦国ノ間ニ作レルモノナリト云フ長キ論アリ。

湯浅元禎、号は常山、一七〇八宝永五年―一七八一天明元年、服部南郭の門人であり、すなわち「常山紀談」の著者でもあるが、「文会雑記」は、徂徠門の人人を中心とした逸話集であり、かたわら仁斎門の人人にも及ぶ。右の一条は、巻之二下に見える。

西園寺が見たいといった蘭嵎の老子に関する説、前述昭和活版の「紹衣稿」には、「題老子巻首」「老子是正跋」「老子是正後序」の三篇が収められている。うち湯浅のいわゆる「長キ論」は、第一の「老子の巻首に題す」に見える。原漢文を訓読すれば、「蘭嵎氏曰わく、老聃は古者《いにしえ》には実に其の人無し。蓋し荘周の創《はじ》めて名を寓せし所なるのみ」

でおこり、湯浅が要約するごとき論証を、詳細に展開する。且つ崔述の「洙泗考信録」が、一八一〇嘉慶十五年の自序をもつのに先だつこと半世紀である。活版本の末に内藤虎次郎は跋を書いていう、老子という人物の存在とその書物を疑うのは、中国では崔東壁、日本では帆足万里、斎藤拙堂であるが、最も先だち且つ最も雄弁なのは、蘭嵎先生であり、「其の言も亦た鑿鑿として徴有り、好んで異説を立つるに非ざる也」。なお蘭嵎が序文を与えた「老子是正」の著者を、湯浅が張静と記すのは、中国風に修した姓名であり、もとの姓は小沢である。

また内藤がその跋文で、蘭嵎の老子論の存在をあらかじめ知ったのは、「浪華の賈人」山片蟠桃によってであるというのは、山片の「夢の代」が「伊藤蘭嵎氏曰」として、その説を詳引するのをいう。岩波「日本思想大系」43「富永仲基・山片蟠桃」四三九—四四一頁。

周知のごとく、「老子」五千言をもって晩出の書とするのは、武内義雄を代表として、現代の研究者の常識で、今やある。蘭嵎はその最もの先駆であって、武内の「老子の研究」昭和二年改造社も、四〇七頁以下に、蘭嵎の説を丁寧に紹介している。

「学案」「仁斎の思想と学説」の章の23でいうように、父仁斎は、古文献の真偽の弁別において、特殊な鼻をもつとほこる。父の嗅覚のもっとも相続者はおとなしい兄東涯よりも、むしろこの末弟であったかも知れない。彼は父の説に対しても、盲従しない。「学案」その章の21でいうように、「中庸」の「喜怒哀楽」云云の四十七字を、仁斎は「古楽経」の乱丁の混入と断ずるが、彼は、宋儒の解釈を父とともにしりぞけつつも、父の説もゆきすぎでないかという。「喜怒哀楽の未まだ発せざる章の説」。また「学案」その章の20でいうように、父が「孔氏の遺書に非ず」と断じた「大学」については、荀子の作とする。それは父の説を守らないという非難があるとすれば、それこそ父の志を知らないものだと、彼はいう。父は弟子たちと討論をくりかえし、尊敬すべき説が弟子にあれば採用するのが、著述の方針であった。そもそも父の真理に対する態度は、「論語」にいわゆる「仁に当たっては師にも譲らず」であり、いま「孝子が其の親に諛《へつら》わず」であるのを、父は許し、むしろ喜びとしよう。「大学是正の序」。

紀州徳川氏の藩儒として、また長兄東涯なきあとは「古義堂」の長老として、八十五歳の長命であった。「詩古言」「書反正」「易憲章」「春秋聖旨」「読礼記」、みな前人未発の創見に富むと、甥伊藤東所が「紹衣稿」にかぶせた序、また奥田三角の「紹明先生碣銘」にいう。いずれも未刊のままの稿本なのが、いまは父仁斎、兄東涯はじめ、一族歴世の文献とともに、すべて天理図書館にある。「古義堂文庫目録」昭和三十一年天理大学出版部。

ただ彼が、藤江熊陽、香川秀庵の協力を得て編んだ「明詩大観」のみは、一七一七享保二年の刊本がある。あだかも徂徠が詩作においても、李攀竜王世貞を排他的に典型とした時期の出版であるが、明初の劉基と高啓にはじまり、明末の陳子竜にいたるまで、四百余家を、当時輸入されていた別集総集を資料として、よりゆるやかに選ぶ。徂徠の排撃した銭謙益が編集した「列朝詩集」も、資料の一つである。しかし必ずしも銭のごとく反「古文辞」ではない。例言に、李夢陽《りぼうよう》と李攀竜を、明詩前後の二大家とするのは、徂徠と一致し、二李一派の詩が、多い比率で選ばれている。ただし刊本は、全八巻のうち、五言古詩から五言律詩に至る前半四巻である。

一九七四昭和四十九年十二月一日。

■岩波オンデマンドブックス■

仁斎・徂徠・宣長

1975年6月20日　第1刷発行
2001年6月1日　第5刷発行
2015年1月9日　オンデマンド版発行

著　者　吉川幸次郎《よしかわこうじろう》

発行者　岡本　厚

発行所　株式会社　岩波書店
〒101-8002　東京都千代田区一ツ橋2-5-5
電話案内　03-5210-4000
http://www.iwanami.co.jp/

印刷／製本・法令印刷

ISBN 978-4-00-730164-3　Printed in Japan

Itō Jinsai

Yoshikawa Kōjirō

I. Life

Itō Jinsai 伊藤仁斎 (1627–1705) was a Japanese Confucian scholar of the seventeenth century. Being a Confucian, his theory and thought took the form of elucidating the philosophy of the ancient Chinese Confucians, particularly that of Confucius himself. He did not look on Confucian thought as a specifically foreign or Chinese system of philosophy. To him it was self-evident that it had universal validity for all mankind.

His method of elucidation was unique, differing markedly from that of other Confucian scholars. He particularly criticized the interpretation of Confucian teachings propounded by the Sung 宋 dynasty Neo-Confucians. Brought to completion by Chu Hsi 朱熹 (1130–1200) and known as *Sung hsüeh* 宋学 or Sung Learning, this system of interpretation was accepted as orthodox in China, and was later introduced to Japan, where Hayashi Razan 林羅山 (1583–1657), a senior of Jinsai by forty-four years, established it as the official doctrine of the Edo Bakufu under the policy of Tokugawa Ieyasu, the founder of the Bakufu. Jinsai himself adhered to this system of interpretation until his mid-thirties, when, in the course of his intellectual searchings, he underwent a dramatic change of spirit. Thereafter he violently attacked the Sung Learning as a distortion of the original meaning of the teachings of Confucius, and of Mencius, whom Jinsai regarded as the best expositor of Confucius's thought. His objection to the Sung scholars was that they introduced elements of Buddhism, and of the Taoist thought of Lao Tzu and Chuang Tzu, in their interpretations of Confucius and Mencius. By rejecting such interpretations and replacing them with interpretations of his own, Jinsai believed he could restore the original meaning of the teachings of the ancient sages, which had been forgotten for thousands of years.

Jinsai's works consist of the *Rongo kogi* 論語古義, a ten chapter commentary on the *Analects of Confucius*; the *Mōshi kogi* 孟子古義, a seven chapter commentary on the *Mencius*; the *Gomō jigi* 語孟字義, a two chapter work containing interpretations of some twenty important terms used in the

Analects, Mencius, and other Confucian classics and designed to correct the faulty interpretations of the Sung Confucians; and the *Dōjimon* 童子問, a three chapter exposition of Jinsai's theories in the form of dialogues with his disciples. All of these works are written in Chinese. Besides these, there are the *Kogaku sensei bunshū* 古学先生文集, a six chapter collection of Jinsai's short essays in Chinese; the *Kogaku sensei shishū* 古学先生詩集, a two chapter collection of his poems in Chinese; and the *Kogaku sensei wakashū* 古学先生和歌集, a collection of his poems in Japanese. With the exception of the *Gomō jigi,* which was printed in a private edition without the author's permission, all were unpublished at the time of his death, but were edited and published after his death by his son Itō Tōgai 伊藤東涯.

Jinsai studied and arrived at his conclusions without the aid of a teacher. He was a genius who needed none. Even when he was immersed in Neo-Confucianism in his early years and in Buddhism in a subsequent period, he apparently did not have any instructor. What caused him to break away from Buddhism and Neo-Confucianism and arrive at what he called *kogi* 古義 or "the ancient interpretation," was his originality and his desire for emancipation from the fetters of tradition.

With regard to the earlier commentaries and schools of interpretation put forward by Chinese scholars of the Han, T'ang, and early Sung, before the dominance of Neo-Confucianism, Jinsai expressed a certain degree of respect, but refused to be bound by any of them. Asked from what scholarly lineage his principles derived, he replied, "There is no special lineage to my scholarship. To understand the *Analects* and *Mencius* in the light of the original texts themselves, that is the only principle." (*Dōjimon* ch. 3, sec. 48.) He humorously opines that scholarship would show more advance if there were some faraway place where only the texts of the *Analects* and *Mencius* exist without any interpretation or commentary appended. Such a liberal and independent attitude must have been unique among the scholars, poets, and artists of the time, who placed all their emphasis upon the transmission of doctrine or artistic lore from teacher to disciple.

Jinsai was born in a *chōnin* or townsman family in Kyoto. It was in his thirties that he parted from Buddhism and Neo-Confucianism and established his own school of interpretation. Giving the name *Kogidō* or Hall of Ancient Interpretation to his residence at Demizu-dōri Kudaru on the east bank of the Horikawa, a small canal which runs through the west part of the city, Jinsai received students and gave lectures. His method of lecturing was also unique for those days. Instead of merely presenting his own opinions, he asked his students to voice their ideas and discussed these as well.

His disciples, who were said to have numbered three thousand, included men of the samurai class such as Onodera Jūnai 小野寺十内 and Ōishi Chikara 大石主税, who were later to become famous as members of the Forty-seven Revengers of Akō, as well as townsmen from Kyōto and Ōsaka. It is said that only three provinces, Hida, Sado, and Iki, were not represented among the list of students enrolled under him. In addition, the members of the Kyōto *kuge* or Court nobility cccasionally invited him to lecture to them. He was even consulted by them in the selection of the name for a new era, a privilege reserved to the Imperial Court at the time. The era name Jōkyō 貞享, which was used to designate the period from 1684 to 1687, was in fact suggested by Jinsai; the two characters mean "righteous prosperity." Further, he was invited by Lord Hosokawa 細川 of the domain of Kumamoto to become an official instructor of the domain. He declined the offer, however, giving as his reason the poor health of his aged mother, and ended his life as an ordinary citizen. A member of the Court nobility, nevertheless, compared him in dignity to a Dainagon or Grand Counselor of the Imperial Court.

Jinsai's theories offered a bold challenge to the Chu Hsi School, which was not only the officially supported doctrine of the Bakufu, but also the most powerful and influential school of Confucianism in Japan at the time. It is not surprising, therefore, that in the century after his death, the high Bakufu statesman Matsudaira Sadanobu declared that they should be branded as heterodox and outlawed. In addition, because Jinsai regarded *jen* 仁 or benevolence as the highest ideal of man, he was led to deny the worth of *wu* 武, the military virtues. Queried on the essentials of good government, he replied, "When the arts of peace prevail over the arts of war, the state will enjoy long life; but when the arts of war prevail over the arts of peace, its life span will be shortened." (*Dōjimon* ch. 2, sec. 31.) He also questioned whether dying rashly in the service of one's lord represented the highest expression of loyalty. In response to a query concerning the nature of true loyalty, he replied, "There are different kinds of men who in times past and present have been known as loyal attendants. Some rushed off to their destruction. They thought only of the existence of their lord, and forgot their own existence, and so, without attempting to avoid danger or peril, they sought to save their lord. Again there are others who, loving their lord with the utmost sincerity, sought to encourage him to good and assist him in attaining the truth. Why do we find so many who rushed off to their death, and so few who attempted to serve their lord by means of the truth? Because to rush off to one's death requires only a moment's devotion to

duty; it appears difficult, but is in fact easy. But before one can serve his lord by means of the truth, he must abide constantly by the truth himself; this appears to be easy, but is in fact difficult." (*Dōjimon* ch. 2, sec. 39.) In an age ruled by the warrior class, such ideas could hardly have been considered appropriate.

Jinsai's most powerful opponent was Yamazaki Ansai 山崎闇斎, nine years older than Jinsai. At his private school located just opposite to Jinsai's on the west bank of the Horikawa canal, he expounded Chu Hsi's ideas with an interpretation much stricter than any found in China itself. It is most likely that Ansai disapproved of Jinsai for denying the importance of hereditary schools of learning, and for his method of joint discussion with students, which he might have regarded as being beneath the dignity of a teacher.

Jinsai's biography, written by his son Tōgai and entitled *Senfukun kogaku sensei gyōjō* 先府君古学先生行状, states that Jinsai "lived all his life in poverty and want." Barely able to tide himself over the mid-year and year-end seasons, he remained perfectly calm and collected. The biography adds the following suggestive words: "It was not that he was determined not to seek for a position; he just took no steps to obtain one. It was not that he was resolved not to get involved in adversities; he just took no measures to avoid them." He continued to the end of his life giving lectures at his private institute at Horikawa calmly and unconcernedly, without taking any steps to obtain a position or any measures to avoid adversity, and passed away at 2 p.m. on the twelfth day of the third month of 1705, at the age of seventy-nine, a year after Newton wrote his *Optics*. His eldest son Tōgai, who did the most to carry on his scholarship, was thirty-six at the time; his second son Baiu was twenty-three; his third son Kaitei was twenty-one; his fourth son Chikuri was fourteen; and his fifth and youngest son Rangū was eleven. All became men of ability.

On the second day of the New Years season of Genroku 6 (1693), when he was sixty-seven, Jinsai wrote the following poem in Chinese:

My family numbers ten or more mouths;
we never had so much as a foot of farm land,
but luckily happened on a time of great peace,
were spared from taxes on rice and salt.
In matters of the truth, I follow Yao and Shun,
in my teachings, the traditions of Tsou and Lu.[1]

---

1. Yao and Shun were sage rulers of antiquity, embodiments of the Confucian ideal; Tsou and Lu were the native states of Mencius and Confucius respectively. Tr.

Before my eyes, boys and girls to serve me—
I enjoy the wine, contented with everything!

Jinsai as a rule never left the city of Kyoto. At the age of sixty-four he finally visited Ōsaka and for the first time in his life saw the sea. The *Kogaku sensei wakashū* records the following poem which he wrote in Japanese on the occasion:

In my old days
I saw the spring
of Naniwa Bay
Thanks
to my long-lived life.

In the *Sesshū ni asobu ki* 遊摂州記, an essay written in Chinese on this trip, he laments that the famous Buddhist temple of Ōsaka, the Shitennō-ji, seemed to be in a highly prosperous condition, while the Kōzu Shrine, dedicated to the benevolent ruler of ancient times Emperor Nintoku, had fallen into disrepair. The only other time he left Kyoto was when he visited Torii Tadasuke, the lord of the domain of Minakuchi in Ōmi Province.

It has been frequently pointed out that Jinsai's personality, which was tolerant, gentle, sincere, and innocent, as befits his teachings, was probably the principal reason for the high repute which he enjoyed among his contemporaries, effacing whatever unfavorable criticisms may have been leveled at him. At the same time it should not be overlooked that his extensive knowledge and linguistic ability in Chinese, which were the basis of his scholarship and caused him to outshine all the preceding scholars of the Edo period, helped to support his reputation.

Jinsai was a man of broad interests and profound insight. He wrote an essay entitled *Futo Dōkōshi wo okuru jo* 送浮屠道香師序, "An Essay Dedicated to the Buddhist Monk Dōkō on His Departure," which, according to Tōgai's biography of his father, was praised by a Korean scholar named An Sin Chi 安愼徽, who declared, "I have never seen such beautiful Chinese prose written by a Japanese." In this essay, Jinsai relates how he had studied and utilized all his daily experiences in the service of scholarship, remarking that, "Dining with friends, associating with people, picnicking, viewing landscapes, listening to popular songs, and going to plays, all these provided occasions for the pursuit of my studies."

It was this personality of Jinsai which produced his extensive knowledge. He seems to have tried to read all the books imported from China at that time, even novels. He was the foremost authority in Japan in his accurate and comprehensive knowledge of Chinese affairs, until his son Tōgai and

his expounder and critic Ogyū Sorai 荻生徂徠 in time came to take his place.

In his ability to read Chinese books, Jinsai was again unrivaled until the time of Tōgai and Sorai. Earlier, the scholar Hayashi Razan, a Confucian of the Sung School in the service of the Bakufu, had felt it his duty to attempt to read all the books imported from China. He already seems to have been quite competent in his ability to read works in classical Chinese, but had great difficulty with those in the colloquial style, as indicated by the fact that, when he encountered the word *wo-men* 我們, the common way of expressing the first person plural and a term that would be known to the beginner in modern Chinese, he tentatively inquired of a Korean friend, "Does it perhaps mean 'we'?" (*Razan Hayashi sensei bunshū* 羅山林先生文集 60, *Kankyaku hitsugo* 韓客筆語.) Jinsai, however, not only read literary style Chinese correctly, but also quoted freely from the *Chu-tzu yü-lei* 朱子語類, a record of dialogues between Chu Hsi and his disciples that was written in colloquial Chinese and which Jinsai had read as early as his teens. He must have acquired this ability through self-study based on intuition and reasoning. This again indicates that he was a man of genius who needed no teacher.

His talent in writing Chinese, as well as reading it, was outstanding. Earlier Confucian scholars of the Edo period also wrote poems and prose in Chinese, but they paid little attention to the aesthetic qualities of Chinese, particularly the rhythm, which plays an essential role in clarifying the meaning as well as lending beauty of style. Primarily for this reason, their works could not escape being labeled as *washū* 和習 or "Japanized" Chinese. Jinsai, however, was the first Confucian scholar in the Edo period who wrote Chinese with the correct rhythm, and his prose style was perhaps the finest in all the Edo period. Although it is unlikely that he knew modern Chinese pronunciation, his works are excellent even when read in the original pronunciation. While most Japanese Confucians seem to have been engrossed wholly in the logic of their arguments, which is another reason that their works in Chinese were labeled *washū*, Jinsai made free use of analogies and touches of humor. Even Nakai Sekizen 中井積善 (1730–1804), who opposed Jinsai on doctrinal grounds, gave him unstinted credit in his *Hichō* 非徴 ch. 1, saying, "It is certain that Jinsai's ability in Chinese composition exceeded that of all his predecessors."

It should not be overlooked that this genius in language, this sensitivity to linguistic concerns, contributed greatly to the forming of Jinsai's theory. His *kogigaku* 古義学 or "school of ancient interpretation" aimed at reviving the original thought of Confucius and Mencius. The pursuit of the exact

meaning of each word used in the *Analects, Mencius,* and other Confucian classics was the point of departure for his theory, as illustrated in his *Gomō jigi*. Let us take up, as one important example, his discussion on the word *tuan* 端 as it appears in the *Mencius* on the *ssu-tuan* 四端.

In this passage Mencius employs the well-known illustration of a child about to fall into a well. Anyone seeing such a child, he says, will experience alarm and distress. This is because every man has a feeling of commiseration and not because he wishes to gain favor with the child's parents or is concerned with his reputation among the villagers. This sense of commiseration, says Mencius, is the *tuan* 端 of the virtue of *jen* 仁 or benevolence.

Now, what exactly does *tuan* mean here? How can the feeling of commiseration be the *tuan* of the virtue of benevolence? According to the Sung Neo-Confucians, especially Chu Hsi, benevolence is inherent in man's heart as a principle of good. Since it is apportioned to each individual by *li* 理, the principle of the universe, it lies in potency in man's innermost heart, in what the Neo-Confucians call the *hsing* 性 or nature of man. When manifested externally as the "tail end" of the inner principle, it becomes a feeling of commiseration. For this reason Chu Hsi, in his commentary on the *Mencius,* glosses the word *tuan* as *hsü* 緒, which means the end of a thread. He explains its meaning as follows: "Because emotions are manifested, it is possible to see the nature of man. It is just like the end of a thread appearing outside."

Jinsai, however, does not admit that *li* 理 exists as the principle of the universe, as claimed by the Sung Neo-Confucians. Neither does he agree with their view that the *li* apportioned to each individual constitutes the *hsing* or nature of man. He holds that benevolence and other moral values which serve as guides to proper living are manifested within the actual daily life of man. Mencius's words, "The feeling of commiseration is the *tuan* of the virtue of benevolence," mean, according to Jinsai, that the feeling of alarm which a man experiences when he sees a child about to fall into a well is the *origin* of benevolence. The character *tuan* should therefore be glossed as *pen* 本, origin or root.

What we have seen above is Jinsai's interpretation of the original text of the *Mencius* as presented in his commentary on *Mencius*. Further, in his *Gomō jigi,* Jinsai attempts to verify his interpretation and to point out the error of Chu Hsi's view. He shows, for example, that his view agrees with the annotations prior to Chu Hsi, pointing out that in the *Meng-tzu cheng-i* 孟子正義, another commentary on *Mencius* attributed to Sun Shih 孫奭 of the early Sung period, *tuan* is in fact glossed as *pen*.

Next, Jinsai turns to the dictionaries. In Jinsai's day the *K'ang-hsi tzu-tien* 康熙字典 had not yet been published and therefore was not imported to Japan. The dictionary which Jinsai referred to was presumably the *Tzu-hui* 字彙 compiled by Mei Ying-tsu 梅膺祚 of the Ming. There the character *tuan* is glossed as *shih* 始, the beginning, or *hsü* 緒, the tip of a thread. According to Jinsai, both glosses correspond in meaning to the word *pen* 本, origin or root. *Shih*, the beginning, is, of course, synonymous with *pen* origin. The tip of a thread, is also in a sense the starting point from which it is drawn out of a cocoon, extended, and woven into long textiles, and hence is related in meaning to *pen* or origin. Jinsai says that Chu Hsi ignored this point and took what should be understood as the origin or source to be the tail end or tip.

In the *Gomō jigi* Jinsai continues his discussion. He tries to substantiate his assertion by examining the usage of the character *tuan* in other classical texts. "In the *Chung-yung* 中庸 or *Doctrine of the Mean*," he points out, "it says that the way of the virtuous man has its *tuan* in the way of husband and wife." Although the *Doctrine of the Mean* is not given fullest credence by Jinsai, as will be seen later, it is still one of the classics and, according to Jinsai, supports his argument. He further points out that the *Tso chuan* 左伝, under the first year of Duke Wen, uses the word *tuan* to mean the "beginning of the calendar," that is, the first month of the year. In addition to these examples from the classics, he cites usages of the word *tuan* in daily language, as in the terms *hsin-tuan* 釁端, the cause of a conflict; *huo-tuan* 禍端, the symptoms of a disaster; or *k'ai-tuan* 開端 and *fa-tuan* 発端, both of which mean the beginning of a matter.

The above discussion by Jinsai is, in parts, somewhat farfetched. Also, the sources which he avails himself of are not sufficient. It seems that he was not able to check the authoritative earlier dictionaries, at least not the oldest of them, the *Shuo-wen chieh-tzu* 説文解字, which is invariably quoted by the Ch'ing scholars of the so-called *Han hsüeh* 漢学 or School of Han Learning, who pursued the same type of philological investigation just one hundred years later in China. Even the *Meng-tzu cheng-i*, attributed to Sun Shih, from which Jinsai begins his discussion, is regarded as highly suspect. What we have seen above, however, is sufficient to indicate that Jinsai attached great importance to philology in his interpretations of the classics.

It was, in fact, philological concerns that first led Jinsai to question the validity of the Sung Neo-Confucian interpretations of the classics. In particular, he was troubled by the fact that the term *li* 理, which the Sung scholars used to designate the underlying principle of the universe, hardly ever appears in the *Analects*, *Mencius*, and other early works, and in the few

instances when it does occur, it has a meaning quite different from that attributed to it by the Neo-Confucians. Furthermore, he attacked the Sung scholars for employing terms borrowed from Buddhism and Taoism, such as *ching* 静 stillness, *wang* 忘 forgetfulness, *wu-yü* 無欲 desirelessness, *wu-ch'ing* 無情 emotionlessness, and because of their overtones of pessimism and nihilism, unknown in the *Analects* and *Mencius* themselves. Later, though, Ogyū Sorai asserted that Jinsai's views in this matter are not always apt. Sorai's criticisms, however, cannot be always approved.

Jinsai was a man of great self-confidence, and in his rejection of the Sung Neo-Confucian teachings, even ventured to compare himself with Mencius, who had denounced the philosophies of Yang Chu 楊朱 and Mo Ti 墨翟 for being heterodox. In his *Dōjimon* ch. 2, sec. 65, after complaining bitterly that the Sung scholars, with their dogged attachment to the concept of *li* or principle, had introduced a note of heartlessness and indifference into true Confucianism, he concludes by saying, "Mencius said that if the ways of Yang Chu and Mo Ti did not come to an end, then the truth of Confucius could never be made clear. The reason that I am making all this clamor is that I too fear that the truth of Confucius will never be made clear. It is not simply that I delight in argument. I trust the reader will understand this!"

In another passage in the *Dōjimon* ch. 3, sec. 42, he discusses the scarcity of true scholars of his time, and compares different kinds of scholars to hawks which go after different types of prey depending upon their swiftness and capacity. Scholars of petty learning and ability are fit only to go after little sparrows and quail. Much rarer are the greater hawks, which he compares to the scholars of Neo-Confucian learning, and which go after larger quarry. Rarest of all is the greatest hawk born in the plains of Manchuria, who seeks the largest prey, that is, who tries to discover the true meaning of the writings of Confucius and Mencius. Though his words were meant as an encouragement to his students to put forth greater effort, it is clear that he pictured himself as the greatest hawk of Manchuria.

In *Dōjimon* ch. 3, sec. 45, however, we find a student addressing Jinsai with the following question: "Though you have always taken great pains in lecturing and writing, hoping to teach the world the original doctrines of Confucius and Mencius, there are some who do not accept your teachings and who even criticize and pick fault with them. Why are you unable to convince them all?" (Presumably, those who "criticize and pick fault" is a reference to the followers of Yamazaki Ansai.) Jinsai replies by saying that the reason his theories cannot always convince others is that, first, there is

still something lacking in his own sincerity, and second, although he aspires to elucidate the teachings of Confucius and Mencius, it is most difficult for anyone, including himself, to arrive at perfection. "If anyone can explain to me the real meaning of the works of Confucius and Mencius, I would be most anxious to listen to him," he adds. Even Confucius, he points out, says in the *Analects,* "I am fortunate. If I have any errors, people are sure to point them out for me", as it will appear later in section 26 of the next chapter of this article.

One of the key points in Jinsai's interpretation of the *Analects,* as seen in his commentary, is this contention that even sages such as Confucius were not free from error. In this point he disagrees radically with the Neo-Confucians, who insisted that the sage is by definition infallible. Jinsai continues addressing his students, saying, "My attitude toward you is the same. If any of you have suggestions that are worthy of acceptance, I always follow you. My interpretations of the *Analects* and *Mencius* have all been arrived at in this way. I discuss the matter with you, review your various opinions, and only then set down my interpretation in written form, rejecting only what is contrary to reason. This is a fact all of you are aware of."

Toward the end of the passage, however, Jinsai begins to speak somewhat more strongly, declaring that, "If someone should attack me on the basis of his own private feelings, or argue with me on the basis of his private theories, I would have no desire to listen to him." In conclusion, he states, "In later ages, when men of the truth appear in the world, I am quite certain that they will agree with my words. This is something I am confident about, and I trust you will believe me!"

As he predicted, Jinsai found sympathizers in later ages. In Japan, the first to succeed his method was Sorai, thirty-nine years younger than Jinsai, and after him Motoori Norinaga who was born twenty-five years after Jinsai's death. In Jinsai's last years, Sorai wrote to him from Edo, expressing the great admiration with which he had read Jinsai's works and at the same time posing certain questions. The letter, couched in somewhat passionate language, declares that, "Within the vastness of the seas, how few really great men there are! I can find no one with whom I can speak my mind, and look only to you, Sensei!" The fact that Jinsai died without answering the letter probably spurred the emotional Sorai to be more critical of Jinsai in later years than he might have been, and yet the respect which he felt for "Jinsai Sensei" is evident still.

The case of Motoori Norinaga, the great scholar of *kogaku* 古学 or the study of ancient Japanese language and literature, is somewhat more com-

plex. In chapter eight of his *Tamakatsuma* 玉かつま, Norinaga emphasizes that his own school of learning is unrelated to that of Jinsai and Sorai, stating that, "Our *kogaku* was begun by Keichū 契沖 who, although he was a contemporary of Jinsai, did his work earlier than Jinsai." It seems to me the reason why Norinaga was so particular about who was the originator of *kogaku* was that he was troubled by the fact that Jinsai's method was so close to that of his own school.

The teachings and methods of Jinsai, Sorai, and Norinaga bear a close resemblance in at least two conspicuous ways. First, all of them rejected the philosophical stubbornness of the Sung Neo-Confucianism, which attempts to explain the complex facts of reality in terms of some vague metaphysical doctrine. Second, they all emphasize philology as the point of departure for elucidation of the classics. Particularly Norinaga attacked Chinese thought and devoted himself to the writing of commentaries on the *Kojiki, Man'yōshū,* and other Japanese classics, but his method still clearly stems from that of Jinsai.

Further, when we view the history of the development of Confucian thought in both Japan and China collectively, the importance of Jinsai's achievements becomes even more apparent. His prediction that "men of the truth" in later ages would agree with his words was fulfilled in China some hundred years after he lived.

In terms of Chinese history, Jinsai was born at the very end of the Ming, in the seventh year of the T'ien-ch'i 天啓 era, and died in the forty-fourth year of the K'ang-hsi 康熙 era of Ch'ing. At this time Sung-Confucianism was still accepted as the official doctrine of the state, and there had as yet been no move to challenge it. It was not until the latter part of the eighteenth century, during the Ch'ien-lung 乾隆 era, when men appeared who, like Jinsai, criticized the Sung scholars and attempted through philological study to discover the original meaning of the classical texts. The movement which they originated was known as the *Han hsüeh* 漢学 or School of Han Learning, and in time it became the main current in the Chinese academic world. The founder and most outstanding scholar of the movement was Tai Chen 戴震 (1723–1777), who was born eighteen years after Jinsai's death. Tai Chen's thought coincides with that of Jinsai in many points. Not only does the title of Tai Chen's principal work, the *Meng-tzu tzu-i su-cheng* 孟子字義疏證, strikingly resemble that of Jinsai's *Gomō jigi* 語孟字義 (in Chinese, *Yü-meng tzu-i*), but the table of contents, with its chapters devoted to discussions of such key terms as *li* 理, *t'ien-tao* 天道, *hsing* 性, *ts'ai* 才, *tao* 道, etc., indicates that Tai Chen dealt with the same problems as Jinsai. The passages in

Jinsai's and Tai Chen's works which criticize the *li* theory of the Sung Neo-Confucians for having given rise to various erroneous views even resemble each other in vocabulary employed.

In the field of textual criticism, it is also interesting to note that Jinsai lived almost exactly at the same time as Yen Jo-ch'ü 閻若璩 (1636–1704), who wrote a work entitled *Shang-shu ku-wen su-cheng* 尚書古文疏證 which proved that almost half of the popularly accepted text of the *Shu ching* or *Book of Documents* was spurious. Jinsai, working entirely independently in Japan, had in fact argued the same view, as I will show later.

In closing this biography of Jinsai, let us consider why he declined Lord Hosokawa's invitation to become an official instructor for the domain of Kumamoto and instead died as an ordinary townsman. Such action was in a way quite contradictory to his teachings. He frequently asserted that the ultimate goal of learning was *keisei saimin* 経世済民, to bring order to the world and relief to the people. He also reiterated the assertion made by Mencius that the practice of the *wang-tao* 王道 or kingly way is the duty of scholars. He strongly criticized the followers of Buddhism and Taoism for seeking only their own personal salvation and peace of mind and ignoring the rest of the world, and later Sorai as well attacked them on the same grounds of self-complacency. He likewise censured the Neo-Confucians for being interested only in their own moral improvement and forgetting the dictum of Confucius that "The superior man cultivates himself so as to give peace to all the people."

In actual fact, however, Jinsai led the life of a recluse. In the garden of his residence at Horikawa he had a cherry tree of the so-called Edo variety. He showed it once to a Chinese monk, probably one of the monks from the Ōbaku 黄檗 Temple in Uji, who was almost the only Chinese living in inland Japan at that time, and the latter announced that it was a *hai-t'ang* 海棠 or cherry-apple. For this reason Jinsai assumed the name Tōin Koji 棠隠居士, The Layman Recluse of the Cherry-apple, or Ōin 桜隠, The Cherry Recluse. In a poem in Japanese included in the *Kogaku sensei wakashū* he writes:

Not that I've
grown weary of the world,
only that my hut
is hidden
by the cherry tree

The first two lines recall the statement by Tōgai in the biography of his father that "It was not that he was determined not to seek for a position."

But, as Tōgai adds, "he just took no steps to obtain one." Incidentally, of his five sons, the second took an official position in the fief of Fukuyama, the third a position in Takatsuki, the fourth a position in Kurume, and the fifth a position in Kishū, but the eldest, Tōgai, like his father, remained a private citizen all his life.

Jinsai may have feared that an official instructor in the domain of a feudal lord would be treated merely as a skilled technician, and perhaps called to mind the passage in the *Mencius* which states, "The ancients indeed always desired to be in office, but they also hated being so by any improper way." Such negative reasons aside, however, Jinsai presumably felt positive pride in remaining a private citizen without public office. Discussing the second part of the "T'eng Wen Kung" chapter of the *Mencius,* he consoles himself by saying: "This (i. e., staying out of office) shows that a man of benevolence and righteousness can benefit the nation. A superior man, remaining in obscurity, not only inherits and develops the teachings of the sages of the past, but also contributes greatly in maintaining public morals and restraining the hearts of the people. Although he may not render distinguished service, he will be contributing to the country in a modest way. How can one say that he lives in idleness?"

The postface to his *Kogaku sensei wakashū* is signed, "Middle week of the second month, Genroku *kibi* 元禄癸未, by the old Kyoto commoner Itei." *Kibi* corresponds to the sixteenth year of Genroku, 1703, when Jinsai was seventy-seven, two years before his death; Itei 維楨 was his official name, but among his neighbors in Kyoto he went by the popular name Gensuke 源佐 or Tsuruya Shichiemon 鶴屋七右衛門, and styled himself "old commoner".

Tōgai, probably in consultation with Jinsai's students, conferred upon his father the posthumous title Kogaku sensei 古学先生, and buried him at the Nison-in 二尊院, a temple at Ogurayama in the western suburbs of Kyoto. Jinsai had visited once the spot and viewed there the grave of the famous Japanese poet of the late twelfth and early thirteenth century Fujiwara no Teika, writing the following poem in Japanese on the occasion:

His deathless name,
may it still endure!
Even today
at Ogurayama
one can see his ancient grave

Jinsai's grave is nearby, with a Chinese style tombstone, along with the graves of his son Tōgai and his later descendants.

The Kogidō on the eastern bank of the Horikawa in the Kamikyōku section of Kyoto is still occupied by members of the Itō family. Lectures continued to be given there by Tōgai and his descendants for generation after generation until the beginning of the Meiji period. The late Prime Minister Prince Saionji Kimmochi, who was also one of the last students during his younger days there, wrote a letter from Tokyo to Itō Yūsai, then the head of the institute, asking the latter to search for a manuscript by Itō Rangū, a son of Jinsai, which asserted that the *Lao Tzu* was a spurious text. Rangū's theory corresponded with the view of a Ch'ing scholar, T'sui Shu 崔述, whose work had recently been imported to Japan and had greatly impressed the Prince.

II. Jinsai's Thought and Scholarship

1. Benevolence or 仁 *jen* is the highest moral value for man.

This idea does not appear at the outset in Jinsai's teaching, nor does his work *Gomō jigi* start with this theme. Nevertheless, Jinsai seems to have been emotionally inclined toward such a view from the beginning. In the *Dōjimon* ch. 1, sec. 43, he replies to the question "What is *jen* 仁 or benevolence?" by describing it in its most perfect form as "a heart of compassion and loving-kindness which flows forth completely and penetratingly from the inner side to the world outside without any place where it does not reach to, any place it does not touch. The heart that is without the slightest taint of harshness or cruelty this is what is called *jen*." It is the highest moral value of man, as he explains in the same section: "Therefore there is no greater virtue than loving men, and no greater evil than doing injury to living creatures." *Jen* is nothing other than love itself, and it is the basis upon which all good rests. "*Jen* begins and ends in love," he remarks in section forty-five of the same work. "When learning achieves *jen*, the result will be virtuous action; all manner of good deeds spring from this source." Jinsai, as we shall see in section 25 below, regarded Confucius as the greatest man who had ever lived, and this was because he placed the highest value upon the ideal of love. It was for the same reason that he considered Mencius to be the greatest expounder of Confucius's ideas. All the pronouncements and arguments of Confucius and Mencius in the end come to rest in this one word *jen*.

2. The relationship between benevolence and other virtues, particularly its correlation with righteousness.

Jinsai frequently emphasizes that *jen*, the virtue of benevolence, is corre-

lated with and complementary to the virtue of *yi* 義 or righteousness. The relationship is similar to that of fire and water, both of which are indispensable to man. *Jen* can be what it is only when supported by *yi,* and vice versa. While *jen* tends to extend itself boundlessly, *yi* exercises the control of reason. Beside *jen* and *yi* Jinsai adds two other moral values, *li* 礼 or propriety, and *chih* 智 or wisdom, the former representing the virtue of perfect hierarchical order, the latter that of universal reason. His views derive from the passages in the *Mencius,* one of which has been discussed above, in which Mencius speaks of the four *tuan* 端 or "beginnings" of the virtues of *jen, yi, li,* and *chih.* Jinsai criticized the Sung Neo-Confucians for maintaining that *jen* in fact included the other three virtues; he himself attached equal importance to all four and stressed in particular the complementary nature of *jen* and *yi.* Let us take one example from the his commentary. Commenting on a passage in the *Analects* which reads: "The Master angled but did not use a net. He shot, but not at birds perching." Jinsai asserts that it is righteousness which impels a man to perform acts that ought to be performed, namely, to go fishing and hunting in order to obtain offerings to be presented to one's ancestors, but it is benevolence that prevents one from going about it in a manner that is cruel or excessive. The evil tyrants of ancient times, when they set fire to forests and drained marshes in order to acquire game, were certainly not acting in accordance with benevolence. On the other hand, the Buddhists when they call on men to abstain from killing entirely, are asking them to abandon the principle of righteousness and, since righteousness is the necessary complement of benevolence, to act contrary to benevolence as well. Total abstinance from killing is no more suitable as a universal rule of life than is the wanton destruction inflicted by the tyrants in their greed for game.

3. Priority of the value of benevolence.

Although Jinsai emphasizes the complementary nature of benevolence and the other moral values, in the end he gives priority to benevolence. For example, in a lecture which he gave on the first chapter of the *Analects* at a banquet held at a restaurant named Shukuami in Higashiyama in the ninth year of Genroku (1696) to celebrate his seventieth birthday, Jinsai begins by mentioning the importance of both benevolence and righteousness. Later, however, he states that "Benevolence is in fact the greatest of all virtues. Therefore, although Confucius and his disciples spoke of both benevolence and righteousness, it was benevolence which served as the foundation of all their teachings," adding that the same was true for Mencius and his followers.

As a matter of fact, his own literary name Jinsai, which means "Benevolence Hall," indicates that he attached the highest value to benevolence.

4. The relationship between human nature, truth, and instruction.

Jinsai's tendency to place greatest emphasis upon benevolence forms the undercurrent of his thought. In expounding his theory, however, he makes use of three key concepts: that of *hsing* 性 or the inborn nature of man; of *tao* 道 or the truth; and of *chiao* 教 or the instructions of the sages. These terms he adopted from the *Chung yung* 中庸 or *Doctrine of the Mean,* a brief treatise attributed to Confucius's grandson Tzu-ssu 子思. Jinsai did not regard this treatise as highly as he did the *Analects* and *Mencius,* believing that although it was largely genuine, it contained textual misplacement from other sources, as will be explained in section 21 below. But he did not hesitate to borrow from it these three concepts, which appear in the opening passage of the text: "That which is bestowed by Heaven is called man's nature; that which accords with this nature is called the truth; the cultivation of the truth is called instruction." Jinsai expounded his theory by explaining the relationship which these three concepts bear to one another. Although the Sung Neo-Confucians also founded their theory upon these three concepts, Jinsai rejected their interpretation and enunciated one of his own. The greatest difference between his theory and that of the Sung scholars is that: (1) while the Neo-Confucians regarded the inborn nature as a static concept, inherent in man as the archetype of good, Jinsai interpreted it in a more active fashion, regarding it as the innate prototype of man's activities; (2) while the Neo-Confucians regarded the relationship between human nature and the truth as continuous, Jinsai declined to take it in so unconditional a fashion. Hence, there is inevitably a difference between Jinsai and the Sung Neo-Confucians in the way of interpreting these three concepts of the *Mean.* Let us take them one by one and examine the manner in which he interpreted them.

5. Human nature, the innate uniformity of man.

With regard to the statement in the beginning of the *Mean:* "That which is bestowed by Heaven is called man's nature," Chu Hsi's commentary, which was widely accepted in Japan as well as China, states that *hsing* 性, the nature of man, is the *li* 理 or universal principle of Heaven, which is bestowed by Heaven upon man and becomes man's principle. Further, according to Chu Hsi and the other Neo-Confucians, since human nature is an apportionment of the principle, it lies motionless in the innermost recess of man, and because itis motionless, it is pure and spotless. Moreover, being

motionless, it exists uniformly in all men and is wholly good, free from any kind of evil contamination.

Jinsai rejects these views of the Sung Neo-Confucians as groundless. As we shall see in section 14 and 15 below, Jinsai maintains that only movement exists. The statement of the Sung scholars that stillness is an attribute of human nature is therefore false, since it regards stillness or repose as a form of existence. According to Jinsai, *hsing,* the human nature, is a concept which has movement as its attribute. Thus, the opening line of the *Mean,* "That which is bestowed by Heaven is called man's nature," refers to the innate movement of the mind, which uniformly tends toward goodness. The most important attribute of man's nature is its tendency toward goodness, a tendency which is aroused by outward stimuli and which, in response to such stimuli, moves instinctively in the direction of goodness. It is thus synonymous with the so-called *ssu-tuan* 四端 or "four origins" described by Mencius: the feeling of commiseration (*ts'e-yin* 惻隱) which one experiences when seeing a child about to fall into a well; the feeling of shame (*hsiu-wu* 羞惡); the feeling of modesty (*tz'u-jang* 辭讓); and the sense of right and wrong (*shih-fei* 是非). These are all reflexive and instinctive responses to external stimuli in daily life and the "beginnings" or "origins" of the four virtues, benevolence, righteousness, propriety, and wisdom respectively.

Jinsai asserts that the opening line of the *Mean* is intended to point out that the movements of the mind, which are the basis of truth, are shared innately and uniformly by all men. He agrees with the Sung Neo-Confucians in asserting that man uniformly has a tendency toward goodness which originates in man's innate nature, and in associating that nature with the concept of Heaven. However, while the Sung Neo-Confucians regard man's nature as motionless, linking it with *li,* the metaphysical principle of the universe, Jinsai associates *hsing* or human nature with the movements of human life in the actual world.

6. The variety of man's nature.

The foregoing is only a part of Jinsai's views concerning *hsing,* the nature of man. In his *Gomō jigi,* in the section devoted to *hsing,* he stresses that, while in one sense man's nature is uniform, in another sense it is varied, the variations depending upon the particular personality and temperament of the individual, his *chih* 質 or makeup. By way of analogy, he points out that a plum is by "nature" sour, while a persimmon is sweet, although both are equally fruit. Moreover, some medicines have the property to induce warmth, while others induce coolness, though all are medicines. Jinsai's contention

here is that men display variety in their natures, although they are in the end all uniform in the sense that they tend toward goodness. To emphasize his point, he remarks that even a bandit is no exception. "Although a bandit is apparently the epitome of evil, he will [like other men] respond to praise by being pleased, and to slander by growing angry." Thus, while stressing the uniformity of man's nature in its inclination to goodness, Jinsai pays due regard to its manifoldness and variety, which cannot be controlled even by the power of the sages or of nature. He regards Mencius's words "Man's nature is good," and Confucius's "By nature men are all very similar," as conclusions based upon the above-stated recognition of the variety as well as the uniformity of human nature.

Here again Jinsai parts company with the Sung Neo-Confucians who, regarding *hsing* as the inner principle or *li* of man, assert that human beings are all good since they all share the universal principle equally. According to Jinsai, however, men cannot be totally identical. Each man has his own individuality and makeup, as well as his own limitations. What underlies Jinsai's thought here is his view that existence is movement, and movement alone is existence, as will be explained later. If existence is movement, it is impossible for it to remain identical either in time or space. Nevertheless, the Sung Neo-Confucians insist that man's nature is uniformly motionless, and in doing so restrict the manifoldness of the movement of existence. The result, according to Jinsai, is formalism, rigorism, and dogmaticism. Jinsai claims that it is precisely for this reason that the view of history taken by the Sung Neo-Confucians is inhuman, cold-hearted, and lacking in benevolence. In his *Dōjimon* ch. 2, sec. 65, Jinsai states that when one reads historical works such as the *T'ung-chien tsuan-yao* 通鑑纂要, which were written under the influence of Sung Neo-Confucianism, one finds them judging the persons of history in such a way that "good is treated as good and evil as evil without the slightest extenuation or leniency." The result is a harshness and cold-heartedness that makes one think he is reading the works of the Legalist philosophers Shen Pu-hai 申不害 and Han Fei Tzu 韓非子. Such an attitude is contrary to that of Confucius who, according to Jinsai, "was always eager to recognize good as good and reluctant to recognize evil as evil." It is also contrary even to the spirit of the legal codes contained in the ancient classics, which emphasize the importance of mercy and try to find entenuating circumstances that might allow the offender to escape punishment. As mentioned earlier, Jinsai's thought bears a striking resemblance to that of the later Chinese thinker Tai Chen 戴震, as expressed in the latter's *Meng-tzu tzu-i su-cheng* 孟子字義疏證. There Tai Chen criticizes the Sung Neo-Confucians for

this same kind of heartlessness in judging others, and concludes by saying, "For a man who was killed by the law, one can have pity; but who would pity a man who was killed by *li?*"

We have already noted that Jinsai, in giving instruction at the Kogidō, paid particular attention to the personality of each student, his individual makeup and limitations. Jinsai maintains that this was also the teaching method of Confucius, pointing to various passages in the *Analects* to support his view. Compulsion and intimidation, he remarks, are not true education.

7. Mental invalids who are not disposed to goodness.

Parallel with the view that each man has his own personality and that human nature is therefore varied, Jinsai further held a view which is unique, at least as far as Confucian thought is concerned. He claims that there are in fact some mentally or spiritually impaired persons who lack the responsive feeling of commiseration and the other feelings which constitute the "four origins" of virtue, just as there are physical invalids. Mencius, after stating that a man will invariably experience a feeling of commiseration when seeing a child about to fall into a well, and that all men possess the "four origins" just as they possess four limbs, continues, "From this we may perceive that he who lacks a feeling of commiseration is not a man; that he who lacks a feeling of shame is not a man; that he who lacks a feeling of modesty is not a man; and that he who lacks a sense of right and wrong is not a man."

Not only the Neo-Confucians but scholars in general have interpreted Mencius's words *fei jen yeh* 非人也, "he...is not a man," to mean that all men by definition have an innate sense of commiseration, shame, etc., without any exception. Jinsai, in his *Mōshi kogi,* however, interprets the words in a different way. He maintains that Mencius, sensing that there *are* in fact men who do not possess the "four origins," used the phrase *fei jen yeh* to mean that such a person "is not a [real] man." Jinsai writes: "Just as there are people who are born without ears, eyes, mouth, or nose, so in similar fashion there are those who lack the 'four origins.' It is in this sense that Mencius says that those who lack the feelings of commiseration, shame, modesty, and the sense of right and wrong are not men."

Jinsai continues, refuting the Neo-Confucians: "Those who say that Mencius regarded the nature of all men as wholly good have not thought about the matter." Citing the passage in the "Yang Huo" 陽貨 chapter of the *Analects* which reads: "It is only the highest among the wise, and the lowest among the stupid, who cannot be changed," he equates the term *hsia-yü* 下愚 or "the lowest among the stupid" with Mencius's category of

those who "are not men."

It was difficult for the Sung Neo-Confucians to acknowledge the existence of a class of men who are wholly incapable of being educated or saved; as Chu Hsi says in his introduction to his commentary on the *Means* alluding to the passage in the *Analects* cited above, "Even the lowest among the stupid are not without a heart imbued with the truth." Not only the Neo-Confucians, but Chinese thinkers in general have traditionally been unable to accept such a view, as I have pointed out in the postface to the translation of the *Shang-shu cheng-i* 尚書正義 in my *Collected Works,* vol. 10. Jinsai, in putting forth such a theory, was departing considerably from the traditional view, as he himself was well aware. In his *Dōjimon* ch. 3, sec. 1, where he expounds the same idea, he admits that such mental or spiritual cripples are extremely rare, constituting only one or two individuals among millions. He adds, however, that the existence of such persons had gone undetected by Confucian scholars up until his time, and admits that the theory was discovered by no one else but him.

8. *Tao* 道, or truth.

As we have seen in section 4 above, *tao* or truth is the second of the three key concepts in Jinsai's thought. He borrowed this term, along with the other two, from the passage at the beginning of the *Mean,* already quoted above, which reads: "That which is bestowed by Heaven is called *hsing;* that which accords with *hsing* is called *tao.*" In Jinsai's thought, the term *tao* denotes what we would call "truth." According to Jinsai, *tao* or truth is that which is in accordance with and does not do violence to man's inborn nature, particularly in its inclination toward good, which is a characteristic shared uniformly by the natures of all men. In more specific terms, truth comprises the four virtues of benevolence, righteousness, propriety, and wisdom. He further emphasizes that truth can only be regarded as such when it in no way conflicts with the inborn nature of man.

The above explanation is Jinsai's view of the nature of *tao* as explained in reference to the passage at the beginning of the *Mean.* Setting aside this particular passage, what Jinsai stressed in his thought was that truth cannot exist apart from human nature. The basis for this assertion is another passage in the *Mean* which reads: "The truth may not be departed from for an instant. If it could be departed from, it would not be the truth." This is more clearly shown in a saying attributed to Confucius, also found in the *Mean,* which reads: "The truth is not far from man. When man tries to pursue a course that is far from him, this course cannot be considered as the

truth." In the words which Jinsai adopted as his own slogan, "There is no truth apart from man."

Thus Jinsai, examining the close relationship between truth and man, contends that the passage in the *Mean* which reads, "that which accords with *hsing* is called *tao*" means that truth and the nature of man are not and should not be at variance with one another. In the *Chūyō hakki* 中庸発揮, Jinsai's commentary on the *Mean,* he states that as long as man exists he will always be subject to human relationships such as those that obtain between father and son, sovereign and subject, husband and wife, older and younger brother, and friend and friend. Each of these human relationships should be governed by a particular *tao* or principle of truth: affection between father and son, righteousness between sovereign and subject, separation of functions between husband and wife, proper order between older and younger brother, and fidelity between friends. These principles of truth which govern the various relationships are all in accordance with the inborn nature of man as it inclines toward goodness; in no sense do they represent an attempt to force or bend human nature out of its natural direction. The emphasis in the *Mean* upon *tao* or truth as a thing "which accords with human nature," Jinsai adds, is intended to warn one away from interpretations of "truth" which present it as something separated from or at variance with *hsing* or human nature. He is referring here to the Taoist interpretation of truth as *wu* 無 or non-being, and the Buddhist interpretation of truth as *k'ung* 空 or emptiness, both of which are false ideas according to him.

9. The universal validity of truth.

The passage in the *Chūyō hakki* referred to above, though it discusses the relationship between *tao* and human nature, does not fully reveal Jinsai's views concerning *tao* or truth. To understand them correctly, we must turn to his remarks on *tao* in the *Gomō jigi.* Beginning with the statement that "Truth (*tao*) is like a road because people pass back and forth by means of it," he emphasizes that, since existence is movement, truth also must partake of the nature of movement. In addition, because "there is no truth apart from man," the *tao* must be something which is universally valid for all men, like a highway which reaches to every corner of the land. "If it is accessible only to kings, lords, and high officials and not to commen men and women, then it cannot be the *tao.* If only sages and wise men can pass along it and not fools and unworthy men, then it cannot be the *tao.*" What is accessible to some and not to others is not the real *tao.* It is precisely for this reason that Mencius says, "*Tao* is like a great highway." It is spatially

universal: "In the four directions and eight corners of the world, even in remote and rustic parts and the regions of the barbarian tribes of Man 蛮 and Mo 貊, there is no place on earth where the moral relationships between sovereign and subject, father and son, husband and wife, older and younger brother, and friend and friend do not prevail; and no place where these relationships should not be governed by righteousness, affection, separation of functions, proper order, and fidelity respectively." When Jinsai mentions the "tribes of Man and Mo," he is referring vaguely to the countries of the West.

Tao or truth is also universal in terms of time. "It has been thus for thousands of years in the past, and will be thus for thousands of years to come." Further, it applies not only to man but also to animals life. "Affection between father and son, love between husband and wife, loyalty between friends exist not only among human beings but among other creatures as well." Finally, "it exists not only among sentient beings; even things without intellect such as trees and bamboo have distinctions between the sexes and between parent and child." And if truth is universal even among such beings, how much more so must it be among men, "who possess the 'four origins' and intuitive knowledge and ability!"

10. Truth and human nature are not invariably and unconditionally related.

One more important point remains to be brought out in Jinsai's interpretation of the term *tao* or truth, namely that, although truth is universal, it is not invariably and unconditionally linked to *hsing* or human nature. As explained earlier, the "four origins" exist in the inborn nature of man as impulses toward goodness, but these "beginnings" or impulses are not in themselves identical with the *tao* or truth. In a more general sense, because *hsing* exists as the nature of the individual, it cannot have universality in the same way that *tao* does. It is true that the two are related, as seen in the statements in the *Mean,* "that which accords with *hsing* is called *tao,*" and "When man tries to pursue a course which is far from his nature, that course cannot be the truth." Nevertheless, the inclination toward goodness which exists in the nature of man does not unconditionally lead to truth. Although there is no gulf between the two, there is distance. This view of Jinsai is most clearly revealed in his *Dōjimon,* particularly section fourteen in chapter one, where he states, "human nature is something that pertains to the individual," but "the truth is a thing that extends throughout the entire world." From this he moves to a more bold pronouncement: "Therefore human nature, *hsing,*

exists only so long as men exist; if there are no men, there is no human nature." The *tao*, however, is different. The truth exists "whether there are human beings or not, exists of itself, filling heaven and earth, underlying all moral relationships; it is perpetual and omnipresent."

When Jinsai says that *tao* or truth exists regardless of man, he would seem to be contradicting his motto, "There is no truth apart from man." The reason he emphasizes this point is probably out of a desire to distinguish his position from that of the Sung Neo-Confucians. The latter maintain that *hsing* or human nature, which is the innate prototype of goodness inherent in the inner recesses of man's being, will by natural extension become the truth. Chu Hsi, in commenting on the passage in the *Mean* which declares, "that which accords with *hsing* is called *tao*," writes: "When each person naturally accords with his own nature, then within his daily affairs and activities he cannot help but follow the procedure proper for him as an individual, and this in effect is the truth." In other words, human nature and truth are invariably and unconditionally linked. Jinsai in his *Dōjimon* and *Chūyō hakki* attacks this view of Chu Hsi as erroneous, and in his commentary on *Mencius* complains that such a view is contaminated by Buddhist and Taoist thought and likely to mislead men. But if, as Jinsai asserts, the truth can exist regardless of men, then where does the truth come from, by whom was it formed? Jinsai does not answer this question. Presumably he keeps silent intentionally. At the end of the section on Tendō or the way of heaven in his *Gomō jigi,* he states, "It is wisest to leave this problem as it is and not discuss it."

11. The instruction of the sages.

Jinsai, while emphasizing the distance which inevitably exists between *hsing,* man's inborn inclination to goodness, and the *tao* or truth, suggests a way in which this distance may be bridged. In doing so, he turns to the third of his key concepts, *chiao* 教, the instruction of the sages. It is through the instruction of the sages and the study of it that the inborn nature of man can be brought into contact with the truth. This term, as we have seen, is, like the other two key terms in his thought, derived from the passage at the beginning of the *Mean:* "That which is bestowed by Heaven is called man's nature; that which accords with this nature is called the truth; the cultivation of the truth is called instruction." Jinsai stresses the fact that the term *chiao* or the instruction is treated in the final section of the passage, following after the sections dealing with human nature and truth. For him, this indicates that it may serve as a solution to the problem posed by the two preceding

terms, that it can overcome the distance that exists between man's inborn nature and the truth. Although the truth is supreme, its existence alone cannot cause man to progress toward it. It cannot, as he says, "make a man a sage or a worthy, or allow him to realize his ability and virtue to the fullest." It is only *chiao,* the teachings and standards which have been worked out and established by the sages, the wisest and most morally advanced of all men, that can cause this to come about.

Jinsai employs the term *chiao* to indicate the means by which the distance between man's nature and the truth may be bridged only when he is referring to the passage from the *Mean* cited above or specifically employing the terminology borrowed from that passage. Elsewhere he employs the term *hsüeh* 学 or learning to designate the agent by which this bridging of the gap may be accomplished. By *hsüeh* he means not the instructions themselves but the study of them by man. It is the study of them which allows man to develop his innate tendency toward goodness until he has progressed to an understanding and fulfillment of the truth. It is one of the key points in Jinsai's whole system of thought that learning is a process of growth and advancement; it is, in fact, the basis upon which all his ideas rest.

12. Study as the means to overcome the distance between human nature and truth.

Why must we depend upon study to overcome the distance between *hsing* or nature and *tao* or truth? Jinsai attributes this to the fact that human nature is limited by the makeup of the particular individual. In his *Gomō jigi,* in the section dealing with *hsüeh* or learning, he writes: "The nature of a human being has its limitations, whereas the virtues of the world are inexhaustible. If one hopes to use his limited nature to pursue these virtues which are inexhaustible, although he may be the most intelligent man in all the world, he cannot but proceed by way of study." Here Jinsai emphasizes the fact that, though human nature is uniform in its inclination toward goodness, it is subject to individual limitations. Elsewhere, Jinsai defines the word *tê* 徳 or virtue in a close meaning to the word *tao,* and we may thus assume that in the passage above, where he speaks of pursuing "the virtues of the world," he is speaking of the pursuit of the *tao* or truth. Thus, study means to start with one's finite nature and to pursue the infinite truth. And because truth is infinite, study must also be limitless, a point which Jinsai frequently reiterates, citing in this connection Confucius's frequent professions of love for and diligence in the pursuit of learning. This conception of study as an endless pursuit of the infinite does not seem to be frequently found in the

thought of other Confucian scholars.

13. Study is the growth of human nature in the direction of truth.

What is the proper procedure to be used in study? The proper procedure, according to Jinsai, is to nurture man's innate tendency toward goodness and guide it in the direction of truth. This assertion is the basis and crux of Jinsai's entire theory. The source of his thought is again Mencius. Mencius, as we have seen, states that, just as all men possess four limbs, so they possess the "four origins," feelings or instinctive emotional responses which lead to the four virtues or truths, namely, benevolence, righteousness, propriety, and wisdom. (As stated above in section 7, however, Jinsai would exclude certain mental or psychological cripples from this generalization.) According to Mencius, if men become conscious of these "beginnings" of virtue within themselves and learn how to develop them, then they will begin to expand "like a fire beginning to spread or a fountain beginning to overflow." If this process of growth is carried through, the person may eventually be capable of becoming a king "who can rule over all within the four seas." But if the process of growth is not carried out, then "he will not be able to serve his own parents."

Jinsai stresses that this process of growth and expansion is contingent upon one becoming conscious of the possibility and need for growth. The development of man is through conscious effort, but once one becomes aware of the necessity for such effort, he will grow rapidly and automatically. Though such growth needs the whip of conscious effort, it proceeds automatically on the basis of human energy alone. And since truth is infinite, the possibilities for study and development are also infinite and unbounded. In this view of study and learning as a process of outward growth and expansion, Jinsai differs radically from the position taken by the Sung Neo-Confucians.

The Sung Neo-Confucians similarly attached great importance to the feeling of commiseration that one feels for a child about to fall into a well and the other instinctive feelings that lead to the four virtues. Their procedure from that point, however, is the direct opposite of that advocated by Jinsai. According to the Sung scholars, *hsing* or human nature is an apportionment of the universal principle of *li* which inheres in man, undisturbed and pure in form as the prototype of goodness. The *ssu-tuan* or "four origins," in their view, are merely the "tips" or external manifestations of the inner nature. The proper procedure to follow in study, therefore, is to still the mind, do away with desire and emotion, and, by achieving the state which they describe as "the brightness of a mirror and the stillness of

water" 明鏡止水 or "perfect and unclouded intelligence" 虚霊不昧, to return to the nature which exists in purity and stillness within one's inner being.

Thus, while the Sung scholars seek a return to inner stillness, Jinsai calls for a movement of outward expansion based upon the "four origins." Jinsai's view of study as a process of movement and growth is related to a larger view of movement as the only form of existence, and of the non-existence of stillness; but rather than the former deriving from the latter, it would appear that the latter is merely an extension of the former to its logical conclusion. Now, let us examine this larger view of Jinsai's.

14. Existence is movement.

According to Jinsai, existence invariably involves movement, and only that which moves may be said to exist. He expounds this view in the Tendō 天道 "the way of heaven" section at the beginning of his *Gomō jigi,* where he writes: "Between heaven and earth, there is nothing but *yüan-ch'i* 元気 (primal energy)." In other words, the world consists of one great movement of energy. To demonstrate this, he suggests that one construct a wooden box tightly sealed on all six sides. Though the box is sealed, it nevertheless becomes filled with *ch'i* 気 or energy. Once filled with energy, the inside of the box becomes white with mold, and this in turn breeds woodborers. The universe is like this wooden box; everything within it moves, possesses life, and is subject to growth. Again, in *Dōjimon* ch. 2, sec. 69, he states that "heaven and earth are one great living being." He supports this by pointing out that man, so long as he has life, never ceases to move. "While a man is alive he moves in the daytime and rests at night. But even when he is deep in sleep he cannot avoid having dreams, he continues to breathe the same way as in the daytime, and his hands and feet, head and face will move unconsciously." Turning to the realm of heaven and earth, he finds further support for his contention. "The sun, moon, stars, and constellations rise in the east and sink in the west, day and night succeed each other without ever resting. The sun and moon take turns in bringing brightness, the heat and cold follow one another to complete the year. Heaven, earth, sun, moon, all move by means of this energy." They are like the figures on a magic lantern, soldiers, carriages, horses, constantly revolving about the light in the center of the lantern. Water too continues to flow regardless of day or night, trees and plants bloom in both summer and winter. Thus all existence is movement, growth, and life. The process of expanding upon the "four origins" which constitutes learning is also a form of human movement or activity. When

Jinsai speaks of the way in which a man's hands and feet, head and face will move unconsciously even in sleep, he may be implying a criticism of certain Sung scholars who, under the influence of Zen Buddhism, advocated the practice of "quiet sitting," and suggesting that perfect stillness of the body is impossible to attain.

This world view of Jinsai which regards existence as movement and declares that only that which moves can be said to exist, dominates Jinsai's thought and system of ideas. The priority which he gives to benevolence as the highest human ideal also reflects this view, since benevolence and love are only worthy of the name when they go hand in hand with activity and growth.

15. Quiescence is non-existence.

For Jinsai, who maintains that only that which moves can be said to exist, quiescence is non-existence. In the same section in the *Gomō jigi* he explains this by quoting the passage from the *Book of Changes* which reads: "The great virtue of heaven and earth is life." Commenting on this, he remarks : "Therefore, in the way of heaven and earth, life exists but death does not; accumulation exists but dispersion does not. Death is the termination of life, dispersion is the end of accumulation. The way of heaven and earth has life as its single principle." If one says, "What lives will invariably die, what undergoes accumulation will invariably undergo dispersion," then the statement is acceptable. But if one says, "Where there is life there will invariably *be* death, where there is accumulation there will invariably *be* dispersion," then the statement is unacceptable. Life and accumulation are forms of movement and hence may be said to exist, but death and dispersion are the cessation of movement and therefore cannot be said to exist. Similarly, since goodness is a process of growth in which the "four origins" are expanded, it may therefore be said to exist; but evil is the cessation of such growth and therefore cannot be said to exist. At the beginning of section sixty-nine of his *Dōjimon,* Jinsai writes: "Everything within heaven and earth conforms to a single principle. Movement exists but quiescence does not, goodness exists but evil does not. Quiescence is the cessation of movement, evil is the perversion of good."

16. The falsity of the Neo-Confucian concept of *li* 理.

To Jinsai, who regarded quiescence as non-being, it was the utmost fallacy for the Neo-Confucians to regard *li* as the underlying principle of existence. The Neo-Confucians maintained that *li* existed prior to the movements of

the universe and that it has continued to serve as the principle of all being even up to the present time. According to Jinsai, however, such an idea never appears in the *Analects* or any of the other classics. Further, if one analyzes the character *li* 理, one finds that it is made up of the phonetic element *li* 里 on the right side, and the radical *yü* 玉, meaning "jade", on the left. The character originally meant the markings or grain of jade or other stones. It is therefore a *shiji* 死字, a "dead" or static word referring to relationships in inanimate things. It differs in this respect from *tao* 道, which Jinsai uses to denote truth. The latter is a *katsuji* 活字 or "living" word originally meaning a path, the space in which men come and go, while the former is only a "dead" word.

Hence, in the classics written or compiled by Confucius, we can find such expressions as *t'ien-tao* 天道, which denotes the direction of the movements of heaven, and *jen-tao* 人道, which denotes the movements of man, but never the word *li* in the sense in which it is used by the Neo-Confucians. This is because, as Jinsai says, "although *li* can express the texture of immovable and lifeless things," it is "not worthy to express the wonder of the living and changing things of heaven and earth."

According to Jinsai, Confucius was well aware of the fact that the nature of the universe is movement. Lao Tzu, on the other hand, erred in regarding quiescence or stillness as the principle of the universe, and the Sung Neo-Confucians allowed themselves to be led astray by Lao Tzu. The concepts of *li* or *t'ien-li* 天理 taught by them were originally terms employed by Lao Tzu and Chuang Tzu. The Neo-Confucians to support their argument cited the appearance of the term *t'ien-li* in the *Yüeh-chi* 楽記, a chapter on music found in the *Li chi* 礼記 or *Book of Rites,* a work compiled by scholars of the Han dynasty. Jinsai, however, does not accept the *Book of Rites* as a valid source for terminology, since it is a work of very doubtful date and provenance. The *Yüeh-chi* chapter, moreover, is in his view obviously influenced by the thought of Lao Tzu and cannot be regarded as reflecting the genuine ideas of Confucius.

Since *li,* the concept upon which Neo-Confucian philosophy is based, is false, it goes without saying that the Neo-Confucian interpretation of *hsing* or human nature as *li,* principle, apportioned and inherent in man as the prototype of goodness, is not to be relied upon. Further, since quiescence is non-being, it is meaningless to say that human nature "lies quietly" in man. Thus, Jinsai concludes that the theory of the Sung Neo-Confucians, which teaches a return to *li*, is erroneous and misleading. In his younger days, when he was absorbed in Neo-Confucian philosophy, Jinsai adopted the

name Keisai 敬斎, because *kei* (*ching*) 敬 or respect is an important concept in Neo-Confucian thought. In his mid-thirties, however, he changed his name to Jinsai, "a man of the Benevolence Hall" indicating that he had abandoned Neo-Confucianism.

17. Man as the subject matter of learning.

For Jinsai, study, as we have seen, means the growth of man's nature toward the truth. In other words, it is the effort of man's nature to apprehend truth. What, then, should be the subject matter of study? Nothing other than man himself. This is because the truth, as stated in the *Doctrine of the Mean*, is "that which accords with man's nature." The two are homologous; although there is distance between them, they resemble each other in form. We have already seen it stated in the *Mean* that what lies apart from man is not truth. If truth does not exist apart from man, then it must be manifested within the movements of man himself. Therefore it can only be perceived by closely observing man and studying his movements. On the other hand, to say that truth is invariably manifested in man's movements means that man cannot but be related with truth. Man cannot exist apart from the truth.

Holding that those who wish to learn should keep the above-stated relationship between man and truth in mind, Jinsai declares, "There is no truth apart from man, and no man apart from truth." In *Dōjimon* ch. 1, sec. 9, he explains this slogan as follows: "Someone asked, 'What do you mean when you say there is no truth apart from man?' I answered, 'What are men? They are sovereigns and subjects, fathers and sons, husbands and wives, elder and younger brothers, and friends. There is only one truth for all of them. Between sovereign and subject it is called righteousness; between father and son, affection; between husband and wife, separation of function; between elder and younger brother, proper order; and between friends, fidelity'." "All these are manifested in man himself. If there were no man, it would be impossible to discover the truth. Therefore I say, there is no truth apart from man." Jinsai continues: "When I am asked why I say there is no man apart from truth, my answer is this: What is truth? It is benevolence, righteousness, propriety, and wisdom. Man abides in these and cannot deviate from them even for a moment. Once he deviates, he is no longer a man. Therefore I say, there is no man apart from truth."

18. Truth of man is found precisely in the concerns of everyday life.

Jinsai, who maintains that the subject matter for the study of truth should

be man himself, or, according to his expression, the movements of man, takes his argument a step further. He asserts that among man's activities, those which pertain to his daily life are of the greatest importance. In Jinsai's words, the more "humble and familiar" the activity, the greater its importance. Conversely, the more "lofty and far-removed" the activity or ideal, the more likely it is to be meaningless, or even harmful. Underlying this assertion there seems to be a feeling of him that the daily activities of man, because of their very obviousness and frequency, are most reliable, whereas those which do not pertain to daily life are the opposite. The Sung Neo-Confucians forgot about the humble and familiar and sought that which was lofty and far-removed. That is why they fell into the error of regarding stillness and quiescence as the underlying principle of existence. Similarly, the concept of "nothingness" or "non-being" expounded by Lao Tzu and Chuang Tzu, and that of "emptiness" expounded by the Buddhists, are erroneous because they are so far removed from the humble and familiar. Such theories that are far removed from the daily life may be interesting enough, even stimulating, but it is this very stimulating quality that makes them perilous. As Jinsai says in *Dōjimon* ch. 1, sec. 24, "If someone starts talking to you about principles that are extremely lofty and far-removed, that shimmer and sparkle and astound and delight you, he is either a wild fox or a mountain devil come to bewitch you, or else he is one of the leaders of the heterodox teachings" In place of the term "humble and familiar" Jinsai sometimes employs the word *su* 俗, meaning that which is popular or common among men, and warns that if one scorns or overlooks the "popular" and seeks for the truth somewhere else, he will "in fact find himself led astray by false doctrines, and will never discover the truth of the sages." By *su* or "popular," Jinsai means what we would call common sense. He applies the same type of standards in his judgments of literature, praising the poetry of the T'ang poet Po Chü-i 白居易 because of its *su* or popular and common-sensical quality. (See his *Hakushi monjū no nochi ni daisu* in *Kogaku sensei bunshū*).

19. On emotions and desires.

Jinsai, who regards man's movements as the subject matter of learning, attaches great importance to emotions and desires as inevitable movements of man. In the section on *ch'ing* 情 or emotions in the *Gomō jigi* he expounds his views, first of all pointing out the relationship between emotion and *yü* 欲 or desire. Among the movements of *hsing* or human nature, those which are motivated by desire are known as emotions. How then does desire come

about? According to Jinsai, it comes about in response to an outward stimulus. Chu Hsi in his commentary on the *Mencius* declares that "Emotions are the movements of human nature," but Jinsai regards this explanation as inadequate. Emotion, he believes, is inevitably related to desire. The eye perceives forms, the ear sounds, and the mouth tastes, while the arms and legs possess freedom of movement, This is part of the *hsing* or inborn nature of man. But in addition to this simple ability to function which is possessed by the parts of a man's body, the eye desires to see beautiful forms, the ear to hear harmonious sounds, the mouth to taste delicious foods, and the arms and legs to move with the more freedom, and these desires take form in what are called feelings or emotions. As we have seen, affection between father and son is a part of man's inborn nature. But because the father invariably desires what is good for his son, and the son invariably desires long life for his father, these desires lead to emotion. An important attribute of emotion is that it is an unconscious movement. Once it has ceased to be unconscious, it is no longer emotion but *hsin* 心, heart or mind. I am not entirely certain that I have understood Jinsai's explanation correctly, but at least it is certain that he regarded emotion and desire as inevitable in man. In describing the emotions of father and son, he emphasizes that the father will "invariably desire what is good for his son," and the son will "invariably desire long life for his father," and presumably the desires which he attributes to the eye, ear, mouth, and limbs are similarly inevitable in nature. Speaking more positively of the importance of emotion and desire, he says in *Dōjimon* ch. 2, sec. 10, "As long as they are kept under the control of propriety and righteousness, then emotion can be equated with the truth and desire with righteousness. Why should there be any reason to detest them?" If one tries to do away with emotion and desire entirely, he would have to "destroy the physical body and stop up the ears and eyes. This is something that is impossible for men to accomplish. It is not the kind of procedure that can be applied throughout the world, and therefore the sage does not adopt it."

20. Fallacy of the Sung Neo-Confucian denial of emotion and desire and unreliability of the *Ta hsüeh* 大学 or *Great Learning* on which the Neo-Confucian theory is founded.

Jinsai's emphasis on emotion and desire as inevitable movements of man's nature was motivated by his opposition toward the Sung Neo-Confucians, who paid little attention to or even denied the importance of these two elements of man's makeup. His criticism, however, was not limited to their

view of emotion and desire. It extended to the source upon which they based their theory, sharply attacking the reliability of the *Ta hsüeh* or *Great Learning*. This text, a short treatise which originally formed one of the forty-nine chapters of the *Li chi* 礼記 or *Book of Rites*, was highly esteemed by the Neo-Confucians, and Chu Hsi included it with the *Analects, Mencius,* and *Doctrine of the Mean* to form what he called the *Ssu shu* 四書 or *Four Books*.

The reason the Sung scholars esteemed this text so highly was that it contained the passage on "the investigation of things and the extension of knowledge," which played such an important role in their philosophy, and because it also contained the passage on the "rectification of the mind," which they regarded as the basis of self-cultivation. According to their interpretation of the latter passage, the first step in moral cultivation is to place one's mind in a state of repose and equilibrium which is free from emotions such as anger, fear, delight, and sorrow. This in turn forms the basis for their view of *hsing* or human nature as the prototype of goodness which lies in stillness within the inner being of man.

Jinsai, however, questions the reliability of this passage, believing that it does not conform to the reality of man's makeup. In his textual notes on the *Great Learning* entitled *Daigaku teihon* 大学定本 he states that "All men, since they have bodies, must necessarily have minds," and "so long as they have minds, they cannot be without anger, fear, delight, and sorrow." The *Great Learning,* however, would have one do away with such emotions. This, according to Jinsai, is not only to call for the impossible, but to adopt an erroneous view which ignores the inevitability of such emotions in man. Moreover, such a view is clearly at variance with the *Analects,* which Jinsai regarded as the foundation of Confucian doctrine. As he points out, though terms such as *tao* or the truth and *tê* or virtue, are found in the *Analects,* nowhere does it contain the term *cheng hsin* 正心 or "rectification of the mind." Furthermore, Confucius is described in the *Analects* as mourning bitterly over the death of his favorite disciple Yen Hui 顔回. In his commentary on the *Analects,* Jinsai asserts that Confucius "mourned when it was proper to mourn and was happy when it was proper to be happy, for both of these are human emotions which cannot be done away with, and a sage is no different in this respect from other men. Therefore the sage does not try to abandon human emotions." If one adopts the view of the *Great Learning,* however, Confucius in mourning for his disciple was guilty of losing the mental equilibrium required for the "rectification of the mind." Again in the *Analects* Confucius is pictured as praising his disciple Yen Hui because "he did not transfer his anger to others." The Sung scholars, basing their

view on the *Great Learning*, maintain that "the mind of the sage is wholly free from anger," but Jinsai condemns this statement as false, insisting that not only Yen Hui, but Confucius himself, the greatest of the sages, experienced anger. In fact, he was all the more indignant toward others because his love for men was so deep. In conclusion, Jinsai states that the *Great Learning* is suspect not only in the passage on the "rectification of the mind," which denies the validity of emotion, but in numerous other passages as well. To express his argument, he wrote a treatise entitled *Daigaku wa Kōshi no isho ni arazaru no ben* 大学非孔氏遺書辨, "The *Great Learning* is *not* a work of the Confucian school," in which he cited ten proofs of the unreliability of the text.

Ch'eng Hao 程顥, a Neo-Confucian scholar of the Northern Sung period and a predecessor of Chu Hsi, had stated that "the *Great Learning* is a work of the Confucian school," and Jinsai begins in the title of his treatise by rejecting this statement. He goes on to cite various dubious points in Chu Hsi's notes on the *Great Learning*. He cites as an example the phrase *ming ming tê* 明明徳, "to make bright illustrious virtue," which appears in the opening of the *Great Learning*. The Sung scholars interpret the term "illustrious virtue" to mean the state of *hsing* or human nature when it is in repose and possessed of "great and unclouded intelligence." Jinsai rejects this view as arbitrary, pointing out that in other classical texts the term *ming tê* 明徳 always refers specifically to the virtue of the ruler as an individual and is never employed to mean the virtue of men in general, as Chu Hsi would have it.

To criticize a work which ranked as the first of the *Four Books* and was held in such high esteem by Confucians of the time certainly required courage on Jinsai's part. It also marked a kind of personal revolution in Jinsai's thought and development. According to the biography written by his son Tōgai, mentioned earlier, the first Chinese book which Jinsai studied in his childhood, probably at an elementary school of the type known as *terakoya* 寺子屋, was the *Great Learning*. He is said to have been deeply stirred by the opening paragraph, which speaks of how to "govern the state and bring peace to the world," exclaiming, "Is there anyone in the world today who brings this about?" and thereafter determined to devote himself to the study of Confucianism. In his later treatise, however, Jinsai cites this same paragraph as one of the ten reasons why he regards the book as spurious, claiming that the construction of the sentences, with their repetitious parallelisms as wearisome as "climbing a nine-story tower," and asserting that no genuine work of the ancient Confucian school could have been guilty of

such a dull style.

21. Textual misplacement in the *Chung yung* 中庸 or *Doctrine of the Mean* on which the Sung Neo-Confucians based their theory.

Another source upon which the Sung Neo-Confucians based their denial of emotion and desire was the forty-seven character passage in the *Doctrine of the Mean* 中庸 which reads: "When the emotions such as pleasure, anger, sorrow, and joy have not awakened, the state is called that of the equilibrium. When these emotions awaken and each and all attain due measure and degree, it is called the state of harmony. The state of equilibrium is the great root and the state of harmony is the far-reaching truth of all existence in the world. Once equilibrium and harmony are realized, heaven and earth take their proper places and all things receive their full nourishment." The *Doctrine of the Mean,* as mentioned above, was originally one of the chapters of the *Book of Rites* and, like the *Great Learning,* was selected by Chu Hsi to form one of the *Four Books*. According to Chu Hsi's commentary on the text, the state of *wei-fa* 未発, when pleasure, anger, sorrow, and joy have not yet awakened, refers to *hsing* or human nature in the state of quiescence. It is referred to as *chung* 中 or equilibrium because it represents the prototype of perfect goodness. The Sung scholars called the state of emotions before activation *wei-fa*, and that after activation *i-fa* 已発, and looked upon the former as the "great root" or basic principle of the world. Thus they adopted such slogans as "abiding by stillness," "holding fast to reverence," "abiding in oneness without motion," or "restriction of floating mind," and recommended the kind of meditation known as "quiet sitting." All this was because they regarded a return to the state of equilibrium before the emotions had been awakened as the proper method for learning.

This is diametrically opposed to Jinsai's method, which is to "expand" and "grow" in an outward direction. Jinsai placed trust in the greater part of the *Mean,* even deriving his motto "There is no truth aside from man" from two statements in the text, "The truth is not far apart from man," and "Man should not deviate from the truth." Nevertheless, he did not accept as genuine the forty-seven character passage quoted above. Jinsai points out that not only do none of the key terms of the passage such as *wei-fa* and *i-fa* appear in the *Analects, Mencius,* and other classics, but the passage is also inconsistent with other parts of the *Mean* itself. He contends, citing ten reasons to support his argument, that the passage in question should originally be part of the *Ancient Classic of Music,* one of the so-called Six Classics of early times and was subsequently lost, and was erroneously inserted into the text

of the *Mean*.

Jinsai's theory, which is explained in detail in his *Chūyō hakki* 中庸発揮 or *"On the Mean"*, is clearly motivated by his emphasis on emotion, which in turn is related to the importance which he attaches to *jen* or benevolence, as explained earlier. Setting aside for the moment the question of whether his theory is sound or not, it must certainly be said that it was courageous of him to put forth such an opinion, at a time when Neo-Confucianism, through the support of the Tokugawa government, held a position of dominance.

22. On *chung* or equilibrium.

Jinsai also discusses the term *chung* 中 or equilibrium which, as we have seen, appears in the passage in the *Mean* quoted above. He maintains that the meaning of *chung* has been confused because it is linked with the term *wei-fa* in this particular passage. The concept of *chung* is by no means unique to the *Mean* but is found in many early texts, including the *Analects*. But the term *chung* in the *Analects* and other classics is used not to refer to the state of quiescence of the mind, but rather to moderation in one's treatment of things or approach to affairs. In order to be truly moderate, however, one must change one's approach and attitude depending upon the particular object or affair he is handling, and therefore the concept of moderation or equilibrium cannot possibly be one of stillness and quiescence. Therefore when Mencius, in the second part of the *Chin-hsin* 尽心 chapter, was asked what he thought of the slogan "Hold fast to equilibrium," replied, "If one holds fast to equilibrium but does not have a proper measure, he will be holding fast to only one thing alone." That is, though one may try to abide by moderation, unless he has a proper standard by which to judge what moderation is, he will end up holding fast to only one thing. This, according to Jinsai, is why Mencius condemns such an approach by saying, "The reason one dislikes holding fast to a single thing is that it does injury to the truth. In clinging to a single thing, one neglects a hundred others." The Sung Neo-Confucians, in Jinsai's view, by interpreting equilibrium as stillness and speaking of it as principle or human nature in the state of quiescence, are similarly "clinging to a single thing and neglecting a hundred others." In applying the concept of equilibrium, what is needed, as Mencius points out, is a proper standard of judgment.

To explain this, Jinsai in *Dōjimon* ch. 3, sec. 8, gives the following analogy. Suppose, he says, that one has a stick which is ten feet long. To treat it according to the concept of equilibrium of Sung scholars, one might think that he would have to grasp it at a point which is exactly five feet from either

end, and that any variation from this point, even though it might be less than an inch, would not be in strict accordance with equilibrium or moderation. Such exactitude, however, would not be real moderation. To treat the stick with true moderation, you may grasp it anywhere around the middle that is convenient for handling. Similarly, according to Jinsai, when Confucius speaks in the *Analects* of the *chung-yung* 中庸 or "middle way," he does not mean a way that abides by the exact center, but "the Way that serves for daily activities."

23. On other unreliable texts, particularly the spurious sections of the *Shu ching* or *Book of Documents*.

According to Jinsai, the fact that the Sung Neo-Confucians frequently refer to *li* as *t'ien-li* 天理, "the principle of Heaven," and contrast it with *jen-yü* 人欲 or "human desire" is an error which shows how little sympathy they had for the concept of desire. There are two sources upon which the Neo-Confucians founded their theory. The first is the *Yüeh-chi* 楽記, the treatise on music which forms one of the chapters of the *Book of Rites,* especially the passage which reads: "In response to external things, man becomes active, activity being the expression of the desires of his nature... If these likes and dislikes are not controlled within him and his understanding is beguiled by the external world, then he cannot return to his true self and the principle of Heaven within him will be destroyed." The second source is the passage in the *Ta-yü-mo* 大禹謨, a chapter of the *Shu ching* or *Book of Documents,* which states, "The mind of man is dangerous, the mind of the Way is fragile." Chu Hsi quotes this passage in the *Chung-yung chang-chü* 中庸章句, his commentary on the *Mean,* explaining that "the mind of man" refers to *jen-yü* or human desire, while the "mind of the Way" refers to *t'ien-li* or the principle of Heaven. Jinsai views both of these sources with suspicion. As regards the former, he does not place unconditional confidence in the *Book of Rites* as a whole, regarding it as a second rate work which contains terms and concepts borrowed from schools of philosophy other than Confucianism in the Warring States period and later, as he explains in *Dōjimon* ch. 3, sec. 6. This is one of the reasons which he gives for claiming, as we have seen above, that the *Great Learning,* also part of the *Book of Rites,* is *not* a work of the Confucian school. In his *Gomō jigi,* in the section on the term *li* 理, he discusses the passage from the *Yüeh-chi* cited above and contends that it reflects the thought of Lao Tzu and Chuang Tzu rather than that of Confucius and Mencius, quoting for support the similar observation of the Sung scholar Lu Chiu-yüan 陸九淵. As for the *Ta-yü-mo,* he points out that it is one of the

chapters of the *Book of Documents* which exists only in the *ku-wen* 古文 or "old text" version and has no *chin-wen* 今文 or "new text" counterpart. There are some twenty chapters of the *Book* which exist only in the "old text" version, and Jinsai regards them all as forgeries of the Six Dynasties period, as he explains in his section on the *Shu ching* in the *Gomō jigi,* and the *Chūyō hakki.*

Jinsai regarded almost half of the fifty-eight chapters of the extant version of the *Book of Documents* as spurious. This, however, was not necessarily a view original with him. It was hinted at even by Chu Hsi in the Sung period and maintained later by Wu Ch'eng 呉澄 of the Yüan and Mei Tsu 梅鷟 of the Ming. Further, at the same time Jinsai was writing, Yen Jo-ch'ü 閻若璩, a man of Ch'ing nine years younger than Jinsai, most clearly proved that the chapters in question were spurious in his work entitled *Shang-shu ku-wen su-cheng* 尚書古文疏證 or *Discussions on the Old Text Chapters of the Book of Documents.* Since the appearance of Yen's work, this view has become the accepted one in academic circles.

Jinsai and Yen Jo-ch'ü took up the same task independently at almost the same time on opposite sides of the ocean and arrived at the same conclusion, which has now gained general acceptance. There is, however, a difference in their methods of approach. While Yen mainly employed bibliographical methods in his investigation, Jinsai approached the problem from the point of view of the history of thought. In his treatise on the *Great Learning,* Jinsai remarks that, although he does not possess one part in ten thousand of the virtue, learning, and literary ability of Chu Hsi, he does have a special sense when it comes to discriminating between the genuine and the false among the numerous sayings attributed to Confucius and Mencius. This "special sense" enabled him to detect the spurious sections of this important *Book.* In a preface to the work by Yen Jo-ch'ü mentioned above, Huang Tsung-hsi 黄宗羲, an eminent scholar of the time in China, says that the terms "mind of man" and "mind of the Way" in the *Ta-yü-mo* prove that the "old text" chapters are spurious, expressing exactly the same view as Jinsai. Here again we find a coincidental agreement between two masters of Japan and China respectively. While Yen Jo-ch'ü is widely remembered by specialists today as the scholar who clearly detected the forgery, it is unfortunate that the name of Itō Jinsai is hardly ever mentioned in this connection even in Japan, and is quite unknown in China.

24. The *Analects* represents the highest standard for learning.

To sum up what we have seen above, learning for Jinsai means the growth of man through the study of man himself, in pursuance of the *tao* or truth

which is in accord with man's nature. However, there must be some standard by which to guide one's studies. Where is that standard to be found? According to the passage in the *Mean* which has been discussed above, that standard is to be found in the *chiao,* instructions of the sages, or more specifically, in the classical texts of the Confucian school. And among these classics, that which according to Jinsai is to be regarded most highly is the *Analects,* the actual record of Confucius's words and actions. "It is," Jinsai asserts, "the greatest book in all the universe!" Why? Because it deals with matters that are "humble and familiar," because in content it never departs from the concerns of everyday life. It is a plain and commonsensical book, and precisely because it is plain and commonsensical, it is the greatest book in the world. "Its sentences are perfect," Jinsai declares. "To add even one word would be excessive, to delete even one word be harmful." "The truth reaches its highest fulfillment, learning attains its highest expression," says Jinsai in the opening of his commentary. In *Dōjimon* ch. 1, sec. 3, he compares the *Analects* to rice and other grains which form the basis of one's daily diet. "To eat all kinds of rare delicacies and tasty dishes is too stimulating to the palate and therefore one cannot indulge in them too often; to do so would surely injure the health. The *Analects,* however, is like the five kinds of grain and in fact possesses the finest flavor in the world."

Confucius compiled and edited the writings of the sages who went before him, producing the so-called Five Classics, the *Book of Changes,* the *Book of Odes,* the *Book of Documents,* the *Ritual,* and the *Spring and Autumn Annals,* to which is sometimes added the *Book of Music,* a text now lost, to form the Six Classics. But none of these, Jinsai maintains in *Dōjimon* ch. 1, sec. 4, can compare "in simplicity of language and depth of meaning" to the *Analects.* Again, speaking of the relationship between the *Analects* and the Five Classics or the Six Classics, Jinsai in the "On Four Classics" section of his *Gomō jigi* states that although the Six Classics, which were compiled by Confucius, certainly ought to be read, they are to be compared to paintings. The *Analects* and the *Mencius,* which represents the best exposition of the former, are to be compared to works that explain the principles of painting. One should first read the *Analects* and *Mencius* and master the principles of painting, and then he can look at and understand the paintings themselves, that is, the Six Classics.

In *Dōjimon* ch. 1, sec. 3 he poses the question: Has the true value of the *Analects* been fully appreciated up to now? According to Jinsai, it has not. The Han scholars, he asserts, regarded the Five Classics more highly than the *Analects* because of a lack of understanding due to the early period in

which they lived. The Sung Neo-Confucians placed the *Analects* among the Four Books, which they considered the basic texts of Confucian learning, indicating that they esteemed it more highly than the Five Classics. However, they not only interpreted it in the light of an erroneous system of philosophy, but probably failed to appreciate its true value. The reason why among all books the *Analects* represents the greatest work is that Confucius surpasses all the other sages who preceded him as Mencius, who is the best expounder of Confucius's thought, states, "Since the beginning of mankind, there has never been anyone as great as Confucius."

25. It is necessary to understand Confucius's historical position in order to realize that he was the greatest among sages.

The statement above that "there has never been anyone as great as Confucius" appears in the "Kung-sun Ch'ou" 公孫丑 chapter of the *Mencius*. Jinsai states that it is only Confucius who deserved such praise, and only Mencius who could make such a statement. According to Jinsai, however, scholars of the past have not truly understood why Confucius was the sage of sages and why Mencius commented on him in this manner. There were indeed sages prior to Confucius such as Yao 堯, Shun 舜, Yü 禹, T'ang 湯, and kings Wen 文王 and Wu 武王. These sages, however, did not exert sufficient effort in refuting heretical teachings and establishing their own doctrines. It was only after Confucius had put into order the teachings of the earlier sages that the *chiao* or instructions were brought to perfection and were able to deprive heretical teachings of their basis.

With the intention of shedding light upon this fact, which had been ignored since the days of Mencius, Jinsai wrote an essay entitled *Gyō, Shun sude ni bosshite jasetsu bōkō mata okoru wo ronzu* 論堯舜既没邪説暴行又作, "A discussion of how heretical doctrines and immoral actions arose *again* after the death of Yao and Shun," which he appended to his *Gomō jigi*. He begins by pointing to the passage in the second part of the "T'eng Wen Kung" 滕文公, chapter of *Mencius* which states that Confucius compiled the *Ch'un ch'iu* 春秋 or *Spring and Autumn Annals* to act as a standard for values because "the age had deteriorated, the truth had become obscured, and heretical doctrines and immoral conduct had arisen *again*." Calling attention to the word "again," he asserts that heretical doctrines and immoral actions did not appear for the first time in the age immediately prior to Confucius, but in fact had existed frequently in more ancient times as well. The works which purport to date from the time of Yao and Shun and the other of the so-called Five Emperors of antiquity are called *tien* 典, which means

"constant," that is, works which embody constant moral principles of the sages. From the age previous to that of the Five Emperors, however, the legend says there were books named the *San fen* 三墳, though the actual texts were lost long ago. The word *fen* means "vast." Such works, Jinsai opines, must have dealt with "teachings pertaining to nothingness, tranquility, non-being, and spontaneous transformation."

According to the commonly accepted view, the various heretical doctrines as the so-called Hundred Philosophers appeared for the first time in the Warring States period and after. This is not true, says Jinsai. They had existed earlier in the period even before Yao and Shun, but the sages prior to Confucius were unable to effectively refute such heretical teachings and deprive them of their power. It was only Confucius who was able to do so.

This view of Jinsai, which appears in his commentary on the *Means,* is entirely unique, and although one may have reservations about its validity, it served as a challenge to two rather fanciful views which had prevailed not only among the Sung Neo-Confucians but among most scholars in general in both China and Japan. The first was the theory of the homogeneity of the sages, which maintained that Yao, Shun, Yü, T'ang, Wen, and Wu, as well as Confucius, were all men of perfect and infallible moral character, and as such had all attained the same level of moral achievement and were identical in terms of character.

Jinsai, criticizing this view in *Dōjimon* ch. 3, sec. 49, quotes a theory expressed by the Ming Confucian Wang Yang-ming 王陽明 in the latter's *Ch'uan-hsi-lu* 伝習録, according to which all the sages were qualitatively the same, being, so to speak, pure gold, but quantitatively different, Yao and Shun weighing, as it were, ten thousand taels, and Confucius nine thousand. Jinsai rejects this view of Wang Yang-ming as well, declaring that, in the words of Mencius, "Confucius was far more worthy than Yao or Shun." Since for Jinsai existence is movement, he could not admit that any two individuals, even be they sages, could be totally identical in character or achievement.

The second point which Jinsai's view challenged was that of the infallibility of the ancient sages. The Confucian scholars of China, including the Sung Neo-Confucians, as well as their followers in Japan, viewed the age of Yao and Shun as a time of perfect moral and social order, and if they looked back to the period of high antiquity before the time of these sages, they saw that too as a time of primal simplicity and moral perfection. With the sage rulers who presided over these ages, the ages themselves must have represented moral and social perfection. Jinsai, as we have seen, rejects this theory,

viewing the ages of the distant past with the eyes of a historian. Since all existence is movement, there cannot be any age which is perfectly stable in a moral sense and entirely free from error. In his *Dōjimon* ch. 2, sec. 21, he quotes the following words which Chu Hsi wrote in a letter to a friend: "In the period of the ancient Three Dynasties and before, all proceeded according to the principle of Heaven; in the period after the Three Dynasties, everything was dictated by human desires." "These," says Jinsai, "are not the words of a man of benevolence," and he asserts that it was this view of history adopted by the Sung Neo-Confucians that further reinforced the tendency toward rigorism already inherent in their doctrine.

26. Confucius was not infallible.

Jinsai further contends that Confucius was great for the very reason that he was truly a man. As seen in section 20 above, he pointed out that Confucius had emotions of joy and anger just like any other man. Jinsai states, "these are human emotions which cannot be done away with, and a sage is no different in this respect from other men." Elaborating on this point, Jinsai asserts that Confucius was sometimes subject to error. According to the "Shu-erh" 述而 chapter of the *Analects,* after Confucius had emerged from an interview with a high official of the state of Ch'en 陳, the latter told one of Confucius's disciples that Confucius had been guilty of an impropriety in his address to him. On being so informed, Confucius is recorded to have said, "I am fortunate. If I have any errors, people are sure to point them out for me." Earlier commentators, including the Sung Neo-Confucians, since they regard Confucius as infallible, interpret the words of Confucius to be not an admission of error, but a polite way of avoiding contradicting the view of others. But, according to Jinsai, if Confucius were to admit an error when in fact he had committed none, he would be guilty of falsehood. Confucius, Jinsai maintains, did in fact commit an error, and was expressing his sincere gratitude when he said, "I am fortunate."

Confucius was great, says Jinsai, because he worked to correct his faults as soon as they were pointed out to him. "The faults of the gentleman are like solar and lunar eclipses," says the *Analects* elsewhere, and Jinsai concludes that Confucius, though a sage, was still a man like anyone else. If nature is subject to errors or mistakes such as solar and lunar eclipses, retrogressive motion of the five planets, disorder in the progression of the four seasons, or periods of drought and flood, then all the more so is man. Sages are no exception. If they were to be constant and invariable, like objects made of wood or stone, they would be no more than "dead objects" and could no

longer function as sages, Jinsai concludes. In this way he challenges the theory of the infallibility of the sages which, as we have seen, prevailed both in China and Japan, as well as the view of the homogeneity of the sages.

As we have seen in section 20 above, Jinsai's emphasis on the infinite and unending nature of learning is no doubt related to this view of the flexible quality of Confucius's personality. Confucius was *not* perfect; he was subject to movement and change like everything else. To regard the *Analects* as the greatest book in the world and study it does not mean to follow Confucius blindly as the perfect model, but rather to join with Confucius in treading the endless path toward the truth.

27. The basic work after the *Analects* is the *Mencius*.

The reason why Jinsai repeatedly maintains that the *Mencius* should be regarded as the basic text of truth together with and second only to the *Analects* is that Mencius recognized Confucius as the greatest man who had ever lived, exceeding even the sages Yao and Shun. For that reason Jinsai regarded Mencius as the most reliable expounder of Confucius's ideas. Since Confucius's words in the *Analects* are, as Jinsai says at the beginning of his commentary on *Mencius,* "simple and clear" and "profound though seemingly shallow and difficult though seemingly easy," they can be understood only through the detailed and painstaking explanations given in the *Mencius*. Because people in the time of the *Analects* still could understand such concepts as benevolence, righteousness, propriety, and wisdom, which make up the truth, Confucius did not bother to define such concepts, but confined himself only to practical questions of how these concepts should be applied. Mencius, however, dealt with the concepts themselves, since in his day it was these concepts that were being endangered by misunderstanding and heretical doctrines.

Thus the teachings of these two masters Confucius and Mencius complement each other. Because of the importance which he attached to the *Mencius,* many of Jinsai's theories take it as their starting point, for example, the theory of expansion and growth.

By the way, Jinsai pointed out that the first ten chapters of the *Analects,* from the "Hsüeh-erh" 学而 to the "Hsiang-tang" 郷党 chapter, differ in style from the latter ten chapters from "Hsien-chin" 先進 to "Yao-yüeh" 堯曰. The latter chapters, for instance, contain much longer sentences than any found in the former chapters, and include various numerical categories such as the *liu-yen* 六言, "six sayings," or *liu-pi* 六蔽, "six becloudings," which again are not found in the former chapters. On the basis of such concrete

differences, Jinsai concludes that the first ten chapters represent the original text and the latter ten chapters a later continuation. This view is now generally accepted in the academic world today.

In the case of the *Mencius,* Jinsai also divides its seven chapters into two groups, the first consisting of the first three chapters, namely, "Liang Hui Wang," 梁恵王, "Kung-sun Ch'ou" 公孫丑, and "T'eng Wen Kung" 滕文公, all of which deal principally with Mencius's actions. The second group comprises the remaining four chapters, "Li-lou" 離婁, "Wan-chang" 万章, Kao-tzu" 告子, and Chin-hsin" 尽心, which contain discussions between Mencius and various other personages of the time. On the basis of style and content, he divides the whole work into three groups: 1. "Liang Hui Wang" and "T'eng Wen Kung"; 2. "Li-lou" and Chin-hsin"; and 3. "Kung-sun Ch'ou," "Wan-chang," and "Kao-tzu." This classification of Jinsai, however, has seemingly been overlooked by modern scholars.

28. Recommendation of extensive learning.

Jinsai, as we have seen above, surpassed his contemporaries in Japan in his profound and extensive knowledge of the Chinese studies. This was because he himself practised what he taught, namely, that after securing a solid foundation through the *Analects* and *Mencius,* one should read as extensively as possible. According to Jinsai, after one has mastered the *Analects* and *Mencius,* he should proceed to the Five Classics. In his *Dōjimon* ch. 3, sec. 4, Jinsai describes the Five Classics as having come into being almost spontaneously and presenting to the reader a vast panorama of heaven, earth, the ten thousand creatures, human emotions, and the changes of the world. They are especially valuable because they differ from works of theoretical nature, a category which includes even the *Analects* and *Mencius.* As we have seen in section 28 above, the *Analects* and *Mencius* present, as it were, the theory of painting, while the Five Classics are the pictures themselves.

Among the Five Classics, Jinsai seems to have been most fond of the *Shih ching* or *Book of Odes.* Because it is essentially a collection of songs by the common people, of all the Classics it is most closely associated with human feeling, and for that reason was most to Jinsai's taste. Next to it, he valued most highly the *Shu ching* or *Book of Documents,* except, of course, those chapters which he rightly regarded as spurious. The *I ching* or *Book of Changes,* because it was originally a book for divination, he did not regard particularly highly, and in his *Gomō jigi,* he states that the so-called "Ten Wings" 十翼 or appendices attached to it are not, as was commonly believed,

the work of Confucius, a view which agrees with that held by scholars of today. Among the three ritual texts which constitute the Classic of Rites, he did not, as we have seen in sections 20 and 23 above, have a very high opinion of the *Li chi* 礼記, regarding it as a collection of miscellaneous texts put together in Han times. Concerning the other two texts, the *I li* 儀礼 and *Chou li* 周礼, he has very little to say. His son Tōgai, in his *Kokon gakuhen* 古今学変, remarks concerning the *Chou li:* "The *Chou li* is said to have been written by the Duke of Chou, but I find this very difficult to believe"; and in his *Seidotsū* 制度通, he says of it: "Although it is generally attributed to the Duke of Chou, the attribution is uncertain." Presumably Jinsai held a similar view with his son.

Among the Four Books which were so highly valued by Chu Hsi and the other Sung Neo-Confucians, the *Ta hsüeh* or *Great Learning,* as we have seen in section 20, was not regarded by Jinsai as a genuine work of the Confucian school, and the *Doctrine of the Mean,* as explained in section 21, he looked upon as containing contaminations from other sources. For Jinsai, the Four Books ceased to exist; he was concerned only with Two Books, the *Analects* and the *Mencius.*

After mastering the "theory of painting" in the *Analects* and *Mencius* and proceeding to appreciate the "paintings" themselves in the Five Classics, one should, according to Jinsai, go on to read more extensively in various directions. First one should turn to the works of history, for, in Jinsai's view, who neglects history is a country bumpkin in the world of learning. Among the poets, Jinsai considers Tu Fu to be supreme. In his *Dōjimon* ch. 3, sec. 39 and following, he opines that one may compose poetry in Chinese or not, as one wishes. However, one should by all means write works of Chinese prose, namely essays and treatises such as are found in Jinsai's own collection, the *Kogaku sensei bunshū,* because they serve "to clarify the truth." In *Dōjimon* ch. 3, sec. 2, he states: "There are no books in the world that are entirely right and no books that are entirely wrong."

In section 5 of the same work, he laughs at the narrow-mindedness of moralizers, saying: "Even fictitious works may contain truth, and ballads and dramas may help one to understand truth. Although scholars know that works devoted to the teaching of truth contain truth, they do not realize that works which do not preach truth may also contain truth. This is sheer bigotry." He also says, one should acquire the kind of extensive knowledge that "starts with one and extends to myriad," not the kind of miscellaneous knowledge that "myriad stays as myriad." Jinsai aptly compares the former type of knowledge to a forest of living trees and the latter to a collection of

lifeless artificial flowers.

Since Jinsai placed emphasis upon extensive knowledge, in *Dōjimon* ch. 1, sec. 20 he criticized Zen Buddhism for its doctrine "parting from words" and the Confucian scholar Wang Yang-ming for his disparaging attitude toward the erudite reading, and in *Dōjimon* ch. 2, sec. 62 he rejects the theory of sudden enlightenment or awakening to the truth which was expounded by the Zen Buddhists and some groups among the Neo-Confucians. In fact, there is not a single Buddhist work among the many books which Jinsai recommended. His attitude toward Buddhism was consistently critical. Near the end of his "Discussion of how heretical doctrines and immoral actions arose again after the death of Yao and Shun," mentioned in section 25 above, he states: "When truth and virtue flourish, doctrines will be lowly and simple, and when truth and virtue decline, doctrines will become lofty." "Therefore," he concludes, "the loftier the doctrine, the more decadent the age, and the loftiest of all doctrines, that of Zen, represents the greatest degree of decadence." By "Zen" here he means Buddhism in general. He maintained, however, that it was foolish to try to argue against the Buddhists. One should rather try to heighten one's own moral stature and in this way win the Buddhists over.

As for astronomy and medicine, Jinsai says that they should be left in the hands of specialists. Presumably his attitude toward medicine has something to do with the fact that, in his youth, he refused the advice of his relatives to become a physician.

29. On supernatural beings and divination.

In the *Analects,* Confucius as a rule does not display much concern with *kuei-shen* 鬼神, the spirits and gods. This is because he regarded such supernatural beings as essentially unknowable, and hence not a subject about which men need to be immediately concerned. The *Mencius* does not deal with them at all. In such works of secondary value as the *Book of Rites,* we find passages in which Confucius is pictured as speaking about the spirits and gods, but these, according to Jinsai, are of later date and do not represent the genuine views of Confucius. Not only concern with supernatural beings but the practice of divination as well, in Jinsai's judgment, is injurious to truth. Decisions of man should be made solely on the basis of truth, Jinsai maintains; that is the reason the *Analects* and *Mencius* do not mention the subject of divination. Furthermore, history proves that decisions arrived at through the divination are often faulty. It is true that works prior to Confucius often deal with supernatural beings and divination, but this is

because the sages before Confucius shared the same feeling as the common people and were tolerant of their customs, "honoring the gods and spirits because the people honored them, and believing in divination because the people believed in it." Such a tolerant attitude, however, led to abuses, and that was why Confucius took a stern stand against it. In this attitude of Confucius we have yet another proof that he was the greatest man that ever lived, surpassing even the sages Yao and Shun, Jinsai says.

30. A man should not become a recluse aloof from politics.

We have already seen from his biography that Jinsai in actual life did not live up to this pronouncement.

Although I am not a specialist in Japanese thought, I enjoy reading Jinsai's works, and have presented above what I have understood of his thought. I have covered only about half of the sections in his *Gomō jigi* 語孟字義, and certain sections, such as that on *t'ien-ming* or the will of heaven, which interest me particularly, I have not had time to ponder thoroughly. The modernity of Jinsai's thought is a subject which I leave for other researchers to discuss. It does seem to me, however, that many aspects of his thought and scholarship deserve the attention of scholars of today. I have pointed out in section 25 above, for example, how he challenged the view, so common in both China and Japan, that the earliest period of China represented an age of perfect moral and social order. His challenge, of which he was justly proud, deserves attention because it represents the earlier step toward the kind of objective and unbiased study of ancient China that is being carried out by scholars of the present century.

Again, as I have pointed out in the section dealing with his biography, the thinker who most closely resembles him in theory and approach is the Ch'ing scholar Tai Chen. But while most Japanese do not pay due attention to the existence of Jinsai, Tai Chen is honored as the founder of the so-called Han Learning of the Ch'ing period and is recognized as a figure of importance in the history of Chinese thought. I would hope, therefore, that in the future studies comparing the thought and approach of Itō Jinsai and Tai Chen might be carried out with the collaboration of Chinese and Japanese scholars, all the more so since Jinsai's prose in Chinese language should be fully comprehensible to Chinese people. Ogyū Sorai's commentary on the *Analects* entitled *Rongo chō* 論語徵 was occasionally utilized and quoted by the Ch'ing scholars, but to the best of my knowledge the works of Jinsai have never been introduced to China.